Jörg Zink

Erfahrung mit Gott

Jörg Zink

Erfahrung mit Gott

Wir stehen nicht am Ende, sondern immer am Anfang des Christentums

Kreuz

Inhalt

Eine offene Tür

Was unsere Zeit fordert

Es gab eine Zeit – sie ist noch nicht lange vergangen –, in der man unter christlichen Pionieren den Versuch unternahm, den christlichen Glauben aus seiner religiösen Verschlossenheit in den unreligiösen Alltag hinauszuversetzen, den Alltag auch der Politik, der Wirtschaft oder der sozialen Fragen. Diese Versuche sind, wie ich meine, abgeschlossen. Längst ist deutlich, wie es aussehen kann und was dabei zu gewinnen ist, wenn der Glaube weltlich wird, und viel Wichtiges und Nötiges ist dabei erreicht worden. Unsere Sorge ist heute, ob wir noch etwas kennen, das nicht weltlich ist und das auch, wenn es in die Landschaft der heutigen Welt ganz und gar eingesickert ist, charakteristisch anders bleibt als alles, was Menschen tun und erdenken können.

Unsere Sorge ist nicht mehr die, ob alles, was wir glauben, in die Landschaft passt, sondern die, ob wir noch Zugang haben zu einer Wahrheit, die nicht in der Landschaft der heutigen Welt entspringt. Unsere Sorge ist nicht, ob der christliche Glaube, im Licht der heutigen Welt betrachtet, sich noch gut ausnimmt, sondern ob wir das Licht noch wahrnehmen, das von ihm ausgeht. Nicht das allgemeine, zerfließende Christentum ist es, das wir suchen, sondern das erkennbare, das verdichtete. Aber nicht bloße Innerlichkeit ist es, die wir nötig haben, sondern Innerlichkeit, die nach außen durchbricht und die Kraft hat, die Umwelt von Christen, und nicht nur sie, durchzugestalten.

Was denn auch so manchen guten Versuch, dem christlichen Glauben zu einer neuen Sprache zu verhelfen, zunichte macht, ist nicht übergroße Kühnheit, sondern die

Zaghaftigkeit, in der man heute mit vielen christlichen Worten kaum noch das Wort »Gott« zu nennen wagt. Was aber der Geist oder Ungeist dieser Zeit von uns braucht, ist das deutliche Wort. Wie lange – so möchte man dem verschüchterten Haufen heutiger Kirchenmänner, Kirchenlehrer, Kirchenversammlungen und Kirchenchristen zurufen – wie lange werden wir uns damit beschäftigen, dem zeitgenössischen Un- und Aberglauben nach dem Munde zu reden, statt von jener Erfahrung zu sprechen, die allein Licht bringt in die Hinterzimmerdämmerung der unablässigen Diskussionen um den vorhandenen oder nicht vorhandenen Gott? Wie lange bangen wir um den Bestand der Kirche, statt schlicht und genau von dem zu sprechen, was wichtig ist, wichtiger jedenfalls als die Sicherung der Kirche?

Wir leben keineswegs in einem Zeitalter, das dem christlichen Glauben mehr als frühere nach dem Leben trachtet. Wir haben keineswegs mehr an Gottesfinsternis auszuhalten als die Menschen vor hundert oder tausend Jahren. Wohl aber leben wir in der Zeit eines absurden Versteckspiels um den Glauben. Ist denn, was Christen seit zweitausend Jahren glauben, unwahr geworden, dann lasst uns das Christentum begraben. Ist es wahr, dann lasst uns davon reden. Wir brauchen keinen Frieden mit dem Zeitgeist. Wir brauchen auch keinen gegen den Zeitgeist gerichteten Angriff. Was wir brauchen, das ist, dass der Geist Gottes den Geist dieser Zeit verändert und durchdringt und sich am Ende eine andere Zukunft auftut, als die man heute plant, schafft oder fürchtet.

Für unsere Zeit ist etwas ganz anderes, um das wir Christen uns kümmern sollten, kennzeichnend: die Mühsal, mit der bei uns und anderswo die Menschen ihr Leben durchzustehen haben, die Angst, die Last, das Gefühl der Ohnmacht und der Verlassenheit, das heute die Menschen sozusagen aushöhlt und das sie in tausend Ausfluchten treibt, das Leiden unter dem Leben, ganz banal unter dem Leben, wie es ist. Wenn heute der christliche Glaube aussprechen soll, was er zu sagen hat, wenn das Evangelium – und nichts sonst – vorgezeigt werden soll, dann muss es sich darin bewähren, dass es in diesem millionenfachen inneren Elend befreiend und entlastend wirkt. Jesus sprach zu den Belasteten des Geistes und der Seele, zu den Leidenden und Getretenen, und was er das Evangelium nannte, bewirkte unter anderem die Entlastung und Befreiung dieser Menschen. Was nicht zum Leben hilft, ist nicht sein Wort. Was nicht befreit, ist nicht sein Werk. Was nur Gedanken bringt und keinen Trost, mag tausendmal klug und tiefsinnig, es wird niemals Ausdruck seines Willens sein.

Am Ende der bezaubernden Dichtung »Mireille« lässt Frédéric Mistral die Frauen von Saintes Maries mit offenbar unsicherer Stimme bitten: »Wenn es der Friede ist, des wir entbehren, gib uns Frieden.«

Ist es wirklich der Friede? Ist es nicht vielmehr die Wahrheit, die uns fehlt? Wir haben Grund, nach dem Frieden zu rufen, aber rufen wir nicht zu schnell danach? Könnte es sich nicht so verhalten, dass der Friede zu gewinnen wäre, wenn wir der Wahrheit Raum ließen, und dass der Friede ewig ein Traum bliebe, wenn er die Wahrheit verdecken sollte? Wenn es der Friede ist, so mag man mit Mistral sagen: Gib uns Frieden. Ist es aber die Wahrheit, dann gib uns die Wahrheit, damit wir den Frieden nicht verfehlen.

Ein Ausgangspunkt

Wer nach Wahrheit sucht, findet sich in einem Irrgarten von Stimmen, die von Sinn sprechen, von Freiheit, von Glück und Zukunft. Er wird das Ohr schärfen müssen, um die Stimmen zu erkennen, in denen Wahrheit ist, die Stimmen, denen er sich anvertrauen will.

Wer dabei zurückfragt in die Vergangenheit, um die Stimmen zu hören, die ihn angehen, wird bei seiner Suche irgendwann auch der Stimme des Mannes aus Nazaret begegnen, die so eigentümlich anspruchsvoll klingt, so anders als alle anderen.

Denn diese Stimme ergeht nach wie vor, über zwei Jahrtausende hin. Unverkennbar hebt sie sich heraus. So fremd sie bleibt, so unabweisbar spricht sie. Immer noch und immer wieder empfindet, wer sie hört: Dies könnte die Wahrheit sein. Immer wieder und immer noch bleibt die Unruhe zurück: Wenn dies die Wahrheit wäre, was müsste geschehen? Oder die Hoffnung: Wenn dies die Wahrheit wäre, fände das Leben nicht plötzlich den gesuchten Sinn?

»Zu jener Zeit«, so berichtet das Evangelium, »erhob Jesus seine Stimme zu Gott:

> Ich preise dich, dass du dein Geheimnis verborgen hast den Selbstgewissen und Klugen und es den Einfachen anvertraut, den Ungelehrten.
> Kommt her zu mir alle, die ihr müde seid,
> ermattet von Lasten. Aufatmen sollt ihr und frei sein.
> Kommt mit mir! Ihr findet den Frieden.
> Ich bringe nicht neuen Zwang,
> und ihr braucht neue Lasten nicht zu fürchten.
> *Matthäus 11*

Übertragen wir diesen Ruf so, dass er für uns klingt, wie er den Zeitgenossen Jesu geklungen haben muss, so mag er etwa lauten:

> Ich preise dich,
> dass dein Maß anders misst als das der Menschen.
> Nicht die viel Wissenden finden Einsicht.
> Nicht die Selbstbewussten haben die Wahrheit.
> Nah bist du den Unkundigen, verborgen,
> wenn du nicht selbst dich kundtust.
> Dich erkennen die Gebundenen, die Freiheit suchen.
> Nah bist du den Geringen,
> die sich nicht täuschen über ihre Kraft,
> die das Rätsel ihres Lebens nicht lösen
> und den Sinn nicht finden.
> Kommt darum, die ihr müde seid,
> ermattet von Lasten,
> die ihr das Leben sucht und die Hoffnung.
> Aufatmen sollt ihr und frei sein.

Wenn diese Stimme aber recht hat, dann kann die Suche nach Wahrheit nicht den wenigen vorbehalten sein, die Geist, Kraft und Zeit besitzen, nachzudenken und ihr Wissen zu vertiefen. Es kann nicht die Absicht jenes Mannes aus Nazaret sein, uns, den Heutigen, die Last jahrtausendealter Kenntnis zuzumuten, die Last breiter und tiefer Gelehrsamkeit über gewesene Dinge. Jesus sprach zu den Ungelehrten von Galiläa und forderte nichts, als dass sie ihm glaubten.

Wenn die Stimme recht hat, ist die Einübung in den Glauben jedem möglich, der bereit ist, ein Ja zu sprechen. Wenn Jesus der ist, als den wir ihn glauben, ist die Wahrheit zugänglich. Was darum nicht durch seine Klarheit bezwingt, was dem nicht hilft, der sich um das Gelingen seines Lebens müht, geht gewiss nicht auf Jesus zurück.

Und dies eben ist das Bestürzende. Seine Worte sind bei all ihrer Klarheit unbegreiflich, mehr als irgendein Gedanke sonst, den Menschen ersonnen haben. Niemand hat sie je zu »erklären« vermocht, zu wiederholen oder zu entkräften. Wer sich ihrer Klarheit entziehen oder ihrem Geheimnis verschließen wollte, konnte sie nicht aufheben und stand immer in der Gefahr, dabei sich selbst mit zu verleugnen.

Zweitausend Jahre sind über sie hinweggegangen, und sie stehen da in der Klarheit, die sie hatten, als zum ersten Mal einer sie niederschrieb. Noch immer findet, wer sie hört, dass es um sein Geschick geht, er ahnt, bangend und hoffend, dass hier der spricht, der ihm das Leben gab und ihm sein Ziel wies.

Unversehrtheit wird gesucht

Von Jesus wird erzählt, er sei durch die Städte und Dörfer Galiläas gezogen und habe zu den Menschen gesprochen, wie er sie eben fand, wie sie ihm begegneten oder sich an ihn wandten: »Als er sie sah, taten sie ihm leid, denn sie waren verlassen, verhungert und heruntergekommen, wie Schafe, die keinen Hirten haben« *(Matthäus 9,36)*.

Er sah sie krank. Er sagte nicht: Finde dich mit deinem Leiden ab!, sondern heilte die Krankheit. Er fasste Lahme an der Hand und richtete sie auf. Er berührte Blinden die Augen und gab ihnen das Licht. Er sah sie krank an ihrer Seele, beherrscht von dunklen Mächten, und machte sie frei.

Er sah sie allein gelassen und verstoßen, rief sie zu sich und nahm sie an seinen Tisch: die Ausgebeuteten, die Entrechteten, die Entehrten. Er suchte sie einzeln und sprach von dem einen Schaf der Herde, das sich verlaufen habe und wert sei, dass einer ihm nachgehe. »Ich bin gekommen«, sagte er, »zu suchen und zu retten, um die sich keiner kümmert« *(Lukas 19,10)*.

Er sah sie mit sich selbst zerfallen, in Verfehlungen verstrickt, den Folgen ihrer Schuld ausgeliefert, unfähig zum Frieden mit sich selbst und anderen, unfähig zum Frieden mit Gott. Er nahm ihnen die Angst vor der Vergangenheit und die Angst vor der Zukunft, die Angst vor den irdischen Richtern und die Angst vor Gott und half ihnen zu einem neuen Anfang.

Er sah die vielen, die aufgegeben waren von den Gerechten und Geordneten, und sprach von der Neugeburt schon erledigter Menschen aus der schöpferischen Güte Gottes. Er ließ die Menschen kommen, wie sie waren. Er schied nicht zwischen Guten und Bösen und sprach von dem Vater im Himmel, der seine Sonne scheinen lasse auf Gerechte und Ungerechte und regnen über beiden.

Wer zu ihm kam, brauchte nicht nachzuweisen, dass er sich geändert habe. Er empfing die Freiheit, sich zu ändern, und wurde mit dem Wort entlassen: »Geh in den Frieden!« Beende nun allen Krieg, dir selbst und den anderen gegenüber, denn Gott hat allen Unfrieden beendet, und du hast, wenn du mit mir sprichst, in Wahrheit mit Gott zu tun. Wenn ich dich annehme, darfst du glauben, dass Gott dich annimmt. Nimm nun auch du selbst dich an. Versuche, Gott dafür zu danken, dass du bist, wie und was du bist. Wie solltest du deinen Nächsten lieben können wie dich selbst, wenn du gegen dich selbst Krieg führst?

Wenn Jesus Menschen heilte, gab er ihnen damit ein Zeichen, das in ihnen die Hoffnung auf die große Veränderung aller Dinge wecken sollte, die Hoffnung auf das Gottesreich, dem der geheilte Mensch anzugehören bestimmt war. »Steh auf!«, sagte er zu dem Kranken auf seinem Lager. »Nimm dein Bett und geh!« Der Kranke stand auf, und wenn die Heilung zu ihrem eigentlichen Ziel kam, ging der Geheilte hin und dankte. Denn die Heilung war vollendet in der Dankbarkeit. Und diese Heilung, diese Neuschöpfung eines unversehrten Menschen ist möglich, sagt Jesus. Wenn du glaubst, ist der Weg frei.

Das Wort klingt kühn. Das Bestürzende an ihm aber ist dies, dass es auch nach zweitausend Jahren des Elends und der Leiden und unendlicher Enttäuschungen nicht widerlegt ist. Es erklingt nach wie vor, und wer es hört, kann es verstehen. Wenn aber hier Wahrheit ist und kein Traum, dann lohnt es, ein ganzes Leben daran zu wenden.

Bejahung und Frieden

Von Jesus wird eine Begebenheit erzählt, wie zum Nachbuchstabieren gemacht für uns Kinder des Zeitalters der Leistung, dieses Zeitalters, in dem auch für Christen die Leistung oben ansteht, Glück und Freiheit verdient werden müssen und der Sinn der Bemühung unbekannt bleibt.

Jesus kam mit seinen Begleitern in ein Haus, das zwei Frauen miteinander bewohnten. Die eine, Martha, tat, was nötig war: Sie buk und kochte, sie ordnete die Tafel, sie trug auf und bediente. Die andere, Maria, setzte sich auf die Erde und hörte Jesus zu. Als Martha klagte, es sei nicht recht, dass ihre Schwester sie allein arbeiten lasse, nahm Jesus die säumige Maria in Schutz: »Eins ist nötig. Maria hat das gute Teil erwählt, das soll man ihr nicht nehmen.«

Deine Mühe, so meint Jesus offenbar, ist im Augenblick gut, aber sie rettet dich nicht. Sie trägt dich nicht. Sie gibt dir keinen Grund unter die Füße. Denn du schaffst den Sinn deines Daseins nicht selbst. Du empfängst ihn. Und woher du ihn empfängst, das musst du einem Wort, das du hörst, abnehmen; das musst du dem, der zu dir spricht, glauben. Denn hier spricht nicht allein dein Gast, sondern der Gastgeber, an dessen Tisch du Platz und Heimat hast. Maria hat das gute Teil erwählt. Sie suchte den Sinn der Stunde in der Erfahrung jenes großen Du, dem sie in Jesus begegnete.

Denn in Jesus konnte, wer Augen hatte, zu sehen, und Ohren, zu hören, einem Größeren und Anderen begegnen als nur eben einem großen Menschen, mehr auch als einem brüderlich helfenden. »Wer mich sieht«, sagt Jesus, »sieht Gott.« Wer mich sieht, so hören wir, nimmt wahr, wie es letztlich um den Menschen bestellt ist, der mit Gott zu tun hat. Er versteht, dass ihn nicht ein blindes Schicksal steuert, dass ihm nicht bloßer Zufall widerfährt, dass seine Zukunft nicht von »Entwicklungen« festgelegt wird, dass Gott nicht ein »Gesetz« ist, nicht ein Prinzip, nicht ein unbestimmter Weltgeist.

Gott hat denkende Menschen geschaffen, sollte er nicht fähig sein, zu denken? Er gab den Menschen Empfindungen, sollten ihm Erfahrungen und Leiden fremd sein? »Der das Ohr geschaffen hat, sollte der nicht hören? Der das Auge geschaffen hat, sollte der nicht sehen?«, fragt schon das Alte Testament. Gott ist nicht primitiver, sondern größer als der Mensch. Er ist gewiss mehr als das Du, das ein Mensch sich, gleichsam mit menschlichem Antlitz, vorstellt. Aber er ist eben auch das Du, das Gegenüber des fragenden und nachdenkenden Menschen.

Von ihm aber sagt Jesus: Er kennt dich. Zu ihm kannst du sprechen. Er hört, was du bittest. Er weiß, was du brauchst. Er behütet dich. Du brauchst deine Schuld nicht zu verschweigen und den Wert deines Lebens nicht durch Leistung nachzuweisen. Wichtiger ist vor diesem Gott das Hören als das Können, wertvoller das Vertrauen als das Schaffen.

Da aber jedes Bild von Gott zugleich auch beschreibt, was wir vom Menschen zu halten haben, verbindet sich mit dem Bild von Gott das eines ohne Bedingungen freien Menschen. Ist Gott so unmittelbar zum Menschen, dann ist auch der Mensch unmittelbar zu Gott, und nichts, weder Moral noch Gesetz noch Hierarchie, steht zwischen beiden.

So weit die Menschen aus ihren Bindungen herauszurufen, aus den Ordnungen, in denen sie Schutz suchen, ist ein Wagnis. Wer Menschen aber wirklich ändern will, das zeigt Jesus, muss ihnen Freiheit geben.

Freiheit entsteht, wo ein Mensch seiner selbst gewiss ist. Seiner selbst gewiss ist ein Mensch, den ein anderer liebt, annimmt, bejaht. Freiheit entsteht, wo einer ohne Angst auf festem Grund steht. Das aber geschieht, wo ein Größerer ihn hält. Freiheit wächst, wo einer mit sich selbst im Frieden lebt. Im Frieden lebt er, wenn er sich verstanden weiß und sich nicht zu verteidigen braucht, wo er weiß: Gott, das große Du, bejaht mich. In ihm habe ich Stand und Halt.

»Geh hin in den Frieden«, sagte Jesus zu den Menschen, die er geheilt oder von der Last ihrer Schuld befreit hatte. Was Friede aber ist, was der Segenswunsch meint, das liegt in dem Gedanken verborgen, dass Gott »weiß«. Unter den Schülern Jesu schreibt einer:

> Daran erkennen wir, dass wir aus der Wahrheit sind,
> damit können wir unserem Herzen Frieden geben,
> dass, wenn unser Herz uns verdammt,
> Gott größer ist als unser Herz und alle Dinge weiß.
> *1. Johannes 3,19–20*

Wenn das Herz seine Anklagen erhebt: Du hättest dies tun, jenes lassen sollen! Es wäre deine Pflicht! Eigentlich will Gott…!, dann liegt darin eine doppelte Störung des Friedens, des Friedens nämlich zwischen unserem Herzen und uns, den Angeklagten, und des Friedens zwischen uns, den Angeklagten, und Gott.

Wir können uns zwar befreien und die Klage unseres Herzens zum Schweigen bringen. Wir müssen es sogar, wenn wir nämlich einen kleinen Gott haben, der dasselbe sagt wie unser eigenes Herz, wenn Gott für uns ein Kläger und Rächer ist, der uns richtet, bestraft und verstößt. Wir halten die Anklagen unseres Herzens nicht lange aus. Wir sprechen sehr bald von etwas anderem, um nicht hören zu müssen, was das Herz sagt.

Wir können aber auch, meint Johannes, wenn unser Gott groß ist, im Frieden mit unserem Herzen leben. Wir können mit ihm leben wie mit einem guten Freund, der uns sagt: Es ist gut so. Es ist gut, dass du zu mir hältst. Und das ist dadurch möglich, sagt Jesus, dass Gott weiß, was ihr braucht, ehe ihr ihn bittet; dadurch, dass er in das Verborgene sieht, dass er euch kennt.

Wenn Gott der Wissende ist, ist nichts ungesehen, ist alles ausgeleuchtet bis auf den Grund, und es liegt nahe, sich gegen dieses vollkommene Wissen zu wehren, zu sträuben, sich zu verschließen. Aber solange wir uns dagegen wehren, dass Gott weiß, werden wir unsere Angst nicht los und finden wir keinen Frieden. Wir verteidigen eine Festung, von der wir meinen, sie werde berannt.

Aber niemand, sagt Jesus, greift uns an. Niemand verletzt oder beschämt uns. Niemand will eindringen. Nichts soll zerstört werden. Denn Gott sieht nicht in dich hinein wie ein neugieriger Mensch, nicht wie ein Detektiv, der auf deine Spur gesetzt ist, sondern wie ein Liebender sieht. Es gibt aber keine klareren, keine schärferen Augen als die der Liebe. Nur Schwärmerei macht blind, Liebe macht sehend. Man versteht einen anderen Menschen nur wirklich, wenn man ihn liebt, und man soll wohl vom anderen nur so viel wissen wollen, wie die Kraft da ist, alles zu lieben, was sich dabei offenbart.

Die Liebe Gottes ist unbestechliches Wissen, aber eben ein Wissen, das nicht verachtet, nicht richtet, nicht verstößt, nicht erniedrigt. Weil Gott groß ist und weil seine Größe Liebe ist, hat es Sinn, dass er alles weiß.

Denn die wirkliche Liebe sagt: Ich kenne die Stellen in dir genau, an denen du unsicher bist, darum will ich dort stehen und dich halten. Sie sagt: Ich sehe deine Fehler, darum will ich dort, wo deine Fehler sind, bei dir sein. Wo solltest du mich nötiger brauchen als dort? Ich weiß, dass du kein Held bist. Ich sehe dein Misstrauen und deine Sorge, darum will ich dir dort, wo deine Angst ist, beistehen. Und so, wie du wirklich bist, bist du unersetzlich für mich.

Wie sehr ebendiese Liebe die Liebe des wissenden Gottes ist, zeigt Jesus in den Worten, in denen er sein Tun als Werk der Liebe Gottes beschreibt: »Ich bin nicht gekommen, mir dienen zu lassen, sondern zu dienen und mein Leben hinzugeben zu einer Erlösung für viele« *(Matthäus 20,28)*.

Von Jesus heißt es: »Er wusste, was im Menschen war.« Zugleich sagte man von ihm: »Er nimmt die Sünder an.« Er stand zu ihnen, zu den gespaltenen, den von Zerstörung bedrohten Menschen. Er schützte sie. Er half ihnen zurecht. Für ihn ließ sich das Unvereinbare vereinen: die Menschen zu kennen und sie zu lieben.

So aber liebt Gott. Denn er ist größer als unser Herz und weiß alle Dinge. Und sein Wissen ist der Anfang des Friedens.

Sinn und Gedeihen

Man brachte Kinder zu Jesus, damit er sie berühre, aber die Jünger trieben die Leute mit den Kindern weg. Als Jesus das sah, wurde er unwillig: Lasst die Kinder zu mir! Hindert sie nicht! Das Reich Gottes ist denen bestimmt, die sind wie diese Kinder. Und er herzte sie, legte ihnen die Hände auf und segnete sie.
Markus 10,13–16

Er »segnete« sie. Das Wort »Segen« klingt fremd, es meint aber etwas höchst Nahes und Greifbares. Wenn Segen über einem Leben waltet, hat es Sinn. Es gedeiht. Es wächst. Es wirkt lösend, fördernd, befreiend auf andere. Versuche glücken, Werke gelingen. Die Mühe zehrt das Leben nicht aus, sie ist sinnvoll und bringt ihre Frucht. Am Ende steht nicht die Resignation, sondern eine Ernte. Ein alternder Mensch, dessen Leben gesegnet ist, geht nicht zugrunde, er reift vielmehr, wird klarer und freier und stirbt am Ende »lebenssatt«, wie einer von einer guten Mahlzeit aufsteht.

Wenn Jesus Kinder segnet, dann sagt er damit: Gott

lasse euch wachsen und gedeihen. Er gebe euch Glück. Er mache eure Hoffnungen wahr. Er gebe euch Frieden. Er gebe euch das Wohl des Leibes und das Heil der Seele. Er mache euch zu reifen, erwachsenen Menschen, zu Söhnen und Töchtern Gottes, denen Sinn und Wert ihres Lebens gewiss ist.

Ein zweiter Segen ist von Jesus berichtet: An dem Abend, als er mit den Seinen in einem Haus in Jerusalem das Passah feierte, segnete er den Becher Wein, wie jeder Hausvater in jener Stunde es tat. Der Wein ist ein Zeichen des Fests. Dazu aber reichte und segnete Jesus das Brot. »Brot« – das ist seit Urzeiten ein Symbol für die Mühsal, in der der Mensch sich seine Nahrung aus der Erde holt, aus jener Erde, von der er selbst genommen ist und zu der er am Ende zurückkehrt. Dieses Zeichen der Mühe, des Leidens und des Todes segnete Jesus zugleich mit dem Wein des Fests, und er gab die Deutung dazu: »Das Weizenkorn kann nur Frucht bringen, wenn es zuvor in die Erde fällt und stirbt« *(Johannes 12,24)*.

Er segnet also das Opfer, die Hingabe, die Rätsel und die Schmerzen, damit Frucht aus ihnen erwächst. Er segnet sie, damit der Fluch sich wandelt in Gelingen. Denn das Leben findet, sagt er, nicht, wer es an sich reißt, sondern wer es hingibt. Er gibt damit seinem eigenen Tod die Deutung und spricht dem, der an seinem Tisch sitzt, die »Gnade« Gottes zu. Was ist Gnade? Gnade hat mit der Last zu tun, die ein Mensch sich selbst ist. Sie hat mit seinem Verschulden zu tun, mit dem er sich selbst und andere verletzt, und mit dem Gesetz, dass alle Schuld Folgen hat. Die Gnade bewahrt davor, dass eine Tat auf den Täter zurückfällt. Sie hebt den Schuldspruch auf, den ein Mensch über sich selbst fällen müsste, sähe er sich mit den Augen Gottes. Die Gnade ist eins mit dem Segen. Die

Gnade beseitigt das Hindernis des Gedeihens, der Segen schafft das Gedeihen selbst.

In den Berichten über die Begegnungen der Jünger mit Jesus nach seinem Tode ist von einem dritten Segen die Rede: »Er führte sie hinaus nach Bethanien, hob die Hände und segnete sie. Segnend schied er von ihnen und fuhr auf zum Himmel. Sie aber kehrten nach Jerusalem zurück, von Freude erfüllt, und waren von da an ständig im Tempel, Gott rühmend« *(Lukas 24,50–53)*.

Der Segen von Bethanien war die Übergabe eines Auftrags und ein Akt der Befähigung. Die Jünger übernahmen in jener Stunde Jesu eigenes Amt:

»Gott hat mich gesandt«, so beschreibt er es,
»den Armen zu sagen, dass Gott sie liebt,
die verwundeten Herzen zu verbinden,
den Gefangenen die Freiheit zu bringen
und den Blinden das Licht,
die Misshandelten zu erlösen und auszurufen:
Dies will Gott!«
Lukas 4,18

Sie aber kehrten nach Jerusalem zurück und rühmten Gott. Ein Mensch, der fähig ist, Gott zu rühmen, ist an dem Ziel, das er auf dieser Erde erreichen kann. Gott rühmen – das ist die Antwort des Gesegneten, der seinen Auftrag und in ihm den Sinn seines Daseins ergreift.

Zuversicht und Gelassenheit

Wenn Jesus einen Menschen fand, den er zu seinem Mitarbeiter machen wollte, berief er ihn mit dem Wort: Folge mir nach! Damit sagte er: Mein Weg ist dein

Weg. Meine Arbeit ist die deine. Mein Ziel ist dein Ziel. Die Welt, in der du mir nachfolgst, hat für dich künftig ein Doppelgesicht: Sie ist deine Heimat, und dein Weg führt in ihr zu allen Menschen, die dich brauchen. Aber die Welt ist zugleich Fremde für dich; sie ist die Landschaft, durch die der Heimweg führt, erst das Reich ist dein Ziel. Die Welt ist der Ort gelassenen Wirkens und zugleich Ort der Erwartung und der Hoffnung.

In Gleichnisgeschichten spricht Jesus von dem künftigen Reich, dem alle Hoffnung gehören solle. Von der Einladung zu einem großen Festmahl spricht er: Du bist der Gast. Lass liegen, was dich hindert, zu kommen. Von einer Hochzeit spricht er: Gib acht! Bald werden die Türen geöffnet, der Bräutigam kommt, und das Fest beginnt.

Erwartung ist indes nicht Untätigkeit. Wer die Begegnung mit Gott erwartet, tut das, indem er die Welt um sich her nach dem Maß seiner Kraft zu verwandeln sucht. Gerechtigkeit, Verstehen, Verzeihen, Güte sind Zeichen des Reiches im Umkreis eines Menschen.

Andererseits wird der Wartende nicht meinen, es sei seine Sache, Gottes Reich zu bauen. Er bewahrt sich das Augenmaß für den Unterschied zwischen dem Werk des Menschen und dem Werk Gottes, das Gespür für das Vorläufige an allem, was er selbst tut. Das Reich Gottes liegt nicht in seiner Hand, und er braucht sich damit nicht zu überfordern. Es kommt, wie er auch den Sinn seines Lebens nicht zu machen braucht, sondern empfängt. Und ebendieses Nicht-Müssen, Nicht-gezwungen-Sein ist der Ursprung der Hoffnung. Wie ist das zu verstehen?

Auf seinen Wegen durch die armseligen Dörfer in Galiläa suchte Jesus die Ärmsten, die Belasteten, die Überforderten und Alleingelassenen, und ihnen brachte er zuerst und vor allem Entlastung. Wo er war, durften sie leben. Wo er war, hatten sie ein Recht zu sein. Wo er war, sahen sie sich geliebt und bejaht.

Immer gab ihnen Jesus zuerst Freiheit. Immer setzte er zunächst die Kräfte frei, mit denen sie danach etwas tun konnten. Leistung war eine Folge der Freiheit, nicht ihre Voraussetzung. Er vergab ihnen ihre Sünden und machte sie dadurch fähig, ihre Schuld zu verstehen und einen Anfang zu versuchen. Nicht Moral war der Anfang, nicht Vorwurf oder Anklage, sondern Befreiung. Er gewährte den Mutlosen Zuflucht, nahm ihnen ihre Angst ab und half ihnen, sich vor Wagnissen nicht mehr zu scheuen. Er zeigte ihnen die Wahrheit und machte so ihre Gedanken frei, nun auch selbst ohne Befangenheit nachzudenken.

Er half ihnen zum Leben und gab ihnen dadurch eine Zuversicht, die auch vor dem Tod standhielt. Er wies ihnen das Ziel ihres Lebens, seine Erfüllung und Vollendung jenseits dieser Welt und Lebenszeit und machte dadurch ihr Herz weit für die Menschen, die jetzt und hier von ihnen Erlösung brauchten, Entlastung und Befreiung.

Was also soll der tun, der Jesus nachfolgt? Warten auf das, was Gott tut, und dann tun, was Gott erwartet. Das ist alles. Dass aber nichts auf Leistung und Bewährung beruht, ist der Quellort der Hoffnung. Solange Sinn und Gelingen vom Beitrag des Menschen abhängen, ist keine Hoffnung möglich. Wer an seine Leistung glaubt, wird in der Hoffnung der Wartenden die Selbsttröstung von Irrenden sehen müssen. Eine Welt, in der das Lebensrecht auch nur eines Menschen nach seiner Leistung bestimmt wird, ist eine Welt ohne Hoffnung. »Du brauchst nicht. Du darfst.« Das ist der Ursprung der Seligkeit, von der Jesus spricht: des Glücks, dem Dauer bestimmt ist.

Seit Jesus hat es Sinn zu glauben, dass wir nicht allein

sind in dieser Welt, auch wenn wir meinen, endgültig verlassen zu sein, dass Einer an uns denkt wie Jesus an die Armen in Galiläa und dass in diesem Gedenken Gottes Geborgenheit und Hoffnung sind. Wer mit Jesus auf dem Weg ist, weiß: Es geht nichts in dieser Welt verloren. Es gibt keinen Zufall. Es lohnt sich, zu leben. Wir kommen aus einem Plan, einer Absicht Gottes, und wir werden den Sinn erkennen, der in dieser Absicht liegt.

Auch für Nachfolger Jesu lässt der Sinn des Daseins sich nicht einfach beschreiben. Auch für sie fügt sich nicht alles menschlichen Worten. Aber sie haben Bilder vor Augen, in denen die Wahrheit sich spiegelt. Denn Wahrheit ist immer nur in Bildern anwesend auf dieser Erde, in den Farben, die unser Auge wahrnimmt: Das »Gastmahl« ist ein solches Bild, die »goldene Stadt«, der »Garten«. Seit Jesus wissen wir, dass wir das Gelingen eines Lebens glauben dürfen auch da, wo es zu scheitern scheint.

Denn das Reich Gottes wird »kommen«. Es wird gleichsam durch den Rand unserer Welt hereinbrechen. Sichtbare und unsichtbare Wirklichkeit werden eins sein. Was wir waren und was Gott aus uns neu schafft, wird eins. Wir werden nicht in Schönheit beginnen und in der Ungestalt enden; in unserer eigentlichen Gestalt werden wir unser Ziel erreichen. Wie wir selbst, ist diese ganze Welt nicht dem Untergang geweiht, sondern hat ihre Vollendung vor sich. Der Schöpfer ist auch der Vollender. Diesen Weg der Hoffnung geh hinter mir her, sagt Jesus. Folge mir nach! Es ist der Weg der Vertrauenden, die das Ziel ihrer Hoffnung festhalten.

»Ihr sollt nicht sorgen«, hören wir Jesus sagen. »Seht die Vögel unter dem Himmel an! Sie säen nicht. Sie ernten nicht. Sie sammeln keine Vorräte in Scheunen. Euer Vater im Him-

mel ist es, der sie ernährt. Seid ihr nicht kostbarer als sie? Was nützt die Sorge? Wer verlängert mit seinen Sorgen die Zeit seines Lebens auch nur um eine Elle?
Wozu sorgt ihr euch um Kleider? Lernt bei den Lilien auf dem Feld, seht zu, wie sie wachsen. Sie mühen sich nicht, sie spinnen nicht. Und doch war Salomo in all seiner Pracht nicht gekleidet wie ihrereins.
Ihr sollt nicht sorgen und sagen: Was sollen wir essen? Was sollen wir trinken? Womit sollen wir uns kleiden? Von Sorgen beherrscht ist, wer Gott nicht kennt. Euer Vater im Himmel weiß, dass ihr das alles braucht. Wirkt für den Willen Gottes in dieser Welt und für die Gerechtigkeit, die er meint. Das Übrige wird euch zufallen.«
Matthäus 6,25–33

Die Sorglosigkeit, die Jesus zeigt, ist nicht der Gleichmut des Weisen und nicht die Gefühllosigkeit dessen, der die Menschen und ihre Leiden verachtet. Sie ist nicht die Harmlosigkeit des Träumers, der vom Verhungern der Vögel nichts weiß oder vom Verdorren der Lilien. Sie entsteht vielmehr auf dem Grund der Hoffnung. Sie weiß: Die Sorge hat ihr Recht. Sie weiß aber auch: Die Sorge heilt nicht. Sie befreit nicht. Sie gibt keinen Grund unter die Füße. Sie löst nicht aus dem Kreislauf von Bedrohung und Sorge, neuer Bedrohung und neuer Sorge.

Jesus wusste um die Abgründe im Dasein, wenn je ein Mensch um sie gewusst hat. Er versprach sich die Erlösung nicht von den geringen Kräften des Menschen. Aber er zeigte eine Kraft, die den Menschen über den Abgründen festhält, und wer es mit ihm versucht, erkennt: Es gibt Gefahren, gewiss, aber ich brauche mich nicht zu fürchten. Alle meine Pläne können scheitern, aber ich bin getragen. Ich kann schwach werden, aber ich brauche nicht auf eigenen Füßen zu stehen. Alles kann mir genommen werden, aber nichts brauche ich festzuhalten. Es liegt mir, was ich brauche, ungefährdet in der Hand.

Ich bin bedroht, aber ich brauche mich nicht zu wehren. Ich weiß Tag um Tag nicht, wie ich mich davor bewahren soll, schuldig zu werden, aber Gott misst mich nicht an meiner Unschuld, sondern an meiner Liebe zu denen, die gleich mir schuldig sind.

Wenn Jesus von den Seligen spricht, das heißt von den auf die Dauer Glücklichen, dann spricht er weder von den Schönen noch von den Wohlhabenden, weder von den Gebildeten noch von den Erfolgreichen, sondern von den Barmherzigen, den Wehrlosen, den Leidenden, den Geduldigen, den nach Gerechtigkeit Hungernden, den Friedenstiftern, den Verleumdeten und den Verfolgten. Er spricht von denen, die Leid erfahren und daraus, mit neuer Erkenntnis versehen, zu leben versuchen.

Seligkeit gewinnt ihre Leichtigkeit, ihre Heiterkeit nicht aus den Erfahrungen dieses Daseins. Sie ist die Sorglosigkeit derer, die ihre Sorge Gott anheimgeben, die Gelassenheit, die dort einkehrt, wo der Wille Gottes an die Stelle getreten ist, an der sonst der Wille des Menschen selbst am Werk war. Sie ist das Vertrauen derer, die sich gehalten wissen.

Das Evangelium Jesu für die Armen von Galiläa und anderswo ist eine Einladung zum Vertrauen. Vertrauen ist nicht blind, sowenig Liebe blind ist. Wer eingeladen ist, zu vertrauen, hat das Recht, zu prüfen, wem er vertrauen soll. Der Weg der Einübung in den Glauben ist, soll ein Mensch dieser Zeit ihn finden, lang und mühsam, er ist aber, je näher der Gehende seinem Ziel ist, ein Weg immer gelasseneren Nachdenkens.

Eine Einladung

Jesus lädt ein. Die Antwort, die einer Einladung entspricht, besteht darin, dass der Geladene Ja sagt und kommt. Jasagen und Kommen nennen wir »Glauben«. Denn »Glaube«, wie Jesus ihn meint, ist ja nicht die gehorsame Zustimmung zu einer Lehre, einem Dogma oder einem Glaubensbekenntnis. »Glaube ist«, sagt Julien Green, »ein Licht, das sich an einem Licht entzündet.« Ein anderer hat gesagt: »Glaube ist ein Strom, der in ein Meer fließt. Glaube ist ein Baum, dem Gott die Ernte der Himmel gibt.«

Diese Bilder sind schön und ungenau, und es könnte scheinen, als sei der Glaube eine Sache für begeisterungsfähige Seelen. Aber das ist er so wenig, wie er stumpfer Gehorsam ist. Er ist vielmehr eine praktische, tägliche Sache; er ist im Grunde so selbstverständlich wie der Atem, der uns das Leben erhält.

Ich bin überzeugt, dass es wenige Menschen gibt, die nicht glauben. Ich habe noch niemanden gesehen, der nicht, während er selbst überzeugt war, er habe allen Glauben hinter sich, in Wahrheit sehr viel geglaubt hätte, und niemanden, der nur von dem hätte leben können, was zu sehen und zu beweisen war.

Jeder Liebende ist bereit, sehr viel zu glauben, wenn es um seine Liebe geht. Niemand kann einem anderen vertrauen, wenn er nicht glauben will, und niemand kann Plänen nachhängen oder auf die Zukunft hin leben, ohne zu glauben, dies zu tun sei sinnvoll. Wer Glück sucht, bedarf der Freiheit. Wer aber Freiheit wählt, muss glauben können, dass er im offenen Raum dennoch Halt und Geborgenheit hat. Glaube ist die Bereitschaft, es mit der

Liebe zu wagen und sich der Freude zu überlassen. Glaube ist das Ja zum Leben überhaupt.

Wer »nur glaubt, was er sieht«, weiß nicht, was er spricht, oder er lebt in der Hölle: in einer Welt ohne Liebe, ohne Schönheit, ohne Glück, ohne Vertrauen, ohne Traum und Phantasie, ohne Gewissheit, ohne Sinn. Denn der Glaube ist nicht eine entbehrliche Überhöhung des Menschenlebens, sondern seine Grundlage, und wer diese Tatsache leugnet, verdient nicht so sehr unseren Widerspruch als vielmehr unser Erbarmen.

Aber leben wir nicht in einer Welt, die von Wissenschaft bestimmt ist, von Tatsachen, Zahlen, Gesetzen und einer Technik, in der es nicht auf Glauben, sondern auf Berechnung ankommt? Auch das, so meine ich, täuscht. Auch in einer Welt wie der heutigen ist der Glaube nicht etwa ein entbehrlicher Zusatz zu dem, was man wissen kann, sondern die Grundlage allen Wissens. Nur ein Mensch, der sich an seine Aufgabe hingibt, begreift seine Welt und kann sie gestalten; alle Hingabe aber ist Ausdruck eines Glaubens. Eine Wissenschaft allein auf Wissen zu gründen und auf allen Glauben zu verzichten, dürfte wohl noch kaum jemandem gelungen sein, es sei denn, er täuschte sich über sich selbst.

Die Zukunft, der wir entgegengehen, verlangt Klarheit an diesem Punkt, mehr als irgendeine Epoche bisher. Nur wer mehr wagt, als wir Menschen gewöhnt sind zu wagen, wird in der Zukunft festen Grund unter den Füßen haben, und nur wer festen Grund unter den Füßen hat, kann so viel wagen, wie die Zukunft fordern wird. Nur wer sehr viel Vertrauen hat, wird so viel wissen können, wie wir künftig über die Geheimnisse von Himmel und Erde wissen müssen. Nur wer weiß, dass mehr ist zwischen Himmel und Erde, als der Verstand der Verständigen ermisst, wird es sich erlauben können, der Zukunft mit offenen Augen entgegenzuleben, ohne vor Grauen zu vergehen.

Wie es aber kein Leben gibt ohne Glauben, so hat auch der Glaube selbst an allen Ungewissheiten, von denen das Leben bestimmt ist, teil. Von dem großen Papst Johannes XXIII. ist ein Wort überliefert, das ich ihm bei allem Respekt nicht abnehme: »Wer Glauben hat, zittert nicht.«

Vielleicht hat der wundervolle alte Mann sich im Lauf seines Lebens das Zittern tatsächlich abgewöhnt, aber wohl nicht, weil er glaubte, sondern weil er die in sich ruhende Kraft einer großen Persönlichkeit besaß. Ich kenne nicht viele Glaubende, die das Zittern hinter sich haben.

Jesus selbst verabschiedet sich von seinen Jüngern mit dem Wort: »In der Welt habt ihr Angst, aber seid getrost, ich habe die Welt überwunden.« Bedeutet das nicht, dass Zittern, Angst und Zweifel bleiben werden und wir uns in alldem an ihn halten sollen, der die Welt überwunden hat? Wo der Zweifel beseitigt ist, fürchte ich, an seine Stelle sei nicht der Glaube, sondern die Selbsttäuschung getreten.

Aber ist Glaube nicht doch mehr? Ist Glaube nicht Glaube an Gott? Wir sollten einmal beobachten, wie frei Jesus mit diesem Wort umgeht. Da merkt ein Aussätziger, der vom Glauben der Juden nichts weiß, dass er Grund hat, für seine Heilung zu danken, und Jesus sagt: Dein Glaube hat dir geholfen. Da kommt eine Frau aus Phönizien und fleht um Hilfe, weil sie gehört hat, Jesus könne heilen, und Jesus antwortet ihr: Weib, dein Glaube ist groß. Da kommt ein Hauptmann der römischen Armee und meint, Jesus sei der große Magier, der den Teufeln befehlen könne, und Jesus bestätigt ihm: Solchen Glauben habe ich in Israel nicht gefunden. Er fordert kein

Glaubensbekenntnis. Er prüft nicht: Denkst du richtig über Gott? Er fragt nur: Bist du fähig, all dein Zutrauen auf einen Punkt zu setzen? Kannst du dein Leben und deine Zukunft mir anvertrauen?

Die Zukunft, die wir ihm anvertrauen, wird einmal Gegenwart sein und dann Vergangenheit. Wenn wir am Ende unseres Lebens zusammenzählen, wie viel Zeit wir wirklich gelebt haben, ergibt sich möglicherweise eine erschreckend kurze Zeitspanne. Vielleicht werden es zusammengerechnet fünf Jahre sein, vielleicht nur ein paar Monate oder Wochen. Alles andere war Alltag, Routine oder Erfüllung von Pflichten und allenfalls noch Erwartung des wirklichen Lebens, Hoffnung auf die Erfüllung, die später einmal kommen würde. Wenn wir dann fragen, was denn in jenen guten Zeiten unseres Lebens gut war, stellen wir vielleicht fest: Es waren die Zeiten, in denen eine Kraft da war – nicht unsere eigene –, die wir in Anspruch nehmen konnten. Es waren die Zeiten, in denen der Glaube die Antwort bekam, die er suchte. Die Zeiten, in denen er gedeihen und reifen konnte. Denn der Glaube wächst wie ein Baum. Da wollen Hitze und Kälte, Stürme und Trockenheiten durchgestanden sein. Da kommen die langen Winter, in denen scheinbar nichts geschieht, die Sommer, in denen die Triebe hervorbrechen, und die Herbstzeiten, in denen die Frucht reift.

So kann es auch geschehen, dass wir mit allen Kräften des Herzens und des Geistes glauben und doch nicht sagen können, ob dies nun eigentlich Glaube sei. Simone Weil schreibt darüber: »Der wahre Glaube schließt eine große Schamhaftigkeit ein, sogar sich selbst gegenüber. Er ist ein Geheimnis zwischen Gott und uns, daran wir selber kaum Anteil haben.« – Und Dei Anang von der Goldküste dichtet in scheuer Zurückhaltung:

Glaube ist ein Baum.
Er wächst in der Wüste.
Glaube lebt in der Hoffnung,
vergeblich zuweilen,
dass Gott den Regen schickt.
Glaube ist zärtliches Vertrauen,
vergeblich zuweilen.

»Vergeblich zuweilen.« Und er ist darin Glaube, dass er sein zärtliches Vertrauen festhält. Wie ein Liebender. Ein Geliebter. Glaube ist die hoffende Liebe des Geliebten.

Wer die Einladung Jesu zum Vertrauen annimmt, empfindet, dass Jesus sehr anders spricht als irgend sonst eine Stimme in dieser Welt. Er empfindet, dass sein Ja im Widerspruch steht zu vielem anderen, das er sonst sieht und hört.

Ist denn die Welt nicht voll Leid und Entsetzen, voll Zufall und Dummheit, Bosheit und Gewalt? Was soll er mit dieser seiner Erfahrung tun, die ihm so ganz anderes mitteilt als die vertrauenswürdige Stimme des Mannes aus Nazaret? Muss er nicht fürchten, dass sein Glaube und seine Erfahrung einander fremd bleiben werden, dass er also bis an sein Ende in zwei Welten leben wird, die einander ausschließen, sodass er sich als Glaubender immerfort gegen den Augenschein behaupten muss?

Jesus freilich meint nicht nur einen Glauben gegen den Augenschein, sondern auch einen Glauben, der mit dem Augenschein übereinstimmt, und einen dritten, der dem Augenschein vorangeht.

Als Jesus am Ende in seine letzten Tage ging, jene Leidenstage, die mit seinem Tod endeten, und seine Jünger nicht wussten, worauf sie ihr Vertrauen gründen sollten, fragte er sie im Rückblick auf die Zeit gemeinsamen Lebens und Wirkens: Habt ihr je Mangel gehabt? Er verwies sie also auf ihre Erfahrung, und als sie antworteten: »Herr, niemals!«, hieß er sie diese Erfahrung auf ihre neue Situation anwenden. Er forderte sie auf, die letzte Strecke ihres gemeinsamen Weges entschlossen unter die Füße zu nehmen und zu glauben, ihr Vertrauen, das aus dem Augenschein gerechtfertigt worden war, werde auch gegen den Augenschein recht behalten.

Ein Glaube, der dem Augenschein vorausgeht, erfordert, dass wir Hörende sind, dass wir das Wort, mit dem Jesus uns einlädt, aufnehmen und unser Ja sprechen.

Ein Glaube, der mit dem Augenschein übereinstimmt, verlangt, dass wir mit offenen Augen durch die Welt gehen und die Erfahrungen aufsuchen, die das Wort bestätigen.

Ein Glaube gegen den Augenschein, der uns Boden unter die Füße gibt, wenn unsere Erfahrung ihren Wert verliert, im Leid, in der Schuld, im Sterben, eben an jenen Grenzen, an denen alles fraglich wird, verlangt, dass wir uns an den Christus halten, den wir am Kreuz sehen.

Jesus will, dass wir mit allen Kräften und als ganze Menschen glauben und auf das Ganze hin, das er das Reich Gottes nennt. Das geht nicht ohne Mühe und nicht ohne Geduld, aber es ist kein Sprung mit geschlossenen Augen, kein Sprung ins Nichts. Denn der Glaube hat immer diese drei Gestalten. Er ist immer prüfbar und unprüfbar zugleich. Er gründet auf Erfahrung und ist doch zugleich aller Erfahrung voraus oder entgegen.

Die Einladung Jesu zum Vertrauen meint diesen Glauben, den Glauben des ganzen Menschen, der alle Erfahrung und allen Mut zusammennimmt und all sein Heil und seine Zuversicht auf ein Ja setzt.

Wegzehrung

Wenn das Fest beginnt, sagt Jesus in einer seiner Geschichten, werden die Gäste von allen Enden der Erde kommen und zu Tisch sitzen nach einem langen Wege.

Glauben heißt, solange das Ziel nicht erreicht ist, unterwegs sein. Was darum der Glaubende hat, was er weiß, was er besitzt, das hat er auf dem Wege, und er hat es so, wie man auf einem langen Weg zu Fuß überhaupt irgendetwas haben kann. Nicht wie man Haus und Hof, nicht wie man schwere Schätze besitzt, sondern wie man leichtes Gepäck trägt.

Er hat nicht alle Wahrheit, aber so viel, wie er unterwegs braucht. Er weiß, wo das Ziel liegt und was oder wer ihn dort erwartet. Er braucht nicht alle Geheimnisse zu kennen, er muss nicht alle Rätsel lösen. Er muss nur wissen, auf wen er zugeht und wie er die nächste Strecke Weges bewältigt.

Er hat nicht alle Freiheit, aber so viel, wie er unterwegs braucht. So viel, dass er sich nicht festhalten lässt, wenn er gehen will, dass er sich nicht mit näherliegenden Zielen begnügt und sich den Blick nicht einengen lässt von dem, was andere für wahr, für nötig, für gut und böse, für richtig oder falsch halten.

Ihm ist nicht aller Sinn erschlossen, aber so viel, wie er unterwegs braucht. Er muss nicht erkannt haben, warum die Welt sich dreht und warum Gott sie erschuf. Er darf aber vertrauen, dass seinem Weg ein Plan zugrunde liegt und dass von ihm nur die kleine Treue verlangt ist, auf dem Weg zu bleiben.

Dieses Bild vom »Weg« erscheint in der Bibel an vielen

Stellen. Etwa als der Weg der Festpilger, die durch die Wüstentäler Judäas nach Jerusalem hinaufziehen:

> Glücklich, denen du Kraft gibst,
> wenn sie auf dem Wege sind zu dir;
> wenn sie durch das trockene Tal ziehen,
> das Todestal in der Wüste,
> lässt du Quellen rinnen und Regen fallen,
> dass es blüht wie ein Garten.
> Sie wandern mit wachsender Kraft,
> bis sie Gott finden auf dem heiligen Berg.
> *Psalm 84*

Die Hindernisse, die dem Versuch zu glauben im Wege liegen, sind dieselben, die auch sonst im Leben begegnen. Die Hindernisse auf dem Weg nach innen entsprechen den Hindernissen auf dem Weg nach außen. Überwindung von Hindernissen des Glaubens ist zugleich Überwindung von Hindernissen, mit denen wir uns selbst im Wege stehen. Resignation vor Hindernissen des Glaubens heißt Resignation vor den Zielfragen des Lebens überhaupt. Einübung des Glaubens ist Einübung ins Leben.

Das Vertrauen fassen, das Ja sprechen, zu dem Jesus auffordert, heißt den Sinn und das Ziel des Daseins und das Glück außerdem zu fassen bekommen. Die Mühe lohnt sich.

Dag Hammarskjöld schreibt in seinem Tagebuch, das ich für das stärkste Dokument einer selbstständig gewachsenen christlichen Mystik im 20. Jahrhundert halte:

> Ich weiß nicht, wer oder was die Frage stellte; ich weiß nicht, wann sie gestellt wurde. Aber einmal antwortete ich Ja zu jemandem oder zu etwas. Von dieser Stunde rührt die Gewissheit, dass mein Dasein sinnvoll ist und darum mein Leben – in Unterwerfung – ein Ziel hat. Seit dieser Stunde habe ich gewusst, was es heißt, »nicht hinter sich zu schauen«, »nicht für den anderen Tag zu sorgen«. Die längste Reise ist die Reise nach innen. – Wenn die Zeit reif ist, nimmt Gott das Seine.

Begegnung mit dem Mann aus Nazaret

Fremd in fremder Landschaft

Eines Tages trat einer zu Jesus und sprach: Meister, ich will dir folgen, wohin du gehst. Jesus gab zur Antwort: Die Füchse haben Gruben, die Vögel des Himmels haben Nester. Ein Mensch wie ich hat keinen Ort, sein Haupt niederzulegen.
Matthäus 8,19–20

In der Tat: Als Jesus einmal über Geld sprach und eine Münze vorzeigen wollte, musste er sie borgen; als er am See zu den Menschen redete, ein Boot. Um in der Wüste hungernde Menschen zu sättigen, ließ er sich Brote und Fische von anderen reichen. Als er nach Jerusalem einzog, borgte er sich einen Esel; als er mit den Seinen feiern wollte, einen Saal, und noch im Tod hatte er kein eigenes Grab.

Ähnlich erzählte man über seine Herkunft. Als er zur Welt kam, hatte seine Mutter weder Kammer noch Wiege für ihn. Tiere ließen ihm Raum in Stall und Krippe, zwischen Rindern und Schafen, zwischen Händlern und Kameltreibern lag er, ein Kind armer Leute. Die Ersten, die sich für ihn interessierten, waren Schafhirten, Leute ohne bürgerliches Ansehen, die Proletarier seiner Zeit. Als er kaum zwei Jahre alt war, hatte sein Vater kein Haus für ihn, als Flüchtling war er unterwegs in ein fremdes Land, und in Nazaret wohnte der Sohn des Bauhandwerkers in einem Erdloch. Wer je die Wohnhöhlen in Nazaret gesehen hat, ahnt die unendliche Armut, aus der Jesus kam.

Ehe er, dreißig Jahre später, an die Öffentlichkeit trat, schlug er alles aus, was ihm hätte den Erfolg sichern können: Macht, das Brot für die Massen, den Reiz des Außergewöhnlichen. Ehe er begann, war klar, dass er scheitern würde. Als er zum ersten Mal in seinem Heimatdorf auftrat, trieben sie ihn hinaus, um ihn von einem Felsen zu stürzen. Seine Familie hielt ihn für geisteskrank, und das bedeutete für Menschen jener Zeit: für besessen von einer bösen Macht, wohl gar vom Teufel selbst.

Nur einmal versuchten die Galiläer, die ihm anhingen, ihn zum König auszurufen, aber er ging unbemerkt aus dem Gedränge und entzog sich der Begeisterung der Stunde. Nach drei Jahren, manche meinen nach einem einzigen, war alles zu Ende. Ohne sich zu wehren, ohne auf sein Recht zu pochen, ohne den Versuch, seine Gegner zu überzeugen, ging er in den Tod. Nur dem Willen Gottes, seines Vaters, gehorsam, ließ er sich ans Kreuz schlagen.

Sein Volk stieß ihn aus. Die Frommen hielten ihn für einen Feind ihres Glaubens. Ein Amt hatte er nicht, auch nicht das eines Schriftgelehrten. Seine soziale Herkunft war nicht nur gering, sondern auf irgendeine Weise anrüchig. Die politischen und religiösen Strömungen seiner Zeit gingen in eine Richtung, die nicht die seine war.

»Ein Mensch wie ich ist heimatlos«, sagte er von sich selbst. Er blieb einsam, begleitet nur von einer Handvoll Gefährten, die ihn halb oder gar nicht verstanden, am Ende von allen verlassen außer von drei Frauen, die aus der Ferne bei seinem Sterben aushielten.

Und was sah der Zeitgenosse, der ihn nur vom Hörensagen oder vom flüchtigen Sehen kannte? Zumindest wenig Bemerkenswertes. Dabei wimmelte das Land von auffälligen Gestalten. Weiß gekleidete Mönche warteten in der Wüste auf den großen Endkampf zwischen Licht und Finsternis. Am Tempel walteten die Priester in prächtigem Ornat ihres Amtes. Propheten und Einsiedler wie Johannes der Täufer predigten in der Wüste, die einen verkündigten das Heil durch vegetarische Lebensweise, die anderen die Buße vor dem nahen Weltgericht. Politische Heilbringer rissen – alle paar Jahre – die Schwerter heraus, um die Römer zu vertreiben, und alle paar Jahre standen neue Kreuze in der Landschaft, an denen wieder eine Hoffnung Israels zugrunde ging.

Aber wer war Jesus? Er tat, was viele taten: Er lehrte, er heilte, er zog diskutierend durch das Land. Er aß und trank und war gekleidet wie ein normaler Mensch. Er war für den ersten Blick so normal, dass spätere Zeiten immer wieder Mühe hatten, zu begreifen, warum eigentlich man ihn kreuzigte.

Auf den zweiten Blick erscheint er noch immer als ein Mann wie unzählige andere, aber nun in aller Unauffälligkeit von einer atemraubenden Freiheit und Kühnheit und von einer Unbestechlichkeit, von der zweitausend Jahre nichts haben verwischen können, und als dieser bedingungslos freie Mensch der Stifter einer Bewegung, die seit Jahrhunderten Generation um Generation inspiriert, wenn nicht beherrscht hat, der Wegweiser in eine neue Welt, wie Verschiedenes auch immer die Menschen von einer neuen Welt erhoffen mochten.

Noch dieser zweite Blick bietet eine vertraute Gestalt: den großen Menschen, den Religionsstifter, den Pionier der geistigen Entwicklung der Menschheit. Es bedarf eines dritten und vierten Blicks und eines langen Hinsehens, bis uns aufgeht, wie ganz und gar anders dieser Mensch war, wie wenig solche Worte wie »großer Mensch« oder »Religionsstifter« ihn treffen, wie fremd er in einer uns fremden Landschaft steht, und bis uns eine Ahnung davon aufgeht, wer er in Wahrheit war.

Abendländische Probleme

Der Abstand, aus dem wir Abendländer des 21. Jahrhunderts Jesus sehen, ist gewaltig. Wir sind zwar durch Herkommen und Gewohnheit immer noch und immer wieder mit ihm befasst, aber der Weg bis zu ihm hin ist unendlich lang. Es ist schwierig, Jesus zu begreifen; und da für einen gebildeten Abendländer nichts so unerträglich ist wie etwas, das er nicht begreift, reihen sich durch die Jahrhunderte hin die Versuche aneinander, ihn auf irgendeine Weise aus seiner Zeit zu lösen, ihm seine Freiheit zu nehmen und ihn zu zähmen, bis er nicht mehr seine eigenen Gedanken denkt, sondern die unseren. Drei solcher Versuche, die für das 20. Jahrhundert Bedeutung erlangten, sollen als Beispiele dienen:

Um 1900 behauptete ein Wissenschaftler in einem Buch, betitelt »Die Christusmythe«, Jesus von Nazaret habe nie gelebt. Vielmehr hätten die Christen eine Göttergestalt des orientalischen Mythos aus dem Himmel geholt, sie zu einer historischen Figur gemacht und danach wieder an ihren Platz im Himmel zurückversetzt. Es ist in der aufgeklärten Welt europäischer Gelehrtenstuben schon immer einen Versuch wert gewesen, das unbegreiflich Fremde für unwirklich zu erklären, da doch, was wirklich sein will, begreiflich sein muss. Das Buch hat eine Generation aufs Tiefste erregt und ist inzwischen vergessen. Kein noch so kritischer Forscher würde heute mehr wagen, an der Existenz jenes Jesus aus Nazaret zu zweifeln. Er hat so gewiss gelebt wie Barbarossa oder Bismarck.

Kurz danach entdeckte man, dass es im Leben und Denken Jesu einen Irrtum gegeben haben müsse, der in das dogmatische Bild von Christus, dem Sohn Gottes, nicht passe: seine Erwartung, das Ende der Welt stehe unmittelbar bevor. Aber nicht das himmlische Reich sei gekommen, sondern als bescheidener Ersatz die Kirche. Wir täten also gut, das Vergangene an Jesus in Galiläa zu lassen und nur das zu uns herüberzunehmen, das für uns tauglich sei: den großen ethischen Impuls, der von ihm ausging. Mittlerweile wird deutlicher, dass die Erwartung des nahen Endes mehr ein Problem der ersten Kirche war als ein Problem Jesu, und die Forschung neigt der Auffassung zu, Jesus habe über das Ende nie eine Zeitangabe gemacht, sondern immer nur gesagt, darüber wisse er nichts, das wisse Gott allein. Uns will heute scheinen, es sei für die Bedeutung dessen, was er gesagt und getan hat, wenig erheblich, ob diese Erde oder dieser Kosmos heute ihr Ende fänden oder in zehntausend oder zehn Milliarden Jahren.

Ein dritter Versuch bestimmte die Zeit zwischen den Weltkriegen: Jesus müsse ein schlichter Mensch gewesen sein und könne von sich nicht mehr gehalten haben, als ein Rabbi seiner Zeit von sich halten konnte. Er habe uns aber gezeigt, wie es um unsere Existenz in der Welt und vor Gott bestellt sei. Wenn er vom »Ende« gesprochen habe, habe er die Grenzen gemeint, denen wir uns gegenübersehen: den Tod, das Böse, das Leid. Dass er der »Sohn Gottes« sei, der Offenbarer, der Heilbringer, der Weltrichter, das habe erst seine Gemeinde nach seinem Tod gesagt, und sie habe damit ihrem Glauben Ausdruck gegeben, dass dieser Tod heilbringende Bedeutung gehabt hätte. Inzwischen ist man, was das Selbstbewusstsein Jesu betrifft, nicht mehr ganz so sicher. Wahrscheinlicher als all dies ist heute, dass er tatsächlich, was seine Gemeinde später von ihm bekannte, selbst von sich hielt.

Aber die Versuche gehen weiter. Jesus war ein verkappter Essenermönch. Jesus war ein heimlicher Zelot, ein politischer Aufrührer. Jesus ist gar nicht gestorben, man hat ihn halb tot vom Kreuz genommen, damit der große Betrug mit den Ostervisionen der Jünger inszeniert werden konnte. Immer folgen auf solche Thesen ein paar Jahre der Erregung, bis sich herumspricht, dass ihm auch so nicht beizukommen ist. Aber nicht nur die Vereinfachungen, auch die Erwartungen gehen weiter. Brauchen wir einen weisen Guru? Jesus war es. Brauchen wir einen politischen Parteigänger, rechts oder links? Jesus war es. Brauchen wir einen Garanten bürgerlicher Ordnung und Rechtschaffenheit? Jesus war es. Die Erfahrung freilich folgt alsbald auf dem Fuß, wo immer ehrlich gefragt wird, dass er in jedem Falle mehr gewesen ist und anderes und dass man ihn in dem Augenblick ganz sicher verfehlt, in dem man meint, man habe den einfachen, gemeinsamen Nenner aller seiner Äußerungen endgültig gefunden.

Das Haupthindernis freilich, das uns Menschen des 21. Jahrhunderts im Wege liegt, ist die Meinung, wir kennten ihn, da wir doch seinen Namen so oft gehört hätten. Gerade wir Bürger eines »christlichen« Landes werden gut tun, ihn immer und immer wieder dort aufzusuchen, wo er war und ist: in einem fremden Land und in einer fremden Zeit, in einem in fremder Sprache redenden Buch oder in Worten, deren Sinn uns kaum mehr zugänglich ist. Aber wer anfängt zu hören, wer anfängt hinzusehen, dem stehen die Chancen günstig: Es ist durchaus möglich zu verstehen, wer Jesus war.

Der große Einladende

Wir fragen nach unserer europäischen Gewohnheit: Was ist denn ganz sicher geschehen? Was hat dieser Jesus wirklich gesagt und getan, wenn wir alle Legenden und Mythen auf die Seite räumen? Wir finden: Unbestreitbar geschichtlich ist zum Beispiel, dass Jesus in seiner Heimat Galiläa als Lehrer umhergezogen und dabei auf eine ungewöhnliche und anstößige Weise als Gastgeber an fremden Tischen aufgetreten ist.

Etwa so können wir es uns ausmalen: Auf seinen Wegen durch Galiläa, irgendwo am See, in den Hügeln um Nazaret oder den Bergen von Obergaliläa kommt Jesus des Mittags oder des Abends in ein Dorf. Die Leute haben von ihm gehört, das Dorf kommt in Bewegung, irgendwo bildet sich ein Kreis von Zuhörern. Jesus redet. Ein Gespräch findet statt. Am Ende lädt ihn jemand zum Essen ein.

Betritt nun Jesus auf solche Weise das Haus eines frommen und gesetzestreuen Pharisäers, so sind seine Begleiter mit eingeladen. Aber darüber hinaus kann es geschehen, dass Leute, die nicht eingeladen sind, mit hineindrängen und dass Jesus unversehens zum eigentlichen Gastgeber wird.

Betritt Jesus aber das Haus eines, der nicht zu den Gesetzestreuen gehört, dann füllt das Haus sich mit all denen, die bei den Gastmählern der Frommen nicht erwünscht sind: den Armen, den Ungebildeten, den Sündern oder Sünderinnen, den Tagelöhnern oder gar den Zöllnern, die vom Volk Israel ausgeschlossen sind. Jesus speist mit seinen Begleitern, und jedermann hat Zugang zu seinem Tisch. Das ist höchst ungewöhnlich. Denn

Tischgemeinschaft bedeutete eine Ehrung des Gastes. Wer einen Gast einlud, bot ihm Frieden an, gewährte ihm Vertrauen, schloss mit ihm Bruderschaft. So war es im Orient seit Jahrtausenden, so ist es, wo noch orientalisch empfunden wird, bis heute. Und nicht nur das, der Fremde erhielt auch teil an der Gottesbeziehung des Hausherrn. Der Hausherr sprach den Lobspruch über dem Brot, dann brach er es und verteilte es unter die Gäste. Wenn Jahre später die Jünger in einer Ostervision Christus an der besonderen Weise erkannten, »wie er das Brot brach«, dann weist dies nicht so sehr auf das letzte Abendmahl in Jerusalem zurück, vielmehr muss das Brotbrechen bei den täglichen Mahlzeiten am Tisch Jesu etwas Besonderes und Charakteristisches gewesen sein. »Und siehe, als er zu Tisch saß, kamen viele Zöllner und Sünder und saßen mit Jesus und seinen Jüngern zu Tische« *(Matthäus 9,10)*.

Als er einmal auf Johannes den Täufer angesprochen wurde, sagte er:

> Mit wem soll ich dieses Volk vergleichen?
> Kindern, die nicht wissen, was sie wollen!
> Die auf den Märkten sitzen und einander anflennen:
> Wir spielen Hochzeit – und ihr wollt nicht tanzen!
> Wir singen Klagelieder – und ihr wollt nicht trauern!
> Johannes kam, aß nicht und trank nicht,
> und sie sagen: Er hat einen Teufel!
> Nun komme ich, esse und trinke, und sie sagen:
> Schaut! Ein Fresser und Weinsäufer,
> Kumpan von Ausbeutern und Gesetzlosen!
> *Matthäus 11,16–19*

Es muss an den Mahlzeiten Jesu etwas Festliches gewesen sein, etwas Fröhliches, das einen bestimmten Grund hatte:

> Einmal kamen die Jünger des Johannes zu ihm und fragten: Warum fasten deine Jünger nicht, da doch wir und die Pharisäer fasten? Jesus antwortete: Hochzeitsgäste können nicht fasten, solange der Bräutigam unter ihnen ist. Es werden Tage kommen, da wird man ihnen den Bräutigam nehmen. Dann werden sie fasten.
> *Matthäus 9,14–15*

Das Bild vom »Bräutigam« zeigt es – zu gefüllt mit Hoffnung ist dieser Vergleich dem Juden der Zeit Jesu: Da wird nicht nur ein Essen eingenommen. Da wird eine Hochzeit gefeiert, die Hochzeit Gottes mit seinem Volk, das Fest der Errichtung des Gottesreiches unter den Menschen. Da ist der Tisch frei für jeden, der mitfeiern will, und am Tisch versammelt sich weder die religiöse Elite noch der soziale Kehricht, sondern das neue brüderliche Gottesvolk der Armen und der Reichen, der Gerechten und der Ungerechten. Man feiert in der Begeisterung, vielleicht gar in der Ausgelassenheit der Stunde den Tag voraus, an dem Gott wieder seinem ganzen Volk nahe sein wird. Nicht weniger drückte man aus als die große Hoffnung Israels.

Selig sind die Armen

Das Fest der Tischgemeinschaft mit Jesus bezog auch jene ein, die von der Hoffnung Israels ausgeschlossen waren. Es ist bei Jesus, und nicht nur bei seinen Gastmählern, ein deutlicher »Zug nach unten« spürbar. Er nimmt Partei, und zwar klar und konsequent, für die am Rande der Gesellschaft.

Jesus war kein Königssohn wie Buddha, der freiwillig arm wurde. Er ist vielmehr unter den Armen aufgewachsen. Der Stall von Betlehem hat, mag die Weihnachtsgeschichte noch so farbig mit Legenden ausgemalt sein, seinen geschichtlichen Sinn. Eine solche Herkunft erfindet man nicht, wenn man einen Großen der Geschichte ehren will. Die Legende hat keine Farben für das Elend. »Der Stall am Anfang und der Galgen am Ende – das ist aus geschichtlichem Stoff«, sagt Ernst Bloch. Als die Eltern das Kind im Tempel darstellten und nach der Vorschrift ihr Opfer brachten, legten sie dem Priester zwei Tauben in die Hand. Zwei Tauben – das war das Zugeständnis an die Armen. Die Leute, mit denen Jesus danach in Galiläa aufwuchs, gehörten großenteils zur Schicht der Tagelöhner, die man »die Masse vom Lande« nannte, der wandernden Schafhirten, der Landarbeiter. Dazu kamen, ein wenig selbstständiger, ein wenig besser gestellt, die Handwerker, die Fischer vom See.

Nicht, dass die Pharisäer und Schriftgelehrten von Galiläa reich gewesen wären. Sie waren in der Regel Handwerker, aber sie waren vom einfachen Volk durch ihre Bildung getrennt. Sie gaben in den Dörfern den Ton an. Sie wachten über die religiösen Traditionen und die Sitte und taten es, wie die Hüter der Religion es bis heute vorwiegend tun: mit Hilfe einer kleinbürgerlichen, ängstlichen Moral. Was erlaubt war, wurde durch jahrhundertealte, sorgsame Auslegung des Gesetzes und der Propheten bestimmt. Was verboten war, wurde mit rigorosen Sanktionen unterbunden oder verurteilt.

Es gab auch Reiche, zumal in den Städten. Sie zeichneten sich freilich in der Regel nicht durch Bildung aus. Zu beiden aber, den gebildeten Schriftgelehrten und den bildungslosen Reichen, wusste Jesus sich nicht gesandt.

Seine Liebe galt vielmehr den Armen, den geistlich und den leiblich im Stich Gelassenen, den »verlorenen Schafen vom Haus Israel«, den Kleinen, den Einfältigen und wie immer die Worte lauten, mit denen Jesus die kennzeichnete, denen nach seiner Botschaft nicht nur seine Liebe, sondern vor allem die Liebe Gottes galt.

Man darf sich vorstellen, dass die berühmten Seligpreisungen des Lukas – in denen nicht von den »geistlich Armen«, sondern von den »Armen« die Rede ist – bei solchen Tafelrunden gesprochen wurden. Vielleicht – ich weiß es nicht – standen draußen am Zaun oder Hofeingang die Reichen, vielleicht sahen sie von den Nachbarhäusern aus zu und hörten, wie Jesus sich an seine Tischgäste wandte:

> Selig seid ihr Armen, denn das Reich Gottes ist euer!
> Selig seid ihr, die ihr jetzt hungert, ihr werdet satt sein.
> Selig seid ihr Weinenden, ihr werdet lachen.
> Selig seid ihr, wenn euch die Menschen hassen,
> wenn sie euch ausschließen und schmähen und verstoßen,
> als wäret ihr Verbrecher, weil ihr bei mir seid.
> Freut euch, wenn euch das zustößt, und seid glücklich,
> denn dasselbe taten eure Väter auch den Propheten.

Und vielleicht wandte sich Jesus an die Zaungäste:

> Wehe euch Reichen, keinen Trost werdet ihr finden!
> Wehe euch, die ihr den Bauch voll habt, ihr werdet hungern!
> Wehe euch, ihr Lacher, ihr werdet verzweifelt sein und weinen!
> Wehe euch, wenn die Menschen euch rühmen und ehren,
> denn das taten eure Väter von jeher den falschen Propheten.
> *Lukas 6,20–26*

In einer Rede an einen Vornehmen, der sich die Ehre gegeben hatte, ihn einzuladen, akzentuierte Jesus dasselbe unüberhörbar:

> Wenn du ein Mittag- oder Abendmahl gibst, dann lade nicht deine Freunde ein, nicht deine Brüder, nicht deine Sippe, nicht die reichen Nachbarn. Die haben das Geld, dich wieder einzuladen, und du wirst für dein Gastmahl bezahlt. Wenn du ein Essen gibst, dann rufe die Armen, Krüppel, Lahmen und Blinden. Dann bist du selig zu preisen, denn sie können es dir nicht vergelten. Deinen Lohn aber wirst du empfangen in der Auferstehung der Gerechten.
> *Lukas 14,12–14*

Als danach einer der Gäste ausrief: »Selig ist, wer am Festmahl im Reich Gottes teilnehmen darf«, griff Jesus das Stichwort noch einmal auf:

> Es war ein Mann, der bereitete ein großes Mahl vor und lud viele Gäste ein. Als die Stunde des Fests kam, schickte er seine Boten zu den Eingeladenen: Kommt! Es ist alles bereit. Aber jeder hatte eine andere Entschuldigung. Der erste ließ sagen: Ich habe einen Acker gekauft! Ich muss hinaus und ihn besehen. Ich bitte dich, entschuldige mich! Der zweite ließ sagen: Ich habe zehn Ochsen gekauft. Ich muss hingehen und sie abholen. Ich bitte dich, entschuldige mich! Der dritte ließ sagen: Ich habe eine Frau genommen, ich kann nicht erscheinen! Da kehrte der Bote um und berichtete alles seinem Herrn. Der wurde zornig und befahl: Schnell! Geh hinaus auf die Plätze und Gassen der Stadt, hole alle Armen und Krüppel, alle Blinden und Lahmen und führe sie herein! Als das getan war, meldete der Knecht: Was du befohlen hast, ist geschehen, es ist aber noch Platz! Da befahl der Herr dem Knecht: So geh auf die Landstraßen und an die Zäune und mache es dringlich! Hole sie alle herein, damit mein Haus voll wird. Ich sage euch: Von den Leuten, die zuerst geladen waren, wird keiner mein Festmahl kosten.
> *Lukas 14,16–24*

Der letzte Satz klingt wie eine Kampfansage. In der Tat ging der Streit, der mit dem Tod am Kreuz endete, von den fröhlichen Gastmählern in den galiläischen Dörfern aus.

Widerstand und kritische Fragen

Und er kam nach Nazaret, wo er aufgewachsen war, ging an einem Sabbat in die Synagoge und erhob sich, um vorzulesen. Man gab ihm die Rolle des Propheten Jesaja, und als er sie öffnete, fand er das Wort:

Der Geist des Herrn ruht auf mir.
Er hat mich beauftragt,
den Armen gute Botschaft zu bringen,
den Gefangenen die Befreiung
und den Blinden das Licht,
die Misshandelten zu erlösen
und die Zeit der Güte Gottes auszurufen.

Er schloss die Rolle, gab sie dem Diener und setzte sich, und aller Augen waren auf ihn gerichtet. Und er sprach: Heute ist dieses Wort erfüllt – und ihr könnt es hören! Sie stimmten ihm alle zu und staunten, denn Gottes Gnade war es, die aus ihm sprach. Und sie fragten einander auch: Ist das nicht Josephs Sohn? Ihr werdet mir das Sprichwort entgegenhalten, fuhr Jesus fort: Arzt, hilf dir selbst! Wir hören, was du in Kapernaum tatest, tu es nun auch in deiner Vaterstadt! Aber ich sage euch: Kein Prophet gilt etwas in seinem Vaterlande. Das ist die Wahrheit: In den Tagen des Elia, als die große Hungersnot war, lebten in Israel viele Witwen, aber nur zu einer einzigen wurde Elia gesandt: Die wohnte in Sarepta, draußen in Sidon! Viele Leprakranke lebten in Israel in der Zeit des Elia, nur einer wurde geheilt: Naaman, der Syrer. Da gerieten sie in Zorn, alle in der Synagoge. Sie standen auf, stießen ihn aus der Stadt hinaus und trieben ihn auf einen Felsen an dem Berg bei ihrer Stadt, um ihn hinabzustürzen. Er aber schritt mitten durch die Menge hinweg.
Lukas 4,16–30

Die Geschichte kann als Schlüssel dienen, wenn wir verstehen wollen, was sich in den galiläischen Dörfern auch sonst abgespielt hat. Wie in Nazaret, so dürfte ihm diese Art Ablehnung auch in anderen Dörfern widerfahren sein, denn überall war die Synagoge der Ort des Gesprächs über die Heilige Schrift. Hier klärte man Für und Wider, hier entschied man sich für oder gegen die Botschaft eines Predigers, und überall war die Synagoge der Hort der Rechtgläubigkeit. Vom Hort der Rechtgläubigkeit aber, an dem solche Worte laut werden, pflegt der Weg zur Hinrichtungsstätte kurz zu sein.

> Da schalt er die Orte, in welchen besonders viele seiner wunderbaren Taten geschehen waren und die doch nicht umkehrten: Weh dir, Chorazin! Wehe dir, Bethsaida! … Und du, Kapernaum, warst du nicht erhoben bis an den Himmel? Zur Hölle wirst du fahren!
> *Matthäus 11,20–23*

Das Wort des Jesaja, das Jesus in Nazaret zitiert, dass nämlich den Armen die Güte Gottes bezeugt werden solle, bezeichnet das Herzstück der Absicht Jesu, und er wandte es verschärfend an auf jene, die in diesen Dörfern unfrei waren, weil sie arm waren; die man blind schalt, weil sie das Gesetz nicht kannten; die von der Dorfgemeinschaft Misshandelten. Die Konsequenz, die er zog, war die herausfordernde Geste der Tischgemeinschaft mit diesen Leuten. Die Skala der Reaktionen reichte denn auch vom Unverständnis über Empörung und Beschimpfung bis zum Mordversuch und bis zu dem Vorwurf, er lästere Gott, oder zur Aufforderung an die Jünger, sich von ihm zu trennen, und dieser Widerstand erwies sich stärker als die Dankbarkeit und Bewunderung, die ihm so viele Menschen derselben Dörfer entgegenbrachten.

Jesus fand in jenem Wort des Propheten Jesaja die Aufforderung, alle Grenzen und Trennungen zu beseitigen. Nun galt aber für den Juden die Absonderung von den Sündern als strenge religiöse Pflicht. In Qumran waren nur die Reinen, die mönchischen Vollmitglieder, zur Mahlzeit zugelassen. Unter Pharisäern galt als ausgemacht, dass, wer mit Unreinen aß, seine eigene Reinheit und damit den Zugang zu Gott und zum Heiligen verlor. Ein jüdischer Kommentar jener Zeit sagt: »Es ist verboten, sich über einen zu erbarmen, der keine Erkenntnis hat«, und im 7. Kapitel des Johannesevangeliums ist das Urteil der Verantwortlichen in Jerusalem über Jesu Anhänger aufbewahrt: »Diese Masse, die das Gesetz nicht kennt – sie ist verflucht!«

Gott also, das war die Meinung, liebt die Gerechten. Ein Mensch muss, ehe Gott ihm vergibt, auf dem Wege zur Gerechtigkeit sein. Ein Armer, dem das Evangelium gelten soll, muss zuvor – im Bilde gesprochen – ein Reicher geworden sein. Einem Blinden dürfen die Augen erst geöffnet werden, wenn er nicht mehr blind ist. Einen Gefangenen zu befreien ist erst erlaubt, wenn er nicht mehr gefangen ist. Jesus deckt mit seinen Tischgemeinschaften diesen nicht nur unter Juden, sondern auch sonst unter Menschen verbreiteten Widersinn auf.

Weiß Jesus sich also zu den Verlorenen, nicht zu den Gerechten gesandt, so löst er für das Verständnis der Frommen seines Landes alle Moral auf und zerbricht die Fundamente der Religion. Er wurde ja nicht deshalb angefeindet, weil er das Gebot Gottes so radikal auslegte, wie er es in der Bergpredigt tat, sondern im Gegenteil deshalb, weil er es den Unmoralischen so unbegreiflich leicht machte.

Damit aber, dass Jesus die Grenze zwischen den Reinen und den Unreinen überschritt, wurden für ihn auch alle sonstigen mit rein und unrein zusammenhängenden Sitten und Gesetze gegenstandslos:

In jener Zeit kamen Pharisäer und Schriftgelehrte aus Jerusalem, und als die sahen, dass einige seiner Jünger mit unreinen, das heißt mit ungewaschenen Händen aßen, griffen sie ihn an: Warum missachten deine Jünger die Gebote der Ältesten und essen das Brot mit unheiligen Händen? Jesus antwortete: Wunderbar hat Jesaja euch durchschaut, ihr frommen Täuscher, als er schrieb: Dieses Volk ehrt mich mit den Lippen, aber die Herzen sind ferne von mir. Ohne Sinn ist es, dass sie mich ehren, denn ihre Lehren sind Erfindungen von Menschen und eigenmächtige Zutat.
Danach wandte Jesus sich an das Volk: Hört mir alle zu und begreift es! Nichts, was von außen in den Menschen eingeht, kann ihn unheilig machen und von Gott scheiden. Von Gott trennt ihn, was aus ihm herauskommt. Was von außen in den Menschen eingeht, geht ja nicht in sein Herz, sondern in seinen Bauch und wird wieder ausgeschieden. Was aber aus dem Menschen kommt, das macht ihn unrein. Von innen nämlich, aus dem Herzen, kommen die bösen Gedanken, Unzucht, Diebstahl, Mord und Totschlag, Ehebruch, Habgier und Gemeinheit, Hinterlist und Begehrlichkeit, Neid und Gotteslästerung, Überheblichkeit und Verbohrtheit. Das alles kommt von innen und macht den Menschen unrein.
Matthäus 15,1–20

Das Wort klingt sehr stark so, als hätte Jesus nicht nur die rituellen Waschungen für entbehrlich gehalten, sondern darüber hinaus auch gegen die Speisevorschriften verstoßen. Das würde erklären, warum für Petrus Jahre später ein mit den Speisegeboten zusammenhängendes visionäres Erlebnis, das in Kapitel 10 der Apostelgeschichte erzählt wird, so entscheidend wichtig wurde, dass er daraus die Freiheit gewann, auch die letzte Grenze, die zwischen Juden und Nichtjuden, unbekümmert zu überschreiten und sich ins Haus und an den Tisch eines Römers zu begeben – und zwar mit der »guten Botschaft für die Armen«.

Der Streit fand in der Regel in Diskussionen seinen Ausdruck, und so war Jesus von Dorf zu Dorf gezwungen, immer wieder denen zu begegnen, die ihn nicht verstanden oder nicht verstehen wollten, die ihn anklagten oder kritisch befragten. Er tat es mit drei Antworten.

Erste Antwort: Die Liebe ist größer

Jesus sagt: Die Ausgestoßenen, die Zöllner, die Gesetzlosen, die Sünder aller Färbungen sind nicht böse, sie sind nicht in erster Linie Frevler oder Gesetzesbrecher. Sie sind krank. Kranke brauchen nicht einen Richter, sondern einen Arzt. Und vor allem: Nur Kranke können ermessen, wie lebensnotwendig ein Arzt ist. Nur Schuldbeladene können empfinden, was es heißt, Schuld ablegen zu dürfen. Nur wer eine Wohltat empfangen hat, ist zur Liebe fähig. An der Liebe also, die ein Mensch hat, ist zu erkennen, wie Gott über ihn denkt.

Ein Pharisäer lud ihn zum Essen ein, und Jesus kam in das Haus und legte sich zu Tisch. In der Stadt lebte eine Frau, die sich an kein Gesetz hielt. Als die ihn bei dem Pharisäer speisen sah, brachte sie ein Glas mit Salbe, trat von hinten her zu seinen Füßen und weinte, netzte seine Füße mit ihren Tränen, trocknete sie mit ihren Haaren, küsste sie und salbte sie mit Salbe. Der Pharisäer sah es und dachte: Wäre der ein Prophet, dann wüsste er, was für eine Frau ihn anrührt: eine Sünderin! Da wandte sich Jesus an ihn: Simon, ich habe dir etwas zu sagen. Er erwiderte: Meister, rede!
Und Jesus sprach: Ein Geldverleiher hatte zwei Schuldner. Der eine schuldete ihm tausend Mark, der andere hundert. Als sie beide nicht bezahlen konnten, schenkte er ihnen ihre Schuld. Wer von den beiden wird ihm dankbarer sein? Simon antwortete: Ich vermute der, dem er mehr geschenkt hat! Du hast richtig geurteilt, erwiderte Jesus und fuhr fort,

> zu der Frau gewendet: Siehst du diese Frau, Simon? Ich kam in dein Haus, und du gabst mir kein Wasser für meine Füße. Sie aber hat sie mit Tränen genetzt und mit dem Haar getrocknet. Du gabst mir keinen Kuss, sie aber küsst, seit ich hier bin, unaufhörlich meine Füße. Du hattest kein Öl für mein Haupt, sie aber hatte Salbe für meine Füße. Daran ist eins abzulesen, und das sage ich dir: Ihr sind viele Sünden vergeben, denn sie hat viel Liebe. Wer wenig Vergebung empfängt, hat auch wenig Liebe. Und er wandte sich ihr zu: Deine Sünden sind dir vergeben! Da redeten die Gäste miteinander und fragten: Wer ist das? Der vergibt Sünden! Jesus aber sprach zu der Frau: Dein Glaube hat dich gerettet, geh in Frieden.
> *Lukas 7,36–50*

Die Geschichte steht nicht einsam da. Sie entspricht genau der Episode in Jericho, die sich zutrug, als Jesus auf dem Weg nach Jerusalem durch die Stadt zog:

> Jesus zog durch Jericho. Dort lebte ein Mann namens Zachäus, ein Großpächter im Zollwesen und reich. Der wollte Jesus sehen und kennenlernen, aber er stand in der Menge und konnte nichts sehen, denn er war klein. Da lief er den Leuten voraus und stieg auf einen Maulbeerfeigenbaum an der Straße. Als Jesus an die Stelle kam, sah er ihn oben sitzen und rief: Zachäus! Schnell, komm herunter! Ich muss heute in deinem Haus Rast machen. Zachäus beeilte sich, herunterzukommen, nahm ihn auf, bewirtete ihn und war glücklich. Als das die anderen sahen, murrten sie alle: Bei einem, der das Gesetz nicht einhält, kehrt er ein! Zachäus aber trat vor Jesus hin und sprach: Herr, die Hälfte meines Besitzes gebe ich den Armen, und wen ich betrogen habe, dem gebe ich vierfachen Ersatz. Da rief Jesus: Heute ist ein Tag des Heils für dieses Haus! Gehört nicht auch dieser Mann zu uns? Ich jedenfalls bin gekommen, die zu suchen und glücklich zu machen, um die sich keiner kümmert.
> *Lukas 19,1–10*

Wenn Zachäus ernst meint, was er sagt – und Jesus nimmt es ernst –, dann ist die Güte, die plötzlich aus ihm herausbricht, das Zeichen seiner Gesundung, das Zeichen, dass Gott sich ihm zugewandt und ihm seine Sünden vergeben hat, ihn also wieder aufnahm in das brüderliche Gottesvolk. Das aber ist das Ziel, das Jesus mit den Menschen verfolgt, und allererst mit denen, die er die »Kranken« nennt.

Zweite Antwort: Heimkehren ist möglich

Eines Tages erzählte Jesus das berühmte Gleichnis vom verlorenen Sohn. Er muss es in einer Situation getan haben, in der er herausgefordert war. Die Pointe liegt ja am Ende: dort, wo der ältere Bruder ins Spiel kommt, der zu Hause ist und darum einer Heimkehr nicht bedarf. Ich könnte mir vorstellen, dass Jesus diese Geschichte, in der am Ende ein Mahl bereitet und ein Fest gefeiert wird und es darum geht, ob auch alle Eingeladenen daran teilnehmen wollen, auf einem seiner Gastmähler in einem galiläischen Dorf erzählt hat, vor Freunden und Gästen, aber mit dem Blick auf die Gegner:

> Ein Mann hatte zwei Söhne. Der Jüngere sprach zu ihm: Gib mir den Teil vom Erbe, der mir zusteht. Da teilte der Vater das Erbe unter die beiden. Nicht lange danach packte der Jüngere zusammen, was er hatte, und zog in ein fernes Land. Dort verbrauchte er sein Vermögen auf liederliche Weise. Als alles verbraucht war, kam eine Hungersnot über das Land, und er litt Not. Da musste er sich einem Bürger jenes Landes anbieten, der schickte ihn als Schweinehirten auf seine Felder. Und er hätte gern gegessen, was die Schweine fraßen,

aber niemand gab es ihm. Da ging er in sich und sprach: Wie viele Tagelöhner hat mein Vater, die Brot haben im Überfluss, und ich gehe am Hunger zugrunde? Ich will mich auf den Weg machen und zu meinem Vater gehen und ihm sagen: Vater, ich habe unrecht getan gegen Gott und gegen dich. Ich bin nicht mehr wert, dass du mich »Sohn« nennst. Mach mich zu einem deiner Tagelöhner. Und er brach auf und kehrte zum Haus seines Vaters zurück.
Sein Vater sah ihn von Weitem kommen. Es tat ihm weh, ihn so zu sehen, und er tat ihm leid. Er lief ihm entgegen, fiel ihm um den Hals und küsste ihn. Da fing der Sohn an zu reden: Vater, ich habe unrecht getan gegen Gott und dich. Ich bin nicht mehr wert, dein Sohn zu sein. Aber da rief der Vater seine Knechte: Schnell! Bringt das beste Kleid und legt es ihm an! Steckt ihm einen Ring an den Finger und gebt ihm Schuhe an seine Füße! Bringt das gemästete Kalb und schlachtet es, und dann lasst uns essen und fröhlich sein. Denn der hier, mein Sohn, war tot und ist lebendig. Wir hatten ihn verloren und haben ihn wiedergefunden. Und sie fingen an, ein Fest zu feiern.
Der ältere Sohn war eben auf dem Feld. Als er nun zum Haus zurückkam, hörte er Musik und Reigentanz. Da rief er einen der Knechte und fragte, was das bedeute. Der antwortete: Dein Bruder ist wiedergekommen. Da hat dein Vater das gemästete Kalb geschlachtet, weil er ihn gesund wiederhat! Da wurde der ältere Bruder zornig und wollte nicht hineingehen. Der Vater aber kam heraus und bat ihn: Komm herein! Er aber erwiderte: So viele Jahre diene ich dir und habe noch nie ein Gebot von dir missachtet. Du hast mir aber nie auch nur einen Bock gegeben, dass ich mit meinen Freunden hätte feiern können. Jetzt aber, da er – dein Sohn! – kommt, der sein Vermögen mit den Huren verludert hat, schlachtest du für ihn das gemästete Kalb! Der Vater antwortete: Kind, du bist immer bei mir, und was mein ist, ist auch dein. Es ist aber nötig, ein Fest zu feiern und fröhlich zu sein. Denn er – dein Bruder! – war tot und ist lebendig. Er war verloren und ist wieder gefunden!
Lukas 15,11–32

Der Vater geht hinaus zum älteren Sohn und bittet ihn, sich mitzufreuen: Das ist die Brücke, die Jesus seinen Gegnern zur Versöhnung anbietet, den Gegnern, die das Fest der Armen um Jesus her sehen und am Tor oder am Zaun verharren, zornig und verbittert. Aber es ist zu vermuten, dass nur selten einer diese Brücke betreten hat, und es scheint, als habe Jesus, als die älteren Söhne endgültig draußen blieben, weniger auf erzählerischen Umwegen als vielmehr direkt, kämpferisch und kompromisslos von derselben Sache weitergesprochen.

> Zwei Männer gingen in den Tempel, um zu beten, der eine ein Pharisäer, der andere ein Zöllner. Der Pharisäer trat vor Gott und betete im Stillen: Ich danke dir, Gott, dass ich nicht bin wie die anderen Leute, die Räuber, die Betrüger, die Ehebrecher oder auch dieser Zöllner. Ich faste zweimal in der Woche und gebe den zehnten Teil meines Einkommens als Opfer. Der Zöllner stand im Hintergrund und wagte nicht, die Augen zum Himmel zu erheben. Er schlug an seine Brust und sprach: Gott, sei mir Sünder gnädig! Ich sage euch: Der ging gerechtfertigt in sein Haus, der andere nicht. Denn wer sich selbst erhöht, wird erniedrigt, wer sich selbst erniedrigt, wird erhöht.
> *Lukas 18,10–14*

Gut ist nicht, so kehrt Jesus die gesamte religiöse Welt des Judentums und der Moralisten aller Färbungen um, dass ein Mensch in Ordnung ist oder irgendwelchen Forderungen entspricht, sondern dass er heimkehrt, weil er der Güte des Vaters und des neuen Anfangs bedarf.

Dritte Antwort: Gott ist anders

Ich stelle mir noch einmal die Situation vor: In einem Haus oder Hof sitzen auf Matten die Begleiter Jesu in einer bunten Gesellschaft von allerlei Leuten. Am Zaun, hinter der Mauer oder am Hofeingang stehen andere, die Dorfältesten, die Schriftgelehrten, und schauen zu. Bitter. Ratlos. Verängstigt von so viel Freiheit. In Sorge um das Heiligste. Der eine oder andere greift Jesus an: Mit dem kannst du dich doch nicht an einen Tisch setzen! Mit dem! Mit dem! Und mit dem! Und Jesus erhebt sich und antwortet:

> Denkt euch einen Schafhirten. Der hat hundert Schafe. Ein einzelnes Tier läuft ihm weg. Er lässt die neunundneunzig allein in der Wüste, geht hin und sucht das verlorene, bis er es findet. Wenn er es gefunden hat, nimmt er es auf die Schulter und freut sich, und wenn er heimkommt, ruft er seinen Freunden und Nachbarn zu: Freut euch mit mir! Ich habe das Schaf wieder, das verloren war! Ist einer unter euch, der nicht so handeln würde? Ich sage euch: So freut sich Gott über einen Sünder, der umkehrt, mehr als über neunundneunzig Gerechte, die der Umkehr nicht bedürfen.
> *Lukas 15,4–7*

Ich stelle mir vor, dass nun einer der Zaungäste die Frage stellt: Wer von diesen Leuten ist denn eigentlich umgekehrt? Wer hat hier einen neuen Anfang gemacht? Wer hat für seine Schuld gebüßt? Wer hat sich den Tisch der Gerechten verdient? Und ich denke mir, dass Jesus auf eine solche Frage folgende Geschichte erzählt hat:

> Bei Gott geht es zu wie bei einem Hausvater, der am Morgen ausging, für seinen Weinberg Arbeiter zu dingen. Als er mit ihnen einig wurde über den Taglohn, sandte er sie in seinen Weinberg. Als er gegen neun Uhr wieder auf den Markt

ging, sah er dort andere untätig stehen und sagte: Auf! In den Weinberg! Was recht ist, will ich euch geben. Und sie gingen hin. Um die Mittagszeit ging er noch einmal aus und um drei Uhr und tat dasselbe. Um fünf Uhr endlich, am späten Nachmittag, sah er wieder andere dastehen und fragte sie: Was steht ihr hier den ganzen Tag müßig herum? Es hat uns niemand Arbeit gegeben, war ihre Antwort. Da forderte er sie auf: Kommt! In den Weinberg! Als es nun Abend wurde, sprach der Herr des Weinbergs zu seinem Verwalter: Rufe die Arbeiter und gib ihnen den Lohn! Fang bei den letzten an und geh durch bis zu den ersten! Da kamen die, die erst von fünf Uhr an gearbeitet hatten, und erhielten den üblichen Taglohn. Als aber die ersten kamen, meinten sie, sie bekämen mehr, erhielten aber, wie alle, den Lohn für einen Tag. Als sie den in der Hand hielten, widersprachen sie und hielten dem Besitzer vor: Die hier, die zuletzt kamen, haben nur eine Stunde gearbeitet, und du behandelst sie wie uns, die die Last und Hitze des Tages getragen haben. Er antwortete einem von ihnen: Mein Freund, ich tue dir kein Unrecht. Warst du nicht mit mir einig über deinen Taglohn? Nimm, was dein ist, und geh. Ich will aber diesem Letzten dasselbe geben. Oder kann ich mit meinem Geld nicht tun, was ich will? Bist du neidisch, weil ich großzügig bin? So werden, schloss Jesus, die Letzten die Ersten sein und die Ersten die Letzten.
Matthäus 20,1–16

Die Letzten. Wir würden sagen, um dasselbe zu treffen: Der letzte Dreck. Die Niemande. Die Verlorenen. Der Ausschuss. Die nichts mitbringen. Sie sind es, die Gott sucht und die noch vor den Tüchtigen und Verdienten ihren Lohn erhalten. Denselben wie die anderen.

Was Jesus damit meinte, blieb den Gästen am Zaun vermutlich nicht verborgen: Jesus zeichnet hier ein anderes Bild von Gott als die Lehrer des Gesetzes und beansprucht dabei nicht weniger als dies, dass er mit seiner bunten Tischgemeinschaft dem Wunsch und Willen Gottes Ausdruck gebe. In der Tat, das will Jesus anerkannt sehen:

Dass er, der den letzten Dreck an seinen Tisch holt, an der Stelle Gottes selbst einlädt. Dass er an der Stelle Gottes selbst die Sünden aufhebt. Dass er in Gottes Namen in Schutz nimmt, im Auftrag Gottes angreift. Dass er tut, was Gott tut. An dieser Stelle schieden sich die Geister endgültig, und wer je an diesem Selbstbewusstsein Jesu gezweifelt haben sollte, kann dies nicht beachtet haben.

In dieser Situation, die ich mir vorstelle, der Tischgemeinschaft Jesu angesichts der Gegner am Zaun, die vermutlich nur wenige überzeugt und viele verhärtet hat, gewinnt auch das viel umstrittene Wort, das Jesus an die Jünger richtet, seinen Sinn: »Euch hat Gott das Geheimnis seiner Herrschaft erschlossen, denen draußen aber bleibt alles rätselhaft, es sei denn, sie kehrten um, sodass Gott ihnen vergeben kann« *(Markus 4,11–12)*.

Das Geheimnis, das Jesus seinen Jüngern erschließt, ist eben dies, dass Gott anders ist. Dass Gott kein Buchhalter über Leistungen und Verfehlungen ist und sein Urteil über einen Menschen nicht das Ergebnis einer Rechnung.

Gott ist Güte. Es gibt keine Verwahrlosung der Seele, die Gott hindern könnte, einen Menschen als Gast an seinen Tisch zu holen. Er wertet anders als der Mensch, der sich zum Sachwalter der göttlichen Gerechtigkeit macht. Er sieht seine Söhne und Töchter in den Lumpen ihrer Armut und nimmt sie auf. Und der hilflose Versuch einer letzten Stunde, sich doch noch bei ihm einzufinden, reicht aus für den vollen Lohn eines Lebens. Diese Tatsache, die doch eigentlich beglücken müsste, die tröstlich sein müsste auch für die anderen, die sich einen ganzen Lebenstag Mühe gegeben haben, gerät, wo nach Art von Menschen gerechnet wird, gerade bei denen, die den ersten Anspruch erheben, zum Verhängnis und macht sie zu den Letzten.

Ein gewalttätiger Mensch

Seit den Tagen Johannes des Täufers leidet das Gottesreich Gewalt, und Gewalttäter plündern es aus« *(Matthäus 11,12)*. So hat Jesus nach dem Bericht des Matthäus ausgerufen, und Lukas fügt hinzu: »Und jedermann drängt mit Gewalt hinein« *(Lukas 16, 16)*.

Dieses merkwürdige Wort vom »Gewalttäter« muss Jesus aus dem Mund der Gegner aufgenommen haben. Jedermann, so muss der Angriff gelautet haben, nimmt hier alles in Anspruch: die Gemeinschaft mit Gott, die Vergebung der Sünden, die Vorfreude auf das Gottesreich und die Tischgemeinschaft, die das himmlische Fest vorwegnimmt. Aber keiner gibt sich, ehe er das Fest feiert, die Mühe, mit kleinen, sorgfältigen Schritten das Gesetz zu erfüllen und damit für den Eintritt ins Gottesreich bereit zu werden.

Eindringlinge! Gewalttäter! Dem Sinne nach etwa: religiöse Einbrecher, religiöse Diebe – so oder ähnlich müssen die Gegner Jesu von seinen Tischgenossen gesprochen haben, von den Gesetzlosen, die in die heiligsten Bezirke eindringen, deren Pforte doch nur mit dem Schlüssel der Gerechtigkeit geöffnet werden dürfe. Und Jesus nimmt den Angriff auf: Jawohl! Wir dringen mit Gewalt hinein! Mir scheint, hier zitiere Jesus ein Wort des Alten Testaments zu seiner Verteidigung und zum Schutz seiner zwielichtigen Gäste:

Sammeln will ich das ganze Israel.
Ich will sie vereinen wie Schafe im Pferch,
wie eine Herde auf der Weide –
eine tosende Menge von Menschen.
Micha 2,12

Denn Micha sagt hier weiter: Ehe das ganze Volk als heilige Gemeinschaft vereint leben kann, muss einer die Mauern durchbrechen, in denen die Menschen gefangen waren.

> Der Durchbrecher zieht vor ihnen her.
> Sie brechen durch, durchschreiten das Tor
> und drängen hinaus.
> Ihr König schreitet vor ihnen her,
> der Herr geht an ihrer Spitze.
> *Micha 2,13*

Die Bedeutung dieser Sätze, wie sie zu den Zeiten Jesu galt, scheint in einer später aufgeschriebenen jüdischen Auslegung festgehalten: »Der Durchbrecher ist Elia. Der König ist der Sohn Davids.« Exakt dies scheint Jesus zu meinen: Jetzt ist das Reich Gottes da. Elia ist durchgebrochen in der Gestalt des Johannes. Nach ihm brechen die Übrigen durch in die Freiheit eines brüderlich vereinten Volks – und ich bin es, der sie anführt.

Der Vorwurf, er sei ein gewalttätiger Mensch, traf Jesus selbst. Und Jesus beruft sich auf Elia, den gewalttätigsten unter den Propheten, wenn er von Johannes spricht: Elia ist wiedergekommen. In Johannes dem Täufer ist dieser Gewalttäter durchgebrochen. Auch Johannes hat euch nicht gefallen. Aber wer nicht den Mut hat zu einer harten Entscheidung, bricht nicht durch. Man kann das Alte nicht allmählich verbessern und verwandeln, es hilft nicht, den Gefangenen die Ketten des Gesetzes durch Hoffnung zu verschönen. Erst braucht der Mensch Freiheit, dann kann er ein Ziel ins Auge fassen, dann kann er sich ändern, dann kann er den Eingang ins Reich Gottes finden. Es geht nur mit Gewalt.

> Niemand flickt ein altes Kleid mit einem neuen Tuch. Der Flicken reißt doch wieder vom Kleid, und der Riss wird schlimmer. Man füllt auch nicht neuen, gärenden Wein in alte Lederschläuche. Sonst platzen die Schläuche, der Wein läuft aus, und das Leder ist zerstört.
> *Matthäus 9,16–17*

Jesus ist kein Reformer. Er bringt keine Verbesserung des Alten. Er bringt ein Neues, das sich mit dem Alten nicht verbinden lässt:

> Ihr sollt nicht wähnen, ich sei gekommen,
> Frieden zu bringen! Ich bringe das Schwert.
> Ich bin gekommen, Feindschaft zu stiften
> zwischen Sohn und Vater, Tochter und Mutter.
> Wer Vater oder Mutter mehr liebt als mich,
> wer Sohn oder Tochter mehr liebt als mich,
> der ist mein nicht wert.
> *Matthäus 10,34–37*

Wer das Neue, das Gottesreich, will, muss einen scharfen Schnitt ziehen zwischen dem, was bisher galt, und dem, was kommt. Und da die Familien die Träger der Tradition sind, werden und müssen die Familien daran zerbrechen. Das Gebot des Augenblicks ist nicht das Sowohl-als-auch, sondern das harte Entweder-oder.

Jesus unternimmt mit den Armen von Galiläa nicht die Gründung einer fortschrittlichen jüdischen Religion, sondern einen Vorgriff auf das Gottesreich, freilich ohne je zu sagen, wie nahe es sei.

Immer wieder fragten ihn seine Jünger: Wann kommt das Reich Gottes? Und Jesus hat es immer abgelehnt, darauf einzugehen. Die Erwartung, dass das Reich Gottes jetzt in Kürze mit einer gewaltigen apokalyptischen Katastrophe hereinbrechen werde, kam auf Jesus mehr aus seiner Umgebung zu, in der viele sie teilten, auch und gerade unter den Pharisäern. Sie war auch das Problem der ersten Gemeinde, die, noch unter dem Schock des Karfreitags stehend, die nahe Wiederkunft ersehnte und manche ihrer Hoffnungen nachträglich Jesus in den Mund legte. Für Jesus selbst spielte der Zeitpunkt, an dem das Reich kommen sollte, keine Rolle.

Aber das Reich Gottes, wenn es kommt, verlangt die Bereitschaft der Wartenden. Und das Reich Gottes kann jetzt schon auf dieser Erde vorweg gefeiert werden. Während um einen Tisch alle, die Frommen und die Gottverlassenen, mit Jesus versammelt waren, war das Reich Gottes »mitten unter ihnen«, wie Jesus sagt. Die Hochzeit war bereit. Wer wach war, wer bereit war, alles stehen und liegen zu lassen, war willkommen. Und wenn die »Zöllner und Huren« schneller kamen, dann fanden eben die Zöllner und Huren vor den Frommen und Gerechten ihren Platz.

Ein gewalttätiger Mensch? Er war es nicht. Aber die Gewalt der Tradition und der Rechtsordnung war so groß, dass die entschiedene Liebe und die Entschiedenheit eines Gewalttäters einander zum Verwechseln ähnlich sahen.

Das Ende einer Weltordnung

Wie unerbittlich seine entschiedene Liebe und die Tradition zusammenprallten, wird in einer anderen Begebenheit aufs Deutlichste sichtbar:

> In der Morgenfrühe begab sich Jesus in den Tempel und setzte sich, die Schrift auszulegen, und das ganze Volk drängte sich um ihn. Da brachten Schriftgelehrte und Pharisäer eine Frau, die auf frischer Tat im Ehebruch ergriffen

worden war, stellten sie zwischen Jesus und sich in die Mitte und fragten ihn: Meister, diese Frau wurde auf frischer Tat im Ehebruch ergriffen. Im Gesetz Moses ist die Steinigung vorgeschrieben. Was sagst du? Das fragten sie, weil sie ihm eine Falle stellen und ihn wegen seiner Antwort verklagen wollten.
Jesus aber bückte sich nieder und schrieb mit dem Finger auf die Erde. Als sie ihn nun weiter fragten und nicht abließen, richtete er sich auf und antwortete: Wer unter euch ohne Sünde ist, werfe den ersten Stein. Dann bückte er sich wieder und schrieb auf die Erde. Die Männer aber gingen hinaus, als sie das hörten, einer nach dem anderen, bei den Ältesten angefangen, und Jesus blieb allein, und die Frau stand in der Mitte. Da richtete er sich auf und fragte sie: Frau, wo sind sie? Hat dich niemand verurteilt? Sie antwortete: Niemand, Herr! Ich verurteile dich auch nicht, schloss Jesus. Geh und sündige von nun an nicht mehr.
Johannes 8,1–11

Der Vorgang vollzieht sich zunächst nach täglicher Gewohnheit. Eine Rechtsfrage soll geklärt werden. Ein Lehrer wird befragt und gibt sein Urteil ab. Aber da geschieht nun auf zwei Ebenen darüber oder darunter etwas für damalige Beobachter Atemberaubendes. Wenn wir den einfachen Wortsinn aus der Antwort Jesu hören, meint er: Wer unter euch seiner Frau nie untreu gewesen ist, werfe den ersten Stein. Jesus behauptet also gegen alle orientalische Sitte und gegen die Überzeugung der Männer aller Zeiten und Zonen, der Ehebruch des Mannes sei ganz ebenso zu beurteilen wie der der Frau. Wer Männer nicht steinigt, kann auch eine Frau nicht steinigen. Die bemerkenswerte Ritterlichkeit, die Jesus den Frauen gegenüber zeigt, bedeutet aber auf der anderen Seite eine grundsätzliche Missachtung aller Rangregeln jener Zeit, eine Gleichgültigkeit gegen Gesetz und Sitte. Es war in den Augen der Zeitgenossen durchaus ungewöhnlich, dass Jesus sich von Frauen ansprechen ließ, dass er sie ansprach und

Gespräche mit ihnen führte. Das tat ein Gesetzeslehrer nicht; mehr: Es war anstößig. Es war Missachtung nicht nur einer Sitte, sondern einer Weltordnung.

Nun geschieht aber noch etwas Zweites. Wenn ein Rabbi gefragt wurde, wie denn in diesem oder jenem Fall zu urteilen sei, dann verwies er in der Regel auf Mose und die Propheten mit der Formel: »Es steht geschrieben ...«, oder auf die Auslegungstradition der Rabbinen: »Rabbi X sagt ...« So besteht die Antwort, die Jesus gibt, indem er auf die Erde schreibt, in einem wortlosen Hinweis auf eine Stelle des Alten Testaments. Die lautet: »Die dich verlassen, werden zuschanden. Die Abtrünnigen werden auf die Erde geschrieben« *(Jeremia 17,13)*.

Der Ehebruch ist in Israel seit sehr alten Zeiten ein Bild für die Untreue eines Menschen oder des ganzen Volkes gegenüber Gott. Wer Gott verlässt und einem Götzen huldigt, bricht die »Ehe«. Jesus zeigte also den Schriftgelehrten, die ihre Bibel auswendig kannten, welche Überlegungen er an die Anklage »Ehebruch« anschloss. Er legte das Gesetz aus mit Hilfe einer einfachen Geste, und diese Geste war zugleich eine Anklage gegen die Richter. Das Moralische, so dürfen wir Jesus verstehen, ist immer Ausdruck eines Glaubens. Der Glaube ist das Erste, das Handeln das Zweite. Das Erste ist die Treue gegen Gott, das Zweite die Treue gegen den Menschen. Wie kann jemand über Ehebruch urteilen, der Gott die Treue bricht? Seine Antwort lautet dann: Wer unter euch nie mit Unglauben zu tun hatte, werfe den ersten Stein auf die Ehebrecherin. Die Antwort traf genau. »Sie gingen hinaus, einer nach dem anderen.« Und sie war zugleich ein Affront gegen alle Moralordnung und gegen jede Art Gesetz, auf das man einen Staat oder gar ein »heiliges Volk« gründen konnte.

Es war nicht viel gegen die Antwort Jesu vorzubringen, aber bei dem ungeheuren Gewicht, das sie für die dem Gesetz so streng verpflichteten Hörer hatte, konnte sie nur mit dem Tod dessen gesühnt werden, der sie gegeben hat. Mit dem stellvertretenden Tod des Mannes, der so sprach, für das arme, vor ihm stehende Menschenkind. Es heißt Jesus für sehr ahnungslos halten, wenn man meint, ihm sei diese Konsequenz nicht klar gewesen.

Eine andere Geschichte fügt sich ungleich einfacher an, harmloser und unbedeutender. Es ist die Geschichte, die erzählt, wie Jesus Kinder gesegnet habe. Aber was dabei geschah, war im Grunde dasselbe, das angesichts der Ehebrecherin im Tempel geschehen war. Die Segnung der Kinder vollzog sich keineswegs in der Atmosphäre eines Nazarenerbildes zwischen einem sanften Jesus und strahlenden Kinderaugen, sie war vielmehr ein Angriff ähnlich der vorigen Geschichte:

> Lasst die Kinder zu mir kommen! Hindert sie nicht. Solchen gehört das Reich Gottes! Denn wer das Reich Gottes nicht annimmt wie ein Kind, wird nicht hineinkommen.
> *Markus 10,14–15*

Den Kindern das Reich Gottes? Es ist für Mitteleuropäer von heute in keinem Sinn mehr nachfühlbar, wie unerhört das war. Bis zum zwölften Jahr reichte die Kindheit. Danach begann die Zeit, in der man im Gesetz unterwiesen wurde. Das Reich Gottes gehörte aber nach allgemeiner Überzeugung dem, der von seinem zwölften Jahr an das Gesetz und den Ritus lernte und einübte und sich im Gehorsam bewährte. Einem Kind, das vom Gesetz nichts wusste, konnte das Reich Gottes unmöglich gehören. Wer vom Gesetz nichts wusste, war ein Heide, ein Abtrünniger, ein Sünder, ein Verfluchter. Ein Kind hatte seinen Zugang zu Gott, den Zugang zum Reich, nur durch Vermittlung seines Vaters, falls der Vater das Gesetz einhielt. Wenn nun Jesus sagt: »Das Reich Gottes gehört den Kindern«, könnte er ebenso gut sagen: Das Reich Gottes gehört den Gottlosen, wie er ja auch gesagt hat: »Die Zöllner und die Huren werden vor euch im Reich Gottes sein.« Und das eben war ein Angriff auf das Heiligste, auf Gesetz und Ordnung, und das heißt auf das Einzige, auf das Israel seine Hoffnung setzen konnte. Wer das Gesetz für überflüssig erklärte, stellte sich außerhalb Israels. Und ebendies tat Jesus mit klarem Bewusstsein.

War Jesus ein Revolutionär?

Ich weiß nicht, wie viele Revolutionen und wie viele Pläne zu Revolutionen im Lauf der Jahrhunderte von Worten Jesu inspiriert worden sind. Es dürfte kaum ein Jahrhundert gegeben haben, in dem nicht irgendwo irgendwer im Namen Jesu zu irgendeiner Revolution aufgerufen hätte. In der Tat gibt es Berichte über Jesus, in denen seine Geste und sein Wort denen eines Revolutionärs gleichen, wie etwa bei seinem Auftritt gegen die Händler im Tempel. Und es gibt Worte von ihm mit so markant sozialem Klang, dass es nicht schwerfällt, mit ihrer Hilfe die Parteinahme für Unterdrückte zu rechtfertigen:

> Ich bin hungrig gewesen, und ihr habt mich gespeist.
> Ich bin durstig gewesen, und ihr habt mich getränkt.
> Ich bin heimatlos gewesen, und ihr habt mich aufgenommen.
> Ich bin nackt gewesen, und ihr habt mich bekleidet.
> Ich bin krank gewesen, und ihr habt mich besucht.
> Ich bin gefangen gewesen, und ihr seid zu mir gekommen.

Was ihr einem unter diesen meinen geringsten Brüdern getan habt, das habt ihr mir getan.
Matthäus 25,35–40

Der Revolutionär hat seinen angemessenen Platz und Ausgangspunkt bei den Armen, den Entrechteten, den Ausgebeuteten, den Gefangenen. Bei denen unten. Er wendet sich entweder gegen den Reichtum der Reichen oder gegen den ungerechten Staat oder gegen die stille Gewalt überlieferter Ordnungen und Autoritätsverhältnisse. War Jesus ein Revolutionär?

Revolutionen richten sich gegen den Reichtum der Reichen und suchen die gerechte Verteilung der Güter. In dieser Front, so scheint es, steht Jesus, wenn er sagt: »Wehe euch, ihr Reichen! Leichter kommt ein Kamel durch ein Nadelöhr als ein Reicher ins Reich Gottes!« – Und dagegen: »Heil euch, ihr Armen, euer ist das Reich Gottes!«

Als ein Reicher zu ihm kam, um sich ihm anzuschließen, forderte er ihn auf, seinen Reichtum zu verschenken und arm zu werden. Aber merkwürdig: Nirgends ruft er zur Enteignung der Reichen. Nirgends erwartet er das Heil der Armen von ihrer Teilhabe an den Gütern der Reichen.

Für Jesus ist der Reichtum eine Macht, die den Menschen besetzt, beherrscht und steuert und die dem Anspruch Gottes im Wege steht. Welchem der beiden Herren, Gott oder dem Geist des Geldes, der Mensch gehorchen will, muss er entscheiden. Es geht Jesus also nicht um die Neuverteilung von Land oder Besitz, sondern um eine neue Art, gerecht zu sein. Der Reichtum wird verdammt, weil er den Menschen an seiner Wandlung hindert.

»Der Reichtum erstickt das Wort«, sagt Jesus. Das Wort

fällt wie ein Korn in die Erde, aber das Gestrüpp wächst auf und erstickt die Frucht. Revolutionäre reden anders.

Revolutionen richten sich gegen die ungerechte Herrschaft von Fürsten oder Staaten. Und Jesus sagt wohl auch:

> Ihr wisst, wie es zugeht. Die Machthaber regieren ihre Völker zugrunde, die Herrschenden drücken sie mit Gewalt zu Boden.
> *Markus 10,42*

Aber es folgt kein Ruf zum Aufruhr. Das Streitgespräch über die Zinsmünze klingt anders:

> Da fragten ihn einige von den Pharisäern: Meister, wir wissen, dass du kein Unrecht willst und nur lehrst, was Gott geboten hat. Du lässt dich durch Meinungen nicht bestimmen und redest niemand nach dem Munde. Sage uns: Ist es richtig, dass man dem römischen Staat Steuern zahlt? Jesus, der ihre Unredlichkeit durchschaute, antwortete: Ihr Lügner, was soll diese Falle? Zeigt mir die Steuermünze! Und sie reichten ihm einen Denar. Er fragte: Wen zeigt das Bild? Wen nennt die Inschrift? Sie antworteten: Den Kaiser. Da sprach er: So gebt dem Kaiser, was dem Kaiser zusteht, und Gott, was Gott gebührt. Als sie das hörten, wunderten sie sich, ließen von ihm ab und gingen davon.
> *Matthäus 22,16–22*

Jesus forderte von den Juden immerhin, dass sie jenen Staat anerkannten, dessen Geld sie benutzten. Er war Realist genug, um sich nicht in die lange Reihe der Fanatiker, die das römische Machtsystem gewaltsam aufzubrechen suchten, einzureihen. Soweit wir sehen können, hat er weder je an Revolution gedacht noch je revolutionär agiert. Er lehnte die Vermischung von Politik und religiösen Hoffnungen ebenso ab wie alle Träume von politischer und gesellschaftlicher Selbsterlösung von unerlösten Menschen.

Revolutionen richten sich gegen Überlieferungen, Gesetze und Moralvorschriften, und Jesus tut dies auch. Das berühmte: »Den Alten ist gesagt ..., ich aber sage euch ...« hat den Klang eines revolutionären Neubeginns, der sich gegen das Gesetz Gottes zu richten scheint. Nun traf Jesus aber dieses Gesetz in einer Form an, in der es dem Glauben nicht mehr dienlich, sondern eine selbstständige Macht war, eine gesellschaftliche Gewalt, die den Glauben des Menschen beherrschte. Ist das Gesetz aber eine eigene Macht geworden, dann wirkt es, wie Reichtum wirkt: Es verhindert die Begegnung mit dem lebendigen Gott. Es verhindert trotz aller Forderungen nach Devotion die wirkliche Hingabe. An Gottes Stelle ist das Aufsichtsamt von Menschen getreten und an Stelle des Glaubens die Leistung des Menschen. Gott ist verschwunden hinter dem Gesetz und der Mensch hinter Leistung oder Schuld.

Jesus löste das Gesetz aus den Überlieferungen und machte es wirksam. Und er löste den Menschen aus dem Gesetz und machte ihn fähig, ihm als freies Wesen gerecht zu werden. Denn wenn das Gesetz Gottes frei ist von den Zusätzen der Menschen, ist es wirksamer als vorher. Es greift nun unmittelbar zu, ohne Allgemeinplätze und ohne Kasuistik. Und das mag der Grund sein, warum die Anweisungen Jesu, die nichts sind als Auslegungen des Gesetzes Gottes, bis ans Ende der Welt ihre unverbrauchte Frische behalten.

Revolutionäre sind gewöhnlich der Überzeugung, das Alte sei ganz und gar der Zukunft zu opfern. Stalin hat gesagt: »Wer die Zukunft will, darf nicht nach der Vergangenheit fragen.« Und Jesus: »Wer seine Hand an den Pflug legt und sieht zurück, der ist nicht geschickt zum Reich Gottes.« Aber wenn Jesus meint, der Mensch habe die Freiheit, Gesetze und Traditionen zu überprüfen und am Willen Gottes zu messen, dann hat er doch ein ganz anderes Ziel. Und er hat ein ganz anderes Verfahren, das etwa lautet: Der Zukunft darf der Mensch ebenso wenig geopfert werden wie der Vergangenheit. Der Mensch ist nicht das Opfertier für eine bessere Zukunft, sondern er selbst, der Mensch, geht seiner Erlösung entgegen.

Das Reich Gottes ist nicht die Gesellschaft der Zukunft. Es ist nicht eine Utopie, auch nicht nur eine Hoffnung. Es ist schon im jetzigen Augenblick auf dieser Erde. Es ist ein »Gebiet«, in dem Gott herrscht, das größer wird und immer mehr Menschen umfasst, in das man »eintreten« kann, zu dem man gehören, in das man andere führen kann. Das Reich Gottes ist die Gerechtigkeit, die in den Menschen und unter den Menschen wächst und sie verbindet. Es ist so groß wie die Güte und der Glaube des Menschen und so groß wie die erlösende Macht Gottes. Am Ende aber wird, was in der sichtbaren Welt gewachsen ist und was Gott bewirken will, zusammenschmelzen zum Reich Gottes.

War Jesus ein Revolutionär? Er war es nicht. Und so sinnvoll es sein mag, dass viele Christen im Sozialismus einen zwar nicht ideologischen, aber doch sozialpolitischen Verbündeten erblickt haben, so deutlich ist doch, dass man Jesus unter die Revolutionäre nur dann einreihen kann, wenn man ihn, seine Botschaft, sein Wollen und Werk von Anfang bis Ende missversteht. Ist das alles? Nein. Jesus war auch ein Revolutionär. Aber in welchem Sinn?

Die Seele gegen den Mächtigen

Es steht fest, dass Jesus vom politischen Elend seines Volkes aufs Tiefste betroffen war und sein Bemühen dahin ging, eine Katastrophe zu verhindern. Da saß Jesus auf dem Ölberg, die Stadt vor Augen, in der ein Aufstand dem anderen folgte, ein Blutbad dem anderen, eine Strafaktion der Römer der anderen, und rief aus:

> Jerusalem! Jerusalem! Du tötest die Propheten und steinigst die Boten Gottes. Wie oft habe ich deine Kinder versammeln wollen, wie eine Henne ihre Küken unter die Flügel nimmt, und du hast nicht gewollt!
> *Lukas 13,34*

Diese Worte sind nicht nur auf Politik zugespitzt, aber eben sehr deutlich auch auf Politik. Das Bildwort von der Henne und ihren Küken ist deutlich. Eine Henne birgt ihre Küken, wenn Gefahr ist, wenn ein Raubvogel herabschießt. Der römische Adler kreist über der Stadt, bereit, herabzustoßen, und es geht um die Rettung der Menschen in dieser Stadt.

Weiterhin steht fest: Jesus sah im Staat keine religiöse Einrichtung. In dem Gespräch über die Zinsmünze bringt er das Verhältnis zwischen dem Staat und seinen Bürgern auf die einfache, nüchterne Gleichung: Das Geld kommt vom Kaiser. Er tut also etwas für euch. So viel er für euch tut, sollt ihr für ihn tun. Das bedeutet: Der Staat ist keine göttliche Einrichtung. Er ist ein menschliches Unternehmen. Er fordert Leistungen und ist zu Leistungen verpflichtet. Die Grenze des Gehorsams liegt in der Anweisung: Gebt Gott, was ihm gebührt. Petrus formuliert ähnlich: »Man muss Gott mehr gehorchen als den

Menschen« *(Apostelgeschichte 5,29)*. Das ist insgesamt eine denkbar nüchterne, einfache, praktikable Staatslehre.

In diesem Zusammenhang mag es auffallen, dass es bei Jesus kein Gebet für die Obrigkeit gibt. Weder für Kaiphas noch für Herodes, weder für Pilatus noch den Kaiser in Rom fordert oder leistet Jesus irgendein Gebet, obwohl doch im Tempel in Jerusalem täglich für das Wohl des Kaisers geopfert wurde. Nicht dem Kaiser, wohlgemerkt, wurde geopfert, sondern Gott mit der Bitte um Segen für den Kaiser. Aber nicht einmal diese für einen antiken Menschen sparsamste Form des religiösen Eintretens für die Repräsentanten des Staates ist bei Jesus auch nur in Andeutungen zu finden. Das Vaterunser schweigt von der Obrigkeit. So sachlich, so ganz und gar unreligiös sah Jesus die politische Landschaft.

Außerdem steht fest: Jesus gehörte keiner der damaligen politischen Gruppen an. Das Gespräch über die Zinsmünze beginnt mit der Anrede: »Du bist unabhängig und redest niemand nach dem Munde.« Da gab es die Partei der Mitläufer: die Sadduzäer und die Hofpartei des Herodes. Da gab es die Gruppe der Berufsrevolutionäre: die Zeloten. Da gab es zum Dritten die in der Distanz abwartenden Apokalyptiker: die Essener und die Pharisäer.

Mit den ersten beiden hatte Jesus nichts gemeinsam. Von den Essenern trennte ihn ihre elitäre Asketik und ihr kämpferischer Hass, von den Pharisäern ihre konventikelhafte Enge. Im Grunde verkörperte er für die damalige Zeit eine bis dahin unbekannte vierte Form politischen Wirkens, und ob man die revolutionär nennen mag, darf offenbleiben.

Für Jesus war das Erste und Gewisseste, dass der Gewalt keine Zukunft innewohnt. Sie weicht stets und immer wieder einer anderen Gewalt und ist bis zum letzten

Rest vergänglich. Der Kaiser mag sich als Vertreter oder als Gegenspieler Gottes gebärden – es gibt für Gott weder einen Vertreter noch einen Gegenspieler.

Das Zweite und ebenso Gewisse ist für Jesus dies, dass man den Mächtigen nicht mit Gewalt, wohl aber mit der Kraft der Seele überwindet. In diesem Sinne aber widersteht Jesus nun buchstäblich jeder Form von Gewalt, die ihm begegnet, nämlich jeder der damaligen Gruppen: den Schriftgelehrten, den Priestern, den Zeloten, den Phärisäern, den Essenern, den Mitläufern und den Römern selbst. Und dazu bedarf es keiner revolutionären Geste, sondern nur der schlichten Gewissheit, dass das Reich Gottes da ist. Am Ausgang dieses Kampfes ist für ihn kein Zweifel möglich: Er wird mit dem Sieg des einsam Widerstehenden enden, und sei es durch den Untergang hindurch.

Man hat oft angenommen, Jesus leiste dem Bösen keinen Widerstand, so als wolle er den Mörder morden und den Gewalttäter Gewalt tun lassen. Etwa, wenn er sagt:

> Ihr habt gehört, dass da gesagt ist: Auge um Auge, Zahn um Zahn! Ich aber sage euch, dass ihr dem Bösen nicht widerstreben sollt, sondern wenn dich einer auf die rechte Backe schlägt, dann biete ihm auch die andere. Ihr habt gehört, dass da gesagt ist: Du sollst deinen Nächsten lieben und deinen Feind hassen. Ich aber sage euch: Liebet eure Feinde, segnet, die euch fluchen, tut wohl denen, die euch hassen. Bittet für die, die euch beleidigen und verfolgen. So werdet ihr Söhne eures Vaters im Himmel sein, denn er lässt seine Sonne aufgehen über die Bösen und die Guten und lässt regnen über Gerechte und Ungerechte.
> *Matthäus 5,38–45*

Es geht also nicht darum, ob man das Böse gewähren lassen solle oder nicht, es geht vielmehr um das wirksamste Mittel zu seiner Überwindung. Jesus selbst hat dem Bösen jederzeit klaren Widerstand entgegengesetzt, und als er vor dem Hohen Rat von einem Gerichtsdiener einen Schlag erhielt, bot er ihm nicht die andere Backe, sondern fragte nach der Prozessordnung. Aber welches ist jeweils das wirksamste Mittel des Widerstands? Welche Art des Angriffs oder der Abwehr entspricht den Möglichkeiten des Bedrohten am genauesten? Was will einer erreichen, auf welches Ziel hin will er seine Kraft einsetzen? Das Mittel, mit dem er wirkt, darf dem Ziel nicht widersprechen. Der Zweck heiligt die Mittel keineswegs. Ist das Ziel ein alle Menschengewalt überwindendes Gottesreich, dann kann es nur so gesucht werden, dass schon in der Wahl der Mittel die Überwindung aller Menschengewalt anschaulich wird.

Will ich zum Beispiel erreichen, dass ein Mensch lernt, sich von Gottes Herrschaft Erlösung zu versprechen, dann muss ich ihm Gelegenheit geben, sich zu ändern. Ich darf also gerade den Bösen nicht aufgeben, ihn nicht sich selbst oder den Konsequenzen seines Tuns überlassen. Ich muss ihn so sehen, wie er sein könnte. Ich darf ihm nicht seine Zukunft versperren, weil mir seine Vergangenheit nicht gefällt. Er ist für mich nicht der Böse, sondern der vielleicht Umkehrende. Antworte ich aber dem, der mit Gewalt, Lüge oder Betrug wirkt, wieder mit Gewalt, dann nehme ich ihm die Chance, sich zu ändern. Ich nehme ihm die Zukunft. Ich befestige nur das System, dessen er sich bedient.

Gewaltfreies Widerstehen ist die äußerste Form, in der wir für andere Menschen und ihre Zukunft Verantwortung übernehmen. Es ist ein Vorgriff auf das Reich Gottes und die Gemeinschaft aller Menschen. Es bringt uns in die Gefahr, dabei selbst der Gewalt zum Opfer zu fallen, aber es eröffnet den Blick auf den, dem wir dienen und der am Ende Sieger sein wird.

Man hat sich immer wieder darüber gewundert, dass Jesus, der an seine Nachfolger so harte Forderungen stellte, den Sündern und Sünderinnen so unbegreiflich nachsichtig begegnet ist. Aber darin liegt kein Widerspruch. Denn mit dem äußersten Anspruch an sich selbst verbindet der so Handelnde äußerste Duldung der Unzulänglichkeiten des anderen, seiner Schwäche und Haltlosigkeit. Denn in dieser Duldung schafft er die Bedingungen, unter denen ein dem Bösen verfallener Mensch die Hoffnung fassen kann, frei zu werden, sich zu ändern, etwas Neues und Mutiges auf das Reich Gottes hin zu tun.

Wider die religiösen Mittelsmänner

Klarer Aufstand begegnet uns dort, wo Jesus mit Autoritäten auf dem religiösen Feld zu tun bekam. Wo sich Herkommen und Machthunger im Namen Gottes etabliert hatten, lag in der Tat Zündstoff für einen gründlichen Umsturz, und wenn man den Geist des Aufruhrs bei Jesus suchen will, findet man ihn etwa in der folgenden, unauffälligen Geschichte:

Während Jesus in Kapernaum in einem Haus redete und die Menschen sich bis vor die Tür drängten, brachten einige einen Gichtkranken. »Und da sie nicht zu ihm gelangen konnten, deckten sie das Dach ab, gruben es auf und ließen das Bett mit dem Gichtbrüchigen hinunter. Als Jesus ihren Glauben sah, sprach er zu dem Kranken: Mein Sohn, deine Sünden sind dir vergeben! Es waren aber einige Schriftgelehrte dabei, die dachten: Das ist Gotteslästerung! Wer kann Sünden vergeben außer Gott? Jesus erkannte, dass sie so

dachten, und sprach: Warum denkt ihr so? Was ist leichter, zu dem Kranken zu sagen: Dir sind deine Sünden vergeben – oder: Steh auf, nimm dein Bett und geh? Ihr sollt aber erkennen, dass ich Macht habe, auf der Erde Sünden zu vergeben! Und er sprach zu dem Kranken: Nimm dein Bett und geh! Und sofort stand der auf, nahm sein Bett und ging vor aller Augen hinaus.
Markus 2,4–12

Sündenvergebung, das war allgemeine Überzeugung, stand allein Gott zu. Weil aber nun auf dieser Erde im Namen Gottes die Vergebung von Sünden von Menschen ausgesprochen werden musste, bedurfte es der Mittelsmänner, der Priester. Der Ort, an dem das geschah, war der Gottesdienst.

Wer war nun dieser Jesus von Nazaret, dass er diese Instanz überging? Dass er den Gottesdienst im Tempel nicht brauchte und die bevollmächtigte Priesterschaft missachtete? Hier ging es für die Juden um den Kern der Sache: Gott wohnte im Tempel. Der Tempel war das Herzstück im religiösen Leben dieses Volkes. Im Tempel wurde geopfert, wurden die Sünden bekannt und wurde Gott angerufen. Im Tempel empfing man Segen und Vergebung. Was sollte geschehen, wenn der Tempel seine Heiligkeit verlor?

Vierzig Jahre später stand das Judentum vor der vollendeten Tatsache, dass der Tempel ausgefallen war. Es entwickelte danach die schon alte Tradition ohne Tempel, ohne Kult und ohne Priesterschaft weiter: die Synagoge. »Euer Tempel wird ein Trümmerhaufen sein«, hatte Jesus prophezeit. »Kein Stein wird auf dem anderen bleiben.« Nach dem Untergang Jerusalems im Jahre 70 war das sichtbar. Aber zu Jesu Lebzeiten war ein Zweifel an Tempel und Priesterschaft Gotteslästerung.

Als Jesus seinen berühmten Auftritt im Tempel beendet

hatte, als er »sie alle hinausgetrieben hatte samt Schafen und Ochsen«, die Händler und Krämer, als er den Wechslern das Geld verschüttet und die Tische umgestoßen hatte, wurde er gefragt: »Aufgrund welcher Vollmacht tust du das?« Da antwortete Jesus – und mit dieser Antwort erklärte er nichts, sondern verschärfte die eben ergangene Herausforderung:

> Brecht diesen Tempel ab! In drei Tagen will ich ihn aufrichten. Da sprachen die Juden: Dieser Tempel wurde in sechsundvierzig Jahren gebaut, und du willst ihn in drei Tagen aufrichten? (Er aber – so bemerkt Johannes – redete vom Tempel seines Leibes.)
> *Johannes 2,19–21*

Wenn die Angabe »in sechsundvierzig Jahren« zutrifft, dann fand das Gespräch im Jahre 26 statt, denn seit 20 vor Christus wurde am Tempel gebaut mit Hilfe Zehntausender von Arbeitern und Sklaven, und noch immer war er nicht fertig. Im Jahr 64, nach weiteren achtundzwanzig Jahren, wurde er endlich mit großem Pomp eingeweiht, und sechs Jahre später lag das neue Wunderwerk in Trümmern. »In drei Tagen willst du ihn aufrichten?« Dass Jesus nicht nur den Tempel abbrechen, sondern sich selbst an die Stelle des Tempels setzen wollte, verstanden seine Zuhörer nicht, und hätten sie Jesus verstanden, so hätten sie ihn auf der Stelle totgeschlagen.

Wenige Monate nach dem Tod Jesu nimmt ein griechischer Christ dieses Gespräch wieder auf. Stephanus wird vor den Hohen Rat geschleppt und angeklagt:

> Dieser Mensch redet unaufhörlich gegen Tempel und Gesetz. Wir hörten ihn sagen: Jesus wird den Tempel zerstören und das Gesetz Moses ändern. Und Stephanus antwortete: Der Herr spricht: Der Himmel ist mein Thron und die Erde Schemel meiner Füße. Was für ein Haus wollt ihr bauen, in

dem ich wohnen soll? Habe ich nicht selbst alles geschaffen, womit ihr baut?
Apostelgeschichte 7

Der Mann wurde ohne weitere Diskussion gesteinigt. In der langen Rede vor dem Hohen Rat hatte er zuvor an die ferne Vergangenheit angeknüpft, in der das Volk Israel in der Wüste gelebt hatte: Gab es dort einen Tempel? Fiel und stand die Beziehung des Volkes zu Gott nicht mit dem Glauben? Und waren der Tempel und die Priesterschaft nicht nur Anleihen aus den Traditionen, die man im heidnischen Kulturland angetroffen hatte? Jahrzehnte später malt die Offenbarung des Johannes an den Horizont der Welt das Bild der künftigen Stadt, in der Gott bei den Menschen wohnen werde, mit dem ausdrücklichen Hinweis: »Ich sah keinen Tempel in ihr. Gott, der Herr, selbst ist ihr Tempel.«

Erasmus von Rotterdam meinte, während Luther seinen einsamen Kampf gegen Kaiser und Kirche durchstand, Luther habe zwei Grundfehler begangen. Er habe den Mönchen nach dem Bauch und dem Papst nach der Krone gegriffen. Geschieht dies, dann sind in der Welt der religiösen Mittelsmänner Kompromisse unwahrscheinlich, denn dahinter steht immer die Frage, wem der Mensch gehöre, Gott oder den Mittelsmännern, und will man Christus einen Revolutionär nennen, dann kann man immerhin auf den unbedingten, den schlechthin auf Entscheidung angelegten Kampf verweisen, den er an dieser Stelle führte.

Glaubt nicht, ich sei gekommen, Frieden auf die Erde zu bringen. Ich bringe nicht Frieden, sondern das Schwert.
Matthäus 10,34

Ich bin gekommen, ein Feuer auf die Erde zu werfen, und nichts wollte ich lieber, als dass es brennte.
Lukas 12,49

Wer nichts hat, verkaufe sein Kleid und kaufe ein Schwert.
Lukas 22,36

War Jesus ein Revolutionär? Er war einer. Er war keiner. Sein Tod zeigt, dass er einer war. Er wäre sonst nicht umgebracht worden. Sein Prozess zeigt, dass er keiner war. Sonst hätte sich bei seinem Tod manches sehr anders abgespielt.

Warum wurde Jesus gekreuzigt?

Waren es religiöse Gründe? Kaum. Nie in der jüdischen Geschichte wurde ein Ketzer an die Feinde ausgeliefert und gekreuzigt. Waren es politische? Dazu war kaum Anlass. Jesus hat weder zum Bürgerkrieg noch zum Aufstand aufgerufen. Sein eigenes Volk verurteilte ihn wegen Gotteslästerung. Der Römer sah ihn in der Reihe der politischen Unruhestifter. Aber was stand wirklich dahinter?

Wir müssen uns dazu in ein Volk hineinversetzen, das buchstäblich seit achthundert oder mehr Jahren von einem brutalen Angreifer nach dem anderen um Frieden und Freiheit gebracht worden war. Waren es nicht die Ägypter, dann waren es die Assyrer, die Aramäer oder die Babylonier. Waren es nicht die Ptolemäer, dann waren es die Seleukiden oder schließlich die Römer. Die Zeiten, in denen dieses Volk im Frieden leben durfte, waren spärlich und kurz. Zur Zeit Jesu waren bereits wieder achtzig Jahre der Fremdherrschaft vergangen. Unter Herodes dem Großen war sie noch erträglich gewesen, unter den nachfolgenden, meist korrupten und verständnislosen Gouverneuren war sie endgültig unerträglich geworden. Immer wieder während der Lebenszeit Jesu ging ein verzweifeltes Aufbegehren durch das Land, immer wieder Morde, Aufstände, Blutbäder und immer wieder die immer härter zugreifende Fremdherrschaft.

In einer solchen Situation liegt alles am geschlossenen Willen, am Zusammenhalt der Unterjochten. Wer sich heraushält oder mit dem Feind gemeinsame Sache macht, den trifft der gemeinsame Hass aller. Die eigentliche Quelle ihrer Kraft lag aber für die Juden – und das war es, was die Gewalthaber kaum je begriffen – im Glauben. In ihrer Überzeugung: Wir stehen auf Gottes Seite, und Gott steht auf der unseren. Der Glaube an die Zuverlässigkeit Gottes hielt sie aufrecht und gab ihnen in aller Hoffnungslosigkeit Hoffnung.

Die Juden sprachen vom »Bund zwischen Gott und seinem Volk«. Die Zeichen dieses Bundes waren unter anderem der Tempel, in dem der eine und einzige Gott allein verehrt wurde, das Gesetz, das dem Gehorsamen das Leben und die Gemeinschaft mit Gott versprach, und ein Volk, das in konsequenter Treue an jedem Buchstaben dieses Gesetzes festhielt und insofern »rein« war, »heilig«.

Freilich, das alles musste einer Elite vorbehalten bleiben. So bildete sich ein gesetzestreues Kernvolk innerhalb einer Randzone von Gleichgültigen, von Sündern oder Kollaborateuren. Dass es diese Randzone gab, war dem frommen Juden ärgerlich genug, aber es war keine Katastrophe. Wenn und solange das Kernvolk sich deutlich abhob, lag im hoffnungslosesten Unternehmen eines Aufruhrs noch

Hoffnung und hatte es Sinn, auf das Eingreifen Gottes zu warten. So hing zur Zeit Jesu die ganze Zukunft Israels an der Treue des Kernvolks zu Tempel und Gesetz und an der Scheidung zwischen diesem Kernvolk und der Randzone. Und in ebendieser Lage erlebten die Juden den Angriff Jesu von Nazaret auf alles, was ihnen heilig war.

Zunächst löste Jesus vom Rande her die Grenze zwischen den Armseligen und den Sündern einerseits und dem gesetzestreuen Kernvolk andererseits auf. Er nahm die Hoffnung Israels für die in Anspruch, denen sie verweigert wurde. Er feierte mit den Leuten der Randzone das Mahl, in dem die künftige Herrlichkeit Israels und seines Gottes sich abbildete, und sagte: Dies will Gott! Er schilderte also Gott selbst als den, der die Struktur des heiligen Volks, an der die letzte, verzweifelte Hoffnung hing, auflöste.

Indem aber Jesus nicht das rituell reine, sondern das brüderliche Volk suchte, traf er mit seinem Angriff das Gesetz. Denn das Gesetz bestimmte ja eben, dass im Namen Gottes die Grenze zwischen Gehorsam und Ungehorsam, zwischen rein und unrein, deutlich zu markieren sei. Wem galt das Wohlwollen Gottes? Den Kindern, die nichts vom Gesetz wussten. Den Armen, die es nicht kannten. Den Sündern, die es missachteten. Einzige Bedingung war der Glaube.

Indem aber Jesus durch das Gesetz hindurchstieß, traf er den Tempel als das irdische Pfand für die Gegenwart Gottes. Er zerriss und zerstreute praktisch die Gemeinde, die sich im Namen Gottes und in der Hoffnung auf göttliche Nähe in diesem Tempel versammelte. Indem er durch den Kern des reinen Gottesvolkes stieß, traf er die Tempelpriesterschaft, die Schriftgelehrten und den Hohen Rat, die sonst durchaus nicht einer Meinung waren, so genau, dass er sie sich alle zugleich zu Feinden machte.

Im Namen der letzten, äußersten Hoffnung Israels zerstörte Jesus alles, woran diese Hoffnung sich klammern konnte, und nahm Israel die Kraft, die es im Kampf gegen den Unterdrücker Rom zu brauchen meinte. An die leere Stelle setzte er die durch nichts legitimierte Gemeinschaft der Fragwürdigen, der Armen, der Kleinen und der Unreinen. Es dürfte wohl der gefährlichste Angriff gewesen sein, dem das Judentum im Laufe seiner wechselvollen Geschichte aus den eigenen Reihen jemals ausgesetzt war.

Der Hohepriester Kaiphas soll während der Beratungen im Hohen Rat, ob Jesus des Todes schuldig sei, geäußert haben: »Es ist besser, ein Mensch stirbt für das Volk, als dass das ganze Volk verdirbt.« Er hatte recht. In seinen Augen stand in der Auseinandersetzung mit Jesus das Schicksal des ganzen Volks auf dem Spiel. So lieferte man den Verräter an die Römer aus, denen ja Jesus angeblich eben sein ganzes Volk auszuliefern suchte.

Offenbar spielte auch das Fest eine Rolle, das bevorstand. Denn das Passah war ja eben das Fest eines gereinigten, eines kultisch reinen Volkes, dessen Leben vom Gesetz geprägt war. Indem Johannes die Vorgänge um den Tod Jesu so beschreibt, dass Jesus in Wahrheit als das Lamm gestorben sei, das zu diesem Fest nach den Vorschriften des Gesetzes geopfert werden musste, zeigt er genau auf die verborgene Mitte, um die in diesen Tagen für Freunde und Feinde alles ging.

Nun hatte Jesus aber den Anspruch erhoben, die Erfüllung der Messiashoffnung Israels zu bringen. Er rückte also in die Reihe derer, die sich vor ihm als Messiasse bezeichnet hatten. Er war – seinem Anspruch nach – der König der Endzeit, der den Sieg über die gottfeindlichen Mächte und das Heil der Frommen herbeiführen sollte. Dann aber war es möglich, Jesu Absicht politisch auszulegen. Man konnte ihn Pilatus als einen Aufrührer übergeben, und Pilatus musste ihn, falls er ein Freund des Kaisers heißen wollte, zu dem Tod verurteilen, der dem Aufrührer zustand: der Kreuzigung. So ließ Pilatus am Kreuz das berühmte Schild befestigen: »König der Juden«.

Jesus hat dem nicht widersprochen. »Bist du ein König?«, fragte ihn Pilatus. Und Jesus antwortete: »Du sagst es. Ich bin ein König.« Dass »sein Reich nicht von dieser Welt« sei, war zu schwierig und zu seltsam für den Kopf eines Gouverneurs. Und Jesus hielt es nicht für nötig, Pilatus irgendetwas zu erklären. Er erkannte den Willen Gottes und ging seinen Weg. Man hätte nie behaupten sollen, das »stellvertretende Leiden« Jesu für die Menschheit sei in seinen Tod erst später hineingelegt worden. Jesus nahm seinen Tod auf sich, weil er den Sinn seines Sterbens im Willen Gottes bewahrt wusste. Gehorsam. Sehr still. Ohne Widerspruch. Ohne Anklage. Ohne Bitterkeit. Ohne sich zu verteidigen. Er wusste, für wen er starb: für das künftige brüderliche Volk, das Gott wollte. Für die Armen, denen das Gottesreich bestimmt war. Für die Schuldigen, die eine Hoffnung fassen sollten. Er starb den versöhnenden Tod, den sein versöhnendes Tun während der vergangenen Jahre nach sich zog. Er starb mit dem klaren Blick auf die Menschen, für die er gelebt hatte, weil er wusste, dass dies alles – das Gesetz, die Macht der Mittelsmänner, die Macht von Sünde und Unglauben in den Menschen, die Macht der »Besseren« über die »Schlechteren« – erst überwunden werden musste.

Er wusste, dass das alles nur überwunden werden konnte ohne Gewalt, durch Leiden und Hinnehmen.

Und da er wusste, dass Gott selbst dies wollte, war er gewiss, dass Gott dieses Ziel durch den Tod seines Beauftragten hindurch erreichen werde.

Man hat immer wieder gemeint, sein Wort, er werde »sein Leben hingeben zu einer Erlösung für viele«, sei ihm von der später entstehenden Kirche in den Mund gelegt worden. Ich bin überzeugt, dass in diesen Worten seine eigenste Absicht ihren Ausdruck gefunden hat. Denn dieser Tod war keine Tragödie im üblichen Sinn. Er war keine bloße politische Gewalttat. Kein Justizmord. Er war sein eigenes Werk. Er erlitt diesen Tod nicht, er starb ihn. Er blieb auch als Sterbender frei und brachte sein Werk zur Vollendung.

Es ist überliefert, er habe am Ende ausgerufen: »Es ist vollbracht!« Man sollte auch dieses Wort nicht für ein nachträgliches Wort seiner Gemeinde halten. Es gab in der Tat etwas für ihn zu vollenden, durch die Gottverlassenheit seiner letzten Stunden hindurch: die neue Freiheit der Kinder Gottes auf dieser Erde und im Reiche Gottes. Das Evangelium, das er gebracht, gezeigt und gelebt hatte, vollendete sich in seinem Tod.

Bilder der Zukunft

Erneute Einladung

In der Gemeinde, die sich nach dem Karfreitag, dem siebenten April des Jahres 30, wieder zusammenfand, blieb vor allem eines aus dem früheren Leben mit dem Meister erhalten, das äußere Kennzeichen der Christen: die gemeinsame Mahlzeit als Mittelpunkt und Ausdruck ihres gemeinsamen Lebens, die Vorfreude auf das Gottesreich und die Fröhlichkeit, die für die Tischgemeinschaften in Galiläa so kennzeichnend gewesen waren.

Die Einladung ging nicht mehr wie in Galiläa von dem leiblich gegenwärtigen Jesus aus, sondern von der Erfahrung, dass dieser Einladende lebte und weiter einlud.

Zwei Tage nach Jesu Tod, so erzählt Lukas, begab es sich, dass zwei Jünger über Feld gingen, begleitet von einem Fremden. Als es Abend wurde, gelangten sie an ihr Haus und luden den Fremden ein, ihr Gast zu sein:

> Bleibe bei uns, denn es will Abend werden, und der Tag hat sich geneigt! Und er ging hinein und blieb bei ihnen. Als er mit ihnen zu Tisch saß, nahm er das Brot, dankte, brach's und gab es ihnen. Da gingen ihnen die Augen auf, und sie erkannten ihn. Und er verschwand vor ihnen.
> *Lukas 24,29–31*

Sie erkannten ihn, fügt Lukas hinzu, »an der Art, wie er das Brot brach«. Und danach erkannte man die Christen an der Art, wie sie miteinander zu Tisch saßen.

> In den Tagen nach Ostern erschien Jesus den Fischern unter seinen Jüngern am See Genezaret. Sie fuhren in der Morgenfrühe im Schiff auf das Ufer zu und sahen dort einen Mann stehen. Sie sahen ein Kohlenfeuer, auf dem Fische und Brot lagen. »Und Jesus sprach zu ihnen: Kommt und haltet das

> Mahl! Niemand aber wagte, ihn zu fragen: Wer bist du? Denn sie wussten, dass es der Herr war.
> *Johannes 21,12*

Eine andere, eigenartige Szene berichtet das spätere, nicht mehr in das Neue Testament aufgenommene »Hebräerevangelium«:

> Jakobus (der Bruder Jesu) hatte geschworen, von der Stunde an, in der er den Kelch des Herrn getrunken hatte, kein Brot mehr zu essen, bis er ihn von den Toten auferstanden sähe. Ihm erschien der Herr und sprach: Bring einen Tisch und Brot. Und Jesus nahm das Brot, segnete es, brach es, gab es Jakobus und sprach: Mein Bruder, iss dein Brot. Denn der Menschensohn ist auferstanden von den Toten.

Und das Markusevangelium schließt:

> Später offenbarte er sich den Elfen, als sie zu Tisch saßen, und sprach zu ihnen: Geht hin in alle Welt und predigt das Evangelium allen Menschen.
> *Markus 16,14–15*

Der Tisch, die Hoffnung, die ekstatische Freude und schließlich der Auftrag, als Einladende hinauszugehen und die um sich zu versammeln, die des Evangeliums bedürftig sind, dies alles ist eins. Sie sollen tun, was Christus tat, und sollen es so tun, wie er es tat.

> Sie blieben beständig in der Lehre der Apostel, in der Gemeinschaft, im Brotbrechen und im Gebet. Sie brachen das Brot hin und her in den Häusern und speisten in Fröhlichkeit und mit aufrichtigem Herzen.
> *Apostelgeschichte 2, 42 und 46*

Als sie später hinauszogen, ging das Zeichen des Mahls mit ihnen. Es gingen auch die Gefahren mit, die alles Ekstatische begleiten: Die Unordnung. Die Missverständlichkeit. Das unkontrollierbare Überschäumen.

Schon Paulus musste, zwanzig Jahre danach, in Korinth regulierend eingreifen:

> Wenn ihr zusammenkommt, ist es nicht das Mahl des Herrn, was ihr feiert. Da setzt sich jeder vor sein eigenes Essen, der eine hat nichts und hungert, der andere hat alles und isst und trinkt sich satt. Wenn ihr kein Liebesmahl feiern könnt, dann bleibt doch in euren Häusern – oder habt ihr keine Häuser?
> *1. Korinther 11,20–22*

Paulus empfiehlt demnach dieser Gemeinde, von der Sitte des gemeinsamen Essens abzurücken und stattdessen das Gedächtnis des letzten Mahls Jesu mit seinen Jüngern zu feiern. Und so kam es denn auch – zum Nutzen der Kirche und zu ihrem Schaden. Aus der fröhlichen, ekstatischen Feier mit all ihrer Gefahr und Fragwürdigkeit wurde die gemessene, geordnete kirchliche Eucharistie, in der von Freude zwar noch immer die Rede ist, aber eben nur die Rede, oder gar das schwarz gekleidete, noch immer vielerorts niederdrückende und todtraurige evangelische Abendmahl.

Die Eucharistie war ursprünglich als ein Mahl des Dankes und der Hoffnung gefeiert worden, zusammengewoben aus drei Strängen: einmal der Tischgemeinschaft mit Christus in Galiläa, zum Zweiten dem letzten Abendmahl in Jerusalem mit seinem Vorblick auf den Tod Christi und zum Dritten dem urchristlichen Liebesmahl, das aus dem Jubel über die Auferstehung Christi entstanden war. Die »Sündenvergebung«, die später so sehr in den Mittelpunkt rückte, bestand ursprünglich in der schlichten Tatsache, dass der schuldige Mensch eingeladen wurde, am Tisch Gottes Platz zu nehmen, also aller Anklage enthoben Gottes Gast zu sein. Als die Hoffnung auf das himmlische Fest ermattet war, wurde eine Bußfeier daraus, die mit Brot und Wein, den Bildern vom Leib und Blut des sterbenden Christus, nur noch die Tatsache einer kaum mehr erfahrenen Vergebung der Sünden beging. Aber Jesus bleibt der Einladende. Es wird Zeit, das Fest wieder zu entdecken.

Die Wiederkehr des Geistes

> Und es geschah ein Brausen vom Himmel wie ein gewaltiger Sturm und erfüllte das ganze Haus. Sie sahen Feuer, von Flammen zerrissen, und wurden voll des heiligen Geistes.
> *Apostelgeschichte 2,2–4*

So schildert Lukas die Erfahrung, die die Anhänger Jesu fünfzig Tage nach Ostern überfiel. Plötzlich konnten sie reden von dem, was sie wussten. Sie verstanden einander. Sie wurden von denen draußen verstanden. Irgendetwas, Feuer!, hatte sie ergriffen. Geist von Gott.

An Pfingsten wurde die Kirche, sagt man. Das ist wahr. Aber was bedeutet es, dass der Geist Gottes Menschen ergreift, verändert, beauftragt? Wir müssen noch einmal bei den Anfängen Jesu einsetzen. Als Jesus auftrat, war das Judentum seit vielen Generationen überzeugt, der Geist Gottes sei erloschen. Früher, ja, vor vielen Hundert Jahren, hatten geistbegabte Männer, Propheten, Worte von Gott gesprochen. Aber diese Reihe war abgerissen. Nun war dürre, arme Zeit, und nichts blieb übrig, als die Worte der Propheten so genau wie möglich auszulegen, damit man auch in der Dürre noch ein Wort von Gott habe.

Gewiss, eine Zeit würde kommen, in der der Geist wiederkehrte und der Bann des göttlichen Schweigens gebrochen würde. Ob aber diese Zeit des neuen Einbruchs von göttlichem Geist nahe oder fern sei, wer wusste das zu sagen? Es hätte eines Propheten bedurft, um das zu wissen, und Propheten waren ja eben nicht da.

Die Priester in Jerusalem glaubten diese Zeit am fernsten. Der Kult lebt leicht noch Jahrhunderte weiter, wenn der Geist längst erloschen ist. Unter den frommen Laien, den Pharisäern, erwartete man die Wiederkehr des Geistes in Kürze. Die Essener bereiteten sich durch tägliche Tauchbäder in frischem Wasser auf die Stunde vor, in der der Geist einbräche. Johannes der Täufer wandte sich an die Menschen, die in der Ferne vom Geist lebten, und gab ihnen das Zeichen der Hoffnung auf den Geist: die Taufe.

Für Jesus war die »Stunde« da. Er trat mit der Überzeugung auf, dass seit den Tagen des Johannes der Geist Gottes wieder angefangen habe zu wehen. »Johannes war mehr als ein Prophet«, sagte er von ihm. Das heißt doch: Hier fängt Gott wieder an zu reden und zu wirken. Er beendet sein Schweigen. Der Schöpfer Geist ist wieder über den Wassern, und das dürre Land atmet auf. Die Heilszeit bricht an.

> Und Jesus ließ sich von Johannes im Jordan taufen. Als er aus dem Wasser stieg, sah er, wie der Himmel sich öffnete und der Geist Gottes auf ihn herabfuhr, wie eine Taube herabfährt. Und er hörte aus dem Himmel eine Stimme: Du bist mein Sohn, mein geliebter, den ich berufen habe.
> *Markus 1,9–11*

»Du bist mein Sohn« – das war die alte Formel, die schon in den Psalmen bei der Einsetzung eines Königs gebraucht wurde. Der Sohn – das ist der Repräsentant, der Stellvertreter. Von der Taufe an, so erklärten weite Kreise der ersten Christenheit den Ausdruck »Sohn«, ist Jesus von Gott erwählt und zu seinem Bevollmächtigten bestimmt. Seit der Taufe Jesu weht Gottes Geist wieder.

So kommt Jesus nach Nazaret und liest in der Synagoge den Prophetentext: »Der Geist des Herrn ist über mir. Er hat mich beauftragt. Er hat mich gesandt, das Evangelium den Armen zu verkündigen« *(Lukas 4,18)*. Und als Johannes ihn durch Boten fragen lässt: »Bist du es, der kommen soll – oder sollen wir auf einen anderen warten?«, verweist Jesus auf die Zeichen, die auch nach dem Glauben des Täufers geschehen sollten, wenn der Geist Gottes wiederkehrte, und die der Prophet Jesaja angekündigt hatte:

> Sagt dem Johannes, was ihr seht: Blinde sehen. Lahme gehen. Aussätzige werden gesund. Taube hören. Tote stehen auf. Den Armen wird Heil verkündigt. Und selig ist, wer nicht Anstoß nimmt an mir!
> *Lukas 7,22–23*

Das alles will sagen: Heute ist der Tag, an dem geschieht, worauf dieses Volk seit Jahrhunderten gewartet hat. Die Heilszeit ist da. Der Geist Gottes ist wiedergekommen. Die neue Schöpfung aus dem Geist beginnt. Und wenn ihn die Menschen hin und wieder fragten: Ist der Geist wirklich da?, dann antwortete Jesus mit einem kurzen Bildwort wie diesem:

> Seht den Feigenbaum! Wenn jetzt seine Zweige saftig werden und die Blätter ausbrechen, wisst ihr: Der Sommer ist nahe!
> *Markus 13,28*

Der Feigenbaum unterscheidet sich von den meisten Bäumen Palästinas dadurch, dass er im Winter sein Laub abwirft. Wenn ihr seht, dass Leben aus dem Tode aufbricht, dann ist die neue Schöpfung im Gange, dann wirkt der Schöpfer Geist.

Lange nach dem Tod Jesu nimmt Paulus beides wieder auf: Der Geist ist am Werk. Die neue Schöpfung beginnt.

> Welche der Geist Gottes treibt, die sind Söhne Gottes.
> Denn ihr habt nicht einen Geist der Knechtschaft empfangen,
> dass ihr euch wiederum fürchten müsstet,
> sondern ihr habt den Geist der Sohnschaft empfangen,
> der euch rufen lehrt: Gott! Du Vater! …
> Herrlichkeit von Gott soll an uns offenbar werden.
> Denn die Angst der Kreatur wartet
> auf die Offenbarung der Söhne Gottes.
> *Römer 8,14–19*

Worauf wartet die Natur? Darauf, dass sich im Menschen der Beauftragte Gottes zeigt, der den Geist Gottes, den schöpferischen, in die Welt bringt und so der Welt, der Natur, Anteil an seiner Freiheit gibt. Sie wartet darauf, weil dadurch Tod und Sinnlosigkeit des Kreislaufs, in dem die Natur lebt, aufgebrochen werden und Leben da ist, Leben aus Gott.

Der Geist, den der Mensch empfängt, sagt Paulus, ist die Anzahlung auf den Geist, der die ganze Schöpfung erfüllen wird. In der Zone zwischen der alten Welt, in der Menschen schon aus dem Geist leben, und der kommenden Welt, die der Geist neu schaffen wird, lebt die Kirche. Und da die Kirche aus der Geisterfahrung des Pfingsttages aufgebrochen ist, nahmen die Christen die Gewissheit mit in die Welt, dass Gottes Geist nicht nur seinerzeit am Werk war und nun wieder verstummt ist, dass vielmehr der Geist am Werk bleibt und die Menschen begleitet und erleuchtet und beauftragt bis ans Ende der Dinge.

Reich Gottes

Der Geist weht wieder. Gott spricht. Neues gewinnt Gestalt. Menschen finden sich, die mitwirken. In der Welt, hinter ihr, über ihr, wie immer man die Verborgenheit Gottes umschreiben will, wird seine Nähe glaubhaft. Das Reich Gottes »ist nahe«, es ist, so würden wir sagen, das einzig Aktuelle, das Dringliche. Aber was ist das »Reich«?

Wenn Jesus es seinen Zeitgenossen erklären wollte, erzählte er eine seiner Geschichten. Etwa so:

> Hört zu! Seht her! Ein Bauer ging auf sein Feld, um zu säen. Als er die Körner ausstreute, fielen einige auf den Weg, und die Vögel kamen und fraßen sie auf. Andere fielen auf felsigen Grund, wo wenig Erde war. Weil sie an der Oberfläche lagen, gingen sie rasch auf, als aber die Sonne heiß wurde, verwelkte die Saat und wurde dürr, weil die Wurzeln nicht tief reichten. Einige fielen in ein Gestrüpp, und die Hecken wuchsen zusammen und erstickten sie. Einige fielen in gute Erde, Frucht ging auf und wuchs und lohnte sich, dreißigfach oder sechzigfach oder hundertfach. Wer Ohren hat, höre!
> *Markus 4,3–9*

Wer von den Gesetzen nichts weiß, die für Saat und Ernte gelten, so meint Jesus, wird fürchten, es sei alles verloren, was hier ausgestreut wird. Wozu, so mag er sich fragen, bewahrt ein Bauer Getreide auf, statt es zu essen, nur um es am Ende auf die Erde zu werfen? Wer nicht auf eine Ernte hin denkt, versteht schon die Gegenwart nicht. Wer nicht auf die Ernte hin handelt, ist schon der Gegenwart nicht gewachsen.

Für einen Menschen der biblischen Zeit war ein »Reich« schützender und geschützter Umkreis der Macht eines

Herrschers. Der einsame Nomade war auf die Kampfkraft seiner Sippe angewiesen, wenn er überleben wollte. Der Bewohner eines Reichs genoss den Schutz seines Lebens und Rechts durch den Herrscher. Nach solchem Schutz sehnten sich die Völker des Orients seit Urzeiten, und niemand versteht ihre Geschichte, der nicht die Hoffnung der Nomadenvölker kennt, irgendwann aus der Bedrohtheit und Armseligkeit ihres Wanderlebens heraus sesshaft zu werden in einem Land, in dem Brot wächst, einem Land, in dem »Milch und Honig fließen«.

Ein Reich war für einen Israeliten ein bindender und verpflichtender Zusammenhang. Wer in ihm leben wollte, musste das Gesetz achten, das dort galt. Aber es war, sehr im Unterschied zu den Großreichen der alten Welt, kein totalitärer Staat, und Christus gibt einer alten israelitischen Auffassung Ausdruck, wenn er in den Menschen nicht Söldner und Arbeitskolonnen Gottes sieht, sondern seine Söhne und Töchter, deren Leben Erfüllung, Frieden und Sinn finden soll.

Aber was meint Jesus mit dem »Reich«? Der Gedanke ist für uns Abendländer, auch wenn wir in einer christlichen Tradition stehen, schwer zu fassen. Es ist schwierig, sich vor Augen zu führen, dass es für Jesus keine Scheidewand gab zwischen »dieser« und »jener« Welt. Sichtbare und unsichtbare Wirklichkeit stießen aneinander. Sie gingen ineinander über. Man konnte von hier nach dort und von dort nach hier gelangen. Der unsichtbare Gott war hier, mitten unter uns, am Werk. Unsere moderne Frage, ob denn das Reich Gottes ein Umbruch im Gefüge dieser Welt sei oder eine jenseitige, künftige Welt anderer Art, trifft ins Leere, denn was in »dieser« Welt geschieht, geschieht für Jesus in der »anderen« mit, eben weil es nur die eine gibt. Verstehen, was das Reich ist, das fängt damit an, dass wir der Vielschichtigkeit, der Einheit und der Transparenz dieser ganzen Wirklichkeit innewerden.

Das Reich Gottes ist Zukunft. Es ist ebenso sehr Gegenwart. Wo immer Menschen sind, die ihm dienen, ist es da. Wo immer Menschen wissen, dass ohne Gottes Willen »kein Haar von ihrem Haupt« fällt, wo sie also im schützenden Umkreis der Macht Gottes leben, wo immer im Namen Gottes geliebt und gelitten wird, ist es da. Was später geschehen wird, geschieht jetzt schon mit. Was jetzt geschieht, ist für die Zukunft wirksam.

Nun fällt auf, dass Jesus das »Reich der Himmel« nie beschreibt. Seine Zeitgenossen taten es gerne und ausgiebig und gingen dabei mit Glanz und Herrlichkeit verschwenderisch um. Für Jesus ist am Reich Gottes im Grunde immer nur wichtig, dass es die Nähe Gottes ist. Auch das Wort Himmel nennt keinen Ort, es ist im Grunde nichts weiter als ein scheuer, ehrfürchtiger Name für Gott selbst. Jesus sagt »Reich Gottes« und meint die göttliche Fülle, in der unser Dasein und das Ganze der Welt ihr Ziel finden sollen. Und wenn Menschen nach dem »Reich« streben sollen, dann sollen sie nach dem sich ausstrecken, was in der großen Verwandlung der Welt Bestand haben wird.

Es fällt weiter auf, dass Jesus nie das Reich Gottes selbst zeigt, sondern immer nur seine Spiegelung in den Menschen. Er sagt nicht: Es gibt da über dir oder ferne in der Zukunft ein Reich Gottes, sondern: Das Reich ist nahe, darum handle! Ändere dich! Sei wach! Sieh zu, dass du etwas Gerechtes, etwas dem Reich Gemäßes auf dieser Erde schaffst; das Übrige, auch die Einsicht in das Geheimnis des Gottesreichs, wird dir zufallen.

Und endlich: Dieses Reich ist ein Reich Gottes. Das bedeutet, dass es nicht machbar ist. Nicht durch Menschen. Man richtet das Reich Gottes auf dieser Erde nicht dadurch ein, dass man von Liebe spricht oder vom Vater überm Sternenzelt. Auch nicht dadurch, dass man unter den Menschen Zustände herstellt, die das Reich Gottes abbilden. Der Mensch macht Gott nicht. So macht er auch nicht seine Nähe. Sozialpolitik, Sozialethik, Sozialpädagogik sind unentbehrlich, aber sie bauen das Reich Gottes nicht. Dem steht nicht nur die Heiligkeit Gottes im Wege, an der der Mensch sich nicht vergreifen wird, sondern auch das Herz des Menschen. Dass aber das Menschenherz, das sich der Nähe Gottes versperrt, diesem Gott eines Tages Raum geben wird, dass es sich in seinem Leiden, Lieben und Glauben, so zwiespältig sie sein mögen, schon einzuüben vermag in jenes letzte, notwendige Raumgeben – dieser kühne Glaube liegt in dem Wort vom »Reich«.

Und da beginnt uns die Sache zu verwundern. Das soll wahr sein, dass diese zerklüftete, zerrissene Welt einer neuen Gestalt entgegengeht? Dass diese Erde, auf der der Kampf aller gegen alle tobt, sich in ein Reich verwandeln wird, in dem Gottes Wille gilt? Dass das Herz des Menschen dem Willen Gottes Raum gibt und anfängt, mit anderen Menschen zusammen Gerechtigkeit zu suchen? Dass die armseligen Versuche, ein wenig Güte, ein wenig Frieden im Umkreis menschlichen Daseins zu schaffen, Wurzel schlagen sollen, wachsen, reifen und schließlich Ernte sein – das ist kühn.

Gewiss, so weit reicht unser Verständnis: Vor unserer Hand sind Aufgaben. Wir sollen ein Stück Welt verändern so, dass Menschen sich finden, die getrennt waren, dass Menschen geschützt sind, die ohne Schutz zugrunde gehen; wir sollen denen Wege zeigen, die keinen Weg wissen, oder den Versklavten Freiheit bringen. Aber dass in diesem Bemühen Zukunft liegt, dass darin die Ankündigung einer neuen Welt liegt, das ist es, was die Menschheit, seit Jesus über diese Erde ging, an dem fremden Wort vom »Reich Gottes« ergriffen und nicht mehr losgelassen hat.

Erwartung der Zukunft

Jedes Wort, das Jesus spricht, ist in die Zukunft gesprochen und ist Ausdruck einer Zuversicht:

> Das Reich Gottes ist einem Senfkorn gleich, dem kleinsten unter den Samen der Erde. Es wird gesät, es wächst auf und wird größer als alle Gartenkräuter und bildet große Äste, sodass die Vögel des Himmels Nester bauen in seinem Schatten.
> *Markus 4,31–32*

> Das Himmelreich ist einem Sauerteig gleich, den eine Frau nahm und unter drei Schüsseln Mehl mengte, sodass der ganze Teig durch und durch sauer wurde.
> *Matthäus 13,33*

Der Same fällt in die Erde, ein Sommer geht darüber hin, und die Staude ist da, groß und ausladend: das Reich. Der Sauerteig wird unter den Teig gemengt, und die Frau bedeckt die Schüssel mit einem Tuch. Wenn sie nach einer Nacht wiederkommt, ist der Teig aufgegangen, und sie hat, was sie zum Backen guten Brots braucht.

Nicht, dass sich von hier nach dort im Keim oder im Teig etwas allmählich entwickelt, ist die Pointe der Geschichte, sondern der augenscheinliche Gegensatz. Was wir sehen, ist wenig. Was wir erhoffen, ist alles. Wie es zugeht, ist unwichtig. Wichtig ist, was wir für die Zukunft ins Auge fassen. Und darum hat die Erwartung, die Jesus erfüllt, so gar nichts Gehetztes. Es ist so gar nicht das atemlose Schnell-Schnell. Die Erwartung Jesu atmet eine große Gelassenheit.

> Wie kommt das Reich Gottes? Ein Mann wirft Samen aufs Feld und schläft und erwacht Nacht und Tag, und die Körner quellen und treiben, ohne dass er es weiß. Ohne sein Zutun bringt die Erde Frucht: erst den Halm, dann die Ähre, dann den vollen Weizen in der Ähre. Am Ende aber, wenn die Frucht bereit ist, schickt er die Sichel hinaus, denn die Ernte ist da.
> *Markus 4,26–29*

Ebenso auffallend wie die abwartende Gelassenheit ist die abwartende Toleranz, die Jesus wahrt trotz aller fordernden Rede von Gottes Willen und vom Gericht. Gewiss, da ist zunächst immer wieder das Bild einer großen, endgültigen Scheidung:

> So geht es zu, wenn das Gottesreich kommt: Sie werfen das Netz ins Meer und fangen vielerlei Fische. Wenn es voll ist, ziehen sie es ans Ufer und setzen sich und lesen die essbaren in einen Bottich, die schlechten werfen sie weg.
> *Matthäus 13,47–48*

Aber dieses Ende ist nicht Sache von Menschen. Dem Menschen steht es wohl an, die Entscheidung Gottes abzuwarten:

> So geht es zu, wenn das Himmelreich kommt: Ein Mensch säte guten Samen auf seinen Acker. Er hatte aber einen Feind, und als seine Leute schliefen, kam der, säte Tollkraut dazwischen und ging weg. Als nun die Frucht aufwuchs und sich die Ähre bildete, merkte man, dass Tollkraut dazwischen war. Da fragten die Knechte ihren Herrn: Hast du nicht guten Samen auf deinen Acker gesät? Woher hat er denn das Unkraut? Er antwortete: Das hat ein Feind getan! Da fragten sie: Willst du, dass wir hinausgehen und das Unkraut herausreißen? Nein, antwortete er, sonst reißt ihr den Weizen mit heraus. Lasst beides miteinander wachsen bis

zur Ernte. Um die Erntezeit will ich zu den Schnittern sagen: Sammelt das Unkraut, bündelt und verbrennt es. Aber den Weizen sammelt mir in meine Scheuer.
Matthäus 13,24–30

Solange Gott Zeit hat, ist Zeit. Solange Gottes Zeit währt, gilt es, Geduld zu bewahren, auf die reine Kirche zu verzichten, das Unzulängliche zu dulden, die Saat wachsen zu lassen und die Entscheidung, wen Gott in seine Ernte einbringen werde und wen nicht, ihm selbst zu überlassen.

In der Zeit bis dahin gilt es, die Gottesherrschaft in einfachen und bescheidenen Vorversuchen abzubilden. Das Reich Gottes wird die Entlastung des von Schuld belasteten Menschen bringen, also gilt es, belasteten Menschen schon auf dieser Erde ihre Schuld abzunehmen. Im Reich Gottes wird keine Schuld mehr sein, keine Erinnerung an Verfehlen und Versagen, also gilt es, Verfehlen und Versagen und ihre Folgen behutsam zu überwinden.

Im Reich Gottes wird nichts bleiben, wie es war. Was verborgen war, wird vor aller Augen sein. Die Verhältnisse auf dieser Erde aber sind der Art, dass sie umgekehrt werden müssen, wenn sie sich zum Bild der Hoffnung eignen sollen, denn die Letzten werden die Ersten, die Niedrigen werden erhöht, die Toten lebendig. Die Überprüfung der Verhältnisse auf dieser Erde und, soweit es hilfreich ist, ihre Umkehrung können Zeichen der Hoffnung auf das Gottesreich sein.

Der Einbruch des Reiches Gottes wird sich als »Gericht« vollziehen. Gut und Böse werden sichtbar, Recht vom Unrecht geschieden. Wem nur er selbst wichtig war, der wird sich allein finden. Wer sich nach Heimkehr sehnte, wird heimkehren. Denn Buße ist bei Jesus, anders als im Judentum, keine Neuverpflichtung auf das Gesetz, sondern die einfache, sehnsüchtige, dankbare Heimkehr in das Haus des Vaters. Wer im Vertrauen auf den Vater die Heimkehr sucht, gegen seinen Stolz, der braucht, so Jesus, das Gericht über seine Taten nicht zu fürchten.

Das Reich Gottes wird ein Fest sein, ein Fest der Freiheit im ewigen Zuhause. Mit dem heimkehrenden Menschen aber mündet die ganze Schöpfung in ihre ursprüngliche Lebendigkeit ein. Wer das Reich auf dieser Erde abbilden will, wird ein Liebhaber des Festes sein, der Fröhlichkeit und leibhaften Freude.

Nach Jesus ist beides wahr: Das Reich ist gegenwärtig, und es gibt Menschen, die in ihm leben. Und das Reich ist zukünftig, es ist das Fremde, Geheimnisvolle, das mit allen Bildern und Gleichnissen nicht zu beschreiben ist. Aber wenn Jesus vom Reich spricht, versucht er nicht, das Unerklärliche dennoch zu erklären, sondern verweist darauf, dass der Mensch die Gestalt eines Wartenden anzunehmen habe.

Wer dem anderen die Backe hinhält, ist nicht nur, wie wir heute sagen würden, der bessere Psychologe, er tut etwas Umstürzlerisches zugleich. Er geht davon aus, dass dies alles, die Ordnung unter den Menschen, ihre Rechtsbegriffe, ihre Ehre, ihre Verhaltensweisen, im Vergehen sei und also nicht aktuell. Nicht des Aufhebens wert. Er merkt dabei, dass nicht nur das gewohnte Verhalten nicht mehr »fasst«, sondern auch die Denkgewohnheiten, die wir für gültig hielten, nicht mehr zuständig sind, und vielleicht schwindelt ihm ein wenig dabei. Was heißt »Zeit«, was heißt Vergangenheit, Gegenwart und Zukunft, wenn zwischen jetzt und künftig nicht mehr geschieden werden kann, wenn so viel von dem, was durch Menschen in der Zukunft noch geschehen wird, im Grunde schon vergangen ist? Was heißt »Raum«, wenn das Drinnen und das Draußen, das Hier und das Dort, das Kleine und das Große ineinander übergehen, als seien alle Maße verloren?

Was bleibt uns? Die Gespanntheit, die Zuversicht, die Entscheidungskraft angesichts des Zukünftigen, um das es heute geht.

Das Gebot der Stunde

Was aber der eingeladene Mensch tun soll, das hat Jesus mit aller Farbigkeit ausgemalt, und man müsste Gleichnis um Gleichnis erzählen, um zu zeigen, wie Jesus von der Situation, von den Versuchen und den Fehlern des angeredeten Menschen spricht. Etwa so:

> Leichter kommt ein Kamel durch ein Nadelöhr als ein Reicher ins Reich Gottes.
> *Markus 10,25*

Das heißt: Der eingeladene Mensch muss zwischen dem Wichtigen und dem Unwichtigen, dem Hilfreichen und dem Hinderlichen unterscheiden lernen. Nicht, dass Reichtum böse oder gar Ausdruck der Verhaftung an den Teufel wäre. Jesus gehört nicht zu denen, die Schönheit, Gesundheit, Lebensfreude, Besitz und Genuss diffamieren, aber er weiß eben, dass der Reiche durch das, was er hat, gehindert wird, der zu sein, der er sein soll und kann. Reichtum ist nicht böse, aber des Menschen Herz ist zu schwach, ihm den unbedeutenden Rang einzuräumen, der ihm zukommt. Die Maßstäbe stimmen auch nicht, wenn es unter Menschen um Ehre oder Ansehen geht.

> Während eines Gastmahls, als er merkte, dass die Gäste alle danach strebten, obenan zu sitzen, sprach Jesus: Wenn du zu einer Hochzeit geladen bist, dann setze dich nicht obenan, sonst kommt vielleicht ein Vornehmerer als du, und der Gastgeber spricht zu dir: Weiche diesem! Und du nimmst mit Scham unten an der Tafel Platz. Setze dich vielmehr ans untere Ende, dann kommt der Gastgeber und spricht: Freund, rücke herauf! Denn wer sich selbst erhöht, wird erniedrigt werden, und wer sich selbst erniedrigt, wird erhöht.
> *Lukas 14,7–11*

Es geht hier gar nicht um gutes oder böses Handeln, sondern um falsches oder zweckmäßiges. Auch der reiche Bauer von Lukas 12, der sagte: »Ich habe eine gute Ernte eingebracht. Meine alten Scheunen sind zu klein. Ich will größere bauen«, war nicht böse; was er tat, war vordergründig sogar richtig. Falsch war nur, dass er die Möglichkeit nicht mit bedachte, dass die Zukunft in einer Begegnung mit Gott bestehen und dass diese Zukunft »heute Nacht« heißen könnte.

Der reiche Mann und der arme Lazarus zeigen nicht den Bösen und den Guten. Der Reiche ist ja nicht nur hartherzig, er ist vielmehr töricht, weil er die Umkehrung der Verhältnisse nicht bedacht hat, die die Begegnung mit Gott mit sich bringen könnte.

So wird der Mensch wissen müssen, was er will, und entschlossen tun müssen, was jetzt nötig ist. Hier hat die berühmte Geschichte aus Lukas 16 ihren Ort, die Geschichte von jenem Gauner, der bemerkt, dass man ihm auf die Schliche kam und ihn als Verwalter eines Hofgutes absetzen wird. Er sieht, dass er betteln gehen wird, wenn ihm nicht in letzter Minute etwas einfällt. Rasch entschlossen rettet er sich, mehr oder minder auf kriminelle Weise. Was hat denn Jesus, so fragte man immer wieder, an diesem Mann lobenswert finden können? Lobenswert fand er eben jene Fähigkeit, deren der betroffene Mensch bedarf: schnell und entschlossen das Rettende zu tun.

Der eingeladene Mensch muss sich klar sein über die Kürze der Zeit. Seine Situation ist – da es um den Frieden mit dem Bruder geht – die eines Beklagten, der mit seinem Prozessgegner auf dem Weg zum Gericht ist *(Matthäus 5,25)*.

Er gleicht einem Feigenbaum, der eigentlich schon abgehauen werden sollte und dann doch noch einmal die Frist eines Sommers bekam:

> Ein Mann besaß in seinem Weinberg einen Feigenbaum. Eines Tages kam er, suchte Frucht an ihm und fand keine. Da sprach er zum Gärtner: Du weißt, ich komme seit drei Jahren, suche Frucht an diesem Baum und finde keine. Haue ihn ab! Wozu saugt er das Land aus? Der Gärtner aber bat: Herr, lass ihn noch dieses Jahr! Ich will noch einmal um ihn her aufgraben und ihn düngen. Vielleicht bringt er künftig Frucht. Wenn nicht, dann haue ihn heraus!
> *Lukas 13,6–9*

Der Eingeladene tut gut daran, mit offenen Augen die Zeichen zu beachten, die ihm sagen, wie weit die Stunde vorgerückt ist.

> Da traten Pharisäer und Sadduzäer zu Jesus, stellten ihm eine Falle und forderten, er solle ein Zeichen vom Himmel geschehen lassen. Aber er antwortete: Abends sprecht ihr: Es wird ein schöner Tag werden, denn der Himmel ist rot. Morgens sprecht ihr: Es wird regnen, denn der Himmel ist rot und trübe. Aus den Zeichen am Himmel zieht ihr Schlüsse, für die Zeichen der Stunde, in der Gott kommt, seid ihr blind.
> *Matthäus 16,1–3*

Wer sich auf die Erwartung Jesu einlässt, wird auf eine neue Weise aufmerksam leben müssen, um die Zeichen zu erkennen, die Gott gibt. Ist er aber einmal aufmerksam geworden, dann hat er alle Hände voll zu tun, um im entscheidenden Augenblick bereit zu sein.

Ein König, so erzählt Jesus, lud zum Mahl ein, freilich ohne die Stunde zu bestimmen, in der es beginnen würde. Die Klugen machten sich bereit, die Törichten lebten weiter wie bisher. Als der Beginn des Fests ausgerufen wurde, ging jeder hin, wie er war. Und da ging dann der König durch den Saal, um seine Gäste zu begrüßen, und sah einen, der offenbar eben aus dem Stall oder vom Acker gekommen war. »Und er sprach zu ihm: Mein Freund, wie kommst du unter meine Gäste und trägst kein festliches Kleid? Der aber verschloss sich im Trotz und schwieg. Da rief der König die Saaldiener: Fesselt ihn an Händen und Füßen und werft ihn hinaus in die Finsternis, wo Heulen ist und Zähneknirschen. Viele sind eingeladen, aber wenige nehmen am Fest teil« *(Matthäus 22,12–14)*.

Wer eingeladen ist, wird »wach« sein müssen. »Schlafen« würde heißen: ein »Realist« zu sein, wie man das Wort unter denen versteht, die außer ihrer Hantierung und außer dem, was vor Augen liegt, keine Realität kennen.

> Seid jederzeit bereit, aufzustehen. Lasst eure Lampen brennen! So sollt ihr Menschen gleichen, die ihren Herrn erwarten … Glücklich seid ihr, wenn euch der Herr wach findet … Und wenn es spät wird, und wenn ihr bis an den Morgen wacht, glücklich seid ihr, wenn ich euch wachend finde.
> *Lukas 12,35–38*

Berufung und Jüngerschaft

An einem Morgen, an dem viele Menschen am Ufer des Sees Genezaret auf ihn eindrängten, um ihn zu hören, und er keinen Platz mehr am Ufer hatte, von dem aus er hätte sprechen können, sah Jesus, dass da zwei Kähne am Ufer lagen, während die Fischer ein paar Schritte davon ihre Netze wuschen. Da stieg er in das eine der Schiffe, das einem gewissen Petrus gehörte, und bat ihn, er möge es doch ein wenig vom Land abstoßen. So saß er denn und redete vom Schiff aus. Danach wandte er sich an Petrus: Fahrt hinaus und werft eure Netze aus. Es wird sich lohnen. Herr, antwortete Petrus, die ganze Nacht haben wir gearbeitet und nichts gefangen, aber wenn du es sagst, will ich es noch einmal versuchen. Sie taten es und fingen eine so gewaltige Menge Fische, dass die Schiffe sie nicht aufnehmen konnten und ihr Netz zerriss. Als Petrus das sah, warf er sich vor Jesus nieder: Herr! Geh aus meinem Schiff! Ich bin ein gottloser Mensch. Da antwortete Jesus: Erschrick nicht, von jetzt an wirst du Menschen einbringen. Die beiden Freunde des Petrus, Jakobus und Johannes, und Petrus selbst fuhren mit dem Schiff an das Land, ließen alles stehen und liegen und schlossen sich Jesus an.
Lukas 5,1–11

Da spricht Jesus von einem Kahn aus zu den Menschen am Ufer, und daneben hört einer zu. Nach dem Hören fährt der auf den See hinaus und zieht einen Fang aus der Tiefe herauf, über den er erschrickt. Und als habe er den Fang in der Tiefe der eigenen Seele getan, lässt er alles stehen und liegen und geht, ein veränderter, ein verwandelter Mensch, einen ihm völlig neuen Weg hinter dem her, dessen Stimme er gehört hatte. Was geschah mit Petrus an jenem Morgen in Galiläa?

Es waren ja viele Tausende gewesen, die den Weg kreuzten, den Jesus ging. Sie horchten auf. Sie schüttelten den Kopf. Sie stimmten zu, sie lehnten ab, oder sie blieben stehen, gespalten zwischen Ja und Nein. Wenige nur sind ihm wirklich begegnet.

Das hatte nicht nur den Grund, dass die vielen so blind waren oder so arm in ihrem Herzen, sondern auch den, dass diese Gestalt des Jesus von Nazaret so einsam groß gewesen sein muss, dass schon etwas in einem Menschen geschehen sein musste, damit er ihn überhaupt wirklich wahrnahm. Die Begegnung mit einem ganz und gar Freien erfordert einen Mut zum Wagnis, wie er wenigen möglich ist. Immerhin muss einer sich einer unabsehbaren Freiheit anvertrauen können. Die Begegnung mit einem Unbestechlichen fordert eine Bereitschaft zur Wahrheit, die der übergroßen Mehrzahl der Menschen über die Kraft geht.

Nun geschah es dem Petrus, dass er diesem Unbestechlichen begegnete und dass er ihn nur bitten konnte: Geh aus meinem Schiff! Ich bin ein gottloser Mensch! Er begegnete dem ganz Freien, ließ alles stehen und liegen und wagte den Schritt in die unabsehbare Freiheit dieses Mannes. Und das war für ihn deshalb kein Widerspruch, weil dazwischen jene überwältigende Erfahrung lag, dass in der Tiefe des Meeres – oder war es die eigene Seele? – ein Reichtum war, den er nie geahnt hatte.

Er begann das eigentümliche Doppelgesetz zu begreifen, das für alles schöpferische Dasein gilt: dass nämlich einerseits der Große, der da begegnet, wächst und der Kleine abnimmt, bis die Gestalt des Großen in die Seele des Kleinen eingegangen ist und dort allen Raum ausfüllt. Am Ende ist der kleine Mensch so viel er selbst, wie er Werkzeug ist, Mittel in der Hand eines Größeren. Andererseits tritt das eigene Wesen des einen umso reiner heraus, je klarer die Gestalt des anderen, des Großen, in seiner Seele steht. Die schöpferische Kraft des Großen weckt die schöpferische Kraft des Kleinen, des Jüngers, und er entdeckt mit einem Schock des Glücks, wie reich er ist.

Schöpferisch wird ein Mensch offenbar nicht dadurch, dass er seine Hemmungen beseitigt oder sein eigenes Wesen entfaltet. Schöpferisch wird er durch eine Begegnung, die ihn verwandelt. Und hier liegt das Geheimnis dessen, was wir Jüngerschaft nennen: Glauben, Hingabe, Verwandlung eines Menschen in das Bild jenes Jesus Christus.

Was da zu hören ist, das ist ein Wort, das aus uns verschlossenen Menschen freie Geschöpfe, Söhne und Töchter Gottes machen soll, fähig, das Netz auszuwerfen und aus der Tiefe des eigenen Daseins einen Reichtum zu bergen, von dem wir nichts wussten und den wir nicht finden konnten, es sei denn, der selbst, der so zu uns spricht, schaffe ihn in unserer Seele.

Eben aber weil Jesus das Evangelium von der Befreiung, von der Entlastung und vom schöpferischen Neubeginn gebracht hat, wirkte sich dieses Doppelgesetz von der Opferung des eigenen Ich und vom Empfangen eigener Schöpferkraft so klar aus und wurde der Jünger in seinem Gegenüber zu seinem Meister so grundlegend wichtig. Es ist nicht verwunderlich, dass in den Gleichnissen Jesu über das Reich Gottes immer wieder vom Glück einer großen Entdeckung die Rede ist.

> Das Himmelreich gleicht einem verborgenen Schatz, den ein Bauer auf dem Feld fand. Aber das Feld gehörte nicht ihm. So deckte er den Fund wieder zu und ging aus lauter Freude hin, verkaufte alles, was er hatte, und kaufte den Acker.
> *Matthäus 13,44*

Der Überraschung und übergroßen Freude des Mannes, der im Acker die Freiheit fand, freilich folgt die Erkenntnis, dass das große Neue nicht ohne Schmerzen zu haben sein wird:

> Eine Frau, die ein Kind zur Welt bringt, hat Schmerzen, denn ihre Stunde ist da. Hat sie aber das Kind geboren, denkt sie nicht mehr an ihre Angst und Qual, sondern ist glücklich, dass das Kind zur Welt geboren ist.
> *Johannes 16,21*

Die Erkenntnis, dass die Hingabe an Christus einen Verlust an Freiheit und eigenen Lebenschancen bedeutet, folgt dem Jubel der Entdeckung. Aber der schmerzhaften Erkenntnis folgt die erlösende Erfahrung, dass der neue, der andere, der von Christus neu geschaffene Mensch zum Leben kommt.

Wenn das wahr ist, dann ist alles andere zweitrangig. Dann »verkauft« man alles, was man hat. Dann »hackt man die Hand ab«, die nach anderem greift. Dann »reißt man das Auge aus«, das nach anderem schaut. Dann lässt man auch nah verbundene Menschen hinter sich, wenn sie gefangen nehmen, umstimmen oder abraten wollen.

> Wer Vater oder Mutter mehr liebt als mich, der ist meiner nicht wert. Wer Sohn oder Tochter mehr liebt als mich, ist meiner nicht wert.
> *Matthäus 10,37*

Wer etwa sich Jesus übergeben will mit dem Vorbehalt, er müsse zuvor hingehen, seinen Vater begraben und die vorgeschriebene Frist für die Trauer einhalten, muss sich sagen lassen: »Lass die Toten ihre Toten begraben, du aber gehe hin und verkündige das Reich Gottes« *(Lukas 9,6)*. Oder auch: »Wer seine Hand an den Pflug legt und zurücksieht, eignet sich nicht für das Reich Gottes« *(Lukas 9,62)*.

Es geht Jesus also durchaus nicht einfach nur um die vielen Menschen, die ihm zuhören, mit denen er zu Tisch sitzt oder denen er hilft, sondern auch um die Kristallisation eines kleinen Kreises von Menschen, die »sich eignen« für das Reich Gottes. Es geht um Jüngerschaft.

Dies umgekehrt bedeutet wiederum keineswegs, dass Jesus nicht gerade dem großen Kreis halb entschlossener Menschen zugewandt bliebe. Wer heute die sogenannte Volkskirche ausspielt gegen die kleinere Kirche derer, die »mit Ernst Christen sein wollen«, trifft die Absicht Jesu nicht. Jesus schafft unter den Seinen gerade kein elitäres Bewusstsein; aber eben weil der große Menschenkreis, der den Entschluss zur ganzen Hingabe nicht zuwege bringt, dennoch den Zugang zum Reich Gottes finden soll, bedarf es der wenigen, die der Gestalt Christi in sich Raum geben, bis Christus durch sie hindurch zu sprechen vermag. Und diese wenigen müssen sich Klarheit verschaffen darüber, ob sie dieser Aufgabe gewachsen sind:

> Wer einen Turm bauen will, setzt sich zuvor, rechnet die Kosten zusammen und prüft, ob er das Geld hat. Sonst legt er den Grund und bringt den Bau nicht zum Ziel, sodass die Zuschauer spotten: Er hat angefangen zu bauen und kann es nicht durchhalten.
> *Lukas 14,28*

Und fast noch härter klingt das kleine Gleichnis, das im Thomasevangelium überliefert ist, einem Bericht über das Leben Jesu, der später verfasst wurde als unsere Evangelien und nicht mehr ins Neue Testament aufgenommen wurde: »Jesus sagt: Wer das Reich wählt, gleicht einem Menschen, der einen König töten wollte. Er zog das Schwert in seinem Hause und stieß es in die Wand, um zu prüfen, ob seine Hand stark genug sei. Dann tötete er den König.«

Das Wort darf man durchaus für ein echtes Jesuswort halten. Den Terroristen, der das Geschäft des Meuchelmörders treibt, als Gleichnis zu wählen für die Selbstprüfung eines Nachfolgers Jesu, das hätte außer Jesus selbst niemand gewagt.

Aber danach wiederholt sich das Doppelgesetz vom schöpferischen Leben: Der Jünger ist unwichtig. Wichtig ist allein der Meister. »Wenn ihr alles getan habt, was euch befohlen war«, sagt Jesus, »dann sprecht: Wir sind armselige Knechte. Wir haben nur unsere Schuldigkeit getan« *(Lukas 17,10)*. Und dagegen steht das andere Wort: »Ihr seid das Licht der Welt. Es kann die Stadt, die auf dem Berge liegt, nicht verborgen sein« *(Matthäus 5,14)*.

Ein Mensch, der nicht sich selbst zugewandt ist, sondern dem Licht, das ihn von Gott her trifft, beginnt selbst zu leuchten. Er wird transparent. Er wird »Stadt auf dem Berg«, unübersehbares Zeichen für das Reich Gottes. Er wird in die höchste Würde eingesetzt, die ein Mensch erlangen kann:

> Ich sage nicht mehr, dass ihr Knechte seid, denn ein Knecht weiß nicht, was sein Herr tut. Ich sage euch vielmehr, dass ihr Freunde seid, denn alles, was ich von meinem Vater hörte, habe ich euch kundgetan.
> *Johannes 15,15*

Und er ist so kostbar, dass er sein Leben getrost dem anvertrauen soll und kann, in dessen Auftrag er redet und handelt:

> Fürchtet euch nicht vor denen, die den Leib töten und die Seele nicht töten können … Kauft man nicht zwei Sperlinge um einen Pfennig? Dennoch fällt deren keiner auf die Erde ohne euren Vater.
> *Matthäus 10,28–29*

Als die Bewahrten gehen sie »wie Schafe mitten unter die Wölfe«, mit dem Versuch, transparent zu sein für das Licht Gottes. Und so, in diesem Wagnis, sind sie unversehrbar.

Was Petrus an jenem Morgen in Galiläa widerfuhr, hat den Rang eines Modells. Hören war das Erste. Hinausfahren und darauf vertrauen, dass das Wort dieses Mannes gilt, das war das Zweite. Sich selbst erkennen, ans Land treten und alles hinter sich lassen war das Dritte.

Worauf sollte er bauen? Worauf sollte er sich verlassen? Den Fang, den er soeben an Land geschafft hatte, konnte er nicht mitnehmen. Aber er wusste, dass er auf das Wort seines Meisters hin wieder hinausfahren konnte und dass da wieder etwas sein würde, ein Reichtum, ein Glück, ein Sinn, ein Auftrag, von dem er würde leben können.

Lilien auf dem Feld

Ein Jünger zu sein ist ein Unternehmen, das von Anfang bis Ende auf Glauben ruht. Aber was ist Glaube, wenn Jesus das Wort gebraucht? Eines Tages begegnete Jesus einem Mann, der ihm sein epileptisches Kind brachte:

> Kannst du etwas, so erbarme dich unser und hilf uns, rief der Vater. Wenn du etwas kannst, sagst du!, erwiderte Jesus. Alles ist möglich dem, der glaubt. Da rief der Vater des Kindes unter Tränen: Ich glaube! Hilf meinem Unglauben!
> *Markus 9, 22–24*

Glaube hat bei Jesus immer damit zu tun, dass ein Mensch mit einer wirkenden Macht rechnet, wo andere sie nicht erwarten. Glaube rechnet mit einem Wunder, das in die augenblickliche Situation eingreift.

Glaube ist eine Erwartung. Glaube ist kein Besitz, sodass einer sagen könnte: Ich habe Glauben! oder gar: Ich habe einen großen, einen starken Glauben. Er ist auch keine Eigenschaft, sodass er sagen könnte: Ich bin ein gläubiger Mensch. Glaube ist der Sprung, den ein Mensch wagt, obwohl er Furcht hat zu springen.

Indem der Vater jenes Kindes den Sprung wagt, gibt er sich auf, gibt er sich hin. Und indem er sich an den, der vor ihm steht, hingibt, ist er sich selbst und seinem inneren Zustand um den Schritt voraus, den Jesus den Glauben nennt.

Der Glaube ist zunächst nicht die Kraft, ein Wunder zu wirken. Er ist vielmehr die Fähigkeit, ein Wunder zu verstehen, aufzunehmen, geschehen zu lassen. Indem der Glaube aber das Wunder empfängt, wird er selbst zu einem Instrument des Wunders, und es geschehen Wunder durch ihn.

Der Glaube entsteht nicht durch das Wunder. Denn ohne den Glauben ist kein Wunder mehr als eine Träumerei, ein Betrug oder ein Zauber. Ein Glaube, der durch ein Wunder entsteht, ist kein Glaube, und Jesus hat sich wieder und wieder dagegen verwahrt, dass die Menschen von ihm Wunder sehen wollten, um glauben zu können. Wohl aber ist der Glaube das Wagnis, ein Wunder anzunehmen.

Eines Tages baten die Jünger Jesus: Gib uns mehr Glauben! Er antwortete: Wenn ihr Glauben habt wie ein Senfkorn und zu diesem Maulbeerbaum sagt: Reiße dich aus und versetze dich ins Meer!, so wird er euch gehorsam sein.
Lukas 17,5–6

Wie ein Senfkorn? Warum? Hat denn der Glaube die Chance, aus seinen kleinen Anfängen zur Größe eines Senfbusches heranzuwachsen? Kaum. Das Gleichnis vom Senfkorn zielt auf das Wachstum des Gottesreiches und nicht auf den menschlichen Glauben. Glauben hat man »wie ein Senfkorn«, weil das Senfkorn nun einmal klein ist und es ein großes Senfkorn nicht gibt. Genau dies aber, diese geringe Größe, ist genug, und was am Ende daraus wird, ist Gottes Sache.

Der Maulbeerbaum ist in Palästina sprichwörtlich dafür, dass er unter allen Bäumen die tiefsten und verzweigtesten Wurzeln besitzt. Ihn auszureißen, bedürfte es mehr als nur der Arbeit von ein oder zwei starken Männern. Aber das geringste Körnchen Glaube reicht aus.

Glauben heißt im Mund Jesu: Zutrauen. Nicht das allgemeine Vertrauen ins Leben oder zu Gott. Sondern viel genauer: das Vertrauen darauf, dass, wo Jesus wirkt, Gott am Werk ist, dass Jesus der ist, der er zu sein beansprucht. Glauben ist das Zutrauen, dass, wer sich auf Jesus einlässt, dabei auf dem festen Grund der Güte und Macht Gottes steht.

Jesus spricht denn auch von den Lilien auf dem Feld und von den Vögeln des Himmels nicht, um ein positives Weltgefühl zu vermitteln, sondern um die Bereitschaft zu wecken, das Unwahrscheinliche zu erwarten und dem Wunder zu begegnen, immer aufs Neue dem Wunder:

> Lernt bei den Lilien auf dem Feld, seht zu, wie sie wachsen. Sie mühen sich nicht. Sie spinnen nicht. Ich sage euch, dass auch Salomo in all seiner Pracht nicht bekleidet gewesen ist wie eins von ihnen. Wenn aber Gott das Gras, das heute steht und morgen ins Feuer fällt, so kostbar kleidet, wird er nicht auch für euch sorgen, ihr Anfänger im Glauben?
> *Matthäus 6,28–30*

Furchtlos und ohne Sorge könnte ein harmloser Mensch leben, der über seinen – zufällig – sonnigen Garten nicht hinaussieht, oder ein stumpfer Mensch, der das Zerstörende im Dasein nicht wahrnimmt, oder einer, der die Menschen nicht bedroht sieht, weil er sie nicht liebt – oder aber endlich ein Mensch, der mitten in aller Gefahr mit sehenden Augen das Wagnis des Glaubens eingeht. Er erwartet, wo die Wellen der Angst über ihm zusammenschlagen, das Wunder. Er begegnet mitten in der Zone der Angst dem, der selbst durch Schmerzen und Leid ging und nun sagt: Fürchtet euch nicht! Wisst ihr nicht, in wessen Hand ihr seid?

Der Jünger ist aufgefordert, seine Furcht und Sorge zu verlegen dorthin, wo seine Sorge Berechtigung und Sinn hat, wo sie das Größere meint: das Reich Gottes. Seine Sorge wird Kampf sein um den Raum, den das Reich in seinem Herzen einnimmt. Wie er selbst Raum hat in den Händen Gottes, so soll Gottes Reich in seinem Herzen Raum finden, denn sein Herz ist der Ort, an dem im Namen Gottes Gerechtigkeit gedeihen soll.

Der Glaubende steht in einer Welt, in der ihn nichts trennen kann von der Liebe Gottes. Als die Jünger von Jesus eines Tages ein Gebet forderten, das sie immer sprechen könnten, gab Jesus ihnen das Vaterunser. Denn das Wunder, das der Glaubende empfängt, ist die Fähigkeit, in einer tief fragwürdigen Welt deren Urheber im Vertrauen anzusprechen und zu sagen: Vater im Himmel. Das Wunder weckt das Wunder, und der Glaube, der sonst ein »Vielleicht« wäre, ein »Ungefähr« oder ein »Hoffentlich«, reißt den Maulbeerbaum aus.

Die Welt des Wunders

Östlich des Sees, am Rande der trostlosen, schwarzen Basaltwüste, auf den kahlen, heißen Golanhöhen, spielte sich die Geschichte ab:

> Und Jesus nahm die Jünger mit sich und zog sich, um mit ihnen allein zu sein, in die Wüste nahe der Stadt Betsaida zurück, aber die Leute sahen ihn gehen und strömten ihm nach. Er ließ sie zu sich kommen und redete zu ihnen vom Reich Gottes, und die der Heilung bedurften, machte er gesund. Da fing aber der Tag an, sich zu neigen, und die Zwölf kamen zu Jesus und sprachen: Lass die Leute gehen! Sie sollen sich in die nächsten Orte verteilen, damit sie dort übernachten können und Nahrung finden. Wir sind ja hier in der Wüste.
> Er aber sprach: Gebt ihr ihnen zu essen! Sie antworteten: Wir haben nur fünf Brote und zwei Fische, oder sollen wir für diese ganze Menge Nahrung kaufen? Es waren nämlich etwa fünftausend Menschen. Aber Jesus gebot: Sorgt dafür, dass sie sich niederlassen zu Tischgemeinschaften von je fünfzig. Sie taten es, und alle ließen sich nieder. Da nahm Jesus die fünf Brote und die zwei Fische, sah zum Himmel auf, dankte darüber, brach sie und gab sie den Jüngern, die gaben sie weiter an das Volk. Und sie aßen und wurden alle satt.
> *Lukas 9,10–17*

Es ist die Geschichte einer Erfahrung, die an jener Grenze zwischen sichtbarer und unsichtbarer Wirklichkeit spielte, an der Jesus gelebt hat und an der er sich – selten genug – als der zeigen konnte, der er war. Die Erfahrung überwältigte die Menschen; aber je größer das Erfahrene ist, desto weniger sind die Betroffenen fähig, es zu deuten, und immer wird der Mensch, der eine solche Erfahrung machte, seine Deutung ein wenig zu vordergründig ansetzen, etwa mit dem kindlichen Zusatz, den die Evangelisten der Geschichte anfügten, am Ende seien zwölf Körbe voll Brocken übrig geblieben.

Jesus nennt solche Vorgänge »Zeichen«. Hinweise. Wichtig ist demnach nicht das vordergründige Erlebnis, schon gar nicht seine Deutung, sondern jenes »Dahinter«, das die Geschichte andeutet, ohne es schildern zu können. »Zeichen« sind offene Stellen, an denen die Welt transparent, die Wahrheit dieser Welt ahnbar wird. Sie sind Stellen, an denen deutlich wird, dass da keine Wand ist zwischen diesseits und jenseits, zwischen natürlich und übernatürlich, zwischen jetzt und künftig.

Die Zeichen Jesu sind Hinweise auf die Einheit, die diese Welt in Gott hat, auf ihre Offenheit, auf ihr Geheimnis. Und dieses Geheimnis erweist sich nicht darin, dass in der Welt etwas grundsätzlich Fremdes am Werk wäre, sondern darin, dass Kopf und Herz eines Menschen nicht ausreichen, das Ganze zu fassen.

Da schleppen sie ihre Kranken mit in die Wüste. Immer wieder sind es die Blinden und Tauben und Lahmen, also Menschen, die gehindert sind, mit den anderen zusammenzuleben. Jesus heilt sie und befreit sie aus ihrer Isolierung. Und so ereignet sich das »Zeichen«: die Erfahrung einer helfenden Kraft und Güte, die im Letzten die Kraft und Güte Gottes ist.

Wir rechnen heute gerne nach: Wie viel kam auf jeden, wenn fünf Brote auf fünftausend Menschen verteilt wurden? Ein Gramm vielleicht. Damals ging es um ein Zeichen, und das Zeichen wurde verstanden: dass das Brot, das die Güte gibt, wächst, sodass weniges, von Menschen, denen der Jammer der anderen zu Herzen geht, aus der Hand Gottes weitergereicht, die anderen vor dem Umkommen rettet. Was ist das unter so viele?, fragen die Jünger. Und sie erfahren: »Es ist Brot. Sie werden satt. Der kleine Vorrat in unseren Händen ist Reichtum von Gott.« Sie geben das wenige, das sie haben. Sie erfahren, dass zu den Menschen mehr gelangt, als sie ihnen geben konnten, dass das Entscheidende durch sie hindurch geschah, aber nicht von ihnen ausging. Was dann körperliche, was seelische Nahrung ist, geistliche Speise, das können sie nicht mehr trennen. Das konnten sie schon damals in der Steinbrockenwüste des Golan nicht. Und je länger sie sich um Menschen kümmerten, mögen sie wohl – wie es heute noch jedem geschehen kann, der dasselbe versucht – die Menschen immer mehr als Wesen an jener Grenze zwischen dem Sichtbaren und dem Unsichtbaren, an der Jesus ihnen begegnet war, verstanden haben. »Sie aßen und wurden satt.« So lakonisch sagt es die Geschichte.

Es geht in unseren Tagen das große Unbehagen durch die Welt, ob man nicht vielleicht doch irgendetwas grundlegend Wirkliches ausspare. Die Physik weiß es längst. Bis zu den Theologen ist es noch nicht durchgedrungen. Und dabei könnte uns die Offenbarung in Christus endgültig, für alle weiteren Epochen der Menschheitsgeschichte endgültig, frei machen vom Bann dieser sichtbaren, messbaren Welt. Vom Druck der Innenseite unserer Menschenwelt.

Wir stoßen uns an Geschichten wie denen von der Verklärung Christi auf dem Berg oder von den Begegnungen der Jünger mit dem Auferstandenen. Wir stoßen uns am Weinwunder von Kana, am Wandeln Jesu auf dem Meer, an der Sättigung der Fünftausend in der Wüste. Wenn wir aber verstanden haben, dass Christus das Bild Gottes ist, dann verstehen wir auch, dass dieses Bild Christi aufleuchtet sozusagen an der Grenze zu Gott.

Das Wunder ist ja keineswegs die Durchbrechung eines Naturgesetzes. Ein Wunder ist ein Vorgang, an dem außer den uns bekannten Regeln und Gesetzen auch Gesetze beteiligt sind, die wir nicht kennen. Ein Wunder ist ein

Ereignis in der Übergangszone zwischen sichtbarer und unsichtbarer Welt.

Das Wunder ist aber scharf zu trennen vom Bericht über das Wunder. Und zwar schon deshalb, weil zu vermuten ist, dass das, was ein Mensch an einem Wunder erlebt, in den Worten seiner sonstigen Sprache nicht zu formulieren ist. Es ist ja gerade das, was mit anderem nicht verglichen werden kann, was in die Folge anderer Ereignisse nicht einzuordnen ist. Dem Bericht über ein Wunder muss notwendig etwas Unscharfes eignen, etwas Doppeldeutiges, und wenn zwei Menschen ein Wunder erleben, werden beide verschieden darüber berichten, je nach der Fähigkeit, es nachträglich zu deuten.

Die Jünger sitzen im Boot – mitten in der Nacht und im Sturm – und sehen plötzlich Jesus. Das ist die Erfahrung, die sie machen. Nachträglich berichten sie darüber. Wie kann es aber sein, dass Jesus da ist, obwohl doch rundum Wasser ist? Antwort: Er muss auf dem Wasser gegangen sein. Dass sie ihn sahen, war das Wunder; dass er auf dem Wasser ging, ist die nachträgliche Erklärung.

Die Fünftausend sitzen in der Basaltwüste an den Golanhöhen, hungrig und am Ende ihrer Kraft. Jesus gibt ihnen etwas. Brot. Fisch. Wie es sich fand. Sie werden satt. Nachträgliche Erklärung: Jesus muss das Brot vermehrt haben. Und weil er das so überreichlich tat, blieben zwölf Körbe übrig.

Die drei Jünger gehen mit Jesus auf den Berg der Verklärung. Sie sehen, wie Jesus sich verändert. Sie sehen eine lichte Gestalt. Nein – drei! Etwas Ungeheures geschieht. Nachträgliche Erklärung: Mose und Elia kamen und redeten mit ihm.

Das Wunder passt in keinen Bericht, denn die menschliche Sprache hat Wörter nur für das, was in den Zusammenhang unserer Erfahrungswelt passt. Wenn das Wunder in der Sprache aufgefangen wird, wird es banal. Jeder weiß das, der Erfahrungen dieser Art kennt.

Manchen mag, was hier von Zeichen oder von Transparenz der Welt gesagt wird, weltfremd anmuten. Aber das täuscht. Der Meister wie seine Jünger unterscheiden sich in ihrer Weltnähe nur darin vom sogenannten »Realisten«, dass sie Kräfte kennen, von denen dieser nichts weiß. Ob einer weltnah oder weltfern denkt, zeigt sich untrüglich darin, wie stark sich die Welt durch ihn verändert. Die Welt aber hat sich von jeher am gründlichsten durch die verändert, die man für Träumer hielt.

So auch mag mancher, der heute den Weg der Jüngerschaft unter die Füße nimmt, als nützlicher, wenngleich harmloser Idealist gelten. Immerhin: Durch seinen Glauben ändert sich etwas. Dadurch, dass er das scheinbar Sinnlose tut, anderen auf irgendeine Weise Brot, Liebe oder Gerechtigkeit zu bringen, zeigt er den Sinn. Dadurch, dass er das scheinbar Unwirkliche ernst nimmt, schafft er Wirklichkeit. Aus dem Glauben kommt Brot.

Man könnte das »Reich Gottes« als eine Art »Gewebe« beschreiben, das sich dem Auge des Scharfsichtigen durch die gröbere Struktur der Dinge unserer Welt durchzeichnet. Für das Auge des Wissenden ist in der Wirklichkeit sehr viel offener Raum, in dem Nicht-Geahntes sich begeben, Nicht-Erwartetes sich ereignen und Nicht-Gewesenes aus Gottes Geist entstehen kann. Zum christlichen Glauben gehört darum eine alles durchziehende Offenheit allem Begegnenden gegenüber.

Es gehört etwa zum christlichen Glauben und zur Durchlässigkeit seiner Welt auch dies, dass er Menschen wahrnimmt. Es gehört gleichsam zum christlichen Wohnen, dass das fremde Schicksal eintreten darf, dass die

Türen nicht verschlossen sind, sondern nur angelehnt. Es gehört der Wille dazu, lieber sich berauben zu lassen, als die Tür zu schließen. Der Umgang mit den Menschen wird wirklicher dabei, schwerer und wesentlicher.

Wer die Utopie ernst nimmt, die Jesus das Erbarmen nennt, bewahrt sich vor der Gefahr, Träumen nachzuhängen, denn er begegnet dem Menschen und nicht seinen eigenen Gedanken. Das ist der Grund, warum im politischen Tagesgeschäft gerade jene, die sich am hartnäckigsten für Realisten halten, am schwersten aus ihren Träumen und Ideologien aufzuwecken sind.

Das alles bedeutet aber zugleich, dass in dieser Welt nichts respektiert zu werden braucht, nur weil es so ist, wie es ist. Der Jünger steht auch in dieser Hinsicht in einem weiten Raum großer Freiheit. Er wird sich nicht abfinden mit Lüge, Ausbeutung und Gewalt. Er wird streiten gegen Krieg, Elend, Hunger und Unmenschlichkeit. Er wird die Gedanken der Unbequemen ernst nehmen. Er braucht dazu ein wenig Zivilcourage, ein wenig Phantasie und Hingabe, viel Klarheit, viel Liebe zu Menschen und Willen zum Frieden.

Ich frage mich: Woher diese Mutlosigkeit unter den Christen? Woher diese Müdigkeit? Woher die Resignation: Wir haben nichts zu sagen? Woher die Ratlosigkeit derer, die das Wort hören und sagen: Wir wissen selbst nichts. Wie sollten wir ein Wort haben?

Warum dieses Einkaufen bei den kleinen Bäckern – den Philosophen, den Psychologen, den Politologen, den Soziologen? Den Modekünstlern, den Modestilisten, den Modeunterhaltern aller Sparten? Wächst unter uns nichts mehr?

Gilt von den Christen nicht mehr, was Jesus von sich selbst sagt: Wer zu mir kommt, den wird nicht hungern?

Gilt es von seiner Kirche nicht mehr: Wer zu uns kommt, den werden wir nicht hinausstoßen? Warum schicken wir sie weiter zur nächsten Ecke?

Ich bin das Brot, sagt Jesus. Das Brot ist da. An den Jüngern waren nur die Hände wichtig, die bereit waren, weiterzugeben, und die Augen, die sahen, wo einer war, der Brot brauchte. Christus ist das Brot. Wem Christus tot ist, der kaufe in den kleinen Brotläden. Wem Christus lebt, dem wächst das Brot zu, das die nächsten Hände brauchen, die sich ausstrecken.

Jesus sah die Menschen auf den kahlen Höhen östlich des Sees, wie sie vor ihm standen, und er wollte, dass sie leben können. Nicht nur an ihrem Leib, sondern auch an ihrer Seele. Nicht nur an ihrer Seele, sondern auch an ihrem Leib. Nicht nur jetzt während der Jahre ihres Lebens auf dieser Erde, sondern auch danach. Aber nicht nur danach, sondern auch jetzt auf dieser Erde.

Das ist die Vision, die in jener Geschichte von der Speisung der fünftausend Menschen in der Wüste an der Grenze zwischen dem Sichtbaren und dem Unsichtbaren sozusagen durchgespielt wird. Das Erbarmen ist der Anfang des Wunders. Durch das Wunder, das aus dem Erbarmen erwächst, empfangen Menschen, was sie zum Leben brauchen. Sie geben es weiter. Andere werden dabei satt. Und unter den Händen der Gebenden wie der Empfangenden nimmt die Welt Gottes unter den Menschen Gestalt an.

Was hielten die Zeitgenossen von Jesus?

Kein Zweifel: Jesus war ein Mensch seiner Zeit, tief verbunden dem Elend und den Hoffnungen seines Volks. Er galt den Menschen seines Landes als einer der Ihren und wurde auf irgendeine Weise in die Reihe der Lehrer, der Propheten, der Heilbringer eingeordnet. In den Titeln, die das Judentum ungewöhnlichen Gestalten seiner Geschichte beizulegen pflegte, kommt es zum Vorschein.

Da waren die schlichten Leute in Palästina. Die sahen, wie er in den Dörfern lehrte, sich um die Armseligen kümmerte und Kranke heilte. Sie müssen in ihm, soweit sie ihm positiv gegenüberstanden, einen Wundertäter gesehen haben, denn dass Jesus Menschen durch Zuruf geheilt hat, steht außer Frage. Sie sahen in ihm das, was wir einen Charismatiker nennen. Das ist ein Mensch, der von Gott eine besondere Gabe hat, die über die Intelligenz, die Erfindungskraft, das Künstlertum eines bedeutenden Menschen hinaus auf ein Geheimnis hinweist, das in einer besonderen Nähe zu Gott besteht. Aus dieser besonderen Gabe redet und wirkt er, und er bedarf nicht des Umwegs über ein öffentliches Amt. Christlich gesprochen: Er bedarf keiner Legitimierung durch eine Kirchenleitung, eine Synode, ein Konzil, einen Priester, einen Bischof oder Papst. Viele der Heiligen der christlichen Geschichte gehören zu ihnen, und in der Regel standen sie in Spannung zu ihrer Kirche. So stimmt es durchaus zum Bild des Charismatikers, wenn Jesus mit Priestern und Schriftgelehrten in Konflikt geriet. Wenn in der Geschichte der Kirche ein Charismatiker unbequem wurde (und er war es fast immer), dann wurde er, bis in den Beginn der Neuzeit hinein, mit dem Teufel in Verbindung gebracht. Wen will es wundern, dass schon die geistlichen Autoritäten zur Zeit Jesu so reagierten?

> Die Schriftgelehrten, die von Jerusalem gekommen waren (um für den Hohen Rat ein Gutachten über Jesus anzufertigen), sprachen: Er steht in der Macht des finstersten aller Teufel, und wenn er Dämonen aus dem Menschen vertreibt, dann nur, weil er selbst ein Werkzeug des Teufels ist. Und Jesus rief die Leute zusammen und fragte sie: Wie kann denn ein Teufel den anderen austreiben? Wenn ein Reich in sich uneins wird, kann es nicht bestehen. Erhebt sich der Teufel gegen sich selbst, ist es aus mit ihm.
> *Markus 3,22–26*

Aber Jesus reagiert auf diesen Angriff nicht nur mit Ironie, sondern auch mit dem schärfsten Wort, das von ihm überliefert ist:

> Alle Sünden werden vergeben, alle Bosheiten und Lästerungen. Wer aber den Geist Gottes einen Geist aus der Hölle nennt, der hat keine Vergebung. Er verfällt dem ewigen Gericht.
> *Markus 3,28–29*

Das Urteil der Schriftgelehrten über Jesus hat sich über seinen Tod hinaus gehalten. Im Talmud ist zu lesen, Jesus sei hingerichtet worden, weil er gezaubert und das Volk Israel zum Abfall von Gott verführt habe. Dem Charismatiker in den Augen des Volks steht der Hexer in den Augen der Obrigkeit gegenüber. Aber das ist nur ein Farbtupfer unter vielen im bunten Bild der Meinungen.

> Eines Tages fragte er seine Jünger: Was sagen die Leute, dass ich sei? Sie antworteten: Einige meinen, in dir sei Johannes der Täufer wiedergekehrt, andere, du seist der wiedergekommene Elia, wieder andere, du seist Jeremia oder ein anderer von den Propheten.
> *Matthäus 16,13–14*

Das Besondere eines Propheten liegt in der Vollmacht, mit der er ein Wort in seine Zeit hineinspricht. Er sieht, was ein König politisch tut, und tritt ihm missbilligend oder bestätigend gegenüber. Er sieht das Unrecht in einem Volk und tritt öffentlich für Gerechtigkeit ein. Er spricht im Namen Gottes ein gültiges, nicht korrigierbares Wort zu einer praktischen Frage, auffordernd, richtend, tröstend oder wegweisend. »Ein Prophet!« Damit steht Jesus in der Linie jener markanten Gestalten der israelitischen Geschichte, die je zu ihrer Zeit das maßgebende Wort von Gott sagten.

Aber Jesus stand nach dem Urteil seiner Zeitgenossen nicht nur in der Reihe der Propheten, man hielt ihn auch für den Messias, oder man leugnete gerade dies, dass er der Messias sei. Bis in den Kreis der Jünger hinein reicht die Erwartung, in ihm müsse der Messias erschienen sein.

> Was sagt denn ihr über mich?, fragte Jesus seine Jünger. Petrus antwortete: Du bist der Messias, der Sohn des lebendigen Gottes.
> *Matthäus 16,15–16*

Abgesehen davon, dass Petrus hier offenbar den »Sohn Gottes« und den Messias gleichsetzt, kommt in dem Ausdruck »Messias« eine Erwartung zum Vorschein, die damals nicht nur auf Jesus, sondern auch auf eine Reihe anderer gerichtet war. »Messias« war damals schon tausend Jahre lang ein Würdename der Könige Israels gewesen. Das Wort heißt »der Gesalbte«, das heißt der von Gott Eingesetzte und Bevollmächtigte. »Christus« ist nichts als die Übersetzung von »Messias« ins Griechische. Der Urkönig, auf den dieses Wort immer wieder bezogen wird, war David, tausend Jahre vor Christus. So sprach man vom Messias, den man zur Zeit Jesu erwartete, auch als vom »Sohn Davids«. Damals aber, als es jüdische Könige nicht mehr gab und die Führung in den Händen der Priester lag, hatte sich die Vorstellung vom Messias gespalten. Der Messias war von da an vorstellbar als eine königliche oder als eine priesterliche Gestalt. Von Jesus erwarteten dementsprechend die einen, er werde als priesterlicher Messias am Tempel auftreten, den Kult erneuern und von dort aus ein neues, heiliges Volk schaffen, die anderen, er werde als politischer Messias zu den Waffen rufen und ein neues, davidisches Reich errichten. Wenn also Petrus seinen Meister als »Messias« bezeichnet, dann ist damit noch nicht viel gesagt, und sicher gab es darüber unter den Jüngern verschiedene Meinungen. So scheint Judas in ihm den politischen Messias gesehen zu haben. Er scheint ihn »verraten« zu haben, um ihn in eine Situation zu bringen, in der er, der schon viel zu lange gezögert hatte, endlich losschlagen müsse. Als aber Jesus nicht losschlug, sondern sich still in das Urteil des Hohen Rates fügte, erhängte sich Judas. Hätte er seinem Meister übelgewollt, hätte er sich nicht zu erhängen brauchen. Er hat ihn nur missverstanden, und noch am Ostertag, so wird erzählt, sprachen zwei andere Jünger von ihrer Enttäuschung: »Wir hatten doch gehofft, er werde Israel befreien« *(Lukas 24,21)*. Die Erwartung, er müsse doch das Bild vom Messias im einen oder anderen Sinn erfüllen, hat Jesus bis zuletzt begleitet.

Eine ganz andere Bedeutung hatte das Wort »der Menschensohn«, das Jesus mit Vorliebe auf sich selbst anwandte. »Menschensohn« konnte dreierlei bedeuten: Es bedeutete zunächst einfach »ein Wesen nach Art eines Menschen«, also einen Menschen. Spricht Jesus von sich selbst als von einem Menschensohn, so kann das in bestimmten Zusammenhängen einfach so viel heißen wie

»ich«. »Die Vögel unter dem Himmel haben Nester, des Menschen Sohn (ein Mensch wie ich) hat nichts, da er sein Haupt hinlege.«

Eine zweite Bedeutungsschicht dieses Worts erscheint beim Propheten Hesekiel, der von Gott als »der Menschensohn« angeredet wurde, das heißt als »der Sprecher Gottes«, das heißt: »der Prophet«.

Eine dritte bezieht sich auf den Propheten Daniel und dessen Vision, in der ihm »der Uralte«, nämlich Gott, erschien und in der einer, der »wie ein Menschensohn war«, mit ewiger und umfassender Herrschaft ausgestattet wurde. Dieses Bild vom Menschensohn, der mit göttlicher Vollmacht auf dieser Erde eingreift, nahm die erste Christengemeinde auf. Als Stephanus vor Gericht stand, kurz nach dem Tode Jesu, und sich rechtfertigen sollte wegen seines Bekenntnisses zu Jesus, dem Messias, da rief er, zum Himmel blickend, aus: »Schaut! Der Himmel ist offen, und zur Rechten Gottes steht der Menschensohn!« *(Apostelgeschichte 7,55)*.

Das war Grund genug für das Todesurteil über Stephanus. Denn dass einer, der den Tod des Verbrechers gestorben war, der Menschensohn sein sollte, also der himmlische Herrscher und Erlöser, das kam einer Gotteslästerung gleich.

Ein letztes Beispiel für die Vorstellungen, denen Jesus sich gegenübersah, ist das Wort »Sohn«. Ein »Sohn« in diesem betonten Sinn war für die Zeitgenossen ein Mensch, der Gott auf dieser Erde repräsentierte. Jeder Sohn einer jüdischen Familie hatte etwas von einem solchen Repräsentanten und war Empfänger der Verheißungen Gottes. Jeder Sohn eines jüdischen Vaters galt auch als ein Sohn Gottes. Aber »Sohn Gottes« war auch ein Königstitel. Die Könige und Pharaonen des alten Orients galten so gut wie alle als Söhne eines Gottes, auch die Könige Israels. Im Psalm 2 spricht Gott: »Ich selbst habe meinen König gewählt auf dem Zion, meinem heiligen Berg«, und der König spricht im selben Königslied: »Gott sprach zu mir: Mein Sohn bist du, heute habe ich dich gezeugt.«

»Gezeugt« heißt eingesetzt. Denn der »Sohn Gottes«, das war allgemeine Auffassung im Judentum, war nicht durch eine übernatürliche Abkunft mit Gott verbunden, sondern durch eine Art Adoption, durch die Einsetzung zum Sohn. Und wenn Christus als »Sohn« bezeichnet wird oder sich selbst so bezeichnet, bedeutet das, den Denkgewohnheiten seiner Umgebung entsprechend: Christus steht an Gottes Stelle. Er offenbart Gott. Er handelt für Gott. Er spricht das Urteil an Gottes statt.

Alle diese Titel und Würdenamen kommen vor. Und doch: auf Jesus angewandt, stimmen sie alle nicht. Jesus hat sie alle entweder von sich gewiesen oder mit einer neuen Bedeutung erfüllt, ehe er sie gebrauchte. Wenn wir wissen wollen, was Jesus von sich selbst gedacht hat, dann liegt in der Veränderung, die er mit diesen Titeln vorgenommen hat, der Schlüssel.

Was hielt Jesus von sich selbst?

Die Seele Jesu und sein Selbstbewusstsein hat noch keiner erforscht. Eine Psychologie, die ihn zu fassen bekam, ist noch keinem gelungen. Wir können nur fragen: Was hat Jesus über sich selbst ausgesagt? Was hat er preisgegeben? Und wir werden bedenken müssen, dass Jesus immer wieder gründlich geschwiegen hat.

An dieser schwierigsten Stelle der Auslegung des Neuen Testaments beißt sich die Forschung denn auch seit hundert Jahren die Zähne aus, und noch keines ihrer Ergebnisse ist dabei alt geworden. Noch vor Kurzem meinten viele, das Ergebnis sei klar: Die himmelhohen Würdetitel, die die Kirche auf Jesus häufte, haben nichts mit ihm zu tun. Er sah sich, so war man überzeugt, als einen Propheten, vielleicht auch als einen Zaddik, das heißt einen Gerechten, mit einem besonderen Wort von Gott. Erst die Kirche habe ihn zu einem Gott gemacht, ihn vergoldet und verewigt und ihm damit das Beste, nämlich sein erdhaftes Menschentum, genommen. Übrig blieb für die meisten ein armer Mensch, dessen reine Seele und dessen tragisches Ende zusammenschmolzen zum Bild eines Großen, in dem irgendwie ein Bild Gottes im Bild eines Menschen verborgen war.

Aber so fest man weithin von diesen oder ähnlichen Ergebnissen überzeugt war, erwiesen war es nicht. Im Gegenteil: Die Probleme stehen heute neu vor uns, und mir will scheinen, Jesus sei nicht kleiner gewesen, als die Bilder seiner Gemeinde ihn zeigten, sondern größer. So groß, dass seine Kirche ihn nur mit hilflosen Legenden und armseligen dogmatischen Konstruktionen einigermaßen fassen konnte.

Einen »begnadeten Wundertäter« sahen viele seiner Zeitgenossen in ihm. Aber damit erfassten sie nicht, was Jesus zeigen wollte, wenn er nicht von Wundern, sondern von Zeichen sprach. Für Jesus begann mit seiner Sendung die Zeit der Neuschöpfung aus dem Geist Gottes. Jesus selbst war am Staunen der Leute über seine Wunder überhaupt nicht interessiert. Für ihn waren sie nicht Beweise dafür, wie viel und wie Großes er konnte, sie waren Zeichen dafür, dass der Geist Gottes schaffend am Werk war. Seine Aufgabe war, die Heilszeit zu eröffnen. Er war kein »Wundertäter«. Er war viel mehr.

Einen Propheten nannten sie ihn. Aber das entscheidende Merkmal eines Propheten fehlt bei Jesus. Der Prophet ist daran kenntlich, dass er seine Rede mit dem Anspruch eröffnet: So spricht Gott! Nirgends in all seinen Reden gebraucht Jesus diese alte Prophetenformel, mit der die Sprecher Gottes sich schon tausend Jahre vor ihm ausgewiesen hatten. Er formuliert vielmehr das Gotteswort selbst: »Ich aber sage euch …« Und diese Formel geht – daran zweifeln nur noch wenige – auf ihn selbst zurück. Sie erhebt einen Anspruch, den kein Prophet erhoben hätte.

»Du bist der Messias«, so spricht ihn der beweglichste und intensivste unter seinen Jüngern an, und Jesus erkennt sogar an, dass Petrus damit etwas Richtiges verstanden habe. Aber das Wort »Messias« ging ihn dennoch nichts an. Als das Volk ihn zum königlichen Messias ausrufen wollte, »entwich er und entzog sich ihren Händen«. Und als er nahe daran war, einem priesterlichen Messias zu gleichen, als er nämlich den Tempel mit einer Geißel von Händlern und Geldwechslern leer fegte, da griff er die Erwartungen des Volks und seiner Jünger gerade nicht auf, sondern verließ die Stadt und unternahm nichts mehr, bis der amtierende Priester ihn vor sein Gericht stellte. Aber sein Anspruch war nicht geringer als der eines Messias, sondern entscheidend höher.

Eines Tages, als die Pharisäer beieinander waren, fragte Jesus sie: Was denkt ihr über den Messias? Wessen Sohn ist er? Sie antworteten: des David. Da fragte Jesus: Warum nennt ihn aber David, von prophetischem Geist erfüllt, seinen Herrn? Sagt er nicht: Der Herr hat gesagt zu meinem Herrn: Setze dich zu meiner Rechten, bis ich deine Feinde zum Schemel

deiner Füße mache? Wenn David ihn seinen Herrn nennt, wie kann er denn sein Sohn sein? Und niemand konnte ihm ein Wort erwidern.
Matthäus 22,41–46

Der Titel Davidsohn kommt bei Jesus durchaus vor, freilich nur in ironischer Abwehr. Euer Bild vom Gesalbten Gottes, will Jesus sagen, krankt daran, dass ihr es bei David abnehmt. Ihr könnt, wer ich bin, nicht an David messen. Der Gesalbte Gottes ist unendlich größer.

Man nannte Jesus auch den Menschensohn, und er selbst nahm diesen Titel häufig in Anspruch. Was meinte er damit?

Da fragte ihn der Hohepriester: Bist du der Messias, der Sohn des Hochgelobten? Jesus sprach: Ich bin es. Und ihr werdet den Menschensohn sehen sitzen zur Rechten Gottes und kommen mit den Wolken des Himmels. Da zerriss der Hohepriester seinen Rock und sprach: Wozu bedürfen wir weiterer Zeugen? Ihr habt die Gotteslästerung gehört. Wie urteilt ihr? Sie aber verurteilten ihn alle zum Tode.
Markus 14,61–64

Jesus bekennt sich also dazu, der in der Zukunft erscheinende Bevollmächtigte Gottes zu sein. Aber er verbindet damit Vorstellungen, die keiner seiner Zeitgenossen verstehen konnte. Für ihn hingen nicht nur künftige Macht, sondern auch irdisches Leiden und Sterben mit seinem Auftrag als Menschensohn zusammen.

Es sprachen einige von den Schriftgelehrten und Pharisäern: Meister, wir möchten gerne ein Zeichen von dir sehen! Er antwortete: Diese böse und bundesbrüchige Art sucht ein Zeichen. Ihr wird kein Zeichen gegeben als das des Jona. Wie Jona drei Tage und drei Nächte in des Walfischs Bauch war, so wird der Menschensohn drei Tage und drei Nächte in der Erde sein. Die Leute von Ninive werden am Jüngsten Gericht auftreten und diese Generation verdammen, denn sie büß-

ten nach der Predigt des Jona. Aber – erkennt doch! – hier ist mehr als Jona!
Matthäus 12,38–41

Jesus hat erwartet, dass er zu sterben habe, dass er auferstehen werde und im Gericht klar würde, wer er in Wahrheit sei. Hier liegt das Ursprünglichste, das wir von den Worten Jesu über sich selbst zu fassen bekommen können.

Dass Jesus von seinem Leidensschicksal überrascht worden wäre, ist undenkbar. Dass er von diesem seinem Tod nichts erwartet hätte, ist absurd. Was aber erwartete er anderes, als was der Hohepriester hört: Ihr werdet den Menschensohn zur Rechten Gottes sehen? Kein Jota weniger. Jesus starb, damit das »Reich des Menschensohnes« zu den Menschen komme. Das heißt: Er starb bewusst für die Erlösung der Menschen. Aber damit war die Fassungskraft auch eines gelehrten Juden gesprengt. Leiden war Strafe von Gott. Ein von Gott gestrafter »Menschensohn«, das heißt Erlöser Israels, das war Wahnsinn. Und ein solcher sein zu wollen war Gotteslästerung. Da blieb nur das Todesurteil. Und dieses Todesurteil war nach Jesu Überzeugung eine Schickung Gottes.

Jesu nannte sich selbst auch einfach »Sohn« und Gott seinen »Vater«:

> Alles ist mir von meinem Vater übergeben, und niemand kennt den Sohn außer dem Vater, niemand kennt den Vater außer dem Sohn und wem der Sohn ihn offenbaren will.
> *Matthäus 11,27*

Hier ist der Anspruch, den Jesus erhebt, am reinsten dargestellt. Ich bin der »Sohn«, das heißt: Wo ich stehe, ist Gott. Wo ich spreche, spricht Gott. Wo ich Sünden vergebe, vergibt Gott. Und dieses Selbstbewusstsein ist der

Grund, warum schon in Galiläa, als Jesus Sünden aufhob, das Stichwort Gotteslästerung fiel.

Es wurde behauptet, all dies sei erst nach Ostern erfunden worden. Ich meine aber, der Osterglaube an den auferstandenen Christus habe die Jünger nur deshalb vereinen und in Bewegung setzen können, weil sich in ihm das spiegelte, was Jesus vorher schon gesagt hatte. Sie konnten an die Erwartung anknüpfen, in der Jesus selbst gestanden hatte.

Im Grunde liegt der Anspruch Jesu in den einfachen Gesten, die wir an ihm beobachten. Als er in Galiläa zu Tisch lud, lud er an Gottes Stelle ein, er fügte im Namen Gottes das brüderliche Volk der Gerechten und der Ungerechten zusammen und sagte damit: Ich nehme die Folgen auf mich. Ich bringe für die Versöhnung der Menschen untereinander und mit Gott mein Leben zum Opfer. An mir wird sich zeigen, wie Gott urteilt. Denn er wird mich von den Toten auferwecken.

Das war es, was die erste Kirche von ihm hielt und zu umschreiben suchte mit den Bildern und Begriffen, die ihr zur Verfügung standen. Jesus wurde dabei nicht größer. Er wurde eher kleiner, den Vorstellungen von Menschen angepasst. Und wie groß muss er gewesen sein, dass diese Kirche kleiner Leute so viel von seiner Größe wahrnahm! Wir tun gut, den Anspruch, den Jesus erhob, immer ein gutes Stück größer zu denken, als wir ihn einschätzen, wenn wir nach heutiger Manier die »Legenden« und »mythologischen Bilder« zur Seite gelegt haben. Am Ende werden uns kaum zutreffendere Chiffren einfallen als eben wieder die Bilder aus den Christusbekenntnissen der ersten Kirche.

Was halten wir von ihm?

Wir haben die Freiheit, von Jesus zu halten, was wir wollen. Niemand greift uns vor. Wir begegnen ihm. Wir verstehen ein wenig. Vielleicht rührt er unser Herz an. Vielleicht überzeugt er uns. Es liegt in unserer Freiheit, zu entscheiden, wie wir antworten wollen. Der eine mag sagen: Dieser Jesus ist mir fremd. Er hat mit meinen Gedanken, meinem Dasein, meiner Arbeit und meinen Problemen nichts zu tun. Dieses Eingeständnis ist kein Zeichen von Bosheit. Wer immer Jesus zu verstehen beginnt, beginnt auch seine Fremdheit zu verstehen.

Der andere mag sagen – und es sind vor allem junge Leute, die so sprechen und sich davon Befreiung, Sinn und Erfüllung erhoffen –: Ich suche Jesus, den guten Menschen, den weisen Meister, den Bringer des Friedens, der Güte und der Heiterkeit, der ekstatischen Freude und der alles übersonnenden Wahrheit. Ein Älterer schaut dem Jungen vielleicht in der Sorge zu, was er wohl tun werde, wenn er begreift, dass der »gute Mensch« und der gute Wille auf dieser Erde das Reich des Friedens nicht bauen werden. Wird er dann den guten Meister fallen lassen oder sich auf einen ganz anderen, einen strengen, fremden Christus einlassen, der vor so viel größerem Hintergrund steht und so viel zu sagen hat, das in das freundliche Bild nicht passen will?

Der Dritte mag vielleicht das Glaubensbekenntnis der Kirche mitsprechen: »Ich glaube an Jesus Christus, den eingeborenen Sohn Gottes, unseren Herrn«, und sich an die dauerhaften und inhaltsschweren Symbole der christlichen Tradition halten. Vielleicht hat er es so schwer damit, wie man es mit alten Traditionen heute immer haben wird, aber die Mühe wird sich lohnen. Die Bilder mögen schwer zu durchschauen sein, aber sie halten und bergen noch immer am behutsamsten das Geheimnis dieses Mannes. Sie fordern viel, aber sie geben von seinem Wesen und Wort nichts preis. Und dies ist nicht wenig.

Der Vierte mag versuchen, mit seinen eigenen Gedanken zu ergründen, mit wem er es hier zu tun hat, und in seine eigenen Worte zu fassen, was er für ihn sein und bedeuten soll. Vielleicht entsteht so kein Glaubensbekenntnis, das viele nachsprechen können, aber der so Suchende gewinnt Klarheit für sich selbst.

Als Petrus an jenem Morgen am See das Alte hinter sich ließ, um das ganz Neue zu ergreifen, entschied sich für ihn alles in dem Augenblick, als er, der Erfolglosigkeit der Arbeit einer langen Nacht zum Trotz, noch einmal hinausfuhr – auf das Wort des Mannes hin, den er gehört hatte. Er wusste zu jenem Zeitpunkt noch nicht viel, und es dauerte lange, bis er danach das Wichtigste begriff. Aber er setzte alles auf das Zutrauen und fuhr hinaus. Und so fand er, der viel zurückließ, an der Stelle des Vielen das Ganze.

Es gibt ein Wort von Vincent van Gogh, dem Maler, zu dieser Geschichte. Er schreibt:

> Es ist richtig, bei dem Glauben zu bleiben,
> dass alles wunderbar ist, weit mehr, als man begreifen kann;
> denn das ist die Wahrheit, und es ist gut,
> feinfühlig und zart von Herzen zu sein,
> es ist schön, voller Wissen zu sein
> in den Dingen, die verborgen sind
> vor den Weisen und Verständigen dieser Welt.
> Es ist das Bedürfnis nach nichts Geringerem als dem
> Unendlichen und Wunderbaren,
> und der Mensch tut wohl daran,

wenn er nicht mit weniger zufrieden ist
und sich nicht zu Hause fühlt, solange er das nicht errungen hat.
Das ist der Sinn, den alle großen Männer
in ihren Werken ausgedrückt haben,
alle, die etwas mehr gesucht und gearbeitet
und mehr geliebt haben als die anderen,
alle, die auf die hohe See des Lebens hinausgesteuert sind.
Hinaussteuern auf das Meer,
das müssen wir auch tun, wollen wir etwas fangen,
und wenn es manchmal geschieht, dass wir die ganze Nacht
gearbeitet haben und nichts erreichen,
dann ist es gut, doch nicht aufzugeben,
sondern in der Morgenstunde
nochmals das Netz auszuwerfen.

Nachdenken über Gott

Jesus spricht vom »Vater«

Fast jedes Gespräch, das Jesus mit seinen Zuhörern führte, begann oder endete mit einem Hinweis auf Gott. Wen meinte er damit? Seinen Zeitgenossen war das nicht zweifelhaft. Wer damals »Gott« sagte, konnte damit rechnen, jedermann sei im Bilde. Für uns Heutige ist es schwierig geworden, mit diesem Wort etwas Genaues zu verbinden, uns etwas vorzustellen, das mehr ist als der liebe Gott aus dem Bilderbuch. Was will Jesus sagen, wenn er Gott »seinen Vater« nennt? Was meint er, wenn er uns einlädt, uns diesem Gott anzuvertrauen?

Für Jesus war, anders als für uns, der Zusammenhang zwischen Gott und der Welt, zwischen göttlichem und menschlichem Wirken ganz und gar ungebrochen. Für uns fallen Gott und unser eigenes Dasein zunächst weit auseinander. Für uns mag es über weite Strecken unseres Lebens einen Gott so gut wie gar nicht geben, dennoch beten wir im gegebenen Fall zu Gott. Uns mag es selbstverständlich sein, dass da ein Gott sei, aber das hindert uns nicht, das Gespräch mit ihm für gänzlich entbehrlich zu halten.

Für Jesus ist Gott so dicht gegenwärtig, dass es für ihn ohne Sinn ist anzunehmen, es seien Riten oder Gesetze nötig, um Gott und den Menschen zusammenzubringen. Für ihn wirkt Gott so unmittelbar, dass die einzig angemessene Weise für den Menschen, sich auf Gott einzustellen, das ständige Gespräch mit ihm ist. Dieser Gott ist so mächtig, dass der Mensch zu seinem Reich nichts beizutragen braucht außer der Bitte, Gott möge es doch kommen lassen. Er ist so umfassend, dass er der Gütige und der Richtende zugleich ist, der Bewahrende und der

Verurteilende, der Urheber des Glücks ebenso wie der Urheber des Leidens. Wer ist dieser Gott, den Jesus liebte und unter dem er litt? Wie spricht Jesus selbst mit Gott?

Ich preise dich,
Vater und Herr des Himmels und der Erde

ruft Jesus aus, überwältigt von der Erfahrung, dass die Armen und Unwissenden, zu denen Gott ihn sendet, ihn auch verstehen, dass also Gott seinen Geist sendet und den Hörenden das Herz öffnet. Gott ist am Werk, wenn er, Jesus, die Armen sucht. Und Gott ist am Werk, wenn die Armen ihn verstehen. Dass Gott am Anfang und am Ziel seiner Bemühung selbst am Werk ist, das spricht Jesus in seinem berühmten Jubelruf aus, wohl wissend, dass der Weg zu den Armen gefährlich ist und die Gefahr von demselben Vater kommt, der den Armen das Evangelium aufschließt.

Mein Vater, ist's möglich,
so gehe dieser Kelch an mir vorüber

betet Jesus am Abend seiner Verhaftung im Garten am Ölberg. Aber wenn Jesus etwas erbittet, das offenbar dem Willen des Vaters nicht entspricht, dann liegt darin kein Aufbegehren gegen Gott wie etwa in den Gebeten des Hiob. Hiob suchte Auskunft über den Sinn seines Leidens und wollte wissen, wer Gott das Recht gegeben habe, solches Leiden zu verhängen. Jesus bittet nur, und als er erkennt, dass der Vater es anders bestimmt hatte, fügt er sich mit den Worten: »Wenn es denn dein Wille ist …« Ohne Vorwurf, ohne Widerstand nahm er sein Geschick auf sich. In diesem Vertrauen bleibt er der Freie, den die Tempelpolizei im Grunde nicht binden kann, der Unabhängige, dessen Geschick nicht von Menschen, sondern von Gott kommt.

Mein Gott, mein Gott,
warum hast du mich verlassen?

schreit Jesus in der Finsternis seines einsamen Leidens. Aber noch in der äußersten Verlassenheit ist es eine Anrede, eine Frage an das große Du. Noch immer ist es ein Gebet, das sich an den rätselhaften Gott wendet. Noch immer trägt das Vertrauen, Gott werde klären, warum er weggegangen sei – oder wiederkehren.

Man hat immer wieder versucht, das Vaterbild Jesu psychologisch zu erklären. Entweder linksherum: Er hatte einen schlechten oder gar keinen Vater und erschuf sich zum Ausgleich den unbedingt vertrauenswürdigen himmlischen Vater. Oder rechtsherum: Er muss einen vorzüglichen Vater gehabt haben und brauchte dessen Bild nur auf das Bild des Vaters im Himmel zu übertragen.

Aber damit übersieht man den geschichtlichen Hintergrund, vor dem Jesus lebte. Dieses Vaterbild war nicht von ihm erschaffen, es war in den Grundzügen durch und durch das Gottesbild seines Volks, der Ertrag einer sechshundertjährigen Leidenszeit. Zwischen der Zerstörung Jerusalems durch die Babylonier im Jahre 587 und der Zeit Jesu läuterte sich das Bild von dem patriarchalisch und eifersüchtig herrschenden Gott zu dem Bild des Vaters der Seinen und läuterte sich der bloße Gehorsam des Menschen zum liebenden Vertrauen. Das Gottesbild Jesu hat seinen Hintergrund in der politischen und geistigen Geschichte seines Volks, auch wenn wir festhalten, dass Jesus das Vertrauen zu diesem Gott mit einer ganz und gar neuen Vollmacht und Freiheit lebt und verkündigt.

Das alte Israel ist der Hintergrund

Die Anfänge liegen im 15. Jahrhundert vor Christus, als die Familie Abrahams ihre Schafherden vom oberen Euphratgebiet nach Palästina trieb, und im 13. Jahrhundert, als die Söhne Israels auf dem Sinai lebten, karg, armselig, ständig bedroht und ständig in der Gefahr, an ihrem Nomadendasein irrezuwerden. In jenem 13. Jahrhundert ereignete sich der in jeder Hinsicht erstaunliche Einbruch in das religiöse Bewusstsein Israels, den wir die Moseoffenbarung nennen, jener Einschlag in die Landschaft menschlicher Gottesbilder, der sich an einer zahlenmäßig kleinen Gruppe ereignete und also einen Trichter gleichsam von geringem Durchmesser, aber eben doch von einer beträchtlichen Tiefe, hinterließ: die Offenbarung des einen, souveränen Gottes. Noch aus der Erfahrung eines Nomadenvolkes, das in der Wüste lebte, drang der Anspruch dieses Gottes in das Bewusstsein des späteren Kulturvolks ein, und bis heute stehen wir staunend vor dem tiefen Geheimnis dieses Volks, das durch alles Auf und Ab, alle Größe und alles Leiden seiner Geschichte den einen Gott festhält und von diesem einen Gott festgehalten wurde und wird. Der Grund, dass der Gott der Nomaden später der Gott dieser ganzen Welt wurde, war nicht der, dass man eines solchen Gottes bedurft hätte. Einen Gott dieser Art braucht man nicht. Die kargen Formen der Verehrung, die diesem Gott angemessen waren, das Verbot aller Bilder, das Verbot, seinen Namen auszusprechen, das Verbot allen Totenkults und das grundsätzliche Bedenken gegen jede Art von souveräner menschlicher Herrschaft widersprechen, genau besehen, allen Bedürfnissen, die anderswo zur Bildung von Religionen geführt haben. Es scheint vielmehr, als hätte das Dasein in der Wüste jenes Volk ungewöhnlich geeignet gemacht, diesen Gott als den wirklichen Gott zu erfassen im Gegensatz zu den Göttern sämtlicher benachbarten Völker der orientalischen Antike.

In einem Kulturland waren die Götter immer ein Bestandteil dieser Welt. Die Fruchtbarkeit des Ackers, der Zyklus der Jahreszeiten, die Herrschaft der Könige, die Künste und die Wissenschaften waren für die alte Welt die Punkte, an denen die Götter erschienen oder wirkten, die Götter des Krieges oder der Liebe, der Fruchtbarkeit oder der Herrschaft, des Handels oder des Handwerks, der Berge oder des Meeres. Israel hatte von seinem kargen Nomadenleben her die äußeren Möglichkeiten, den Gott, der zu ihm sprach, geistiger zu denken, weltenthobener, von Menschen unabhängiger. Es konnte nach der Wahrheit des menschlichen Daseins ohne alle kulturelle Einkleidung oder Ausstattung fragen, und es empfing am Sinai die kargeren, die ehrfürchtigeren, und das heißt die zutreffenderen Vorstellungen von Gott. Ihm war Gott nicht die innere Doppelung oder himmlische Überhöhung eines menschlichen Kulturbetriebs, sondern ein fremdes Gegenüber, dessen Stimme es ablauschte, wann der Zug der Wandernden aufbrechen oder sich niederlassen solle, welchen Weg er zu wählen und welches Recht innerhalb des eigenen Volks und gegenüber den fremden Völkern zu gelten habe.

Ein solcher Gott kann nicht geschaut werden. Gott offenbart sich nicht wie in Ägypten in der Zeit, als die Söhne Israels noch dort lebten, in der Gestalt einer Kuh oder eines Falken, eines Ibis oder eines Krokodils, eines Hundes oder einer Schlange. Er ist »Herrlichkeit«, niederschmetternde Lichtwucht, brennender Glanz. Dass sein Licht das menschliche Auge mit Blindheit schlägt, mit jener Gottesfinsternis, die voll ist von Erkenntnis Gottes und des Menschen, das ist die Erfahrung derer, die ihn »schauten«. Sie erfuhren, dass der Wurf des menschlichen Denkens Gott nicht trifft, dass menschliche Vorstellungskraft ihn nicht einfängt, und erkannten auf diese Weise den einen Gott.

Aber dieser eine Gott war nicht allein Licht, Macht oder Naturkraft, er begegnete vielmehr als ein »Du«. »Ich«, so sagt Gott, »bin der Herr, dein Gott.« Gott ist nahe, aber nicht nur wie ein umfangendes Meer, sondern auch wie ein Partner, der spricht und hört. Er ist heilig, aber nicht wie ein Tabu, ein mit Kraft geladener Gegenstand, sondern wie ein Du, das den unbedingten Abstand bewahrt, das den Unheiligen abweist, den Schuldigen von sich scheidet, das Treue und Eindeutigkeit verlangt, aber sie auch selbst gewährt, wo der Mensch sich der Einzigkeit eines solchen Gottesverhältnisses bewusst bleibt.

Mit der Zeit in der Wüste war der Weg des Verstehens nicht zu Ende. Jedes weitere Jahrhundert brachte neue Erkenntnis von Gott, und in einer Zeit, in der das Volk wieder gleichsam in der »Wüste« war, nämlich in der Gefangenschaft in Babylon, tat es den großen Schritt, den wir im zweiten Teil des Buches Jesaja erkennen. Gerade in der Zeit des Leidens wandelte sich das Bild des strengen, fordernden Gottes in das des »Vaters«, des freundlichen Gottes mit den menschlichen Zügen, sodass der Mensch zugleich fähig wurde, Gott zu erkennen und ihm zu vertrauen, ihn zu fürchten und ihn zu lieben. Wenn Gott, so lesen wir bei den späteren Propheten, sich einem Menschen zuwendet, dann liegt darin Liebe, Vertrauen, Freundlichkeit, und schließlich wird die Liebe zwischen Mann und Frau zu einem Gleichnis für die Gemeinschaft zwischen Gott und den Menschen.

Für diesen Gott, der sich in keinem Bild darstellen lässt, gibt es ein einziges Bild: den Menschen. Nicht so, als lasse sich am Menschen ablesen, wer Gott sei. Nicht so, als könne der Mensch je an Gottes Stelle treten, wie das heute vielfach als Ausweg aus allen Mühen des Glaubens empfohlen wird; wohl aber so, dass der Mensch Gottes Werk aufnimmt. Nicht so, dass der Mensch Gott entbehrlich machte, wohl aber so, dass er berufen ist, anderen im Augenblick besonderer Gnade zum Hinweis auf Gott zu werden.

Man mag einwenden, was das Alte Testament über Gott gesagt habe, sei doch von Jesus überwunden und überholt worden. Und in der Tat, unter Christen bestehen nebeneinander immer die beiden Gefahren: Es gibt immer Christen, die nicht beachten, dass nach Mose Jesus kam, und die sich vor dem anspruchsvollen, harten Gott vom Sinai fürchten. Und es gibt immer Christen, die einen harmlosen, einen kindischen Gott, einen freundlichen »lieben Gott« übrig behalten und die das Umgekehrte nicht beachten, dass Jesus wesentliche Züge jenes Gottesbildes bestätigt hat. Dass Gott Liebe sei, hat Jesus gesagt und gelebt. Aber er hat nicht vom »lieben Gott« gesprochen. Der Gott des Alten Testaments ist der Hintergrund, vor dem Jesus sprach, und wir Heutigen tun gut daran, ehe wir das Alte Testament für erledigt halten, die Ernsthaftigkeit unseres Interesses an Gott an den Maßstäben jenes alten Volks aus der Wüste schonungslos zu prüfen.

Wie sprach Gott mit Abraham?

Und der Herr sprach zu Abraham:
Geh aus deinem Lande,
verlass deine Sippe, deines Vaters Haus,
und zieh in ein Land, das ich dir zeigen will.
Ich will dich segnen,
und durch dich sollen alle Völker der Erde
Segen empfangen.
1. Mose 12

Als Kinder hörten wir diese Geschichte. Vielleicht schon damals, spätestens aber, als wir erwachsen waren, begannen wir darunter zu leiden, dass Gott zu uns nicht spricht. Wie reimt sich beides zusammen, da heute doch derselbe Gott gemeint ist? Wie mag denn Gott zu Abraham gesprochen haben? Als Stimme vom Himmel? Als Orakel im Zusammenhang eines uns nicht mehr bekannten Ritus? Als Stimme von innen? Im Traum? Oder wie?

Da stiegen Mose und Aaron auf den Berg,
und sie schauten den Gott Israels.
2. Mose 24,9

Sie schauten – was mögen sie geschaut haben? In welcherlei Bildern spiegelte sich ihnen Gott? Schauten sie nicht den Gott, den man nicht schauen kann, für den es kein Gleichnis gibt und kein Abbild? Und was ist damit gemeint, wenn es durch die ganze Bibel hin bis zum Buch der Offenbarung immer wieder heißt: »Sie schauten« – »er schaute« – »ich schaute«? Gibt es ein Schauen, das Gott wahr-nimmt?

Der Taten Gottes gedenke ich,
ja, seiner Wunder von Urbeginn her.
Ich schaue auf alle seine Werke hin

und sinne seinem Walten nach:
Gott! Heilig, ja heilig ist dein Weg!
Wo wäre ein Gott, mächtig wie du?
Du bist der eine, der Wunder tut,
deine Macht bewiesest du an den Völkern.
Psalm 77,12–15

Der Dichter betrachtet die Geschichte seines Volks und die Geschichte der Völker und erkennt das Werk, die Spur Gottes. Woran erkennt er sie? Wie deutet er die Geschehnisse der Vergangenheit, wenn sie ihm am Ende Beweisstücke für die Wirkung Gottes geworden sind? Offenbart sich Gott in der Geschichte? Der Dichter sagt: Ja. Aber woran erkennen wir Gott auf seinem Weg durch die Landschaft menschlicher Schicksale?

Gott gab seinen Willen kund.
Eine Weisung gab er in Israel.
Unseren Vätern befahl er,
sie kundzutun ihren Söhnen,
dass auch sie sich erheben,
ihren Kindern davon zu berichten.
Psalm 78,5–6

Sie hörten und sie sagen weiter. Eine Weisung, die Gott gab, wird weitergereicht durch die Generationen. Tradition bildet sich, mündlich oder schriftlich. Aber woran erkennen die Söhne, dass in den Traditionen der Väter Gott seinen Willen kundgab? Worte kommen von außen und von früher her. Was ist daran Wort von Gott?

Vier verschiedene Weisen, in denen wir Gott erfahren, schildert die Bibel. In vierfacher Weise fragen wir nach Gott: nicht zufällig, sondern weil wir Menschen so sind, weil unsere Seele diese vier Richtungen hat, unsere Sinne und Gedanken auf diese vier Richtungen angelegt sind.

Von außen, von Menschen oder von Traditionen her,

dringen Worte an unser Ohr. Wie finden wir das Wort heraus, das uns angeht?

Von innen her formen sich unsere Gedanken und Erfahrungen zu Worten. Wie unterscheiden wir ein Wort von Gott und ein Wort, das wir selbst uns vorsprechen?

Bilder steigen in uns auf, aus der Tiefe unserer eigenen Seele, Träume und Sinnbilder beschäftigen uns. Haben sie eine Botschaft von Gott?

Eine Welt von Bildern und von Ereignissen tritt vor unsere Augen. Zeigt sich uns irgendwo dort draußen Gott?

Und, diese Frage wäre allem vorauszustellen: Was müsste mit unseren Sinnen, unseren Gedanken, unseren Träumen und unseren Taten geschehen, damit wir uns zur Suche nach Worten und Zeichen Gottes eigneten? Worte von außen, Worte von innen, Bilder von innen, Bilder von außen: In diesen vier Zonen werden wir etwas von Gott hören oder wahrnehmen, wenn Gott sich uns auf irgendeine Weise erschließen will.

Die vier Wege der christlichen Meditation

In unseren Tagen kehrt überall und immer aufs Neue das Wort »Meditation« wieder, als erkennten die Menschen in ihr plötzlich das Rettende. Millionen sehnen sich nach Stille, Besinnung, Gelassenheit oder Vertiefung, nach Schutz, nach Lebendigkeit oder schöpferischer Kraft. Dabei wissen nur wenige, was Meditation ist, und den meisten fehlt es, um aus ihr etwas zu gewinnen, an den Voraussetzungen. Offenbar fehlt uns in unserer Welt der vielen Wörter eine Kultur des Hörens, in unserer Welt der vielen Bilder eine Kultur des Sehens.

Das Überschreiten von Grenzen ist Hoffnung und Sehnsucht unzähliger unter den engen Schranken ihres kleinen Lebens leidender Menschen. Spiritismus führt über die Grenze ins Reich der Geister. Meditation führt über die Grenzen zum Kosmos hin, zum Jenseits des Sichtbaren und Messbaren. Aber die wirkliche Grenze wird mit alledem nicht überschritten: die zu Gott hin. Wer von Gott etwas weiß, ist sich bewusst, dass diese Grenze allein von Gott selbst überschritten werden kann. Christliche Meditation ist darum Meditation der Ankunft Gottes im Diesseits unserer Welt, in Christus.

Meditation führt in die Tiefe der Seele. Aber die Gefahr ist, dass ein Mensch in der Tiefe seiner Seele verfangen bleibt und über ein endloses Selbstgespräch nicht hinauskommt. Und es könnte sein, dass der Weg in diese Tiefe nicht zum klareren Bewusstsein führte, sondern zur Auflösung aller klaren Konturen.

»Sich lassen« ist das Ziel bestimmter Übungen. Aber wem will der Übende sich lassen? Dem Kosmos? Der Weltseele? Dem gemeinsamen Unbewussten der Menschheit? »Sich hingeben« ist ein solches Ziel. Aber wem gibt er sich hin? Wohinein löst er sich auf?

Christliche Meditation sucht nicht die Höherentwicklung des Meditierenden. Ihr Ziel ist nicht der Weise, der dem Irrtum und der Unrast der anderen enthoben ist, sondern der Liebende und Vertrauende, der dem ein Nächster zu sein vermag, der eines Nächsten bedarf.

Meditation ist ein Versuch, zerrissene und zerbrochene Menschen zu heilen. Heilung freilich ist für einen Christen nicht darin erreicht, dass er ein »Ganzes« wird, sondern damit, dass er in Gott ist und Gott in ihm.

Christliche Meditation ist Einübung der Bilder und der Worte, in denen Gott die Grenze zum Menschen überschritten hat und überschreitet. Gott tat das auf vier charakteristischen Wegen. Ihm auf diesen Wegen zu begegnen ist der Sinn der Einübung ins äußere und innere Sehen, ins äußere und innere Hören, die wir Meditation nennen. Ist dieser ihr Sinn, ist diese ihre Absicht klar erfasst, dann mag der Übende zur Herstellung von Stille, von Sammlung, von innerer Ordnung und Gelassenheit allerlei Übungen anstellen, die durchaus nicht christlicher Herkunft zu sein brauchen. Wenn ihm körperliche oder geistige Übung, wenn ihm Yoga oder Zazen helfen können, über die Schwierigkeiten des Anfangs hinweg und in eine echte Meditationshaltung zu gelangen, dann mag er sie in Anspruch nehmen. Aber christliche Meditation hat ein charakteristisches Ziel, das sich vierfach beschreiben lässt:

Christliche Meditation ist einmal Meditation des Worts, das Christus gesprochen hat, das von ihm überliefert ist, das vorbereitet ist durch Propheten und Lehrer des Alten Testaments und ausgelegt durch Apostel und Gemeindeleiter der ersten Gemeinde. Sie ist also Einübung des Hörens.

Sie ist zum Zweiten Meditation des Weges, den Jesus ging, vor allem des Weges der Passion, also des Kreuzwegs. Sie ist damit zugleich Einübung des eigenen Lebenswegs, den der Meditierende in Zusammenhang mit dem Weg Christi bringt. Sie ist Einübung ins Bestehen von Aufträgen und Schicksalen.

Christliche Meditation ist zum Dritten Meditation des Bildes, das die Überlieferung von Gott und damit von seinem Abbild, dem Menschen, gezeichnet hat, des Bildes vor allem, in dem das Bild Gottes und des Menschen sich finden und durchdringen: das des Christus.

Sie ist zum Vierten Meditation der Welt, die Gott geschaffen hat, in die Christus kam und in die wir gesandt sind.

Es wird immer wieder gefragt, ob denn das Glauben sich nicht erlernen lasse, ob es nicht Anleitungen gebe, die helfen könnten, die Schwierigkeiten zu überwinden, die dem Versuch, zu glauben, entgegenstehen. Meditation ist in der Tat ein Weg dazu, der immer in Schritten gegangen wird, nach einer Anleitung, mit einem bestimmten Ziel, aber Meditation ist für den Christen niemals ein Verfahren, das zu einem bestimmten Ergebnis führen muss, etwa dem, nun Christus am Ende auf alle Fälle zu verstehen und mit Sicherheit ein Glaubender zu sein. Sie kann nicht mehr als eine Vorübung sein. Dass das Wort überspringt, dass ein Weg sich abzeichnet, dass ein Bild transparent wird und die Welt ihr Wesen als Gottes Schöpfung preisgibt, das lässt sich nicht machen und nicht erzwingen, das empfängt der Meditierende am Ende immer, wenn er es überhaupt empfängt, gnadenhaft.

Und eins gehört zu jedem Weg, der am Ende zu Christus führen soll: nämlich der einfache Entschluss, es mit diesem Christus zu wagen, es mit ihm zu versuchen und alles auf diesen einen Weg zu setzen, auch wenn das klingen mag, als setze man auf Christus wie beim Pferderennen auf ein Pferd. Es ist durchaus etwas an diesem Vergleich, und man darf seine Beschäftigung mit dem christlichen Glauben durchaus zunächst so verstehen. Denn setzt man richtig, wenn man auf Christus »setzt«, dann hat man das Leben gewonnen. Setzt man aber falsch, wäre es noch immer sehr fraglich, ob überhaupt eine lohnende Alternative bliebe oder ob das Dasein insgesamt nicht so vergeblich würde, dass auch ein Irrtum mit Christus noch immer die höhere Wahrheit enthielte. Im schlimmsten, im katastrophalen Fall hätte man in einer gleichgültigen Veranstaltung, genannt Leben, statt des einen Irrtums einen anderen gewählt.

Aber diese Gefahr ist durchaus nicht groß. Die Fülle der Erfahrungen, die in zweitausend Jahren mit Christus gemacht wurden, enthält das Beste, das die Menschheit in ihrer Geschichte gefunden hat. Man setzt auf das Edelste und gewinnt, selbst wenn das Evangelium nichts sein sollte als ein Traum.

Der Versuch lohnt sich allemal, auch der zur Meditation. Jedenfalls sollte man vom toten Gott nicht reden, ehe man den Versuch einer Begegnung mit dem lebendigen gemacht hat; von der hoffnungslosen Verlorenheit des Menschen nicht, ehe man den Versuch gemacht hat, sich der Hoffnung der Christen anzuvertrauen; von der Sinnlosigkeit des Gebets nicht, ehe man den Versuch gemacht hat, zu hören und zu antworten.

Es gibt eine Legende – ich weiß nicht, woher sie stammt – von dem modernen Menschen, der aus Angst, einem Irrtum zu erliegen, die Hand nicht mehr nach der Wahrheit ausstreckt: Ein moderner Mensch verirrte sich in der Wüste. Unbarmherzige Sonnenglut dörrte ihn aus. Da sah er in der Ferne eine Oase. Eine Fata Morgana, dachte er. Eine Luftspiegelung, die mich narrt! Er näherte sich der Oase, aber sie verschwand nicht. Er sah die Dattelpalmen, das Gras und die Quelle. Eine Hungerphantasie, dachte er, die mein wahnsinniges Gehirn mir vorgaukelt! Er hörte das Wasser rinnen. Eine Gehörhalluzination, dachte er. Wie grausam doch die Natur ist! Einige Zeit danach fanden ihn zwei Beduinen tot. Verstehst du das?, fragte der eine den anderen. Die Datteln wachsen ihm fast in den Mund. Neben der Quelle liegt er verdurstet. Da erwiderte der andere: Er war ein moderner Mensch.

Berührendes Denken

Wie aber soll man über Gott nachdenken? Es könnte ja einer, an die Geradlinigkeit und Eindeutigkeit technischer oder wissenschaftlicher Denkwege gewöhnt, fragen: Wie soll ich hier weiterkommen? Ich soll etwas erkennen, das man eigentlich nicht richtig erkennt. Ich soll von etwas sprechen, über das man nicht sprechen kann. Ich soll aus persönlicher Überzeugung bekennen und dazu behaupten, das sei nicht nur eine persönliche Überzeugung, sondern Wahrheit.

Im Allgemeinen setzt man hierzulande voraus, der denke richtig, der logisch denke, und das richtige Denken bewähre sich darin, dass jeder mitdenken könne und dabei zu denselben Ergebnissen gelange. Wer richtig denkt, so ist man überzeugt, sieht klar in die Wirklichkeit. Er erfasst die Tatsachen und Gesetze, die dort gelten. Er gibt jedem Ding seinen richtigen Namen. Er geht davon aus, dass die Tatsachen so sind, wie er sie sieht, und die Gesetze so wirken, wie er sie errechnet. Der naturwissenschaftlich-technisch denkende Mensch tritt der Welt als ihr Herr gegenüber. Er übt Macht aus. Er verändert die Erde. Er überzieht sie mit Straßen und Städten, er nutzt ihre Wasserkräfte, er beutet die Berge aus, er unterwirft sie seinem Willen und macht eine andere Welt, eine gehorsame, dem Menschen gefügige, aus ihr. Wenn ihm das gelingt, denkt er »richtig«.

Aber er weiß, wenn er sich nicht täuschen lässt, dass er selbst sich mit der Wahrheit auch auf ganz andere Weise befasst. Sobald er etwas tun will, nicht weil es zweckmäßig ist, sondern weil es seinem eigenen Wesen entspricht, beginnt er mit ganz anderen Mitteln zu denken. Er lässt sich auf Fragen ein, zu denen es keine Antwort gibt, sondern nur den Einsatz des eigenen Wesens. Er lässt sich auf die Frage nach dem Sinn ein. Er findet das Dasein fragwürdig und hält es aus, dass das Letzte, das er erreicht, wieder nur eine Frage ist. Er sucht nach der eigenen Herkunft. Er hält das Fragwürdige an der Welt, an Gott, an den Menschen und an sich selbst aus und siedelt sich mitten zwischen alldem an. Er geht mitten hinein in die Zone der Rätsel. Er entschließt sich – das heißt doch: er entriegelt, er öffnet sich –, einer Wahrheit nachzugehen, die er nicht einholen wird, die ihm aber, wenn es ihm beschieden ist, begegnen soll. Er bietet sich der Wahrheit wehrlos an in dem Vertrauen, dass sie sich ihm zeigen und sich an ihm auswirken werde.

Das ist so geheimnisvoll nicht, wie es auf den ersten Blick scheint. Jeder Liebende denkt so. Er denkt nicht machtausübend, sondern »berührend«. Er sucht etwas, das er nicht zwingen, dem er aber begegnen kann, das nicht so sehr Nutzen als vielmehr Sinn birgt, das nicht so sehr die Welt als vielmehr ihn selbst verändern wird. Er erkennt es, sein Gegenüber, indem er es sorgsam »berührt« oder sich von ihm berühren lässt. Auf diesem Wege gelingt das große Kunstwerk. Auf diesem Wege gelingt Güte. Wer vertraut, denkt so, wer hofft, wer spielt, wer sich erinnert. Und eben diese Weise zu denken macht ihn zum Menschen.

Machtausübendes Denken ist auf Planbares, Machbares, Kontrollierbares gerichtet. Berührendes Denken ist auf die Stunde angewiesen, in der es gelingt, auf die Gnade, die ihm Wahrheit öffnet, die ihm das Heilige erschließt. Es springt gleichsam ab von der Schwelle des bloßen Verstandes und wagt es, sich von der Wahrheit auffangen zu lassen. Es entfremdet sich dem rechnenden Denken des Technikers durchaus nicht. Es gibt die Erfahrungen des Verstandes nicht preis. Es beginnt im Gegenteil erst Übersicht zu gewinnen über den Sinn und die Reichweite des verstandlichen Denkens, indem es von ihm abspringt.

Nun offenbart sich aber Wahrheit in aller Regel so, dass sie dem Menschengeist zweierlei zu denken zumutet, das eigentlich nicht zusammenpasst. Wenn dem Techniker ein Sachverhalt begegnet, der einen Widerspruch in sich hat, misstraut er seinem Nachdenken. Was wahr ist, muss eindeutig sein. Wenn dem ein Geheimnis berührenden Menschen eine Wahrheit begegnet, ist sie so gut wie immer daran kenntlich, dass sie eine nicht auszugleichende Spannung mit sich führt.

Wer etwa über Gott nachdenkt, wird finden, Gott müsse die Züge einer Person tragen. Wie sollte, der das Ohr geschaffen hat, taub sein? Wie sollte, der das Auge geschaffen hat, blind sein? Wie könnte dem Stifter der Liebe die Liebe fremd sein? Wie könnte dem, der den Menschen geschaffen hat als ein Wesen, das im Gespräch mit einem Du sich selbst zu finden bestimmt ist, das Wort und das Gespräch verschlossen sein? Er wird in Gott ein Du finden und wird sein Ja oder sein Nein sprechen zu dem hörenden Gott.

Wer über Gott nachdenkt, kann aber auch zu einem ganz anderen Ende gelangen. Denn dieser Gott ist ja dem Menschen nicht nur gegenüber. Er ist auch in ihm selbst. Gott ist im Menschen, und der Mensch ist in Gott. Wer

Gott nicht in jedem Stein weiß, findet ihn nirgends. Wer ihn nicht in dem Tisch findet, an dem er isst, oder in der eigenen Hand, die das Werkzeug fasst, wird von seiner Gegenwart nie wirklich sprechen können. Wer ihn nicht in der Luft glaubt, die er atmet, und in dem Wasser, in dem er schwimmt, wird einen theoretischen Gott haben. Denn wenn er nicht in allen Dingen ist, wo ist er dann? Wer sich mit Gott denkend einlässt, wer betend spricht: Vater im Himmel!, der taucht alsbald in ein Meer unendlicher Gegenwart Gottes ein und findet sich selbst als ein Wesen, das aus Gott ist. Und beides nun in eins sehen zu sollen ist die Zumutung, die uns Mühe macht.

> Führe ich gen Himmel, so bist du da,
> bettete ich mich in die Hölle, siehe,
> so bist du auch dort.
> Nähme ich Flügel der Morgenröte
> und bliebe am äußersten Meer,
> so würde mich doch deine Hand dort führen
> und deine Rechte mich halten.
> Spräche ich: Finsternis möge mich decken,
> so muss die Nacht auch Licht um mich sein …

So sagt der Psalm 139. Aber für denselben Psalm ist der Gott, der den Betenden wie ein »Meer« einschließt, zugleich das Du, zu dem er spricht:

> Erforsche mich, Gott, und erfahre mein Herz,
> prüfe mich und erfahre, wie ich's meine,
> und siehe, ob ich auf bösem Wege bin,
> und leite mich auf ewigem Wege.

Das eine mindert das andere nicht. Wir berühren das eine, wir wenden uns wieder dem anderen zu: Gott – das Du! Gott – das Meer! In dieses Geheimnis werden wir, solange wir mit dem Verstand von Menschen denken, nicht eindringen. Wir dürfen aber anbeten, was wir nicht erforschen.

Sich verlassen

Finden wir aber Gott in so unterschiedener Gestalt, dann wird auch Anbetung auf zwei Weisen geschehen. Ist Gott einer Person ähnlich zu denken, so ist die angemessene Weise der Anbetung das Gespräch. Das Gebet ist in diesem Fall Anrede an ein Du. Steht mir Gott wie ein Du gegenüber und wende ich mich ihm zu, so gewinne ich eine »Richtung«. Ich orientiere mich. Ich finde Grund unter den Füßen. Ich weiß, mit wem ich es zu tun habe. Ich nehme ein Wort, das von Gott kommt, auf und verlasse mich auf seine Gültigkeit. Ich verlasse mich – auf Gott.

Das Wort »Sich-Verlassen« ist von beträchtlicher Tiefe: Ich verlasse mich. Ich gehe aus mir selbst heraus. Ich gehe anderswohin und finde dort das Verlässliche. Ich verabschiede mich von allen Bemühungen, mir selbst Sicherheit zu verschaffen, und verlasse mich auf einen anderen. Ich gehe aus mir heraus, wie ich durch eine Tür ins Freie gehe. Und dieses Verlassen des eigenen Hauses schafft nicht etwa, wie zu vermuten wäre, Angst, sondern nimmt der Angst ihren Grund, indem es einen neuen Grund entdeckt: die Verlässlichkeit Gottes.

Ist Gott einem Meer ähnlich zu denken, in dessen Tiefe der Mensch sein Dasein hat, so ist die angemessene Weise der Anbetung die Hingabe, die wortlose Versenkung. Bin ich »in Gott«, weiß ich mich von allen Seiten umgeben und umfangen. Ich bin an einem Ort unendlicher Ruhe und Geborgenheit. Ich weiß Gott um mich her als den Bewahrenden. Ich verlasse mich und finde mich in Gott. Es ist kennzeichnend, dass in der Geschichte der christlichen Frömmigkeit immer wieder einer gesagt hat, er verlasse sich »in Gott«.

Das heißt doch, dass ich wiederum mich sozusagen aus mir selbst herausfallen lasse, heraus aus dem, was mich verschließt, aus meinem Selbstbehauptungswillen, meinem Verhaftetsein in Mühe, Angst, Sorge und Schuld, in Selbstbeschuldigung und Selbstrechtfertigung, und mich geborgen finde in dem großen Umfangenden: in Gott. Ich kann es wagen, mich zu verlassen, weil das Umfangende immer schon da ist. Ich verlasse die flüchtige, hastige, vergehende Gestalt meines gegenwärtigen Daseins und finde mich wieder in Gott, in einem Raum unendlicher Gegenwart. Ich »lasse mich«, wie die Mystiker sagen, ich bin gelassen. Gelassenheit ist nicht nur die angemessene Weise des Umgangs mit sich selbst, sondern noch mehr die angemessene Weise der Beziehung zu dem wie ein Meer gegenwärtigen Gott.

Gelingt es mir aber, so Unterschiedenes zusammenzudenken, dann werde ich beginnen, auch mein eigenes Wesen zu verstehen. Denn auch ich, der Mensch, gehe nicht auf in dem, was ich meine Person nenne. Auch ich selbst habe Anteil an Bereichen dieser Welt, die mehr sind als ich selbst. Der Übergang von mir zur Welt ist fließend. Ich habe Anteil ebenso an der Menschheit wie am Tier, am Geist ebenso wie an der Materie, an der Freiheit ebenso wie am Gesetz, an der Geschichte, die vor mir war, wie an der Hoffnung und Angst, mit der heute die Zukunft erwartet wird, und all dies zusammen bin ich selbst. Ich bin, indem ich ein Mensch bin, eine klare Einzelgestalt und bin doch weit mehr als nur dies.

Ich lasse mich auf die Welt ein als auf einen Raum unendlicher Gegenwart Gottes und finde mich wieder in den Dingen. Ich begegne an der Grenze physikalischer Forschung mir selbst, oder ich begegne, ohne Forscher zu sein, meinem eigenen Geheimnis im Geheimnis des Leibes, der mich mit dem Tier verbindet oder mit dem Wasser. Tat twam asi, sagt man im Osten. Was du siehst, bist du selbst. Das All bist du selbst. Das ist nicht etwa verabscheuungswürdiges Heidentum, sondern eine Wahrheit, deren der Mensch zu seinem Leben bedarf, will er nicht ein armseliges, berechenbares, nutzbares Teil einer Welt aus Macht, Geld und Technik werden. Er hat nicht die Wahl, er selbst oder ein Teil von etwas zu sein. Er ist vielmehr entweder ein Wesen in der unendlichen Gegenwart Gottes oder Teil einer machbaren, geplanten technischen Welt.

Carl Friedrich von Weizsäcker wandte sich einmal an eine Zuhörerschaft, die gemischt war aus Naturwissenschaftlern und Theologen: »Eins möchte ich den Theologen unter Ihnen sagen, etwas, was Sie wissen und die anderen wissen sollten: Sie bewahren die einzige Wahrheit, die tiefer reicht als die Wahrheit der Wissenschaft, auf der das Atomzeitalter beruht. Sie bewahren ein Wissen vom Wesen des Menschen, das tiefer wurzelt als die Rationalität der Neuzeit. Der Augenblick kommt immer wieder unweigerlich, in dem man, wenn das Planen scheitert, nach dieser Wahrheit fragt und fragen wird.«

Dieses Wissen vom Wesen des Menschen ist kein theoretisches. Es liegt vielmehr beschlossen in einem Aufruf ähnlich der Einladung Jesu an die Armen in Galiläa: Du brauchst dich nicht vor dir selbst zu rechtfertigen. Weder durch Leistung noch durch Gerechtigkeit. Du brauchst dich nicht an dir selbst festzuhalten. Du brauchst den

Sinn deines Daseins nicht in dir selbst zu suchen. Das Umfangende umfängt dich. Dass du dich verlässt auf Gott und in Gott – das ist dein Glaube. Das ist der Weg, auf dem du Gott und dadurch dich selbst erkennst. Das ist der Weg in die Gewissheit, der Weg in die Sorglosigkeit, und das heißt in die freie Tat.

> Gott,
> von dir sich abwenden, heißt fallen.
> Zu dir sich hinwenden, heißt aufstehen.
> In dir bleiben, heißt sicheren Bestand haben.
> Gott,
> dich verlassen, heißt sterben.
> Zu dir heimkehren, heißt zum Leben erwachen.
> In dir weilen, heißt leben.
> *Augustin*

Gott in uns

Das Bekenntnis nun, dass Gott »in uns« sei, war von jeher umstritten. Christen hatten von jeher die Sorge, dass auf solche Weise der Abstand verloren gehe zwischen dem heiligen Gott und dem unheiligen Menschen. Die Mystiker, die vom nahen Gott sprachen, vom Gott in uns, lebten immer an der Grenze zur Ketzerei, wenn nicht am Rande des Ketzerprozesses. Wohin führt es uns denn, wenn Meister Eckhart schreibt:

> Ich bin des so gewiss, wie ich lebe, dass nichts mir so nahe ist wie Gott. Gott ist mir näher, als ich mir selber bin; hängt doch mein Sein daran, dass Gott mir nahe und gegenwärtig sei! Er ist es auch einem Steine oder einem Holze, aber sie wissen nichts davon. Wüsste das Holz von Gott und erkennte es, wie nahe er ihm ist, so wie der höchste Engel dies

> erkennt – das Holz wäre ebenso selig wie der höchste Engel! Eben darum ist ja der Mensch seliger als ein Holz, weil er Gott erkennt und weiß, wie nahe Gott ihm ist. Nicht dadurch ist er selig, dass Gott in ihm ist und ihm so nahe ist und dass er Gott hat: wohl aber dadurch, dass er erkennt, wie nahe Gott ihm ist.

Führt es uns, wenn er so schreibt, in eine All-Einheit von Welt und Gott, in der Gott sich auflöst und mit ihm alle Konturen der Wahrheit? Ich behaupte: Nein. Denn die Korrektur, die diese Gefahr ausschließt, findet sich bei demselben Meister Eckhart:

> Gott ist allezeit bereit –
> aber wir sind sehr unbereit.
> Gott ist uns nahe, aber wir sind ihm ferne.
> Gott ist drinnen, wir sind draußen.
> Gott ist in uns heimisch, wir sind Fremde.

Wenn dies aber beides gilt, wie geht es zu, dass nicht nur Gott in uns, sondern auch wir in Gott sind? Wir brauchen die mystische Tradition nicht aufzunehmen, um dies zu erfahren. Es genügt, dass wir das Neue Testament lesen. So sagt Paulus:

> Wir wissen nicht, was wir beten sollen, wie es Gott angemessen ist. Aber der Geist selbst tritt für uns ein mit wortlosem Seufzen.
> *Römer 8,26*

Damit gibt Paulus eine Lösung, die wie ein kühner Zusammengriff der beiden Weisen, in denen wir Gott begegnen, wirkt: Es ist Gott selbst, der in uns spricht, wenn wir zu ihm sprechen. Wir sind nicht wir selbst, wenn wir mit Gott sprechen. Gott selbst tritt an unsere Stelle, und wir sind die Stätte eines Gesprächs Gottes mit Gott. Die Kluft, die zwischen Gott und uns ist, können wir nicht überbrücken oder hinwegreden. Sie bleibt. Aber Gott selbst ist es, der die Brücke schlägt. Wir wären also, wäre Gott nicht in uns, auch nicht Gott gegenüber. Ist Gott nicht das Meer, ist er auch nicht Person. Wirkt er nicht in uns, können wir ihm nicht gegenübertreten. Wer das Bild von Gott, dem persönlichen Gegenüber, allein festhalten will, verliert Gott dabei. Und dies scheint mir das Ergebnis von fünfzig oder sechzig Jahren, in denen die Theologie die Mystik verdammte: dass diese Theologie, will sie konsequent sein, vom toten Gott sprechen muss.

Suchen wir den lebendigen Gott, dann werden wir die Entdeckungsreise nicht scheuen dürfen, die dem bevorsteht, der den Gedanken – den sehr kühnen Gedanken – vom »Gott in uns«, vom in uns selbst lebendigen Gottesgeist, fasst.

Schweigen in Gott

Gott ist ein redender Gott, ein Gott, der sich mitteilt und Erkenntnis seines Willens will. Der Mensch, der Partner dieses Gottes sein will, hört, er nimmt ein Wort auf und spricht es auf seine Weise weiter. Hinter diese Erkenntnis der Propheten Israels kann niemand zurück. Es ist aber ebenso wahr, dass Gott ein schweigender Gott ist und dass der Mensch, wenn er ihn und sich selbst versteht, seinerseits vor Gott schweigt. Ebenso wahr wie dies, dass der Mensch im Gespräch mit Gott seinen ihm zukommenden Ort findet, ist das andere, dass in Gott abgründige Stille ist und der Mensch, wenn es ihm gegeben wird, an dieser Stille beglückenden Anteil hat. Vermutlich ist menschliches Reden von Gott nur so weit glaubwürdig, als es aus dem Schweigen kommt und im Schweigen endet. Denn das Schweigen ist ein Werk des Geistes Gottes wie das Reden.

Das Alte Testament berichtet von Elia, dem großen Propheten des 9. Jahrhunderts vor Christus, er habe einem König, einer Königin, einer versammelten Macht von Baalspriestern und einer widerstrebenden Volksmasse das Wort und den Willen Gottes ins Gesicht geschrien, bis er, von Hass verfolgt, in der Wüste Zuflucht suchte. Der Gott Elias war ein redender, ein eindeutiger Gott, ein Gott des klaren, kämpferischen Worts. Aber dann saß der einsame Elia in einer Höhle des Sinaigebirges und wartete, dort Gott zu begegnen, dem Gott des Gewitters und des Sturms, der ihm vertraut war. Als aber der Sturm vorbeitobte, war Gott nicht im Sturm. Nach dem Sturm kam ein Erdbeben, aber Gott war nicht im Erdbeben. Nach dem Erdbeben kam ein Feuer, aber Gott war nicht im Feuer. Danach kam das Flüstern eines leisen Wehens, und als Elia das hörte, verhüllte er sein Antlitz mit seinem Mantel und trat aus der Höhle ins Freie. Da fing ihm Gott, den er für einen Gott von Sturm, Erdbeben und Feuer gehalten hatte, neu und gänzlich anders zu reden an. Das laute Reden in Elia endete, und aus der großen Stille in Gott kam ein ganz anderes Wort, das Elia nicht mit lautem Reden zu beantworten vermochte, sondern nur mit dem Schweigen und dem fügsamen Tun – und damit, dass er sein Amt einem anderen übergab.

Dass ein Mensch von Gott redet, entspricht einem tiefen Bedürfnis, und so mag es sein, dass er von Gott spricht, ohne sich je zu fragen, wie er denn dazu gekommen sei, dies zu tun. Er zieht Gott in die Sphäre seiner menschlichen Bedürfnisse und macht ihn greifbar in heiligen Dingen, Orten, Zeiten oder Autoritäten: in einer Kirche, auf einem Altar, in einem Buch, einem Sakrament, einer priesterlichen Tracht, der besonderen geistlichen Kraft eines Amts, in heiligen Zeichen, Symbolen, Begehungen oder Gebärden. Das »Heilige« tritt als ordnende Macht in das Chaos der Menschenwelt und des Menschenlebens ein, und was der Gott, der in den heiligen Dingen ist, spricht und will, das weiß der Priester zu jeder Zeit zu sagen. Der Gott der Priester eignet sich dazu, dass von ihm, der immer geredet hatte, zu jeder Stunde weiter geredet werden kann.

Was aber tut ein Mensch, der erkannt hat, dass Gott nicht nur schweigt, weil er, der Mensch, nicht hört, sondern weil Gott selbst ein schweigender Gott ist, ebenso wie er ein redender ist? Wenn er nach einem Wort des schweigenden Gottes sucht, wo wird er es finden? Jahrhunderte gingen in Israel hin, in denen jeder wusste, dass »kein Wort von Gott da war«. Priester und Propheten garantieren kein Wort von Gott. Wo aber findet der Mensch dann das Ohr, das ihn hört? Wo die Stimme, die ihm antwortet?

Er wird sich dorthin begeben, wo Gott gesprochen hat: zu Jesus Christus, und dort hören. Er wird in einer Zeit, in der Gott für Millionen ein schweigender Gott geworden ist, immer und immer wieder in seinem Namen reden, und er wird es mit Recht tun, solange er sich des Ungeheuren bewusst ist, dass er den sprechenden Gott verkörpert, während Gott vielleicht auf lange Zeit hinaus schweigt. Er wird sich auf Christus berufen, der gesprochen hat in einer Zeit, in der sein Volk überzeugt war, Gott schweige, der den Geist Gottes für sich beanspruchte in einer Zeit, in der nach allgemeiner Meinung der Geist erloschen war.

»Wie bringen Sie es fertig?«, wird eines Tages Martin Buber gefragt, »so Mal um Mal Gott zu sagen? Was Sie meinen, ist doch über alles menschliche Greifen und Begreifen erhoben. Ebendieses Erhobensein meinen Sie, aber indem Sie es aussprechen, werfen Sie es dem menschlichen Zugriff hin!«

»Ja«, antwortete Buber, »es ist das beladenste aller Menschenworte. Keines ist so besudelt, so zerfetzt worden. Gerade deshalb darf ich darauf nicht verzichten. Die Geschlechter der Menschen haben die Last ihres geängstigten Lebens auf dieses Wort gewälzt und es zu Boden gedrückt; es liegt im Staub und trägt ihrer aller Last. Die Geschlechter der Menschen mit ihren Religionsparteiungen haben das Wort zerrissen; sie haben dafür getötet und sind dafür gestorben; es trägt ihrer aller Fingerspur und ihrer aller Blut. Wo fände ich ein Wort, das ihm gliche, um das Höchste zu bezeichnen! Nähme ich den reinsten, funkelndsten Begriff aus der innersten Schatzkammer der Philosophen, ich könnte darin doch nur ein unverbindliches Gedankenbild einfangen, nicht aber die Gegenwart dessen, den ich meine, dessen, den die Geschlechter der Menschen mit ihrem ungeheuren Leben und Sterben verehrt und erniedrigt haben. Ihn meine ich ja, ihn, den die höllengepeinigten, himmelstürmenden Geschlechter der Menschen meinen. Gewiss, sie zeichnen Fratzen und schreiben ›Gott‹ darunter; sie morden einander und sagen ›in Gottes Namen‹. Aber wenn aller Wahn und aller Trug zerfällt, wenn sie ihm gegenüberstehen im einsamsten Dunkel und nicht mehr ›Er, er‹ sagen, sondern ›Du, du‹ seufzen, ›Du‹ schreien und wenn sie dann hinzufügen ›Gott‹, ist es nicht der wirkliche Gott, den sie alle anrufen, der Eine, Lebendige, der Gott der Menschenkinder? Ist nicht ebendadurch das Wort ›Gott‹ das Wort des Anrufs, das zum Namen gewordene Wort, in allen Menschensprachen geweiht für alle Zeiten? Wir können das Wort ›Gott‹ nicht rein waschen, und wir können es nicht ganz machen; aber wir können es, befleckt und zerfetzt wie es ist, vom Boden erheben und aufrichten über einer Stunde großer Sorge.«

Wir können, wir Christen, das Wort »Gott« aufrichten im Namen des Christus, der das Geschick des von Gott gesprochenen Worts unter dem Zugriff der alles redenden Menschen an Leib und Seele erlitten hat. Denn wir glauben, dass er uns im Namen des Kreuzes, an dem er starb, das Recht gibt, Tag um Tag auszusprechen, was Gott zu den Armen dieser Erde durch Jesus von Nazaret gesprochen hat.

Der Gott der Atheisten

Es ist überdeutlich: Die Christen sind heute Teil einer Welt, in der Gott nicht gebraucht, nicht gewünscht und nicht verstanden wird, einer Welt unzähliger theoretischer und praktischer Formen des Atheismus. Atheismus heißt Gottlosigkeit, Gottesfremdheit, Gotteshass. »Es gibt keinen Gott.« »Wir brauchen keinen Gott.« »Wir wollen keinen Gott.«

Atheismus kann darin bestehen, dass man nicht nachdenkt und die Hilflosigkeit, der man gegen das Ende seines Lebens verfällt, in Kauf nimmt. Atheismus kann darin bestehen, dass ein gebildeter Mensch, der durchaus über dies oder jenes nachdenkt, sich um religiöse Dinge einfach nicht kümmert. Sein Atheismus beruht im Grunde auf geistiger Barbarei. Atheismus kann darin bestehen, dass ein Christ durchaus von Gott spricht, wenn er ihn in Notfällen oder zu Familienfesten nötig hat, dass »sein Gott« aber im Übrigen schläft oder spazieren geht, jedenfalls auf das Tägliche keinen Einfluss hat.

Dieser platte Atheismus ist nichts Neues. Er war vor

zweitausend Jahren nicht weniger verbreitet als heute, und es ist umgekehrt nicht erwiesen, dass ehrliches religiöses Leben heute seltener sei als im frommen Mittelalter. Vermutlich geht nur die Bedeutung der Kirchen zurück und verlassen nur die die Gemeinschaft der Christen, die es vor fünfhundert Jahren für opportun gehalten hätten, mit der Kirche im Frieden zu leben. Vor allem hat sich dies geändert, dass der Bannstrahl eines Papstes vor tausend Jahren eine politische Waffe war und dass er es heute nicht mehr ist. Der Glaube gilt als Privatsache und ist nur so weit noch verbreitet, wie er es früher in Wahrheit auch war: so weit, wie die Bereitschaft der Menschen zu glauben tatsächlich reicht.

Aber dreierlei hat sich doch geändert: Wir wissen erstens heute mehr über die Beziehungen zwischen dem religiösen Bereich und der übrigen Gesellschaft als früher. Wir wissen zweitens mehr über die menschliche Seele. Und es gibt drittens ein Leiden unter der Ferne Gottes, das früher in dieser Verbreitung unbekannt war.

Vor über hundert Jahren begründete Ludwig Feuerbach durch seine psychologische Herleitung des Glaubens den modernen Atheismus. Der Mensch hält, so lehrte er, die Beschränktheit seiner Möglichkeiten fälschlich für seine Grenzen. Aber die Verstandes- und Willenskräfte des Menschen sind unendlich. So steht der Mensch staunend vor unendlichen Kräften, und da er sie nicht versteht, führt er sie auf ein fremdes Wesen, auf einen Gott, zurück. Er wirft sein Gottesbild, geschaffen aus Wünschen und Sehnsüchten, aus dem Bedürfnis nach Verehrung und aus dem Zweifel an der eigenen Kraft an den Himmel und fügt sich dem selbst geschaffenen Gott.

Man wird mit Feuerbach nicht über Gott streiten. Gegen den Verdacht, dass Gott aus menschlichen Wünschen bestehe, gibt es kein Argument. Aber man wird mit ihm über sein Menschenbild reden müssen. Denn Feuerbach konnte Gott deshalb für überflüssig halten, weil er zuvor den Menschen in ein göttliches Wesen verwandelt hatte, in ein Wesen mit unendlichen Kräften und Fähigkeiten. Diesen Optimismus aber haben wir inzwischen abgelegt. Heute ist mit Gott auch der unendliche Mensch erledigt, und die Kritik an der Religion befreit den Menschen nicht mehr zu seinen eigenen Fähigkeiten, sondern nimmt ihm den Horizont, in dem er leben könnte, und verdunkelt ihm ebendamit sein Wesen. Optimismus hatte sich an die Stelle der Religion gesetzt. Beide, die Religion und der Optimismus, sind verloren. Übrig bleibt die Resignation auf das Tunliche und Machbare, und ebendamit verliert der Mensch sich selbst.

Vom anderen Ende, nämlich von der getretenen und machthungrigen Seele des Menschen her, kritisierte Sigmund Freud das Gottesbild der Christen. Nach Freud haben der autoritäre und der unterwürfige Charakter ihren Ursprung in derselben Fehlhaltung, nämlich dem Versuch, das eigene Ich auszuweiten und, sei es durch Beherrschung, sei es durch Unterwerfung, andere mit sich zu beschäftigen. Die Sicherheit aber, die beiden fehlt, suchen sie in dem überirdischen Helfer, der sie zur Herrschaft über andere ermächtigt oder in dessen Namen sie sich der Herrschaft anderer Menschen unterwerfen. Sie bedürfen keiner Freiheit mehr und brauchen eigene Entscheidungen nicht mehr zu treffen. Beides nimmt ihnen Gott ab. In der Tat lässt sich die Art, wie sehr viele Christen ihren Gott zu ihrer Verfügung halten, in den Analysen Freuds durchaus unterbringen. Freilich, die Analyse versagt überall, wo ein Mensch aus Glauben und in Freiheit handelt. Nicht jeder ist Sadist oder Masochist, und es gibt durchaus den freien, gelassenen, zur Entscheidung bereiten Menschen.

Am tiefsten trifft uns heute jene Art des Atheismus, die aus dem Leiden am Leben erwächst und ihr Elend darin offenbart, dass das Leben stumm und wehrlos gelitten wird, dass das Leben nichts gibt, dass es nichts ist und an kein Ziel führt, es sei denn ins Nichts. »Nichts« – das heißt spanisch »nada«. Ernest Hemingway erzählt:

> Wovor hatte er Angst? Es war nicht Angst oder Furcht. Es war ein Nichts, das er nur zu gut kannte. Es war alles ein Nichts, und der Mensch war auch ein Nichts. Es war nur das, und Licht war alles, was man brauchte, und eine gewisse Sauberkeit und Ordnung. Manche lebten darin und fühlten es gar nicht mehr, aber er wusste, es war alles nada y pues nada y pues nada. Nada unser, der du bist im nada, nada sei dein Name. Dein Reich sei nada, Dein Wille nada, wie im nada also auch auf nada. Unser täglich nada gib uns nada, und nada uns unsere nada, wie wir nadan unseren nadan. Nada uns nicht in nada, sondern erlöse uns von dem nada; pues nada, Heil dem Nichts, voll von Nichts. Nichts ist mit dir. Er lächelte und stand vor einer Theke mit einer glänzenden Kaffee-Espressomaschine. Was bekommen Sie?, fragte der Mann hinter der Theke. Nada.

Das Problem »Gott« hat sich in Nichts aufgelöst. Es ist alles Nichts. Ein Ziel ist nicht. Ein Sinn ist nicht. Und darin liegt kein Triumph. Ein konturenloses, eingeebnetes Leiden bestimmt jede Hantierung, und im Grunde ist es gleichgültig, ob der Espresso getrunken wird oder stehen bleibt. Er gibt keinen Mut. Er lindert nicht. Alles ist nada. Und noch das Lächeln ist nur Ausdruck der Konturenlosigkeit des Leidens.

Diese Art Atheismus trifft den Christen dort, wo er am intensivsten Christ ist, wo die Gestalt jenes Jesus am deutlichsten vor ihm steht: die Gestalt des Gastgebers an den Tischen der Armen von Galiläa, deren Dasein aus Gewalt, Entwürdigung, Missachtung und Elend bestand. Der Platz eines Christen wäre in Hemingways »sauberem, gut beleuchtetem Café« am Tisch mit dem Mann, der nicht einmal mehr einer Tasse Kaffee anfühlt, dass sie wirklich sei.

In einer Zeit, in der wir wieder verstehen können, warum Jesus die Elenden, die dem Glauben Entfremdeten, als die Kranken bezeichnet, ist das Gespräch mit den Gottlosen sinnvoller als der Kampf gegen die Gottlosigkeit, das Erzeigen von Güte hilfreicher als das treffende, Irrtümer noch so deutlich enthüllende Argument im Streit der Worte.

»Gott ist tot«

Atheismus ist kein Privileg der Atheisten. An der Oberfläche der innerkirchlichen Diskussion fand bis vor Kurzem das Gesellschaftsspiel statt, zu fragen, wie tot Gott sei. Das Erregende bestand darin, dass kaum einer so recht zu sagen wusste, was er sich dabei dachte.

Wollte man sagen: Opas Gott ist tot, wie man etwa sagt: Opas Kino ist tot? Dann hieße das, es gehe uns nichts mehr an, was ein Hofprediger von 1910 über den Gott der Preußen gesagt habe. So sei auch Barths Gott tot, der Gott Luthers und Zinzendorfs: die Bilder nämlich, die man sich früher von Gott machte. Das hieße: Gott ist anders, als wir es gelernt haben. Wollte man sagen: Der Gott, der als Begründung dient, ist tot? Wofür hat man Gott nicht schon missbraucht, als Stütze für den Staat, die Moral oder die Klerisei, als Alibi für gerechte Kriege, Sklavenhandel und Ketzerprozesse! Dann aber wäre nicht Gott tot, sondern sein beschmutztes Bild. Die Diskussion hatte einen Anschein von Aktualität, solange das Geheimnis bestand, was denn dieser oder jener meinte. Wer das Wort vom »toten Gott« heute noch gebraucht, ist zur Klarheit verpflichtet. Es ist kein Zeichen von Torheit oder Intoleranz, wenn man fordert, ein Nilpferd müsse sich von einer Schildkröte unterscheiden lassen oder auch eine geistreiche Phrase von einem ernst gemeinten Wort.

Zweierlei verbirgt sich hinter der Rede vom »Tode Gottes«: Einmal die tödliche Krankheit in der Tiefe der Seele heutiger Menschen, die von Zeit zu Zeit als Verzweiflung an die Oberfläche kommt und uns unfähig macht, das Gegenüber zu erfassen, von dem her wir leben, sodass wir also in den Tod hineinstarren, wo eigentlich Gott vor uns steht. Zum anderen etwas Uraltes und keineswegs in unserer Zeit Neuentdecktes, die Tatsache nämlich, dass der Gott, der sich in Christus offenbart, erfahren wird in der Gestalt eines verborgenen Gottes. Gott wird ja auch durch Christus nicht zu einem »verständlichen« Gott, nicht zu einem verwendbaren, nicht zu einem handlichen und vertrauten Gott. Der Gott, der zu verwenden ist und über den man Bescheid weiß, ist in der Tat tot. Er war es von jeher. Umgekehrt sprachen schon vor tausend Jahren die großen Denker der mystischen Tradition von jenem dunklen Abgrund, den der Mensch als Nichts erfährt und der sich als Gott offenbart.

Man hat den Mystikern immer wieder »Atheismus« vorgeworfen. Aber dieser scheinbare Atheismus beschreibt nur, was die Bibel Heiligkeit nennt, die Unzugänglichkeit, Ferne und Erhabenheit Gottes. Wahrscheinlich führt für uns Heutige der Weg zu einem Glauben, der standhält, durch diese Zone der Gottesfinsternis immer wieder hindurch. Denn es ist nicht rätselhaft, sondern naheliegend, dass Gott schweigt. Das Rätselvolle und Wunderbare ist, dass es eine Stelle gibt, an der Gott redet.

Die Gottesfinsternis, von der Martin Buber spricht und die er als Kennzeichen unserer Epoche versteht, ist eine Aufforderung zur Hoffnung. Eine Sonnenfinsternis bedeutet ja nicht: »Die Sonne ist tot. Sie war auch früher schon eine Illusion. Sie war von jeher eine Projektion des frierenden, Licht und Wärme suchenden Menschen an den Himmel.« Eine Sonnenfinsternis zeigt vielmehr genau an, wo die Sonne steht. Sie zeigt, dass etwas ist zwischen der Sonne und uns, das sie verbirgt. Die Sonne scheint nicht. Sie wärmt nicht. Sie gibt der Erde keinen Glanz, keine Farbe, kein Leben. Ob freilich Hoffnung möglich ist auf das Ende einer Gottesfinsternis, muss im Gespräch mit Atheisten offenbleiben. Vielleicht spricht der Atheist, dem Gott nichts ist oder der Gott für tot hält, von Finsternis und meint den verborgenen Gott. Und vom Christen ist nicht verlangt, dass er Beweise beibringt für seinen Glauben, sondern dass er dem, der nicht glaubt, die Hoffnung zeigt, in der er selbst lebt.

> Wer das Wort Gott spricht und wirklich Du im Sinn hat, spricht, in welchem Wahn immer er befangen sei, das wahre Du seines Lebens an, das von keinem anderen eingeschränkt zu werden vermag und zu dem er in einer Beziehung steht, die alle andern einschließt. Aber auch wer den Namen verabscheut und gottlos zu sein wähnt, wenn der mit seinem ganzen hingegebenen Wesen das Du seines Lebens anspricht, als das von keinem andern eingeschränkt zu werden vermag, spricht er Gott an.
> *Martin Buber*

Der verborgene Gott

Vom verborgenen Gott zu sprechen kann ein Spiel mit Worten sein. So bleibt ein Wort wie das des Thomas von Aquin: »Im Gipfelpunkt unseres Erkennens erkennen wir, dass Gott der Unbekannte bleibt«, durchaus im Überschneidungsgebiet zwischen Tiefsinn und Banalität. Wer so schreibt, ist durch seine Erkenntnis nicht verwundet. Das gilt auch von Augustin, wenn er schreibt: »Wir finden Gott, indem wir ihn suchen, und wir suchen ihn, während wir ihn schon gefunden haben.«

Gottes Verborgenheit kann aber auch – und erst dann ist von ihr wirklich die Rede – ein Elend bedeuten, an dem ein Mensch zerbricht. Die »Gottesfinsternis«, die »dunkle Nacht der Seele«, die »Anfechtung«, oder wie immer sich die Mystiker des Mittelalters und späterer Zeiten ausgedrückt haben, sind nicht ein akademisches Problem, sondern bedeuten für den, der sie erlebt, Bodenlosigkeit, Lichtlosigkeit, Verworfenheit, Tod. Da tasten sich die großen Glaubenden aus der tiefen Nacht der Gottverlassenheit oder der Gottesangst zurück zur Erfahrung des gütigen Gottes, ohne Hoffnung, ihn zu finden, ohne zu wissen, wo überhaupt er noch zu suchen, ob in seinem Zorn noch Liebe erfahrbar sei, in seiner Finsternis noch Licht, in seiner Abwesenheit noch seine Nähe, in seinem Nichts noch seine Fülle.

Dennoch stand für die Mystiker wie auch für Luther fest, dass Gott Gott bleibe, mitten im Nichts. Dass Gott überhaupt im Abgrund versunken sei, das zu fürchten ist das Schicksal unseres Jahrhunderts. Gottesleugnung ist heute keineswegs mehr eine Sache der Ungläubigen. Könnte Gott nicht tot sein, mitten in der Kirche? Könnte

Gott nicht taub sein, mitten in unserem Gebet? Könnte Gott nicht fehlen, mitten im Hymnus?

Die Gottesleugner sitzen nicht mehr unter den frechen, frivolen Spöttern, von denen sich der Fromme des Alten Testaments und noch der Bürger des 19. Jahrhunderts mit Schauder abwandte. Sie sitzen im eigenen Herzen der Christen, und dort wird nicht überlegen diskutiert, sondern gelitten. Denn dort geht es nicht um Nähe oder Ferne Gottes allein, sondern um Heil und Unheil, um Leben und Tod des Menschen. Könnte es denn nicht sein, so frage ich, dass Gott ferne wäre auch in dem Sinn, dass er meine Vernichtung wollte, dass er mir die Hölle zugedacht hätte, die Verzweiflung, die Verstoßung?

Rettung vor dem dunklen Gott liegt nirgends als allein in Christus. Das hat Luther ein für alle Mal klargestellt. Das ist über alle konfessionellen Streitfragen hinaus seine große Leistung für die Christenheit. Aber was heißt, sich mitten in der Angst auf Christus berufen? Heißt es nicht festhalten, dass Gott das unbedingte und unbegrenzte Ja unseres Herzens zukommt? Könnte die Rettung nicht darin liegen, dass der betroffene Mensch mitten in dem gefährlichen, finsteren, scheinbar tödlichen Gotteswillen bliebe und sagte: Dein Wille geschehe? Ich will dich lieben, und sei es in der Hölle? Ich will dich, meinen tödlichen Feind, lieben und mit meiner Liebe zu dir die anderen, tödlich Bedrohten wie mich, mit umfassen? Ich will dich, den toten Gott, lieben, bis du mir lebendig vor der Seele stehst? Und wenn ich wirklich in die Hölle versinken sollte, so wollte ich dich dennoch lieben und durch meine Liebe in deiner Nähe bleiben. Und so, das hoffe ich in meiner Verzweiflung, wird die Hölle ein Ort sein, an dem du nahe bist. Und hieße das nicht, dass die Hölle sich verwandelt in einen Ort des Trostes, der Seligkeit gar? Dass dies aber sein könnte, das glaube ich mit meiner ganzen Kraft, mit der Kraft meines Unglaubens, gegen allen Augenschein, gegen alle Erfahrung.

Die so fragen werden freilich trotz des großen, resignierenden Entschlusses zur Liebe gegenüber dem feindlichen Gott ihre Angst und Verlassenheit nicht los. Tod ist nun einmal Tod. Wenn Gott tot ist, produziert der Mensch keinen lebendigen Gott, und die Auferstehung ist nicht der zweite Akt nach dem ersten in einem fertig geschriebenen Stück, das nur noch abzulaufen braucht und das an jedem Abend vor einem anderen Zuschauerkreis mit dem gleichen Ende abläuft, sondern die ganz und gar offene Neuschöpfung, die allein von dem wider alle Erfahrung lebendigen Gott ausgeht.

So schreibt Dietrich Bonhoeffer am 16. 4. 1944: »Wir (die modernen Menschen) müssen in dieser Welt leben, als gäbe es keinen Gott. Und ebendies erkennen wir – vor Gott. Gott selbst zwingt uns zu dieser Erkenntnis. Gott gibt uns zu wissen, dass wir leben müssen als solche, die mit dem Leben ohne Gott fertig werden, und der Gott, der mit uns ist, ist der Gott, der uns verlässt. Vor und mit Gott leben wir ohne Gott.«

Gewiss, dies sind die Erfahrungen einsam begnadeter Menschen auf dem Weg einer lebenslangen Suche nach Gott. Die Erfahrungen des Durchschnittsmenschen sind banaler. Aber es fragt sich, ob nicht die Resignation in den feindlichen Willen Gottes von unzähligen Menschen in der tiefsten Verzweiflung ohne Hoffnung auf Licht vollzogen wird, nur eben, dass sie die Worte nicht haben, um das Furchtbare ihrer Erfahrung auszusprechen.

Es kann jedenfalls keine Gegnerschaft zwischen einem an Gott glaubenden Christen und einem Gott leugnenden Atheisten mehr geben. Dafür ist die Nacht der Verborgenheit Gottes auch dem Christen zu dicht gegenwärtig. Es geht im Gespräch zwischen Christen und Atheisten wohl darum, dass der Christ seinen Weg durch die Nacht der Gottesfinsternis mit dem Gottesleugner zusammen geht.

In der Bibel finden wir eine Geschichte über den Menschen in der Finsternis unter Gott. In der Zeit der Wanderung der Söhne Israels durch die Wüste auf der Suche nach einem Zugang zum Land ihrer Väter wird der Zweifel laut, ob dies eigentlich noch ein Wandern, ein Leben und Kämpfen unter der Führung Gottes sei oder ob nicht Gott dieses Volk längst verlassen habe. Da steigt Mose ins Gebirge, um sich zu vergewissern, dass der Gott, dem er dient, noch da ist. Er fordert von Gott, ihn seine Herrlichkeit schauen zu lassen, um wieder zu wissen, in wessen Namen er seinem Volk diese Leiden zumutet. Und Gott antwortet ihm:

> Ich will vor deinem Angesicht alle meine Herrlichkeit vorübergehen lassen. Aber mein Angesicht kannst du nicht sehen, denn kein Mensch wird leben, der mich sieht. Es ist ein Ort für dich bei mir, da sollst du auf dem Felsen stehen. Wenn dann meine Herrlichkeit vorübergeht, will ich dich in die Felskluft stellen und meine Hand über dich decken, bis ich vorüber bin. Und wenn ich meine Hand von dir wegnehme, wirst du mir nachsehen. Aber mein Angesicht kann man nicht schauen.
> *2. Mose 33*

In eine Kluft will ich dich stellen, sagt Gott, in die kein Licht fällt. Rechts und links, so stellen wir uns die Situation vor, werden die dunklen Steinwände über dich her hängen, als wollten sie dich erdrücken, und zuletzt will ich auch den Spalt noch verdecken, durch den in deine Kluft Licht fällt, sodass du von Finsternis eingeschlossen bist von allen Seiten.

Es sind ja nicht die Steine, die deinem Platz das Licht nehmen, nicht Angst oder Verlassenheit. Was dir das Licht verdeckt, bin ich selbst. Es ist meine Hand, die so dunkel auf dir liegt. Und so, während du wie begraben bist, will ich dir ganz nahe sein. Deine Schwäche – so könnten wir fortfahren, um unsere Situation zu treffen – bin ich. Deine Welt, mit der du deinen Glauben nicht vereinen kannst – bin ich. Dein hoffnungsloser Schrei nach Gott – bin ich. Dein Tod – bin ich.

Es ist nicht so willkürlich, wie es manchem scheinen mag, dass wir von jedem Punkt unserer Erfahrung mit Gott aus immer wieder den Blick auf Christus richten. Wer mein Jünger sein will, sagt Christus, der gehe an diesen finsteren Ort unter der Hand Gottes. Der nehme sein Kreuz auf sich und folge mir nach. Er wird keinen Sonnenstrahl sehen, keinen Himmel und keinen Stern und wird fragen: Warum, mein Gott, hast du mich verlassen? Aber Gott, der ihn in die Felsenkluft stellte, liebt ihn, wie er mich, den Sohn, liebt.

»Wenn Gott seine Hand abzieht«, erkennst du, dass hier Gott war, nicht irgendein dunkles Schicksal, sondern Gott selbst. Und anders als so – »hinterher«! – kann man Gott nicht schauen.

Am Ende, als Gott seine Hand abzog, schreibt der Jünger, der am Karfreitag unter dem Kreuz und vor dem Grab stand: »Wir sahen seine Herrlichkeit.« Er sah Gott, als der Lebens- und Todesweg Christi auf dieser Erde an ihm vorübergegangen und Ostern angebrochen war. »Der Vater aber decket mit heiliger Nacht, damit wir bleiben mögen, die Augen zu«, schreibt Hölderlin in deutlicher Anspielung auf die Mosegeschichte. Was ist eine »heilige Nacht«? Was überhaupt ist heilig auf dieser Erde?

Heilig ist nicht die Feier, nicht das Fest, nicht der Lobpreis, sondern das Elend. Heilig ist die Nähe des Gottes, der das Licht ist, in der vollkommenen Finsternis.

Nach Auschwitz Gott loben

»Wie man nach Auschwitz Gott loben soll, der alles so herrlich regieret, das weiß ich nicht«, schreibt Dorothee Sölle. Und sie hat recht damit. Man rückt in der Tat Gott nicht dadurch näher, dass man, ohne die Verzweiflung all der Menschen wahrzunehmen, die in Jahrtausenden unserer Geschichte unter die Mörder und Henker gefallen sind, vom »lieben Gott« spricht. Man findet den liebenden Gott nicht, indem man die Augen verschließt vor Gaskammern, Buschkriegen und Napalmteppichen. Wer einfach, weil er in einer Idylle lebt, das Lied über die Lippen bringt, »der Wolken, Luft und Winden gibt Wege, Lauf und Bahn, der wird auch Wege finden, da dein Fuß gehen kann«, verhöhnt vielleicht, ohne es zu wollen und zu wissen, alle jene, die keinen Weg finden, auf dem ihr Fuß gehen könnte. Der Dichter dieses Liedes hatte allerdings – immerhin lebte er während des Dreißigjährigen Krieges – durchaus anderes im Auge als eine liebliche Idylle.

Aber was ist denn nach Auschwitz anders als nach den blutigen Eroberungskriegen der Assyrer vor zweitausendfünfhundert Jahren? Oder nach den Massenkreuzigungen durch die Römer im jüdischen Krieg? Vielleicht nur, dass auch unsere Zeit plötzlich vor dem Ernstfall stand, in dem die schönen Phrasen der Neuzeit zu Staub zerfielen? Und was kommt zum Vorschein, wenn es ernst wird? Doch wohl nur das uralte Leiden des Menschen an dem Gott, der verborgen bleibt allem Gerede zum Hohn, und das uralte Leiden des Menschen an seinem eigenen Wesen, das ihn aus dem Grauen seiner eigenen Geschichte so brutal anstarrt? Auschwitz ist keine Neuigkeit. Es liegt uns nur näher. Nach Auschwitz ist Gott nicht anders geworden, wohl aber haben Buchenwald und Treblinka, Dresden und Hiroshima unseren geschwätzigen abendländischen Fortschritts- und Humanitätsoptimismus, jenen einfältigen Glauben an die schönere Zukunft, an die Befreiung des Menschen, an Gleichheit und Brüderlichkeit, an das Gottesreich auf dieser Erde, das die Hand des Menschen schaffen werde, als das enthüllt, was er ist: als Torheit.

Was aber soll nach Auschwitz geschehen? Martin Buber, dessen Volk von Auschwitz am ersten betroffen war, schreibt:

> Wie ist in einer Zeit, in der es Auschwitz gibt, noch ein Leben mit Gott möglich? Die Unheimlichkeit ist zu grausam, die Verborgenheit zu tief geworden. »Glauben« kann man an den Gott noch, der zugelassen hat, was geschehen ist, aber kann man noch zu ihm sprechen? Kann man ihn noch anrufen? Wagen wir es, den Überlebenden von Auschwitz, dem Hiob der Gaskammern, zu empfehlen: »Rufet ihn an, denn er ist gütig, denn ewig währet seine Gnade«? Aber wie ist das mit Hiob selber? Er klagt nicht nur, er klagt Gott an, dass er ihm »sein Recht beseitigt habe«, dass also der Richter der ganzen Erde wider das Recht handle. Und er empfängt von Gott eine Antwort. Aber was Gott ihm sagt, beantwortet die Anklage gar nicht, es berührt sie gar nicht; die wahre Antwort, die Hiob empfängt, ist die Erscheinung Gottes allein, dies allein, dass die Ferne zur Nähe sich wandelt, dass »sein Auge ihn sieht«, dass er ihn wiedererkennt. Nichts ist geklärt, nichts ist ausgeglichen, das Unrecht ist nicht Recht geworden und die Grausamkeit nicht Milde. Nichts ist geschehen, als dass der Mensch wieder Gottes Anrede vernimmt.

Das Letzte über Gott

Es liegt keine Willkür darin, dass wir uns immer und immer wieder an Jesus Christus halten. Es ist kein Versuch unter anderen Versuchen, sondern der einzige Weg, aus der Finsternis um Gott zu dem Gott zu gelangen, der das Licht ist. Denn was Jesus am Ende seines Lebens über Gott sagt, ist das Letzte, das angesichts des Rätsels »Gott« überhaupt zu sagen ist.

Als Jesus Abschied nahm, um in das Dunkel um Gott hineinzugehen, das ihm und seinen Freunden bevorstand, sagte er:

> Euer Herz erschrecke nicht. Glaubet an Gott und glaubet an mich. In meines Vaters Hause sind viele Wohnungen. Wenn es nicht so wäre, so wollte ich sagen: Ich gehe hin, euch die Stätte zu bereiten … Wo ich hingehe, das wisst ihr, und den Weg wisst ihr auch.
> *Johannes 14,1.4*

Als danach Thomas entgegnet: »Herr, wir wissen nicht, wohin du gehst! Wie könnten wir den Weg wissen?«, fällt das bekannte Wort: »Ich bin der Weg, die Wahrheit und das Leben. Niemand kommt zum Vater denn durch mich.«

Unendlich viele Menschen hörten aus diesem Wort den Anspruch eines Religionsstifters heraus, der alle anderen Wege für Irrwege, alle andere Wahrheit für Irrtum, alles andere Leben für Tod erklärt. Der sogenannte Absolutheitsanspruch des Christentums hatte seit zweitausend Jahren seinen festen Halt an diesem Wort. Aber das Wort redet nicht von anderen Religionen. Es redet zu geschlagenen Menschen angesichts eines dunklen, rätselhaften Gottes und davon, wie sie in dem dunklen Gott das Licht finden.

Thomas meinte, und wir abendländischen Christen meinen es weithin bis heute, es müsse doch einen klaren, logischen Weg zur Wahrheit geben, den wir Menschen suchen und finden können, eine Methode sozusagen, nach der gewiss ist, dass wir am Ende ein sicheres Wissen über Gott besitzen. Wir denken nach. Wir sammeln und vergleichen Erfahrungen. Wir lesen in der Bibel. Wir hören das Wort, das von Jesus überliefert ist. Am Ende muss klar sein, wie die Rätsel des Lebens und das Rätsel um Gott aufzulösen seien. Ein Weg – damit meinen wir: Wir verlassen die Zone der Rätsel und wandern, vielleicht lange, vielleicht bis ans Ende unserer Kraft, doch schließlich in die Zone der Erkenntnis, der Wahrheit hinein.

Und ebendies ist, sagt Jesus, ein Irrtum. So viel leistet die Klugheit, das Nachdenken, so viel leisten Verstand und Vernunft gerade nicht. Nicht der Weg führt euch zur Wahrheit, den ihr aus dem Dickicht eurer Gedanken, Fragen und Erfahrungen heraus sucht, sondern der Weg, den Gott euch führt. Er führt euch über den Weg, den ich ging. Ihr erkennt Gott nicht, indem ihr über ihn nachdenkt, sondern indem ihr meinen Weg geht. Ihr werdet mit mir zusammen und an meinem Weg Gott erfahren und zum Glauben finden. Ich bin der Weg.

Wenn aber das gilt, dann ist Wahrheit nicht die Frucht des Prüfens und Forschens, sondern ein Widerfahrnis, das den Einfältigen, den Nichtwissenden, wie Jesus sagt, leichter zufällt als den Weisen und Klugen. Es gibt keine Wahrheit über Gott, die man in ein Buch schreiben und für alle Zeiten aufbewahren könnte, denn Wahrheit bedeutet nicht, dass wir Gott kennen, sondern dass Gott uns kennt, dass das helle Licht des Wissens Gottes uns begegnet und dass wir uns diesem wissenden Gott anvertrauen. Wahrheit ist die Spiegelung des Lichtes Gottes auf dem Gesicht eines Menschen, der vertrauend in das Dunkel hineingeht. »Ich bin die Wahrheit«, sagt Christus.

Und »Glauben« heißt nicht so sehr die Wahrheit wissen, als vielmehr »aus der Wahrheit sein«. Wahrheit ist dort am Werk, wo es einem Menschen geschenkt wird, sich trotz allem dem Gott, der sich in Jesus Christus spiegelt, anzuvertrauen. Wahrheit erfassen heißt den Glauben Jesu Christi einüben.

Verlassen wir uns auf Jesus Christus, dann umgibt uns die Wahrheit, mit der wir leben und sterben, sterben und leben können. Wir begegnen dem, aus dem wir sind und in den hinein wir leben. Leben ist ja wiederum nicht, was wir uns heute darunter vorstellen, es ist ja nicht die Spanne Zeit, die wir auf dieser Erde zubringen, auch nicht so sehr die Ewigkeit, die folgt. Das Leben ist eines, hier und drüben, jetzt und danach. Es ist Leben, wenn es in Gott ist. Es ist Tod, wenn es außer ihm bleibt. Leben heißt nicht, eine Zeit lang unabhängig von Gott seinen Weg suchen und sein Schicksal erfüllen. Leben heißt vielmehr: in Gott sein, wie Christus in Gott war und ist. »Ich bin das Leben«, sagt er.

Jahrzehnte nach dem Tod des Meisters fasst Johannes zusammen, was Jesus über den Weg, die Wahrheit und das Leben gesagt hatte, indem er schreibt:

> Ihr Lieben, wir sind nun Gottes Kinder, und es ist noch nicht erschienen, was wir sein werden. Wir wissen aber, wenn es erscheinen wird, dass wir ihm gleich sein werden, denn wir werden ihn sehen, wie er ist.
> *1. Johannes 3,2*

Wir werden Gott schauen, und das bedeutet, dass wir ihm gleich sein werden. Das Schauen Gottes bewirkt die Verwandlung des Schauenden. Glaube, das ist die Hoffnung auf die Verwandlung des Menschen in das Gegenüber zum offenbaren Gott. Das ist das Äußerste, das über Gott zu sagen ist.

Wir wissen, dass Glaube nicht machbar ist. Wenn er gelingt, so geschieht es gnadenhaft. Der Weg aber, den der Glaube geführt wird, ist ein Weg der Verwandlung. Und auch Verwandlung geschieht einzig, wo sie gnadenhaft widerfährt. Wir erkennen Gott im Gesicht Jesu. Wir erkennen uns selbst in Christus. In ihm erkennen wir erstmals uns selbst und Gott zugleich. Das Rätsel, das uns Gott ist, und das Rätsel, das wir uns selbst sind, lösen sich miteinander. Erkenntnis Gottes geschieht, wo sich ein Mensch den Weg führen lässt, auf dem Gott ihn verwandeln will.

Das ist die eigentliche Auskunft, die Jesus über Gott gibt, das Äußerste, das uns begreiflich ist, jenseits von Golgatha und jenseits von Auschwitz. Es ist eine Erkenntnis, die uns selbst einbezieht. Was danach über Gott zu sagen ist, das wird ein Reden nicht mehr über ihn sein, sondern ein Reden, das sich an ihn selbst richtet, durch alle Mühen und Dunkelheiten hindurch an den Vater, von dem Jesus spricht.

Anrufung

Wer also bist du, den wir schauen werden? »Vater« nennt dich Jesus. Der Vergleich ist uns vertraut, und wir empfinden nicht mehr seine Kühnheit. Er meint deine allgegenwärtige Nähe und deine unendliche Enthobenheit zugleich.

Du also, den wir anrufen, heilige deinen Namen! Du

bist anders als alles und uns unvertraut. Wir reden dich an und nennen dich »Gott«, und dein Name »Gott« ist das Rettende für uns, deine Söhne und Töchter. Du antwortest, und wir sind befreit von Schuld. Du hörst, und wir vertrauen dir. Wir sprechen dich an und fassen Hoffnung. Wir vernehmen dich und wissen uns geborgen. Darum werde dein Name geheiligt, geschützt auch vor unseren Gedanken, die nach ihm greifen. Denn er spricht deine Würde aus, deine unendliche Freiheit, deine unendliche Nähe.

Du, den wir anrufen, errichte dein Reich! Lass unsere Irrwege dich finden, denn wo du bist, ist unser Ziel. Wo du bist, finden wir Ruhe. Wo du bist, ist das Maß des Rechts und das Maß des Unrechts. Wo du bist, sind die Dinge dieser Welt eins und sind gefügt, wie du sie willst. Sie alle sind in dir, und unser eigenes Herz weiß sich eingeschlossen in dich. Wo du bist, ist Gegenwart, die nicht endet. Vergangenheit, die nicht verurteilt. Zukunft, die Heil bringt. Dein Reich ist nichts außer dir. Dein Name nennt dich, den Einzigen und Einsamen, der anders ist als alles. Unendlich getrennt von unserem Herzen. Dein Reich aber nennt dich, in dem wir sind, in dem wir waren, ehe wir dich kannten, in dem wir sein werden, dankbar die Fülle deiner Gegenwart schauend. In dir sind Ursprung und Ziel, nichts ist außer dir. Du und alles, was in dir ist, ist dein Reich. Füge uns und alle Dinge in eins, damit dein Reich komme.

Du, den wir anrufen, lass deinen Willen geschehen! Dein Wille liegt in dem Wort, das unser Herr, Jesus Christus, sprach. Möge die Wahrheit Raum greifen auf dieser Erde, denn das ist dein Wille. Möge sie Leben bringen den Bedrohten, einen Tisch den Verstoßenen, einen Weg den Unkundigen, Freiheit den Versklavten und den Blinden das Licht. Mache uns zu Werkzeugen deines Willens, zu deinen Händen, dass auch von uns dein Wille ausgeht, dein Heil. Dein Wille liegt in dem Geschick, das Jesus Christus unter deiner Hand erlitt. Deinen Willen fürchten wir, den dunklen und fremden, der Leid will und Schmerzen, Einsamkeit, Angst, Mühsal und das Urteil zum Tode. Mit Mühe bitten wir: Dein Wille geschehe, und erbitten Heil von deinem Willen. Dein Wille geschah, als Jesus auferstand von den Toten. Lass deinen Willen geschehen, dass die Toten leben, die Verängstigten dich preisen und die Welt neu geschaffen werde durch dich. Dein Wille, ob er Finsternis bringt oder Licht, geschehe, denn außer deinem Willen geschieht kein Heil.

Du, den wir anrufen, gib uns das Brot! Gib uns das Brot, von dem wir leben, das Licht, das wir schauen, die Luft, die wir atmen, die Freude und das Glück. Gib uns die Menschen, die uns vertrauen und die wir lieben. Wir sind Empfangende und rufen dich an, den Gebenden. Wir rufen dich an in einer Stunde, in der die Menschen lernen, sich selbst zu geben, was sie brauchen, in der sie beginnen, sich selbst zu formen und die Welt zu erschaffen, die ihnen gehorcht, das Glück, die Freiheit und die Zukunft. Wir rufen dich an, damit wir Empfangende bleiben. Denn in der Geste des Empfangens ist Wahrheit. Wir fürchten die Lüge von dem Menschen, der sein eigener Schöpfer ist, und rufen dich an: Gib du uns das Brot. Du bist Gott, du, vor dem wir stehen mit den Händen von Empfangenden, denn in solche Hände legst du die Wahrheit.

Du, den wir anrufen, vergib uns unsere Schuld! Wir sind nicht wert, deine Söhne zu sein, deine Töchter. Höre uns. Nimm uns auf. Denn wir sind dein nur, wenn du uns aufhebst und frei machst von dem Schatten unseres Tuns, unserer Worte und Gedanken. Und nur, wenn wir dein sind, sind wir wir selbst. Du gibst uns, was du selbst bist: den Anfang, den immer neuen Beginn. Du bist der Anfangende, und alle Anfänge sind von dir. Gib uns die Kraft, anzufangen, wo Menschen keinen Anfang mehr finden, wo Vertrauen enttäuscht, Liebe zertreten, Gerechtigkeit missachtet ist. Wir wollen denen vergeben, die Unrecht tun, damit wir deine Kinder sind, fähig, Anfänge zu setzen. Du, den wir anrufen, mach uns frei und hilf uns befreien! Du bist Gott. Aus deiner schöpferischen Kraft gib uns die Kraft, zu lieben. Die Kraft, zu überwinden, was nicht du selbst bist.

Du, den wir anrufen, führe uns nicht in die Gefahr, dich zu verlieren, und mach uns frei vom Bösen. Denn die Gefahr ist tödlich. Wie sollten wir Menschen leben, wenn wir der Versuchung verfallen, ohne dich zu sein? Woher ist unser Werk, wenn nicht von dir? Wie wären wir geschützt, wenn nicht in dir? Woher soll Hoffnung kommen, wenn nicht aus dir? Indem wir dich loslassen, lassen wir uns selbst los. Denn frei sind wir und unseresgleichen nur, solange wir mehr sind als nur wir selbst. Wenn wir Menschen bleiben wollen, müssen wir mehr sein als dies. Was aber mehr ist an uns, bist du.

Erlöse uns von uns selbst. Erlöse uns von unserem Eigenwillen. Erlöse uns von unseren Werken. Erlöse uns von allem, was wir können. Erlöse uns und gib uns Anteil an dir, deinem Willen und deinem Werk. Gib uns das Glück, aus deiner Hand zu sein.

Denn dein, o Gott, den wir anrufen, ist das Reich und die Kraft und die Herrlichkeit – in Ewigkeit.

Umgang mit dem Schicksal

Gefangenschaft

Als Einladender, als Gastgeber am Tisch derer, die der Freundlichkeit bedürfen, geht Jesus durch Galiläa, und wir hören ihn über den weiten Abstand der Zeit. Nichts scheint einfacher, nichts scheint selbstverständlicher, als seine Stimme zu hören und ihr zu folgen. Unzählige Menschen aber folgten ihr von Herzen gerne und bringen es nicht zuwege. Sie müssten den »Ort«, an dem sie wohnen und an dem sie von ihren Gewohnheiten und Vorurteilen umstellt sind, verlassen. Sie sind gefangen von ihren Enttäuschungen, gefangen vielleicht auch von einer Lebensgeschichte, in der kein Vertrauen gedeihen konnte, gefangen von misslungenen Lebensversuchen, die neue Versuche nicht mehr zulassen, oder gefangen von den Deutungen, die sie ihrem Schicksal gegeben haben und die beiseitezutun neue Unsicherheit brächte. Gefangen vielleicht von der stumpfen Langeweile, in der die Zeit stillsteht, gefangen von einer Schuld, die nicht wieder gutzumachen ist, oder von der Mühsal, sie verborgen zu halten. »Aufatmen sollt ihr und frei sein«, sagt Jesus. Aber um auch nur dieses Wort zu hören und zu bejahen, ist eine Freiheit nötig, die im Grunde niemand aus sich selbst hat.

Diese Gefangenschaft ist ein Merkmal nicht nur des Schicksals von einzelnen Menschen, sondern dieser Zeit überhaupt, und wo die Grenzen am weitesten gesteckt sind, wird sie am empfindlichsten spürbar. Die Wissenschaft unserer Tage, die gewiss in weitem Raum und Rahmen lebt, gelangt immer deutlicher an die Grenzen ihrer Freiheit. Es scheint unser Schicksal zu sein, immer weitere Räume einer immer grenzenloseren Freiheit auszuforschen und dabei immer deutlicher zu erkennen, dass wir Gefangene sind. Die Welt erschließt sich uns bis zum fernsten Stern und zum Teil eines Teilchens, ihre Gesetze geben ihre Geheimnisse heraus und leihen uns ihre Kräfte, und dabei wird deutlich, dass diese Welt uns einschließt mit der schweigenden Unerbittlichkeit eines Gefängnisses, das nur den Blick auf seine Innenwände freigibt.

Der Einladung Jesu folgen zu können hieße für gefangene Menschen wie für die ganze gefangene Menschheit, ins Freie zu treten, und ebendies, meint Luther, vermag der Mensch »nicht aus eigener Vernunft noch Kraft«. Dazu bedarf es des befreienden Geistes Gottes, der in der Bildersprache der Bibel wie ein Vogel herabstürzt, wie ein Wind einbricht, ein Sturm oder ein Feuer. Vertrauen findet nicht, wer viel weiß. Vertrauen findet nicht der gedankenreiche Grübler. Vertrauen findet vielleicht schon eher der einfache, der unverstellte Mensch. Aber in allen Fällen findet es nur, wer erfasst wird vom befreienden, schöpferischen Geist Gottes.

Wo ein Mensch aber von diesem Geist der Freiheit und des Glaubens erfasst ist, spricht die Bibel von einem »geistlichen« Menschen. Damit meint sie nicht den »geistigen« Menschen im Gegensatz zum leiblich oder seelisch bestimmten, sondern den, der ein Ganzes ist nach Seele, Geist und Leib, ein Ganzes nach innen und außen, ein Ganzes zwischen den verborgenen Erfahrungen seines Geistes und den seelischen Kräften, die er nach außen wendet. Was uns heute nottut, ist genau dies: eine Innerlichkeit, die nach außen durchbricht, die dem Leben Klarheit und Festigkeit verleiht und es mit genauerem Wissen und freieren Kräften durchgestaltet, eine Innerlichkeit, die fähig ist, technisch zu denken, organisatorisch und planerisch mit den politischen und wirtschaftlichen Problemen der heutigen Weltgesellschaft umzugehen.

Was uns nottut, ist ein geistliches Leben, das sich im Umgang mit Menschen und ihrem Schicksal, aber auch im Umgang mit dem Kosmos im Großen und im Kleinen befreiend auswirkt, wie dies Paulus in seinem Brief an die Römer schildert. Er meint dort im 8. Kapitel, wenn der Mensch sich als Sohn, das heißt als ein von Gottes Geist Befreiter offenbare, bedeute das zugleich die Befreiung der mit ihm zusammen in ihr Geschick eingefangenen Schöpfung, die sich mit ihm zusammen nach Freiheit sehne.

Wer sich einüben will in den Glauben, wird wissen müssen, dass kein Verfahren, keine Methode, keine Übung und keine Ausdauer auch nur zum Anfänglichsten führt, wenn die Befreiung zum Vertrauen nicht plötzlich oder unmerklich in ihm geschieht. Das Nachdenken über den Sinn religiöser Bilder und Gedanken wird anfangen müssen bei dem Seltsamen, das die Bibel den »Geist Gottes« nennt, und bei der Bitte, Gott möge ihn dem gefangenen Menschen senden.

Unter dem Gesetz

Wenn ich von Freiheit spreche, muss ich sie bewähren. Sie könnte ein Traum sein. Ich muss sie bewähren, wo sie nicht ist: wo ich mein Schicksal durchzustehen habe.

Ich habe mir mein Leben nicht gewünscht und meine Welt nicht ausgesucht. Aber nun gehören diese Eltern zu mir und diese Kinder, Kollegen, Nachbarn. Das Haus gehört zu mir, die Straße und die Bäume, die Schienen und Schornsteine. Nicht dass sie mir gehörten, sage ich, aber sie sind meine Welt, wem immer sie gehören mögen. Ich übe meinen Beruf aus, den Frühere erfunden haben, und lebe mit dem Telefon, mit Bankverbindungen und Kaufhäusern, weil man in meiner Stadt so lebt.

Und dabei treffe ich auf das seltsame Gesetz, das man die Zeit nennt. Es gibt ein Jetzt und ein Später und ein Vorher. Der Augenblick kommt, ist da, geht. Zeit geht durch mich hindurch und nimmt mich mit in ihrem Strömen, unwandelbar gleichmäßig und zuverlässig. Als Geschick kommt sie, als Auftrag, als Zumutung; als Erkenntnis geht sie, als Erfolg, als Schuld. Unmerklich verwandelt sie sich in eine von mir mitbestimmte Ewigkeit. Fast kommt sie, wie Gott kommt: leise, unaufhaltsam, mit unwiderstehlicher Kraft. Und wenn Gott dies alles brachte und bringt, dann muss das Geheimnis der Zeit in den Gedanken Gottes liegen. Gott, so empfinde ich, während das Strömen der Zeit mich mitnimmt, hat mich gedacht, ehe ich war. Er denkt mich jetzt, da ich dies denke. Er denkt jeden meiner Tage, ehe die Sonne aufgeht. Er denkt mein Ende, ehe ich anfange, und liebt mich, seinen Gedanken, der meinen Namen trägt, nahe und zwingend.

Gedanken Gottes sind auch meine Kräfte und Begabungen, die Gefahren, die aus mir selbst kommen, die Verletzungen, die das Leben in mir hinterlässt. Was Gott aber denkt, bleibt. Geburt und Tod, wie Gott sie denkt, muss ich annehmen. Dass ich Mann oder Frau, Europäer oder Asiate bin, muss ich mitdenken, und niemand fragt, ob Gottes Gedanken mir gefallen. Ich kann nicht anders denken oder wollen als die Gedanken Gottes entlang, auch wenn ich es tausendmal versuche.

So erfahren viele ihr Geschick, wie man einen übermächtigen Feind erlebt, einen namenlosen, gesichtslosen, unfassbaren Feind von dämonischer Rätselhaftigkeit, und ihre Angst zeigt an, wie viel Macht das Schicksal hat. Denn ob ich gesegnet bin und leben darf, ob ich geliebt und meiner selbst gewiss bin, ob es mir vergönnt ist, dem Dasein zu vertrauen und meiner Angst zum Trotz zu leben, ob meine Schuld sich an mir rächt oder ob sie mich vergisst, ob ich sanft sterbe oder qualvoll zugrunde gehe, das alles wird mir zugesprochen gleichsam als das Programm, nach dem mein Leben abläuft, und meine Freiheit reicht wohl kaum weiter als zu einem gehorsamen Ja oder einem ohnmächtigen Nein und vielleicht nicht einmal so weit.

Was wir das Schicksal nennen, nennt die Bibel das »Gesetz«. »Unter dem Gesetz« zu sein heißt aus allem, was geschieht oder verfügt wird, den Willen Gottes heraushören müssen, ihm nachleben, ihm gehorchen. Wer unter dem Gesetz ist, sagt Paulus, kann im besten Falle ein gehorsamer Knecht sein. Er lebt unter dem Fluch. Freilich, der Knecht stellt Gegenfragen: Wie kann aus mir werden, was ich von mir erhoffe? Wie muss es unter den Menschen zugehen, damit sie glücklicher werden? Aber das Recht, Fragen zu stellen, bringt noch keine Freiheit, und indem der Knecht seine Gegenfragen stellt, schließt sich der Ring des Gesetzes, seines Schicksals, nur desto fester um ihn.

Suche nach dem Ausweg

Es ist nicht zu verwundern, dass der Umgang der meisten Menschen mit ihrem Schicksal in Versuchen besteht, zu entrinnen. So mag der eine versuchen, die Rolle eines Zuschauers zu spielen, unbeteiligt von entlegener Stelle aus, die für ihn Mittelpunkt seiner Welt ist, dem Lauf der Schicksale zuzusehen. Er wird bemerken, dass auch die anderen um ihn her im Mittelpunkt ihrer Welt leben möchten und von ihm fordern, er möge sich ihnen zuwenden, sie hören, ihnen antworten. Will er also »frei« bleiben, so muss er lernen, Stimmen zu überhören, Schicksale zu übersehen und auf Rufe und Fragen nicht zu antworten. Er wird auf dem entlegenen Platz des Zuschauenden vereinsamen. Er wird, indem er Freiheit sucht, zum Gefangenen seiner Einsamkeit.

Ein anderer entflieht der Welt überhaupt. Was Wunder angesichts der immer härteren Zwänge, unter denen sich das immer »freiere« Leben des heutigen Menschen abspielt, dass junge Leute auf die Welt der Erwachsenen, auf das Gesetz also, nach dem sie leben sollen, so leidenschaftlich reagieren, so empfindlich, so empört, dass sie es auf Widerstand anlegen und, wenn der Widerstand sich als vergeblich erweist, ihr Heil in der Flucht suchen. Im Trotz suchen sie den Rausch und den Traum, und vielleicht ist es danach die Mutlosigkeit, die ihnen den Weg zurück in die Wirklichkeit versperrt, in die Welt, in der sie eigentlich ihr eigenes Geschick suchen und finden sollten.

Ein Dritter sucht das große Leben. Mit Millionen anderen sehnt er sich nach Erlösung aus dem Mittelmäßigen, aus dem Mittelstand des Daseins sozusagen, aus der mittleren Begabung, der mittleren Laufbahn, der mittleren

Ehe, dem mittleren Glück, den mittleren Sünden und ebensolchen Erfolgen und Niederlagen und am Ende der Aussicht auf die mittlere Bestattung, auf die alles hinausläuft. Wonach sehnt er sich? Nun, eben nach dem Außerordentlichen, dem Großen, Strahlenden, worin immer es bestehen mag, nach der großen Entscheidung, der großen Leistung, dem großen Glück, nach Ekstase oder Abenteuer. Und er sehnt sich mit Recht danach, denn jeder Mensch ist mehr, als sein Schicksal ihm zu sein erlaubt. Jedes Kind ist reicher, phantasievoller, wissbegieriger, mutiger und liebesstärker, als der Erwachsene sein wird, der am Ende herauskommt. Das Schicksal schneidet ab. Es setzt Grenzen. Jede Entscheidung, die einer trifft, engt seinen Spielraum ein, und am Ende wird er sich sehnsüchtig seiner Kindheit erinnern, in der es noch erlaubt war, mit Möglichkeiten und Phantasien zu spielen. Wenn einer »heraus«will, ist er auf der richtigen Spur, aber er wird merken, dass es ihm nicht gelingt. Zuletzt hat er noch die Wahl zwischen Traum oder Widerstand oder Sichabfinden, zwischen Lüge also, Zerbrechen oder Versanden.

Ein Vierter geht aufs Ganze und hasst sein Schicksal:

Danach tat Hiob seinen Mund auf
und verfluchte den Tag seiner Geburt.
Ausgelöscht sei der Tag, an dem ich geboren!
Ausgelöscht die Nacht, da man sprach: Ein Knabe ist da!
Denn sie hat den Leib meiner Mutter nicht verschlossen
und nicht verborgen das Leid vor meinen Augen.

Warum gibt Gott das Licht den Bekümmerten
und das Leben den betrübten Herzen,
die auf den Tod warten, der nicht kommt?
Warum gibt Gott das Leben dem Manne,
der seinen Weg nicht versteht
und dem Gott selbst doch den Pfad ringsum verzäunt?
Aus Hiob 3

Bin ich denn das wilde Meer? Bin ich ein Drache,
dass du so scharf mich bewachst?
Wann endlich blickst du weg von mir
und lässt mir Ruhe, einen Augenblick lang?
Habe ich gesündigt, was tue ich damit dir an,
du Bewacher der Menschen?
Aus Hiob 7

Hiob fragt, wer Schuld trage am Unheil und ob das Geschick eines Menschen eine angemessene Strafe sei für das, was er tat. Am Ende bleibt ein Gott, der seine Macht demonstriert, und ein Mensch, der seine berechtigte Frage zurücknimmt. Hiob zerbricht an seinem Schicksal nur deshalb nicht, weil er in ihm nicht anonyme Gewalttat sieht, sondern Willensentscheidung eines wenngleich rätselhaften Gottes.

Ein Fünfter wagt es, sein Geschick zu lieben. »Du hältst es nicht aus, dein herrisches Geschick?«, fragt Nietzsche. »Liebe es. Es bleibt dir keine Wahl!« Aber ein solcher Versuch setzt den Mut und die Kraft zu einem heroischen Dasein voraus, das immer hart an der Grenze zum Scheitern, wenn nicht entlang dem Abgrund der völligen Verneinung des Daseins führt. Möglicherweise gibt es mehr Menschen, als der erste Blick zeigt, die den Versuch unternehmen und denen er gelingt; andere freilich werden ein unerträgliches Schicksal nur unter der Bedingung lieben können, dass sie sich Kräfte des Hinnehmens und des Widerstehens einreden, die sie nicht haben, und eben nur bis zu dem Punkt, an dem die Liebe zum Schicksal offenbart, dass sie ohne Sinn ist.

Ein Sechster hat keine Wahl mehr, weder zur Flucht noch zum Widerstand. Er zerbricht einfach. Denn keiner hat es in der Hand, auf welche ihn vernichtende Weise er an der Schuld anderer teilhat, und niemand, dem die

Schuld anderer zum Schicksal wird, kann sich von seinem Schicksal befreien durch den Hinweis auf fremde Schuld. Am 7. Dezember 1941 flog der japanische Kapitän Mitsuo Fuchida an der Spitze einer Bomberflotte gegen Pearl Harbour. Der Krieg im Pazifik begann. Er endete, als ein anderer junger Offizier, der Amerikaner Claude Eatherley, am 6. August 1945 die erste Atombombe über Hiroshima abwarf. Fünfzehn Jahre später traf man in Deutschland und anderswo einen alternden Menschen, der als Büßer um die Welt zog und Bibeln verteilte: Mitsuo Fuchida. Zur gleichen Zeit verdämmerte in Kalifornien das Leben eines anderen im Zustand fortschreitender innerer Zerstörung, das Leben des Claude Eatherley. Ich weiß nicht, ob Fuchida das Verteilen von Bibeln als Bußübung betrieb, weil er Befreiung suchte, oder aus Dankbarkeit, weil er befreit war. Das aber wäre der Punkt, auf den alles ankäme.

Was geschieht denn mit dem Teil eines Schicksals, den wir »Schuld« nennen? Abwerfen kann man Schuld nicht, so wenig wie leugnen. Ja, man kann Schuld nicht einmal büßen, nicht einmal durch den Tod, wie die Tragödie meint. Dass der Mensch das tiefe Bedürfnis hat, Schuld zu büßen, Strafe zu übernehmen, ändert nichts daran, dass auch Strafe an geschehener Schuld nichts ändert. Im Gegenteil: Kommt es darauf an, nachdem Schuld geschehen ist, zurückzufinden zum Einvernehmen mit Gott, der das Schicksal zumisst, dann ist gerade die Beschäftigung mit der Schuld das Hindernis. Es ist vom verlorenen Sohn nicht erzählt, er habe den Versuch gemacht, sein lasterhaftes Leben durch die Übernahme von Strafe oder von Bußübungen zu korrigieren, wohl aber, er habe sich in dem Zustand, in dem er war, auf den Heimweg gemacht. Die Beschäftigung mit geschehener Schuld, so notwendig sie ist, wenn es darum geht, einen Heimweg zu finden, trennt, wenn es nicht zu einem Heimweg kommt, mehr von Gott als die Schuld selbst, weil sie daran hindert, den Blick von der eigenen Lebensgeschichte weg auf Gott zu richten.

Und was ändert der Tod an der Schuld? Ist er nicht ebenso ein Feind des Menschen wie die Schuld selbst? Lege ich, wenn ich durch den Tod büßen will, nicht die Herrschaft über mich nur in die Hände eines anderen Feindes? Und was wird der neue Herr tun? Er wird vielleicht nur beenden. Lösen und befreien wird er nicht. Und in Wahrheit beendet er nicht einmal.

Wenn es denn darum gehen soll, ein Schicksal zu bestehen, also das Geschickte anzunehmen und dem Gesetzten gerecht zu werden, dann helfen weder Fluchtwege noch Kraftakte. Ins Freie würde nur ein Weg führen, auf dem der uns begleitet, der uns unser Schicksal zumaß. Ins Freie würde ein Weg führen, auf dem unser Lebenswille und unser Glücksverlangen sich mit unserem Auftrag verweben und verflechten ließen zu wirklichen Schritten auf der wirklichen Erde. Hier aber muss deutlich werden, warum wir uns so unbeirrt und anhaltend mit Jesus Christus beschäftigen, seinem Weg und seinem Geschick.

Das Schicksal der anderen

Der Weg, auf dem wir Christus folgen sollen, wird von jeher als Kreuzweg dargestellt und eingeübt. Gehen wir diesen Weg mit, so wird im Mittelpunkt der Betrachtung Christus stehen und nicht unser eigenes Schicksal. Aber wir werden uns doch auch mit uns selbst beschäftigen. Es stellt sich sofort die Frage, ob Beschäftigung des Menschen mit sich selbst der Ausgangspunkt sein kann und unter welchen Bedingungen sie geschehen soll. Bei Christus ist immer zuerst vom Reich Gottes die Rede, von Gott, vom anderen Menschen.

Als Jesus einmal von seinen Jüngern gebeten wurde, er möge ihnen doch mehr Glauben geben, verwies er sie auf den Glauben, den sie schon hatten, und zugleich auf das Einzige, mit dem zu beschäftigen sich lohne: das Reich Gottes. Wenn er einem zurief: Folge mir nach!, dann hieß das: Nimm dich selbst nicht wichtig! Verkündige das Reich Gottes! Alles Übrige wird dir zufallen.

Von Papst Johannes XXIII. wird erzählt, ihn habe eines Tages ein Kardinal besucht und ihm geklagt, er finde keinen Schlaf mehr, seine Verantwortung sei gar zu schwer. Da habe ihm Johannes geantwortet: Gewiss, mein Sohn, das kenne ich. Aber mir hat geträumt, es komme ein Engel zu mir und sage: Giovanni! Nimm dich nicht so wichtig! Seitdem kann ich schlafen.

Paulus schildert Christus als den, der sich selbst nicht wichtig nahm, gehorsam seinem Auftrag bis zum Kreuz. Und wenn Jesus zu uns sagt: Folge mir nach!, dann bedeutet das, dass unser eigenes Leben unwichtig zu werden, dass unser Interesse anderem zu gelten habe.

Jesus selbst beschreibt einmal seinen eigenen Auftrag als den eines Hirten, der auf dem Wege sei zu denen, die verloren seien, die sich verlaufen hätten. Das könnte bedeuten, dass wir dieses Muster für unser eigenes Leben zu übernehmen hätten. Versuchten wir das, so käme es etwa der Anweisung gleich: Es ist dir nicht geholfen, wenn du dich niedersetzt und deiner Mühsal nachdenkst; deine Aufgabe ist, ein Suchender auf der Spur von Verlorenen zu sein. Und wer sind die Verlorenen?

Ein »Verlorener« ist irgendwo, wo ihn keiner vermutet, wo ihn keiner sieht. Verloren ist etwa einer, den keiner vermisst, wenn er stirbt. »Verloren« heißt nicht unmoralisch, sondern unauffindbar. Verloren ist einer, dessen Schicksal in den Richtlinien der Ämter nicht vorkommt. Verloren ist einer, der nicht erklären kann, was ihm fehlt und warum er mit dem Leben nicht zurechtkommt. So kann man ihm nicht helfen. Man überlässt ihn der Gerechtigkeit oder sich selbst, was auf dasselbe hinausläuft. Verloren ist einer, der eine Schuld verschweigen muss. Er kämpft gegen sich selbst an einem Ort, an dem keiner ihn wahrnimmt und keiner ihm helfen kann.

Wo immer die Gesellschaft sich darüber zu einigen beginnt, hier oder dort säßen gewiss die Bösen, da wird der aufmerksam werden, den Jesus zu den Verlorenen schickte. Wo die Mehrheit sagt: »Der hat es sich selbst zuzuschreiben«, da wird er nach dem Verlorenen suchen. Wo man sich einig ist, es könne hier nichts getan werden, wird er sich etwas einfallen lassen, das er tun kann. Wer Jesus nachfolgt, verlässt gleichsam das um sich selbst besorgte Ich, er verlässt aber auch das Wir einer Gemeinschaft, die sich über die Bösen einigt.

Er wird dabei die Logik aufdecken, die etwa so verläuft: Einer tut etwas Böses. Er wird ausgeschieden. Er geht verloren. Er wird nicht mehr gesehen. Man weiß auch nichts mehr von dem relativen Recht, das ihm noch zustünde, so wenig wie von dem Unrecht, das in der Ausstoßung lag. Sowie also der Böse den Stall der Neunundneunzig verlassen hat, werden die Übrigen blind für Recht und Unrecht. Aus dem Zusammenwirken des Bösen und der Reaktion auf das Böse wird das, was die Bibel »Verblendung« nennt.

In dieser Verblendung errichten die Menschen ihre Rechtsordnungen, bilden sich Urteile und Vorurteile. Das

Erste darum, das Jesus an uns tut, ist dies, dass er uns die Augen öffnet, damit durch uns der verlorene Mensch das Recht wieder erhält, ein Mensch zu sein.

Ehe wir uns um unser eigenes Schicksal kümmern, sollen wir, sagt Jesus, dem Schicksal anderer nachgehen. Wenn wir aber danach fragen, ob es jetzt nicht an der Zeit wäre, uns auch um uns selbst zu kümmern, dann wird noch einmal abgewehrt. Wenn du nach deiner eigenen Herkunft und deinem eigenen Ziel fragst, dann sieh von dir selbst ab, sagt Paulus, und betrachte den Weg, den Christus ging, damit dir die Welt, in der dein Schicksal sich abspielt, nicht zu klein gerät.

Das Schicksal der Welt

An die Philipper schrieb Paulus die berühmten Verse:

> Haltet fest, was ihr von Christus wisst:
> Er, göttlich wie Gott,
> hielt sein Vorrecht nicht fest,
> Gott gleich zu sein.
>
> Er legte es ab,
> nahm die Gestalt eines Knechts an
> und wurde ein Mensch unter Menschen.
>
> Die Gestalt eines Menschen trug er
> und beugte sich, gehorsam bis in den Tod,
> ja den Tod am Kreuz.
>
> Darum hat Gott ihn erhöht
> und gesetzt über alles, was lebt,
> über Menschen und Mächte.

Wo sein Name genannt wird,
sollen alle Knie sich beugen
im Himmel, auf Erden und unter der Erde,

und jeder Mund soll bekennen:
Jesus Christus ist Herr!
und Gott, den Vater, rühmen und preisen.
Philipper 2,5–11

Damit ist gesagt: Ehe du dein eigenes Geschick bedenkst, bedenke den großen Rahmen, in dem es geschieht. Vergegenwärtige dir die Herkunft und das Ziel der Welt zugleich mit dem Weg, den Jesus Christus gegangen ist. Der Grund für diese Anweisung ist ein sehr eigentümlicher und uns Heutigen ungewohnter: der nämlich, dass Gott heilig ist. Wir reden gerne von Gottes Barmherzigkeit, aber dass Gott zuerst und zuletzt der heilige Gott ist, das ist uns selbstherrlichen Menschen dieser gegenwärtigen Zeit fremd, es sei denn, wir lernten, was man früher Demut nannte. Denn wenn früher Demut ein anderes Wort für Devotion war mit dem Beigeschmack des Unterwürfigen, so ist sie heute eine Voraussetzung für alles verantwortliche Handeln, so sehr, dass man sagen könnte, der Fortbestand der Erde hänge heute an dieser Fähigkeit, mit einem korrigierten Augenmaß dem heiligen Gott und der Welt, die seine Schöpfung ist, gegenüberzutreten.

Man spricht heute viel von einer bevorstehenden Katastrophe, wohl wissend, dass nur eine Änderung der Gesinnung sie verhüten kann, und zeigt doch nicht die geringste Änderung. Viele sprechen von der erschöpften Schöpfung oder vom Aufstand der Schöpfung gegen den Menschen, aber kaum irgendwo werden ernsthafte Konsequenzen gezogen. Wir können alle wissen, dass das Planen und Handeln des Menschen reguliert werden muss, und träumen doch weiter den Traum von der durch nichts begrenzten Freiheit des Erfindens und Ausbeutens. Wir können wissen, dass es so nicht weitergeht, und machen unbedenklich weiter. Wir haben uns eingeredet, der Mensch sei frei, und nur seine Vernunft habe den Zugang zur Wahrheit, zur Freiheit und zum Wohl aller. Wer heute klar sieht, kann wissen, dass wir damit einem Irrtum grandiosen Ausmaßes aufsaßen, aber kaum jemand fragt, wie man denn die verrückt spielende Vernunft unter Kontrolle bekomme.

Es könnte sein, dass tatsächlich niemand das Steuer herumreißt und die Erde den Fortschritt der Vernunft mit ihrer Zerstörung bezahlt. Es könnte sein, dass die letzten Jahrzehnte der Menschheit in aussichtslosem Kampf ums Überleben hingehen und in milliardenfachem Leiden.

Es rächt sich nicht nur, dass zu ungenau vorausgedacht worden ist, sondern vor allem, dass man die entscheidende Dimension, aus der der Mensch lebt, abgeblendet hat: nämlich die der Heiligkeit und Unantastbarkeit Gottes und seines Willens, aus der die Unantastbarkeit fremden Lebensrechts und die dienende Rolle des Menschen, dieses ungeeigneten Herrschers der Erde, folgt. Die Heiligkeit Gottes und die Demut des Menschen sind als für freie Menschen nicht schicklich gleichzeitig gestrichen worden. Auch unter Christen. Die Rettung der Menschheit könnte daran hängen, ob beides wiederentdeckt wird.

Es gilt einzugestehen, dass die Freiheit des Menschen begrenzt ist, dass Gesetze zu respektieren sind, dass die Natur ein Rätsel ist, gehalten über dem Abgrund des Vergehens, und dass sie einer ehrfürchtigen Hand bedarf. Wir müssen Gott an dem Ort wiederfinden, an dem wir ihn verloren, dort, wo wir uns, der Heiligkeit Gottes überdrüssig, selbst zu den Herren der Welt machten. Die Suche nach Gott findet angesichts unserer Verantwortung für die Welt statt, oder es gibt keine Rettung.

Das Muster, sagt Paulus, ist Christus. Er stieg von der Höhe seiner Herkunft herab in die Knechtsgestalt des verantwortlichen Menschen, der das Vorrecht, Gott gleich zu sein, loslässt, zu dessen Werk Verzicht und Opfer gehören und das Absehen vom eigenen, persönlichen Schicksal. Nur dort, wo wir Menschen lernen, von unserem eigenen kleinen Interesse abzusehen, kann der Durchbruch in die Freiheit der verantwortlichen Söhne Gottes gelingen. Nur dort wird dem Unrecht gewehrt und dem Frieden Raum geschaffen, nur dort kommt es zur Ehrfurcht. Nur dort wird der Mensch fähig zu herrschen. Indem wir aber so absehen von uns selbst, wird unser eigenes Schicksal Sinn und Erfüllung finden.

Die Christusgeschichte

Wenn es also darum geht, das Geschick anderer Menschen und das der Welt wahrzunehmen, und wenn danach unser eigenes Schicksal darauf wartet, bestanden zu werden, wird uns die Christusgeschichte von Schritt zu Schritt begleiten, und die Einübung in das eigene Schicksal wird weniger in einem Tun bestehen als in einem Erleiden.

Die heutige Menschheit gefällt sich in Aktionen; was Wunder, dass auch die Kirchen ihr Heil in Aktionen suchen. Aber wer erkannt hat, dass der Weg der Kirche in der Passion Christi vorgezeichnet ist, weiß, dass auch die Kirche im Ernstfall mehr von der Passion lebt als von der

Aktion, viel mehr vom Erwarten als vom Planen, und noch immer ist das Wort vom Kreuz kein Programm, sondern den Tätern und Planern eine Torheit.

Es ist nicht nötig, das Leid zu suchen. Es kommt beizeiten. Aber es ist gut, sich im Durchstehen des Leides, der Schmerzen, der Niederlagen und Enttäuschungen zu üben, solange man bei guten Kräften ist. Vielleicht gelingt es dabei, vom Leid her das Leben zu lieben und dabei zum Tode bereit zu werden.

Man ging früher, Station für Station, die Kreuzwege entlang und übte ein, was angesichts von Tod, Leid und Schuld gekonnt sein will. Man sah das Gebet in Getsemane und lernte die Hergabe des Willens. Man sah die Gefangennahme und lernte die Hergabe der Freiheit. Man sah das Verhör vor Pilatus und lernte die Hergabe des eigenen Rechts. Man sah die Geißelung und erkannte, dass nicht der heile und robuste, sondern der verwundbare Mensch der eigentliche Mensch sei. Man sah die Verspottung und lernte Einsamkeit bestehen, sah Christus das Kreuz tragen und lernte, fremde Schuld auf sich zu nehmen, sah den Gekreuzigten und übernahm das eigene Todesschicksal. Man ging den Weg zu Ende in die Bilder von der Auferstehung, mitten hindurch durch die Bilder des Schreckens. Und wenn dies unser Ziel sein soll: Befreiung zum freien, glücklichen Leben, das nicht an allen Ecken und Enden von Angst bedroht ist, dann gilt es, die Christusgeschichte, die die unsere ist, einzuüben.

Wenn es heute, im Zeitalter der Täter, darum geht, ein Vernehmender und Erfahrender zu werden, dann geht es zuerst um die Erfahrung des Leids. Das Leid, wenn der Mensch sich ihm nicht versperrt und es nicht überlärmt, weckt die Fähigkeit zu erfahren. Nun fehlt uns aber eben das Training im Ertragen von Einsamkeit, Angst oder

Schmerzen. Uns scheint das Leben sehr rasch zu schwer, weil wir unsere Kräfte nicht geübt haben. Gerade für uns Menschen dieser verwöhnten Epoche werden jene alten Meditationswege wieder bedeutsam, die den Sinn haben, Erfahrung einzuüben, und die wir längst nicht mehr nötig zu haben meinten.

Ich hatte einen Freund, der mit achtzehn Jahren nach Russland marschierte wie Hunderttausende seiner Altersgenossen. Er hatte den russischen Winter, den Vormarsch und den Rückzug und unendlich viel Entsetzliches erlebt. »Weißt du«, erzählte er einmal, »sie kamen am Nachmittag. Die ganze Talmulde war voll. Nichts als Russen. Und dahinter immer neue, immer neue. Und wir schossen. Einen Kasten nach dem anderen schossen wir leer. Immer in die Russen hinein. Es ging gut. Sie kamen nicht durch. Im Stacheldraht blieben sie hängen. In den Löchern blieben sie liegen ... In Haufen. Als wieder Ruhe war, zählte ich die Leichen in meinem Abschnitt. Es waren ungefähr sechshundert. Dann war zwei Wochen lang nichts, und ich hatte immer die sechshundert Leichen vor mir. Sie stanken. Stell dir vor! Sechshundert Leichen. Immer wenn ich einschlafe oder eine Weile an nichts denke, habe ich sechshundert Leichen vor mir. Dann stehe ich immer wieder mit nassen Füßen in meinem kalten Loch, und sie kommen. Immer neue. Bis wieder Ruhe ist und die Leichen daliegen.«

Ich glaube, dass mehr Menschen der älteren Jahrgänge, als wir denken, mit den Bildern des Grauens bis heute nicht fertig geworden sind. Einen Flieger des Zweiten Weltkriegs kenne ich, der heute noch zusammenzuckt, wenn er einen Motor hört, und einen hochdekorierten Panzerfahrer, der bis heute unfähig ist, sich an das Steuer eines Autos zu setzen. Und ich glaube, dass die »kleinen«, die »normalen« Erfahrungen von Angst und Schrecken, die das Leben auch in unseren friedlichen Breiten bereit hat, sich im Verborgenen zerstörender auswirken, als wir für möglich halten. Die Leidensgeschichte Jesu Christi – das ist das wirkliche Leben, wenn die Festbeleuchtung ausgeschaltet ist.

Gewiss, es ist begreiflich, dass jemand erklärt: Ich beschäftige mich lieber mit den schönen als mit den schrecklichen Dingen. Aber es könnte sein, dass er am Ende aus seiner Verzweiflung keinen Ausweg mehr wüsste. Denn wenn wir uns mit dem Bösen und dem Schrecklichen beschäftigen, dann eben nicht, weil wir ihnen Macht über uns einräumen wollten, sondern umgekehrt deshalb, weil wir dem Schrecklichen und dem Bösen das Recht bestreiten, Macht über uns auszuüben. Wir tun es nicht, weil wir meinten, es laufe ja doch alles auf ein schreckliches Ende hinaus, sondern weil wir das Ende eben nicht für das Ende halten. Wir tun es, weil wir den Anfang, den wir jenseits des Endes glauben, den Morgen des Ostertages, so klar vor Augen sehen wollen wie das Ende, das vorläufige, selbst.

Die Freiheit des Anfangs

Wer die Leidensgeschichte ganz lesen will, und das ist auf alle Fälle von Zeit zu Zeit nötig, lese sie zunächst bei Markus und bei Johannes. Er beginne aber nicht erst an der Stelle, an der Jesus im Garten Getsemane gefangengenommen wird, sondern früher, dort, wo die Entscheidung noch offen ist: Markus 10,32 oder

Johannes 10,1–18. Denn am Anfang, wo noch die Freiheit ist, diesen Weg zu bejahen oder zu verweigern, offenbart sich sein Sinn.

> Jesus und seine Begleiter waren unterwegs nach Jerusalem. Er schritt ihnen voraus, und sie waren entsetzt, dass er dorthin ging. Sie folgten ihm und fürchteten sich. Da nahm er die Zwölf beiseite und sprach zu ihnen: Seht, wir gehen nach Jerusalem, und der Menschensohn wird den Priestern und Schriftgelehrten verraten und ausgeliefert werden. Die werden ihn verurteilen und den Römern übergeben. Man wird ihn schlagen und anspeien, geißeln und töten. Nach drei Tagen wird er auferstehen.
> *Markus 10,32–34*

Wer voraus weiß, ist allein mit seinem Wissen. Wer sich trotz seines Wissens entschließt, auf seinem Weg zu bleiben, ist allein mit seinem Entschluss. Wer vertraut, gerade auf dem Weg in den Tod das Leben zu finden, wird seinen Entschluss einsam durchhalten müssen. Die Passion beginnt mit dem Entschluss, nach Jerusalem zu gehen.

Zu wissen, welche Stunde die Uhr geschlagen hat, sich selbst in der Lebensphase zu sehen, in der man wirklich steht, ist sehr schwer. Die meisten Menschen träumen sich voraus in die Zukunft oder hängen an der Vergangenheit. Sie halten die Phase des Erfolgs fest, wenn es um Erfolg längst nicht mehr geht, die Phasen des Leistens oder des Genießens, wenn Leid und Verzicht längst im Zimmer stehen. Viele andere wähnen sich in der Phase des Abbauens und des Ermüdens, solange noch gesunde Kräfte genug da sind. Die Uhren gehen falsch, und weil man die falsche Stunde abliest, hadert man mit dem Schicksal. Gingen die Uhren richtig, gäbe es bei Weitem mehr Freiheit zu eigenen freien Entscheidungen.

Wieder andere verlieren die Freiheit zu ihrem eigenen Ja, weil sie zwar ihr Geschick bejahen, aber sich selbst verneinen: Ich habe es verdient. Es musste so kommen. Das entspricht mir. Ich bin selbst schuld. Und das ist gefährlich, weil es nicht ein Ja zu einem Auftrag ausdrückt, sondern die Hinnahme einer Strafe.

Jesus sagt: »Es muss erfüllt werden, was geschrieben ist.« Das heißt: Meinem Geschick liegt ein Plan zugrunde, eine Absicht, ein Wille. Der mir mein Schicksal zumisst, hat ein Ziel im Auge. Diesem Willen füge ich mich in Freiheit. Die Jünger gehen hinterher. Sie sehen, was Jesus tut. Sie können im Weg Jesu ihren eigenen Weg erkennen, abschätzen und bejahen. Sie können, auch wenn sie immer wieder in Angst und Abwehr zurückfallen werden, doch durchaus in die Freiheit durchstoßen, die Jesus ihnen eröffnet hat. Sie wissen von nun an, dass Freiheit kein Traum ist.

Jesus traf seinen Entschluss, nach Jerusalem zu gehen, mitten aus seiner Arbeit in Galiläa heraus. Wer ihm folgend sich dazu entschließt, sein Schicksal ins Auge zu fassen und darauf zuzugehen, muss, soll sein Entschluss wirklich frei fallen, dies tun, solange die Kraft dazu da ist. Und wenn das Schicksal – sehr normal – das Alter ist, das Abnehmen an Kraft und Leistungsfähigkeit, dann muss der Entschluss, es zu bejahen, fallen, solange es noch nicht da ist. Das Alter hat wenig Kraft zu bewussten und freien Neuanfängen.

Und so ziehen die Jünger mit Jesus von Jericho hinauf nach Jerusalem. Sie schreiten ihm nicht voraus, aber sie lassen sich mitnehmen. Und so folgt jene berühmte Szene, wie Jesus inmitten des Pilgerzuges und seiner begeisterten Jünger über den Ölberg reitet, durch das Kidrontal und durch eines der Osttore nach Jerusalem hinein, jene Szene, die den Freunden ein letztes Mal gestattet, sich über den Sinn der Stunde zu täuschen.

Die vielen Menschen aber, die mit auf dem Weg waren, breiteten ihre Kleider auf die Straße, andere hieben Zweige von den Bäumen und streuten sie auf den Weg. Und die Menge, die vorauszog und nachwogte, lärmte vor Begeisterung und sang den alten Hymnus: Gepriesen sei der König! Gepriesen sei, der von Gott kommt! Heil und Segen für ihn in den Höhen des Himmels!
Matthäus 21,8–9

Jesus tut das Angemessene in dem klaren Wissen, dass niemand es verstehen wird. Der festliche Einzug ist für ihn der richtige nächste Schritt auf dem ihm vorgezeichneten Weg, zu dem es gehört, dass er missverstanden wird. Er war die Tat eines Freien, und diese Freiheit ging Jesus auf dem ganzen Weg durch die folgenden Tage nicht mehr verloren.

Seinen Platz freigeben

Als Jesus in Bethanien weilte, im Hause Simons, des Aussätzigen, kam eine Frau mit einem Glas kostbaren Nardenwassers und goss es über seinem Haupt aus, während er zu Tische lag. Als das seine Jünger sahen, wurden sie unwillig und sprachen: Wozu diese Vergeudung? Man hätte das Wasser verkaufen und das Geld den Armen geben können! Als Jesus das merkte, sprach er zu ihnen: Was macht ihr der Frau das Herz schwer? Sie hat etwas Schönes für mich getan. Wenn sie Salböl über meinen Leib ausgoss, tat sie es, ihn zu meinem Begräbnis zu salben. Was ich sage, ist wahr: Wo immer man in der Welt davon sprechen wird, dass ich starb, um der Welt das Leben zu schenken, wird man auch reden über das, was sie eben tat, und wird es als Zeichen ihrer Liebe festhalten.
Matthäus 26,6–13

In die beklommene Runde der Jünger, die sich fürchten, den Sinn der Stunde beim Namen zu nennen, kommt eine Frau und spricht ihn mit einem Zeichen aus. Jesus nimmt das Zeichen auf und benennt es mit einem klaren Wort: Es geht um mein Begräbnis. Abschiednehmen heißt wohl zuerst aussprechen, was bevorsteht. Das Geheimnis der Liebe liegt beim Abschiednehmen wohl darin, dass sie ein Zeichen hat und das Zeichen benennbar ist. Ihr Geheimnis ist nicht die stumme Geste, sondern das Aussprechen des Worts, die Klarheit, mit der sie die Liebe des anderen ehrt.

Johannes berichtet denn auch, Jesus habe mit einer langen Rede Abschied genommen und dabei zugleich von seinem Weggang und vom Kommen des Geistes gesprochen:

> Wenn ich weggehe, will ich den Vater bitten, er möge euch einen Helfer, einen Beistand schicken, der für immer bei euch bleibt: den Geist der Wahrheit.
> *Johannes 14,16*

Jesus geht. Der Geist kommt. Jesus macht gleichsam dem Geist Platz, damit das Neue geschehen kann. Er nimmt den Tod auf sich, weil er weiß, dass Gott den Geist und damit das Leben gibt, ihm selbst ebenso wie der Kirche, die auf dieser Erde entstehen soll.

> Sie feierten miteinander das Passah. Während des Essens erhob sich Jesus, legte sein Obergewand ab und band sich eine Schürze um. Dann goss er Wasser in ein Becken und fing an, seinen Jüngern die Füße zu waschen und sie mit der Schürze zu trocknen.
> *Johannes 13,4–5*

Im Abschied nimmt er noch einmal die Erinnerung an die Zeit in Galiläa auf, als er zu seinen Tischgemeinschaften einlud, um die Gerechten und die Ungerechten zusammenzuführen, und zeigt, wie denn das brüderliche Gottesvolk möglich sei: so nämlich, dass der Gerechte dem Ungerechten die Füße wäscht, dass der Stärkere sich vor dem Abhängigen beugt, dass Gott zu den Menschen kommt. Frieden und Gemeinschaft beginnen dort, wo einer, der eigentlich »oben« seinen Platz hätte, den untersten einnimmt. Liebe von unten ist nötig, nicht Liebe von oben. Nicht Liebe auf gleicher Stufe, sondern von einer Stelle aus, die tiefer ist als der Ort, an dem der Geliebte steht. Es ist ein Zeichen des Abschieds. Der Sklave aller geht und hinterlässt das Zeichen, das zwischen Liebenden fortan zu gelten hat.

An seinem Tisch allerdings sitzt auch der Mann, der die Zeichen des Abschieds nicht wahrnimmt, der festhalten will und den Abschiednehmenden dabei verliert und sich selbst dazu. Die eigentliche Tragödie der Passion ist die des Judas. Denn Judas hat nicht nur den Ort verraten, an dem Jesus sich aufhielt, sondern auch und vor allem seine Sache. Wenn wir ihn richtig verstehen, tat er es in der redlichen Absicht dessen, der treu sein will, aber selbst entscheidet, worin seine Treue bestehen wird. Er war ein Bundesgenosse Jesu mit eigener Absicht an einer Stelle, an der Jesus keinen Bundesgenossen suchte; Nibelungentreue trat an die Stelle, an der Hingabe an den Willen Jesu nötig gewesen wäre.

Judas wollte offenbar die Stunde der Erlösung herbeizwingen, indem er Jesus in die Lage brachte, sich offenbaren zu müssen und also das Reich aufzurichten. Er dachte nicht anders als Petrus, der Jesus beschwor, den Weg der Passion nicht zu gehen, nur eben dass Petrus die Gnade widerfuhr, nicht tun zu müssen, was er für richtig hielt.

Es ist einer der großen und folgenschweren Irrtümer der christlichen Geschichte, dass man in Judas nur noch den Verräter sah, ein Irrtum, dem schon die erste Gemeinde erlag. Denn wir haben Grund anzunehmen, dass Judas Jesus liebte. Er verriet ihn nicht ohne Grund mit einem Kuss. Er liebte ihn freilich auf seine eigenmächtige Weise und scheiterte.

In Judas hat die Kirche – einfach wegen des Gleichklangs – den »Juden« gesehen und darum die Juden gehasst, verfolgt und massakriert. Die Juden hatten mit ihrem Tod den Tod Jesu zu büßen. Jahrhundertelang stillten die Christen an ihnen ihr Rachebedürfnis, und selbst noch säkulare Staaten folgen diesem Instinkt. Es wird Zeit, da kein Unrecht wieder gutgemacht werden kann, es wenigstens beim Namen zu nennen.

Am Bronzeportal der Kathedrale von Benevent ist Judas dargestellt, wie er an einer Palme hängt und wie sich dem da Hängenden von oben her ein Engel nähert, ihn umarmt und küsst, ihn, der seinen Meister mit einem Kuss verriet. Das Bild will offenbar sagen: Der Tod des Judas gehört zum Tod Christi. Durch seinen Verrat kam die Passion in Gang, der wir die Erlösung verdanken. So nimmt ihn, den Verfluchten, die Gnade dennoch auf. Judas blieb einsam auf der Nachtseite der Passion und wird durch Jesus doch noch des Lichtes teilhaftig.

Die Leidensgeschichte beginnt mit der Einübung des Abschiednehmens, des Loslassens, des Platz- und Raumgebens. Sie beginnt damit, dass Jesus die Gemeinschaft derer fügt, die nach ihm seinen Weg weitergehen sollen, mit Zeichen und mit Worten, dass er seinen Platz räumt, damit das Werk des Geistes Gottes auf dieser Erde geschehen kann.

Den Willen einbringen

> Und sie kamen zu einem Gehöft mit Namen Getsemane. Dort sagte Jesus zu seinen Jüngern: Setzt euch hier! Ich will dort drüben beten. Er nahm Petrus, Jakobus und Johannes mit und fing an zu trauern und zu zagen: Meine Seele ist betrübt bis an den Tod, bleibt hier und wacht! Und er ging ein Stück weiter, warf sich auf die Erde und betete, wenn es möglich sei, so möge doch diese Stunde an ihm vorübergehen. Und er sprach: Vater, mein Vater! Alles liegt in deiner Macht, lass diesen Kelch an mir vorübergehen! Aber nicht, wie ich will, sondern wie du willst! Als er wieder zu ihnen kam, fand er sie schlafend und weckte Petrus: Simon, schläfst du? Kannst du nicht eine Stunde wachen?
> *Markus 14,32–37*

Das Passah ist ein Frühlingsfest. Bis in die Vollmondnacht hinein, mit der es zusammenhängt, wird es mit Flötenspiel, Umzügen und ausgelassener Fröhlichkeit gefeiert. Es ist aber auch die Nacht, in der der feiernde Jude wacht im Gedenken daran, dass Gott über Israel wacht, die Nacht, in der das Volk sich behütet weiß vor der Macht der Finsternis. So bittet Jesus seine Jünger, mit ihm zu wachen, aber sie schlafen, und er ist allein. Ohne sein Volk und ohne seine Freunde. Allein mit Gott und der Finsternis.

Die Passahnacht ist bis heute eine Nacht der Freude für Israel, und er, der eins ist mit seinem Volk, will sich der Erlösung mitfreuen. Er geht in sein Leiden nicht mit stummer Ergebenheit. Er will leben und wirken und wehrt sich gegen den Tod. Erst von dem Augenblick an, in dem die Kriegsknechte ihn festnehmen, wird er stiller und stiller und immer mehr eins mit seinem Auftrag.

Der Würger, der die Erstgeburt in Ägypten tötete, wie 2. Mose 11 und 12 erzählt, war Gott selbst in der Gestalt der Finsternis. Diesem Gott der Finsternis begegnet Jesus im Garten, und indem er seinen Willen in den des finsteren Gottes einbringt, erkennt er den Vater und nimmt er den Kelch der Bitternis aus seiner Hand an.

Von den Zenmeistern des Ostens lesen wir: Wenn sie ihre Stunde gekommen fühlten, luden sie ihre Schüler und Freunde ein zum geheiligten Tee. Vor aller Augen ließen sie sich dann in die große Stille, in die ihr ganzes Leben lang geübte Versenkung, das heißt in das Sterben des Ich, eingehen und kehrten diesmal einfach nicht mehr von dort zurück.

Die Zenmeister sterben lächelnd. Sie tragen ihren Mittelpunkt in sich selbst. Jesus stirbt mit Zittern und Zagen und fleht, es möge ihm dieser Kelch erspart werden. Aber Jesus trägt eben seinen Mittelpunkt nicht in sich selbst, seine Mitte liegt außerhalb seiner, im Willen Gottes. Und der Wille Gottes will nicht seine, des Jesus von Nazaret, Vollkommenheit, sondern die Erlösung all jener Menschen, die nicht lächelnd zu sterben vermögen.

> Und Jesus sprach zu denen, die ihn gefangen nahmen: Wie gegen einen Räuber seid ihr ausgezogen mit Schwertern und Spießen. Jeden Tag war ich bei euch im Tempel, und ihr habt mich nicht gegriffen. Aber dies ist eure Stunde und die Macht der Finsternis.
> *Lukas 22,52–53*

Warum eigentlich übt man den Gehorsam? Ist der selbstständige Wille eines Menschen nicht als Zeichen seiner Reife anzusehen? Der Grund liegt darin, dass dieser Wille dem Gegner, mit dem er es hier zu tun bekommt, nichts entgegenzusetzen hat. Der Macht der Finsternis gegenüber hat nur der Wille eine Chance, der in einen größeren Willen, einen stärkeren, eingebracht ist. Allein wird er ihr verfallen.

Wie aber kann ein Mensch, dem ein unbegreifliches Schicksal droht, wissen, dass er es mit dem Vater in der Maske sozusagen des finsteren Gottes zu tun hat und nicht mit der »Macht der Finsternis«? Er kann es in der Situation von Getsemane auf keine Weise, wenn er nicht zuvor auf den langen Wegen seines Lebens immer und immer wieder mit dem Vater im Gespräch war, sodass er gleichsam hört, wie der Vater spricht, dass er die Sprache des Vaters unterscheiden kann von der Sprache der Finsternis, dass er die Zeichen unterscheiden kann, die ihm der Vater gibt und die die Macht der Finsternis anzeigen. Weil Jesus auf seinen Wegen in Galiläa sich so unbedingt von seinem Vater bewahrt und geführt wusste, konnte er glauben, dass auch in der Situation von Getsemane die eigentliche Führung beim Vater lag und dass er sich dem Willen des Vaters anvertrauen konnte und musste. Vielleicht ist den äußeren Zeichen nach der Vater auf keine Weise von der Macht der Finsternis zu unterscheiden, aber dann tastet doch, wer den Vater kennt, mit dem Wort des Vertrauens nach der richtigen Hand.

Es gilt überhaupt zu sehen, dass wir weder im Guten noch im Bösen für uns allein stehen. Verbindet sich unser Wille mit dem Gottes, so geht es nicht mehr um unser Schicksal, sondern um Gottes Reich. Und das Böse, das uns zu schaffen macht, ist zunächst nie nur der böse Wille einzelner Menschen. Es wäre sonst nicht gar so aussichtslos, sich des Bösen erwehren zu wollen. Wir wehren uns doch und schaffen es nicht. Und vielleicht empfinden wir, wenn bei unserem eigenen Tun Böses herauskam, wir seien auf eine seltsame Weise in unserer Tat nicht gegenwärtig gewesen. Nicht nur, weil wir uns entschuldigen wollen – das auch –, sondern weil wir empfinden, irgendetwas anderes sei mit im Spiel gewesen. Es gibt in der Tat eine Dimension des Unheils, wie es eine Dimension des Heils gibt, und der Mensch steht hier wie dort Mächten gegenüber, die er nicht zwingen kann.

Die Frage an uns naive, aufgeklärte Kinder einer bedrohten Epoche lautet, ob es nicht außer dem »sogenannten Bösen« ein wirkliches Böses gebe, das einen eigenen Ursprung und ein eigenes Wesen hat. Wir werden uns nicht weiter scheuen dürfen, vom Dämonischen oder gar Satanischen zu reden. Nicht, weil wir Teufelsangst und Hexenaberglauben verfallen sollten, sondern weil wir der wirklichen Gefahr anders nicht begegnen werden. Wir werden in den Kampf Jesu eintreten müssen und als von ihm Befreite der Finsternis und ihrer Macht entgegentreten, wo immer sie erscheint.

Aber muss man sich den »Teufel« persönlich vorstellen? Man muss nicht, aber es legt sich nahe. Wir denken Gott als Person, wohl wissend, dass er weit mehr ist als dies. Und sich auf der Gegenseite die Macht der Finsternis mit der Bewusstheit, Willenskraft und Intelligenz einer »Person« ausgestattet zu denken, braucht nicht Aberglaube zu sein. Das Böse freilich wird über das, was wir eine Person nennen, weit hinausreichen in die anonyme Dimension, in der wir von einer »Macht« sprechen.

Jesus hat »Dämonen ausgetrieben«. Er hat aber nicht beschrieben, was ein Dämon sei. Er wusste sich gesandt, den Bann der Angst zu brechen, der die Menschen der Finsternis erst ausliefert. Er wusste sich als der »Stärkere«, der in die Burg des Starken einbricht. Er hat die Realität des Bösen behauptet. Er hat aber die Menschen seiner Macht entzogen und ihnen das Leben der »Kinder Gottes« vor Augen gestellt: das Leben der Freien.

Wir täuschen uns, fürchte ich, wenn wir meinen, was die Bibel »Finsternis« nennt, lasse sich mit ein wenig Psychologie oder Soziologie abdecken. Ist das Böse des Dritten Reiches aus der Bosheit Hitlers zu erklären, oder ist da nicht doch das dunkle Erdreich des Bösen, aus dem das einzelne Verbrechen oder ein verbrecherisches System sich erhebt? Ist der Handlanger des Bösen nicht eben doch nur der Handlanger?

Mit gut gemeinter Veränderung der Verhältnisse ist viel Gutes zu erreichen, aber nicht das Böse zu beseitigen. Es erlischt keineswegs, wenn irgendwo ein Brandherd ausgetreten ist. Es ist auch noch keineswegs geklärt, wenn man die Gründe seines Auftretens meint begriffen zu haben. Es ist nicht nach Personen einzugrenzen, nicht nach Ländern, nicht nach Systemen, nach Schichten oder Menschengruppen, und wer ihm nachgeht, befindet sich nach wenigen Schritten im verzweigten Labyrinth dessen, was wir das Menschenleben überhaupt nennen.

»Der Haufe aber, der Hauptmann und die Söldner, nahmen Jesus gefangen und fesselten ihn« *(Johannes 18,12).* Jesus wusste, dass er der Macht der Finsternis nichts entgegenzusetzen habe, es sei denn zusammen mit dem Vater. So konnte er, nachdem er seinen Willen in den des Vaters eingebracht hatte, dem Haufen entgegentreten, ohne zu widerstehen. Wehrlosigkeit ist dem, der die Macht des Bösen kennt, die einzig angemessene Weise der Abwehr, wenn sie eins ist mit dem Willen Gottes.

Sich gefangen nehmen lassen vom Willen Gottes, das will freilich geübt sein, will man der Gefahr entgehen, in die Gefangenschaft der Finsternis zu geraten. Denn auch die Finsternis will uns zumuten, auf die Durchsetzung unseres Willens aus freien Stücken zu verzichten. Auch Verführer empfehlen es uns, und Mächte aller Art fordern freiwillige Unterordnung, und es gehört gerade nach den Erfahrungen der letzten fünfzig Jahre zu den notwendigen Tugenden eines wachen Menschen, Vertrauen und Hingabe, wo sie gefordert werden, unter Umständen gerade nicht zu gewähren. Und doch verarmt ein Mensch, der nicht mehr wagt, zu vertrauen und sich hinzugeben, an seiner Seele, und vielleicht wird er unfähig, sein Schicksal anzunehmen und zu bestehen. Dem gegenüber, von dem wir zuletzt allein wirklich abhängen, sind Hingabe und Opfer des Willens sinnvoll, ja notwendig, und das Merkmal des Vaters im Unterschied zur Macht der Finsternis ist dies, dass es spürbar um unsere Freiheit geht, wo immer uns zugemutet ist, auf die Durchsetzung unseres Willens zugunsten des Willens Gottes aus freien Stücken zu verzichten.

Stehen

Das Geschick, das Jesus aus der Hand Gottes annahm, erfüllte sich durch Menschen. Die Polizeitruppe übergab ihn den Richtern, und in den wenigen Stunden einer Nacht durchlief sein Prozess fünf Instanzen: Der alte Hannas nahm eine Voruntersuchung vor. Die Hauptuntersuchung, in Gegenwart wohl der sadduzäischen Parteigänger des Hohenpriesters, war Sache des Kaiphas. Gegen Morgen versammelte sich der Hohe Rat, der das Urteil fällte: Ausstoßung aus dem jüdischen Volk. Auslieferung an die Römer. Dem folgte eine Zwischenszene vor Herodes, dem galiläischen Landesfürsten, der wegen des Fests in Jerusalem anwesend war, und schließlich, noch am Morgen, das Urteil durch Pilatus, den römischen Gouverneur: Tod durch Kreuzigung.

Durch alle Verhöre hindurch, so wird berichtet, habe Jesus geschwiegen. Er habe vor seinen Richtern gestanden, ohne sich zu verteidigen. Wer auch hätte verstehen sollen, was für Jesus hinter der Kulisse dieses Prozesses wirklich vorging? Und gab es überhaupt eine Sprache, in der man hätte das Recht formulieren können?

Als er beschuldigt wurde, gesagt zu haben, er werde den Tempel niederreißen, gab er keine Antwort. Vielleicht handelte es sich um ein Missverständnis. Vielleicht hat er auch tatsächlich geäußert, dieser Tempel sei wert, abgerissen zu werden. Aber er bestätigt die Anklage nicht. Er wehrt sie nicht ab. Er klärt kein Missverständnis. Als der Hohepriester ihn unter Eid stellt und ihn »beim lebendigen Gott« fragt, ob er der Messias sei, antwortet Jesus: Ihr werdet den Menschensohn (nicht den Messias!) sehen! Als Herodes ihn »mit vielen Worten« ausfragt, antwortet er mit keinem Wort. Als er vor Pilatus angeklagt wird, er habe zur Verweigerung der Steuer aufgerufen, antwortet Jesus wieder nicht, und Pilatus wundert sich, dass der Angeklagte keinen Versuch unternimmt, sich zu retten.

So kam es zum ersten Urteilsspruch: Ausstoßung. Vielleicht hatte Kaiphas das große Passahmotiv im Ohr: Du sollst allen Sauerteig, das heißt alles Böse, aus dem heiligen Volk ausräumen! Denn wenn Kaiphas verstanden haben sollte, worauf es Jesus letztlich ankam, dann lag hier der Gegensatz zwischen ihm und dem Galiläer, der ja eben von dem »reinen Gottesvolk« nichts hielt und gerade den »Sauerteig«, die Gesetzlosen, in das brüderliche Volk einbezog. Aber dieses entscheidende Thema greift Jesus nicht auf.

Danach folgte das zweite Urteil: Kreuzigung wegen Aufruhrs und Majestätsbeleidigung gemäß dem geltenden Recht, der Lex Julia. Hier wäre zu klären gewesen, in welchem Sinne denn Jesus sich als König bezeichnete, was denn Wahrheit sei und wie sie sich zur Macht verhalte, worin denn ein Königtum bestehen könne, das der Wahrheit verpflichtet sei; aber in wenigen Sätzen nur stellt Jesus den Abstand fest zwischen dem Römer und ihm. Danach folgt nur noch das Urteil.

Sichtbar ist immer wieder nur das eine: Jesus steht da, unbeugsam und dem Unvermeidlichen zugewandt. Der Jesus, der im Garten auf die Erde fiel, den sie im Hof der Festung zusammenschlugen und den sie zuletzt ins Grab legten, steht. Wenige Monate später steht Stephanus vor demselben Hohen Rat und ruft aus: »Ich sehe den Menschensohn stehen zur Rechten Gottes!« Alles, was über die Würde des Menschen ausgesagt werden kann, erscheint ihm, unendlich erhoben, in diesem Stehen des Christus. Stephanus stand vor seinen Richtern mit der Zuversicht: So werden wir alle stehen, wir Zusammengeschlagenen, wir Niedergetretenen, wir auf den Schindanger der menschlichen Gerechtigkeit Weggeworfenen, gerettet, frei, unbedroht! Und die Richter ließen ihn steinigen.

Erlösung des Menschen heißt Erlösung zu einem freien, klaren, bewussten Stehen, und dies gerade, weil ihm das Trotten, das Rennen und Fallen, das Stolpern und Herumliegen so viel näher liegen als das Stehen. Ich weiß nicht mehr, wo ich es sah: Ein Aquarell, das einen Mann am Meer zeigte. Vor einem unendlichen Horizont stand er einsam am Strand. Das Ufer, die Wasserfläche, die Wolken schmal übereinandergeschichtet und nur eine einzige senkrechte Linie: der kleine Mensch im Vordergrund. Er fiel kaum auf. Er hatte dem unendlichen Raum, seiner Weite und Beständigkeit nichts entgegenzusetzen. Aber dass er da stand, veränderte das Bild.

Die Bibel redet an vielen Stellen von Menschen, die stehen oder eben nicht stehen können. »Wie Spreu, die der Wind verweht, so sind die Gottlosen«, sie »stürzen in die Grube«, sie liegen herum, sie stehen gebeugt, sie stehen gebückt vor den Mächtigen. Nicht so der, der in Gott gründet. »Er ist wie ein Baum.« Er steht. Er bleibt.

Seid wach, sagt Jesus gegen Ende seiner öffentlichen Tätigkeit, seid bereit, zu »stehen vor des Menschen Sohn«. Die Offenbarung des Johannes sagt dasselbe von den Toten: »Ich sah die Toten stehen vor Gott.« Alles Sich-Verbergen, Sich-Ducken, Sich-Krümmen ist zu Ende. Die Toten sind am Ziel, und das Ziel ist das verantwortliche, klare, unverborgene Stehen dessen, der seinen Richter erkennt oder der endgültig in der Freiheit ist.

Das Stehen Jesu vor seinen Richtern ist eine lebenslange Einübung wert. Es ist nicht nur der »aufrechte Gang«, den die Menschen nach Bert Brecht lernen sollen, es ist mehr, denn dieses Stehen bezieht immer das große Du ein, dem wir über alle unsere irdischen Machthaber und Richter hinaus in Wahrheit gegenüberstehen. Es ist die Haltung, in der ein Mensch sein Geschick annimmt und »zu ihm steht«, wissend, dass der Gott, der es ihm zumisst, sein Heil, seine Freiheit, seine Erlösung will.

Schmerz empfinden

Nachdem sie ihn ergriffen hatten, führten sie ihn ab und brachten ihn in das Haus des Hohenpriesters. Petrus aber folgte von ferne … Da sah ihn eine Magd beim Feuer sitzen, sah ihn an und sagte: Auch der gehört zu ihm! Er aber verleugnete ihn und sprach: Weib, ich kenne ihn nicht! Und während er noch redete, krähte der Hahn.
Und der Herr wandte sich um und blickte Petrus an. Da erinnerte sich Petrus an das Wort des Herrn: Ehe heute der Hahn kräht, wirst du mich dreimal verleugnen. Und er ging hinaus und weinte bitterlich.
Lukas 22,54–62

Die Bilder von »Licht« und »Finsternis« durchziehen die ganze Passionsgeschichte. »Als Judas den Bissen genommen hatte, ging er hinaus; und es war Nacht.« »Dies ist eure Stunde und die Macht der Finsternis.« »Und die Sonne verlor ihren Schein.«

Der das Licht ist, gerät in die Macht der Finsternis. Die die »Lichter der Welt« sein sollen, ducken sich in den Schatten, und Petrus, der sich zu ihm als dem Licht bekannt hatte, drückt sich ins Zwielicht, in dem er sich nicht zu offenbaren braucht, nicht zu antworten gezwungen ist, sich keiner Gegenfrage aussetzt.

Ein altes jüdisches Morgengebet lautet:

Gelobt seist du, Herr, unser Gott, König der Welt,
der dem Hahn die Vernunft verlieh,
zu unterscheiden zwischen Tag und Nacht.

Ebendiese Botschaft hat der Hahn dem Jünger zu bringen. Der Hahn muss den Mann aus dem Dämmer reißen und ihm die Stunde anzeigen, die geschlagen hat. Und Petrus ging hinaus und weinte bitterlich.

Der Rang eines Menschen ist an dem zu erkennen, worüber er Schmerz empfindet. Die Erfahrung des fruchtbaren, des sinnvollen Schmerzes liegt aber dort, wo das Licht und die Finsternis sich treffen, wo die Finsternis das Licht löscht oder das Licht sich losreißt von der Finsternis. So trägt Jesus nicht Leid über sein Schicksal, nicht über das Unrecht, das ihm widerfährt, sondern über den Mann, der nicht unterscheiden kann zwischen Licht und Finsternis. Und Petrus empfindet Schmerz über das, was in ihm noch immer möglich ist. Der Schmerz Jesu und der Schmerz des Jüngers sind der Grund, warum Petrus seinen Auftrag, Hirte der Gemeinde zu sein, nicht verliert. Der Schmerz Jesu über den, der berufen war, ein Licht zu sein, und sich ins Dämmer zurückzog, ist ein Zeichen des erneuten Rufs zur Sache, ein Zeichen der Erwählung.

Schmerz empfinden – das ist uns heutigen Menschen ein Übel, das es zu vermeiden gilt. Die anstrengende Ehe wird schnell getrennt, ehe es zur Erkenntnis der Gründe kommt, und das heißt zum Schmerz eines Menschen über sich selbst; die Kinder lösen sich Zug um Zug aus den Verpflichtungen des Elternhauses, ehe das Elternhaus zur Last wird; Todesfälle ziehen keine langen Trauerzeiten nach sich; die Lebensuntüchtigen werden in abgeschlossenen Häusern von anderen Leuten versorgt. Man vermeidet dabei allerdings nicht nur das Leid und den Schmerz, sondern auch die Erfahrung der Höhe und der Tiefe des Daseins; man vermeidet alles, was mehr zu sein droht als schmerzlose Langeweile.

Man vermeidet dabei auch die Begegnung mit dem, was wir das Gewissen nennen, die Höhe und Tiefe des eigenen Wesens, des eigenen Tuns und Verschuldens. Man ebnet, was man das Gewissen nennt, allenfalls auf das sogenannte »gute« und das sogenannte »schlechte« Gewissen ein. Aber Petrus hat nicht ein »schlechtes Gewissen«, er empfindet vielmehr Schmerz über sich selbst. Er empfindet die Ferne, in die er plötzlich Christus gegenüber gerückt ist, und nicht nur Christus, sondern ebenso sich selbst gegenüber. Und Petrus hat, als ihm Christus ein paar Tage später als der Lebendige begegnet und ihn aufs Neue beauftragt, nicht ein »gutes Gewissen«, sondern er ist getröstet.

Das Schuldbewusstsein des Christen kennt weder das gute noch das schlechte Gewissen. Ein gutes oder schlechtes Gewissen mag für Menschen ausreichen, die sich an Vorschriften, Autoritäten, Überlieferungen und Zwängen orientieren. Ein Christ kennt aber den Schmerz und den Trost. Er erfährt den Schmerz, wo er sich selbst verliert und die Nähe Gottes ihm entgleitet, und findet den Trost, wo er sich trotz allem aufgefangen und bejaht weiß.

»Es gibt kein ganzeres Ding als ein zerbrochenes Herz«, sagt ein alter Rabbinerspruch. Denn das »zerbrochene Herz«, das Schmerz empfindende, unterscheidet sich von der Hellsichtigkeit eines erfahrenen Menschen wie Nestroy, der gesagt hat: »Ich glaube von jedem Menschen das Schlechteste, selbst von mir, und ich habe mich noch selten getäuscht«, weil es weiß: Dies ist gerade nicht das Letzte, das über den Menschen zu sagen ist. Dies ist nicht das Urteil, unter dem wir zuletzt zu stehen hätten und das wir demnach aus unserem Bewusstsein verdrängen müssten.

Judas und Petrus waren einander, wie schon gesagt, ähnlicher, als wir meinen, die wir Petrus für den Mann des Glaubens und Judas für den Mann des Verrats halten. Ihre Ähnlichkeit berührt vielmehr das tiefste Rätsel, das uns Menschen überhaupt auferlegt ist, das Rätsel nämlich, warum der eine einen anderen Weg gehen darf oder muss als der andere, warum es für Petrus noch einmal einen Anfang gab, als Judas bereits am Baum hing. Das Geheimnis ist auch einem Christen undurchdringlich: das Geheimnis des göttlichen Willens, nach dem ein Mensch gesegnet oder verflucht ist, gerettet oder verlassen, aufgefangen oder wegstürzend. Es gibt keine Erklärungen, und auch Jesus hat keine gegeben. Er sagt nur: »Geht euren Weg im Licht, damit euch die Finsternis nicht überfällt!« Und er bittet für uns: »Ich bitte nicht, dass du sie aus der Welt nehmest, sondern dass du sie bewahrest vor dem Bösen.«

Mehr an Erklärung ist nicht da. Nur die Ermutigung, zu glauben, dass auch für die Finsternis in uns selbst Licht genug da sein wird, um uns selbst in Licht zu verwandeln.

Sich verwunden lassen

Und die Männer, die ihn festhielten, verspotteten und schlugen ihn, verdeckten ihm das Gesicht und lärmten: Sprich deinen Prophetenspruch! Wer ist es, der dich schlug?
Lukas 22,63

Die Kriegsknechte führten ihn in die Burg und riefen die ganze Truppe zusammen. Sie legten ihm einen Purpur an, flochten eine Dornenkrone, setzten sie ihm auf und grüßten ihn: Heil dir! Du Judenkönig! Sie schlugen ihm mit einem Rohr aufs Haupt, spien ihn an, fielen auf die Knie und huldigten ihm.
Markus 15,16

Und Pilatus führte Jesus wieder heraus auf die Plattform vor das Volk, und Jesus trug eine Dornenkrone und ein Purpurkleid. Und Pilatus sprach: Seht den Menschen.
Johannes 19,5

Du bist doch ein Prophet! So schallt es im Kreis der Gerichtsdiener. Und der nächste Faustschlag durch das Tuch. Und Gelächter: Wer war's? Du bist doch ein Prophet!

Du bist doch ein König! So röhrt es aus den Kehlen römischer Legionäre. Dornen um den Kopf, und mit dem Rohr drauf. Und Gelächter: Du bist doch ein König! Sie werfen ihm den roten Offiziersmantel um, wie sie zu tun pflegen, wenn sie ihren Feldherrn zum Kaiser ausrufen.

Erst die Geißelung mit der neunschwänzigen Katze, unter der ein gut Teil verurteilter Todeskandidaten, denen das Kreuz bevorstand, schon vorzeitig starb, und dann die Ausstellung vor dem lärmenden Volk: Seht den Menschen! Und die Antwort: Kreuzige ihn! Pilatus dürfte das »Seht den Menschen!« kaum mit Hochachtung in der Stimme gesagt haben. Für ihn war Jesus einer von vielen aus diesem verächtlichen Volk. Mochten sich die Priester noch so leidenschaftlich von ihm absetzen, in seinen Augen gehörten sie zusammen, diese Juden und ihr lächerlicher König.

Längst ehe er nach Jerusalem ging, hatte Jesus selbst das Muster beschrieben, nach dem hier verfahren wurde: »Er wird an die Römer ausgeliefert, verspottet, beschimpft, angespuckt, gegeißelt und getötet« *(Lukas 18,32)*. Spott – Beschimpfung – Bespeiung – Geißelung – Tötung. Das ist exakt das Muster, nach dem damals wie heute eine Gruppe, ein Volk, eine Masse sich eines ihrer Glieder entledigt.

Es beginnt harmlos mit dem Spott. Spott nimmt der Größe eines Menschen noch nicht viel. Man schiebt ihn von sich weg, man will nicht mehr mit ihm verwechselt werden, man trennt ihn ab. Man spottet.

Beschimpfung ist mehr. Sie ist Anklage, sie will Bestrafung, Befriedigung eines Rachebedürfnisses. Man vereinfacht, man gebraucht Hieb-, Stich- und Schlagworte, um zu zeigen: Der ist ein Verbrecher, ein Volksschädling, ein Klassenfeind, ein Ketzer. Man sucht nach dem inneren Recht, ihn ausstoßen zu können. Man fordert ihn zur Verteidigung heraus, um danach jede seiner Antworten niederzuschreien und desto sicherer zu wissen: Was immer wir mit ihm tun werden, er hat es verdient!

Ein Schritt weiter: Man spuckt ihn an. Das ist eine sehr alte Geste. Sie drückt aus, dass es dem übel werden muss, der so viel Niedertracht und Schlechtigkeit an einem Menschen sehen muss, man übergibt sich sozusagen symbolisch und bedeckt den Feind mit Auswurf. Der Erfolg gibt dem Rezept recht: Der Feind ist danach tatsächlich so ekelerregend anzusehen, dass ein anständiger Mensch das Recht hat, ja die Pflicht, ihn wie Schmutz zu behandeln.

Das verächtliche, unsaubere Objekt des gemeinsamen Hasses fordert danach zum tätlichen Angriff heraus. Damit der in geordneten Bahnen verläuft und doch die Gruppe sich austoben darf, erfindet man Rituale des gemeinsamen Angriffs, das Spießrutenlaufen oder die Geißelung. Man bindet den Feind in aller geordneten Form an der Säule fest und schlägt ihn zusammen.

Am Ende bleibt nur noch die Tötung. Der Gehasste muss gänzlich verschwinden, endgültig, und damit die letzte Unsicherheit beruhigt wird, auf korrekte, auf sichtbar gerechte Weise: durch ein Urteil und eine Hinrichtung. Es muss alles seine Ordnung haben, und man muss am Ende sagen können: Es ging alles mit rechten Dingen zu. Denn am Ende muss man gerechtfertigt zurückkehren dürfen zu seiner Hantierung und sagen: Nun sind wir wieder die, die wir waren, ehe der Feind auftrat, eine anständige Gruppe, ein sauberer Staat, eine reine Kirche.

Das Muster wird nicht immer voll durchgespielt, aber Verleumdung, Spott, Schimpf, Verstoßung werden doch von unzähligen Menschen auf bitterste Weise erfahren, Erniedrigung, Verwundung, Vereinsamung, Tod. Und das gerade in einem Land, das von der Illusion der Leidlosigkeit lebt, von der Illusion vom anerkannten, erfolgreichen, starken, in der Gesellschaft beheimateten Menschen. Der »richtige« Mensch ist der angepasste, der leichter mitspottet als verspottet wird, der leichter spuckt als bespuckt wird, lieber zuschlägt als leidet, ein heiles Glied einer gesunden Gruppe, getragen von ihrer Macht und vom Gerede in ihr.

Der richtige Mensch ist der Mensch ohne seelische Störung, ohne Neurose, ohne Tick und ohne Angst. So gibt es Menschen, die seelisch gesund bleiben bei schwerem Schicksal, weil es ihnen gelingt, ihr Leiden am Leben oder an sich selbst auf Gott zu übertragen, also Gott zu hassen, statt sich selbst zu prüfen, Gott anzuklagen, statt sich selbst Rechenschaft zu geben, und allerlei Störungen des seelischen Gleichgewichts in der Form von Neurosen an die Kinder weiterzureichen. Es gibt eine Gesundheit, die etwas Dämonisches an sich hat, teuer, sehr teuer erkauft um den Preis, dass alle Wahrheit aus dem Leben ohne Rückstand verschwindet.

> Der Herr hat mir das Ohr geöffnet. Ich bin nicht ungehorsam und weiche nicht zurück, sagt der Gottesknecht des Jesajabuchs. Ich bot meinen Rücken denen, die mich schlugen, die Wange denen, die mich rauften. Mein Angesicht verbarg ich nicht vor Schimpf und Speichel.
> *Jesaja 50,5*

> Ausgestoßen war er, von Menschen gemieden, ein Mann der Schmerzen, vertraut mit Krankheit, so verachtet, dass man das Antlitz vor ihm verbarg. Aber das ist wahr: Er trug unsere Krankheit und lud unsere Schmerzen auf sich … Er

wurde durchbohrt um unserer Untreue willen, zerschlagen zur Sühne für unsere Verbrechen. Die Strafe liegt auf ihm, damit wir Frieden hätten, und durch seine Wunden sind wir geheilt.
Jesaja 53,3–5

Der Einzelne, der Einsame, auf den Krankheit, Anklage, Vorwurf, Verbrechen übertragen werden, trägt, wie es in jenem Wort des Jesaja heißt, das Jesus auf sich bezog, ihrer aller Krankheit und Verbrechen und ist dabei im Grunde der Einzige, der das Menschliche repräsentiert, der es rettet.

So ist die »Gesundheit der Seele« manchmal die Krankheit, von der ein Mensch erst gesunden müsste, um ein Mensch zu werden. Siegfried, der unverwundbare, wäre keine menschliche Gestalt ohne das Lindenblatt an seiner Schulter, so wenig wie Achilles ohne die Ferse. Die verletzliche Stelle wird häufig sichtbar in der Schwermut, und die Schwermut kann, wenn sie sich nicht einschließt in einen erstarrenden Menschen, eine tiefe Einsicht in das Wesen und die Bestimmung des Menschen eröffnen. In dem Maße, wie wir begreifen, wie verletzlich, wie auf Verwundung, Vereinsamung und Tod hin wir Menschen angelegt sind, könnten wir Menschen werden, deren Bestimmung sich erfüllt. Wir könnten die Frage nach dem Sinn mit der Aussicht auf eine Antwort stellen. Wir könnten in der Trauer, die ein Tor zur Weisheit ist, Barmherzigkeit aufbringen für die Ohnmacht und Verletzlichkeit des anderen. Wir könnten an unseren Grenzen haltmachen vor der unendlichen Menge ungelöster Fragen, ehrfürchtig und schweren Herzens.

In der Schwermut kann ein Mensch versteinern oder zur äußersten Lebendigkeit durchstoßen, sodass er beginnt, das Undenkbare zu denken, nach dem Unbegreiflichen zu greifen und die Paradoxie zu sehen, die darin besteht, dass der Durchbruch nur dem gelingt, der sich nicht durchsetzt.

Der Glaubende ist nicht freier als andere vom Leid um den Menschen, der er sein möchte, und er ist wie andere in der Wurzel getroffen durch das Wissen um die Ungestalt, in der er am Ende zugrunde gehen wird. Aber er ist davor bewahrt, im Leid zu versteinern. Er ist nicht darauf angewiesen, sein Leid anderen in Form von Anklagen entgegenzuschleudern. Das Bild des geschlagenen Christus vor Augen weiß er, dass Gott mehr bereit hat als die Verwesung der Gedanken, der Erfahrungen und Taten eines Lebens. Er weiß, dass eine Kraft da ist, wo die seine endet. Ein Wort, wo er selbst verstummt. Ein Du, wo er vereinsamt. Ein Leben, wo der Tod gähnt.

Vielleicht wird ihm dabei sogar die Gnade zuteil, die Grenze zwischen dem eigenen und dem fremden Leiden zu überschreiten und das Leiden des anderen zu seinem eigenen zu machen und zu wissen: Indem ich mich verwunden lasse vom Leiden eines anderen, bin ich ein Nachfolger jenes Jesus Christus, der die Krankheit aller trug, Sünde, Leid und Angst aller. Ich stehe in der Nachfolge dessen, den Pilatus hinausschickt zu dem Volk, das seinen Hass auf ihn übertragen hat, und den er als »Menschen« bezeichnet, wohl kaum wissend, was für ein Wort da über seine Lippen ging.

Das Kreuz des anderen aufnehmen

Ein Mann kommt vom Feld. Es ist Zeit, zu Hause alles für das Fest herzurichten. Er kommt, festlich gestimmt, um sein Haus zu schmücken und zu ordnen und mit den Seinen das Passah zu begehen, das Fest der Freude und der Dankbarkeit. Ihm entgegen drängt sich durch das Tor ein Zug von Soldaten, Klageweiber rechts und links, ein Verurteilter mit den frischen Spuren der Geißel, der den Querbalken trägt, an dem sie ihn zum bereitstehenden Stamm hinaufziehen werden. Er will zur Seite treten, da packt ihn einer von den Legionären: Auf! Du Jude! Nimm den Balken! Offenbar kann der Verurteilte nicht mehr. Der Mann will vielleicht sagen: Was geht mich das an? Da hat er schon den Balken in der Hand und wird vorwärtsgestoßen.

Das alles passt nicht in seine Gedanken, nicht in seine Pläne und nicht in seine Stimmung. Aber er muss. Er trägt dem fremden Menschen das Holz. Er begegnet auf dem Weg zum Fest der grauenvollen Realität. Er will zum Fest der Erlösung, und er ist plötzlich auf dem Weg hinaus zur Schädelstätte und dabei auf dem Weg zur wirklichen Erlösung.

Simon von Kyrene ist der Erste, der wörtlich tut, was Jesus meint, wenn er vom »Tragen des Kreuzes« spricht. Hundert Meter – weiter ist es nicht vom Gartentor bis Golgatha – trägt er, gezwungen, das Kreuz dessen, der es freiwillig aufgenommen hatte. Warum sage ich: gezwungen? Es steht nichts davon da. Weil ich es unnatürlich fände, hätte er sich nicht gesträubt. Der Wunsch, eigenes Leiden zu vermeiden, ist zu fest verwurzelt in uns Menschen, und der Widerwille, mit dem Leidenden in Beziehung zu treten, mit dem Leid anderer in Berührung zu kommen, ebenso. Das Bedürfnis, Augen, Mund und Ohren zu schließen, wo das Leid auf der Straße vorüberzieht, ist zu natürlich. Es bedeutet aber, dass man sich in einer Scheinwelt einrichten möchte, in der das Leid nicht vorkommt, und dass man an der Wirklichkeit vorbeilebt, die doch so nahe ist wie der nächste Mensch, der an uns vorbeigeht.

Aber warum trifft es gerade Simon? Es stehen doch so viele herum. Warum ist es gerade uns zugemutet, einem Leidenden der Nächste zu sein, irgendjemandem, der geht, wohin er nicht will, wenigstens die Last leichter zu machen? Wenn es Simon gelingt, die Rolle zu erkennen, die ihm zugemutet ist, hat er seine Freiheit wieder, auch wo ein römischer Soldat ihn im Griff hat.

Wir brauchen nicht verstanden zu haben, »warum das jetzt sein muss« oder »warum das mir?«. Wir müssen nur sehen, dass der andere, dessen Kreuz wir gezwungenermaßen mitzutragen haben, Christus ist und dass es einen wichtigeren, einen für uns selbst heilvolleren Weg nicht gibt. Die Frage nach dem Warum löst sich der zugreifenden Güte und der tragenden Geduld von selbst. Das Wort, das das Neue Testament für »Geduld« gebraucht, heißt wörtlich »das Darunterbleiben«. Im Ja zum geduldigen Darunterbleiben, in der tragenden Güte liegt das Vertrauen, das noch im Zwang standhält.

Mitgehen, sinnlose Zumutungen annehmen, das Schicksal eines anderen wahrnehmen und mittragen, das ist das Grundmuster, das Simon von Kyrene zuerst vorgezeichnet hat, oder besser: das er unbewusst dem nachgezeichnet hat, dessen Kreuz er trug. Freilich: Simon von Kyrene legte wenige Minuten später den Kreuzbalken nieder und begab sich auf den Heimweg. Von ihm war nur die Hingabe eines Augenblicks gefordert, nicht das lange, das endgültige, das zum Tode führende Leiden, und wir sollten, wo Gott dieses letzte Leiden nicht fordert, es auch nicht von einem anderen fordern. Man hat aus der Rolle des Simon von Kyrene eine christliche Zumutung hergeleitet, die von bestimmten Menschen, die zum Opfer bereit sind, fordert, dieses Opfer müsse ein Leben lang, Tag um Tag, gebracht werden, als wäre es ein Gesetz, unter das Menschen andere zwingen dürften.

Aber das Opfer des Simon nahm ihm die Freiheit nicht, nach Hause zu gehen und dort ein Fest zu feiern. Er wurde nicht, im Hauptberuf sozusagen, der Kreuzträger der zum Tode Verurteilten von Jerusalem. Aber in dieser Stunde traf ihn das Los. In dieser Stunde griff er zu, und der Sinn seines Zugreifens war begrenzt auf diese Stunde. Gott will, dass wir zugreifen, wenn wir gerufen sind, aber er will nicht, dass wir zugrunde gehen unter dem unbarmherzigen Gesetz eines Opfers, das Menschen uns um eigener Zwecke willen auferlegen.

Das Kreuz als Zeichen

> Und als sie an den Platz kamen, den man den Schädel nannte, kreuzigten sie ihn und die beiden Verbrecher, den einen zu seiner Rechten, den anderen zu seiner Linken.
> *Lukas 23,33*

Man befestigte die Hände an dem Querbalken, den die Verurteilten hergetragen hatten, setzte den auf einen dastehenden Pfahl und nagelte die Füße an den Pfahl. Es war die grausamste Todesart, die die Antike kannte, für Sklaven erfunden, zur Sicherung des römischen Weltreichs gegen Aufständische angewandt, ein Symbol der Barbarei und der Menschenverachtung. Der Tod trat dadurch ein, dass nach langen Stunden, bei vielen erst nach Tagen, Krämpfe die einzelnen Organe befielen. Die Schmerzen müssen unermesslich gewesen sein, Durst und Atemnot kamen hinzu, und da die Gequälten von der Geißelung her am ganzen Körper aus Wunden und Striemen bluteten, fraßen Insekten und Vögel sie halb auf, während sie noch lebten. Am Ende brach man ihnen die Knochen, um sie unfähig zu machen, sich aufzubäumen, sodass die Atmung früher aussetzte.

Das Zeichen des Kreuzes, in die Welt gestellt von einer auf das Letzte an Qual und Erniedrigung gerichteten Henkerphantasie, verwandelte sich durch den Tod Jesu in das mystische Zeichen hingebender, sich opfernder Liebe, welche die Erlösung der Gebundenen und Gequälten sucht und dafür auch den Tod – diesen Tod – nicht verweigert. Dass die Christenheit sich dieses Zeichen seit zweitausend Jahren vor Augen hält, hängt nicht mit irgendeinem selbstquälerischen Bedürfnis nach Leiden zusammen, sondern mit der Erfahrung, die ihr durch Christus und nach ihm zuteil wurde, dass ein Mensch nirgends so frei ist, so stark und so zur Liebe fähig wie dort, wo er das tödliche Leiden ohne Hass durchsteht.

Dass die Christenheit sich dieses Zeichen vor Augen hält, bedeutet auch nicht, dass sie Ergebung um jeden Preis lehrte. Im Gegenteil, Gott lieben heißt gerade nicht, alles hinnehmen, wie es ist und wie es kommt. Gott lieben heißt Leiden fruchtbar machen, damit das Leiden mehr bedacht und die Liebe in der Welt verstärkt wird, es heißt Leiden von den Menschen abwehren und die Welt verändern mit dem Ziel, Leidende vom Leid zu erlösen.

> Die Kriegsknechte aber nahmen seine Kleider und machten vier Teile, jedem Kriegsknecht ein Teil, dazu den Rock. Der Rock aber war ungenäht, von oben an durch und durch gewirkt.
> *Johannes 19,23*

Der Hingerichtete hing nackt am Kreuz. Frauen zum Holz gewendet, Männer zum Beschauer. Festgenagelt, ausgesetzt den Blicken, dem Geschrei, dem Spott. Sich verhüllen dürfen, sein Elend nicht zeigen müssen, ist von einer bestimmten Schwelle des Leides an schon Gnade, aber der Gekreuzigte stirbt nackt. Erst Joseph von Arimathia und die Frauen hüllten den Toten in ein leinenes Tuch und wälzten einen Stein, deckend und schützend, vor das Grab.

»Jesus aber sprach: Vater, vergib ihnen, sie wissen nicht, was sie tun!« *(Lukas 23,34)*. Die Bitte für die Henker offenbart die Unfähigkeit des sterbenden Jesus, in Gottes Namen selbst zu handeln. In den Jahren vorher hatte er unmittelbar vergeben. Er selbst. In dieser Stunde bleibt ihm nur die Bitte an den Vater, er möge denen, die ihn in dieses Feuer des Leidens hineinstoßen, vergeben. Es ist eine hilflose, eine gebundene Liebe, und sie ist die eigentlich versöhnende Kraft. Im Erleiden des Hasses hebt sie den Hass auf.

Versöhnung

Was aber will das Wort sagen: »versöhnende Kraft«? Wer muss mit wem versöhnt werden? Gibt es für das Kreuz Christi eine Deutung, die in unserem menschlichen Munde glaubwürdig wäre und die wir verstünden?

Fällt es nicht auf, dass von allem Anfang an, seit den ersten Briefen, die in den ersten Gemeinden hin- und hergingen, an dieser entscheidend wichtigen Stelle statt klarer Worte seltsame, altertümliche Bilder stehen, Symbole und Chiffren, und dass das Reden auch eines Mannes vom Range des Apostels Paulus an dieser Stelle umschlägt in ein Gestammel, das mehr Fragen auslöst, als es Antworten gibt? Und bleibt uns denn angesichts der Mühen, mit denen klügere Leute als wir seit zweitausend Jahren auszudeuten suchen, was am Karfreitag geschah, anderes als eben die alten Formeln zu wiederholen? Erlösung durch das Blut. Versöhnung durch den Tod. Stellvertretung. Zorn Gottes. Opfer.

Aber es geht ja nicht um Worte. Es geht um Leben und Tod, um Liebe und Verschulden, um Sterben und Auferstehen. Und wenn dies alles mehr ist als eine Kette von Phrasen, dann muss es möglich sein, wenigstens in Andeutungen zu zeigen, wo es seine Mitte und seinen Sinn hat. Ein paar Schritte weit muss der Weg ins Geheimnis hinein gangbar sein.

> »Wir sind wie mit Nägeln festgebannt«, schreibt Simone Weil, »nur die Blicke sind frei. Man muss nur wissen, dass die Liebe eine Richtung und nicht ein Zustand der Seele ist. Nur Gott ist fähig, Gott zu lieben. Wir können nur unsere Einwilligung geben, damit diese Liebe ungehindert durch unsere Seele hindurchgehen kann. Nur dieser Einwilligung wegen sind wir erschaffen.«

»Wie mit Nägeln festgebannt.« In einer Kirche wurde ein Buch ausgelegt, in das die Besucher ihre eigenen Gebete schreiben konnten. Eines Tages fand sich unter vielen anderen Notizen das Gebet einer Französin mit ihrer vollen Pariser Adresse: »O Herr der Güte, des Lebens! Du hast mich einmal gerettet aus dem Dunkel des Gestapogefängnisses Orleans. So hilf der armen Seele, meinem Mann, der in Auschwitz liegt. Ich kann nicht vergessen. Nicht vergeben. Amen.«

Im Leid kann es geschehen, dass alle Liebe stirbt, alle Güte und Wärme des Herzens, und in diesem Tod der Liebe sinkt das Leiden ab auf seine eigentliche Sohle. Nur die Liebe wäre es, die einen Menschen aus der Tiefe der zugrunde gegangenen Liebeskraft heraufzuholen vermöchte und ihn mit seinem Geschick zu versöhnen, mit sich selbst, mit dem Gott, der ihn dorthin geführt hatte. Von dem Leiden, dass ein Mensch auf sich selbst und auf die Leere in ihm festgelegt ist, wie »mit Nägeln festgebannt«, befreit nur eine Liebe, die dieses Geschick teilt. Der Liebende, der die Liebe der Leidenden wieder zum Leben heraufruft, ist der Gekreuzigte.

Es ist kein Zeichen von Bosheit, wenn jemand sich hier weigert, weiterzugehen. Nirgends sind wir so empfindlich allen Erklärungen gegenüber wie dort, wo es um das Leiden und um die Liebe geht, und wir haben ja gerade durch Christus gelernt, an dieser Stelle empfindlich zu sein. Nirgends liegt der Verdacht so nahe wie hier, es handle sich um Falschmünzerei. Und es ist viel besser, angesichts des Todes Jesu nur ein paar anfängliche Gedanken von Hingabe und Opferbereitschaft zu fassen, als das Ganze mit allen seinen schweren und dunklen Hinter- und Untergründen bejahen zu wollen und dem eigenen Glauben dabei doch nicht zu trauen. Und was immer Jesus Christus uns bedeuten mag, wir tun gut daran, anzunehmen, dass der Sinn seines Sterbens und seine Absicht immer noch weiter und tiefer reichen als das, was uns begreiflich geworden ist. Die Bilder, die Symbole, die Vergleiche, die wir einander zeigen können, sind immer nur Anfänge, und das Geheimnis, um das es hier geht, werden wir vermutlich in diesem Leben nicht ausloten.

Aber Bilder sind zeigbar. Etwa dieses: Die Schöpfungsgeschichte erzählt, Gott habe den Menschen zu seinem Gegenüber erschaffen, aus dem Nichts, in welchem allein er, Gott, war. Aber, so berichtet die Geschichte weiter, dieser Mensch, dem bestimmt war, in Rede und Antwort, liebend und verantwortlich vor Gott zu leben, wendet sich ab. Er verstummt. Er stürzt wieder auf das Nichts zu, und zwar nicht auf das reine, klare Nichts, das vor der Schöpfung war, sondern, so können wir die Geschichte deuten, auf ein böses, finsteres Nichts, das in Schuld besteht, in Leere, in Sinnlosigkeit. Und wenn dabei die Geschichte beginnt, die Geschichte des Menschen, seiner Kultur, seiner Gesittung, seines Geistes, dann ist doch diese ganze Bewegung eine Wegkehr, eine Abkehr des Menschen zu sich selbst hin. Sieht aber der Mensch, so sagt die Bibel, nur noch sich selbst, nur noch die Verwirklichung seines eigenen Wesens, dann bleibt er isoliert auf sich selbst in einer leeren Welt. Er läuft nur noch weg, auf der Suche nach sich selbst, in die Wüste, in die Düne, wie das Schaf, von dem Jesus erzählt, in den bloßen, banalen Kampf ums Überleben in der Einöde. Und die Verzierungen, die seine Kultur um diesen Kampf her legt, trösten ihn im Grunde nicht.

Diesem Menschen, so führt Jesus das Bild fort, geht Gott nach wie der Hirte, der das Tier sucht, er geht ihm nach durch die Landschaft, in der er sein abgewandtes Dasein führt, die Landschaft seines eigensüchtigen, brutalen, Gerechtigkeit, Güte und Erbarmen zerredenden Menschenlebens, die Landschaft von Hass, Lüge, Quälerei und Hinrichtung. Er geht ihm nach in jenem Jesus von Nazaret, und an ihm, Jesus, vollzieht sich das Geschick des

Menschen, auf das Nichts zuzustürzen, allein, verdammt, verlassen, nackt, ausgestoßen, von Gott getrennt zugrunde zu gehen.

Man mag religiösen Fragen gegenüber aufgeschlossen sein oder nicht, an diesem Zeichen, dem Kreuz, kommt niemand vorbei, dem überhaupt das Geschick des Menschen am Herzen liegt, an dieser Hingabe für die Armen, Verlassenen und Schuldigen, die auf irgendeine Weise immer eine Tat der Stellvertretung ist, eine Tat der stellvertretenden Übernahme jenes Schicksals, das die Armen, die Verlassenen, die Schuldigen trifft. Wenn je ein Mensch fähig war, Schuld – und zwar fremde – auszuleiden und sie darin aufzuheben, dann war es Jesus. Und eben darin lag der Lebensauftrag dieses Suchenden, Nachgehenden, Einbeziehenden, der die Verlorenen an seinen Tisch holte: im Namen Gottes den Weg zu gehen, den nur Gott selbst gehen kann, und dem wegstürzenden Menschen einen Rückweg zum Leben zu öffnen, in ein neues Gegenüber zu Gott.

So stieg er ab »zur Hölle«, wie das Glaubensbekenntnis sagt, in den Abgrund jenes Selbstzerstörung und Gottvergessenheit wirkenden Nichts, ohne dass er damit eigene Schuld ausgelitten hätte. Wessen Schuld dann? Er sagt es selbst: die Schuld der vielen. Im konzentrierten Vernichtungswillen eben der Menschheit, deren Erlösung das Ziel ist, unterzugehen ist mehr als eben nur sterben. Es heißt ertrinken im bösen, finsteren Nichts, ohne Gott. Und ebendies war, so wusste er, sein Auftrag. Das Vertrauen, das ihn dorthin führte, wo im unerbittlichen Feuer des Leidens alles zusammenstürzt, auch das eigene Sein, war dies, dass Gott, der den Menschen geschaffen hatte, ihn aus der Tiefe, aus dem bösen Nichts wieder heraufrufen werde, den neuen Menschen, aufs Neue zu seinem Bild.

Was steht denn letzten Endes fest in dieser Welt? Die Liebe Christi, sonst nichts. Und von dieser Liebe aus schließen wir auf die Liebe Gottes, die verzeihende, neu schaffende, und wir verstünden sie gewiss besser, hätten wir mehr und tiefere Erfahrung des Leidens.

Von der »Versöhnung durch das Blut des Christus« spricht man und gebraucht ein archaisches Bild, abgenommen am Opferkult eines antiken Tempels, abgenommen an den uralten Riten des Menschenopfers und des später das Menschenopfer ablösenden Tieropfers. Man gebraucht das uns völlig verlorene Bild, dass das ausfließende Blut des geopferten Tiers die Gottheit versöhnt und den Menschen von seinem Verschulden befreit. »Versöhnung durch das Blut«, das Wort ist kaum mehr tauglich, irgendetwas zu deuten so, dass wir es verstünden, auch wenn wir Grund haben zu vermuten, dass in jenen alten Riten mehr Wissen um Gott und den Menschen dargestellt ist als in unserem heutigen, unverbindlichen, aufgeklärten Gerede von Gott. Denn um Versöhnung geht es allemal, wo die Liebe verletzt wurde, wo kein Vertrauen ist, wo Entfremdung herrscht, Hass, Vorwurf oder Anklage. Um Versöhnung geht es also auch zwischen Gott und uns.

Nicht, dass Gott versöhnt werden müsste, als wäre er ein rachsüchtiger Dämon, dem man ein Opfer hinwirft, wohl aber muss der Mensch versöhnt werden, das heißt bereit, aus der Fremde nach Hause zu kommen. »Lasst euch versöhnen mit Gott«, sagt Paulus, während er aufruft zur Heimkehr. Der Mensch muss seinen Hass gegen Gott weglegen und muss, durch die Liebe Gottes überwunden, heimkehren.

Es ist eine unerhörte Kühnheit, den Gott, der diese Welt regiert, als den Gott der Liebe zu verstehen. Der christliche Glaube hat sie. Er ist mit diesem Gott versöhnt. Er hat seine Kühnheit aber nur durch Jesus. Es gibt keinen anderen Grund.

Klarheit über den Tod

Der Tod Jesu geschah öffentlich, in Gegenwart von Augenzeugen. Frauen hielten bei ihm aus. Ein Rudel Spaziergänger spottete: Hilf dir selber, du Helfer! Steig herab vom Kreuz! Ein paar Soldaten bewachten ihn und wunderten sich vielleicht ein wenig. Zwei Verbrecher starben mit ihm.

Sein Tod fand öffentlich statt, und er hatte von Anfang an Bedeutung für die Menschen. Er war von Anfang an ein Politikum. Wenn Menschen mit dem Tod zu tun bekommen, wird es für sie etwas bedeuten, ob der Tod das Gesicht jenes Jesus von Nazaret trägt oder nicht. Und wenn es wahr ist, dass hier Versöhnung geschehen ist, Befreiung, Erlösung, dann ist das Thema Tod nicht mehr tabu, wo immer es auftritt. Es ist ein Anfang gemacht mit der Freiheit gegenüber dem Tod, und diese Freiheit muss sich auswirken.

Immer noch fügen Menschen einander den Tod zu, mit der Waffe oder im Strafvollzug. Immer noch fügen Menschen sich selbst den Tod zu, sei es in der Verzweiflung, sei es in der Hingabe für andere. Sie verkürzen einander ihr Leiden, indem sie den Tod herbeirufen, oder sie verlängern einander das Leben, indem sie den Tod fernhalten. Immer noch sind sie einander Beistand schuldig auf den letzten Schritten, und immer noch laufen landauf, landab die seltsam leeren Rituale von Totenehrungen und Nachrufen ab. Das Thema Tod ist gestellt. Wer vom Tod Christi weiß, wird seine Antwort geben.

Da ist der Tod auf dem Schlachtfeld. Es ist noch nicht lange her, dass er an der Spitze aller Tugenden und Leistungen stand, und erst allmählich setzt sich die Einsicht durch, dass es nach Christus sinnlos ist, Frieden und Gerechtigkeit immer aufs Neue (und immer aufs Neue vergeblich) vom Kampf mit der Waffe zu erwarten.

Zweitausend Jahre der Kriege und des Christentums sind Schule genug. Siebzehnhundertfünfzigmal bereiteten Menschen in den christlichen Ländern seitdem den Krieg vor, um nach der alten heidnischen Regel »den Frieden zu bewahren«, und ebenso viele Kriege, wie ein Historiker gezählt hat, fanden statt. Ich sehe kaum, wie ein Christ heute noch anders entscheiden sollte als gegen die Waffe.

Der Tod durch den Henker. Erst vor Kurzem hat man begonnen, ihn von einem Land zum anderen abzuschaffen. Man weiß inzwischen: Er wirkt nicht. Er schreckt nicht ab. Er bringt dem Opfer des Verbrechens keine Wiedergutmachung. Er stellt keine Ordnung wieder her. Was dabei eigentlich »Sühne« sei, weiß kein Mensch zu sagen. Der einzige Grund, aus dem immer wieder nach der Todesstrafe gerufen wird, ist das uralte und primitive Bedürfnis nach Blutrache, das sich heute im Wort »Vergeltung« verbirgt. Wer das Geringste von Christus begriffen hat und von der Art, in der er mit dem Bösen umging, der bedenke, dass Christus der Todesstrafe durch ein menschliches Gericht verfiel, und er wird wissen, dass, solange es Menschen geben wird, kein menschliches Gericht mehr ein Urteil zum Tode aussprechen darf.

Wenn aber ein Mensch sich selbst tötet, weil er an seinem Dasein verzweifelt, dann werden ihm gegenüber nur Güte, Verstehen und Barmherzigkeit Sinn haben, auch dann, wenn seine Tat nichts löst, nichts beendet, nichts klärt, keine Freiheit schafft. Vielleicht liegt darin doch auch ein Einvernehmen mit Gott, der ihn in die Dunkelheit geführt und ihm seine Kräfte zugemessen hat, dass es hier auf den neuen Anfang ankommt, den Gott geben will. Denn das halten wir für jeden, der sich tötet, fest: »Dass Gott größer ist als unser Herz und alle Dinge weiß.«

Wir werden freilich von der Tat des Verzweifelten die dumme Selbsttötung unterscheiden, zu der einer greift, der nur eben ausweichen und vermeiden will. Wenn Ernest Hemingway, der freiwillig aus dem Leben ging, vorher schrieb: »Was liegt einem Mann am Herzen? Dass er gesund bleibt; dass ihm die Arbeit gut von der Hand geht; dass er im Kreis seiner Freunde isst und trinkt; dass er im Bett seinen Spaß hat«, dann endet ein Leben arm und bei allem Erfolg sinnleer, und auch die Überhöhung dieses banalen Lebenszwecks durch das Gleichnis vom »alten Mann und dem Meer« schafft Sinn weder für das Leben noch für den Tod.

Tötung durch »Zufall«. Das ist neu. Noch vor fünfzig Jahren hatte es ein Mensch im Großen und Ganzen in der Hand, ob er einen Menschen tötete oder nicht. Heute geschieht es an jedem Wochenende zweihundertmal, dass in unserem Land ein normaler Mensch einen anderen tötet, aus Unvorsichtigkeit, Angeberei, Rücksichtslosigkeit oder nur, weil er seinen gestauten Ärger ausfuhr, oder auch nur, weil ihm ein Kind in den Weg lief oder ihm irgendwo die Vorfahrt nicht klar war. Kaum einer, dem dies widerfährt, ist ein Mörder, aber er tötet einen Menschen. Ohne Schuld oder aufgrund gänzlich unangemessener

Verschuldung kann heute praktisch jeder, auch jeder Fußgänger, zum Verursacher eines Todes werden. Und danach wird er diese Tatsache zeit seines Lebens nicht los, auch wenn ein Gericht ihn freispricht. Entlasten kann ihn nur die Güte derer, denen er einen Menschen genommen hat. Entlasten kann ihn nur Christus, der den Tod unser aller und die Schuld unser aller trug.

Der Tod hat viele Gestalten. Es gibt den guten Tod, der eintritt, wenn das Leben erschöpft ist. »Er starb alt und lebenssatt«, sagt die Bibel, wenn sie den guten Tod eines Menschen schildert. Es gibt den guten Tod, der eintritt, weil Hingabe die Kraft aufgezehrt hat. Es gibt den guten Tod, der ein Zeichen des Glaubens und der Hoffnung ist. Und es gibt den bösen Tod, der aufgezwungen wird, den ein Mensch in Hass und Widerstand hinnimmt. Es gibt den Tod, dessen Ursache und Sinn eingesehen werden kann, und den anderen, der verursacht ist durch Gedankenlosigkeit, Brutalität, Habgier oder Menschenverachtung, den Tod durch den Hunger und den Tod durch den Henker, den Tod auf der Straße auch, der beweist, dass der Mensch mehr Macht als Nachdenklichkeit besitzt.

Immer aber, ob gut oder böse, ist es der Tod. Und immer wird, wer seine Unerbittlichkeit kennt, danach fragen müssen, woher er die Maßstäbe nimmt, wenn es darum gehen soll, einen Tod zuzufügen, zu erleiden, abzuwehren oder zu erleichtern. Und es ist sehr fraglich, ob es solche Maßstäbe gibt außer dem einen Zeichen: dem Kreuz.

Hilfe zum Sterben

Die Frage war immer schon schwer zu beantworten, ob ein Mensch das Recht habe, einen Leidenden aus Schmerz und Qual zu erlösen, indem er ihn tötete, aber die Entwicklung der ärztlichen Technik und der Arzneimittel gibt ihr heute eine Schärfe, die sie nie gehabt hat, und macht alle Antworten, die heute gegeben werden können, fragwürdig wie nie. Ob ein Mensch stirbt, liegt heute ebenso sehr in der Hand des Arztes wie im natürlichen Verlauf einer Krankheit. Leben abkürzen oder verlängern, das ist heute eine tägliche Entscheidung an Zehntausenden von Betten, und nur ein sehr waches Gewissen wird dabei eine Entscheidung finden, die Sinn und Recht hat.

Die Grenze zwischen Sterbehilfe und Tötung zu verwischen und also zu meinen, alle Sterbehilfe sei erlaubt, scheidet für uns aus. Ohne Klarheit ist keine Verantwortung möglich. Sich von der Last des Pflegens oder der Kosten durch Sterbehilfe zu befreien, scheidet aus. Geringachtung der Elendesten, auf deren Leben oder Tod es nicht so sehr ankomme, scheidet aus. »Tötung auf Verlangen« endlich, die als Ausrede für Gedankenlosigkeit, Bequemlichkeit oder Menschenverachtung dienen soll, scheidet aus.

Und dennoch: Es gibt, wie es ein Recht auf Leben gibt, auch ein Recht auf den eigenen Tod. Lebensverlängerung um jeden Preis ist so fragwürdig wie alles, das »um jeden Preis« geschieht. Es wird unter dem Zwang eines starren ärztlichen Ethos, das mehr Standesdoktrin als Ethos ist, unendlich viel Leid zugefügt. An Grundsätzen pflegen sich Gesunde aufrechtzuerhalten, die Leidenden gehen an ihnen zugrunde, und zwei Gramm Erbarmen können schwerer wiegen als ein Zentner Grundsätze.

Andererseits hilft das »gesunde Volksempfinden« hier kaum einen Schritt weiter. Es zwingt auf der einen Seite zur Dehnung des Lebens, denn da der Tod für heutige Menschen nicht mehr mit Selbstverständlichkeit auf ewiges Leben hin transparent ist, gibt es Glück nur noch auf dieser Erde, und der Tod beendet alle Hoffnung. So muss das Sterben notwendig hinausgeschoben werden, solange es geht. Es zwingt auf der anderen Seite zur Kürzung, denn da es nur dieses Leben gibt und Sinn und Glück nur hier, ist ein Leben ohne Glück auch ohne Sinn, und so muss ein Leben, das nur noch Leiden ist, so rasch wie möglich beendet werden. Auch der Unglaube entrinnt also dem Dilemma nicht. Er findet es nur in anderer Gestalt vor.

»Tötung auf Verlangen« ist immer fragwürdig. Wie klar ist denn das Urteilsvermögen eines schwer Leidenden? Wird er morgen noch denselben Wunsch haben? Und was ist zu tun, wenn wir dieses »Verlangen« nur undeutlich vernehmen oder nur vermuten? Wird auf der abschüssigen Bahn in den Abgrund der »Tötung unwerten Lebens« noch irgendwo ein Halten sein?

Das Leben umgekehrt mit allen Mitteln zu verlängern ist unmenschlich und erniedrigt den Menschen auf die Ebene eines medizinischen Präparates. Auch das sterbende Leben hat Anspruch auf Respekt und darf nicht durch technische Manipulation sinnlos zerdehnt werden. Wie viel Schmerzen darf man einem Menschen zusätzlich zumuten? Wann und wie gründlich darf man ihm das Bewusstsein nehmen, dessen er bedarf, um menschlich zu sterben?

Fragwürdig ist aber alle »Hilfe zum Sterben« deshalb, weil sie verbirgt, dass es bei uns kaum irgendwo eine

»Hilfe im Sterben« gibt und dass der Sterbende heute im Getriebe der klinischen Maschinerie so verlassen zugrunde geht wie kaum je zuvor in der Geschichte der Menschheit. Wer das Recht beansprucht, ein Leben zu beenden, muss sich die Mühe nehmen, dem Sterben eines Menschen die Züge eines menschlichen Sterbens zu geben. Das ist nicht möglich ohne Hingabe, ohne Zeit und Aufmerksamkeit, nicht ohne das begleitende Wort und im Grunde auch nicht ohne das Aussprechen einer Überzeugung oder eines Glaubens. Unter Christen wird es nicht möglich sein ohne den Trost, den das Kreuz Christi dem Sterbenden zu geben hat.

Ein Christ wird vor dem Tod nicht viel Respekt haben. Aber er wird hohen Respekt haben vor dem Sterben, eben deshalb, weil es für jeden Sterbenden um ein Ja oder ein Nein geht, um Klarheit oder Verwirrung, um Angst oder Hoffnung, Verzweiflung oder Vertrauen. Er wird ihm helfen, zu seinem Tod ein noch so zitterndes Ja zu sagen und sich dem in die Hände zu legen, der ihm jenseits der Schwelle in jenem ganz anderen Raum des Daseins begegnen wird.

Gibt es aber feste Punkte, an denen eine Entscheidung für oder gegen das Leben oder den Tod gemessen werden kann? Gibt es etwas, das gilt?

Zunächst gilt, dass Jesus sich den Kranken, Elenden und Todgeweihten mit dem Willen zugewandt hat, ihnen zum Leben zu helfen, und dass er ihnen das Reich Gottes angekündigt hat, in dem nicht mehr Tod, sondern Leben sein wird. Das bedeutet, dass es für Christen keine mystische Verklärung des Todes gibt, so wenig wie Resignation vor ihm. Der Tod wird ihm auch dann nicht als Glück erscheinen, wenn er das Ende eines Lebens ohne Glück ist. Der Tod ist und bleibt, auch wenn der Mensch ihn als einen guten Tod empfindet, auch wenn er in »guter Gestalt« erscheint, der »letzte Feind«, wie Paulus sagt. Das Ziel ist nicht seine Verherrlichung, sondern seine Überwindung.

Als Zweites gilt, dass jeder Mensch seinen unendlichen Wert daraus hat, dass er ein Partner Gottes ist. Er hat also Wert und Lebensrecht nicht aus dem, was er für andere Menschen bedeutet oder was er die anderen kostet.

Als Drittes gilt, dass aktive Tötung niemals eine »erlaubte« Sache sein kann. An dieser Grenze ist es allenfalls möglich, das Nicht-Erlaubte im Gehorsam gegen den liebenden Willen Gottes zu tun.

Als Letztes gilt, dass hier nichts ohne Rest aufgeht und nichts ohne Schuld. Hier kann nichts getan oder unterlassen werden, das nicht das Gewissen berührte. Selbst die Vergebung, deren der Handelnde oder Unterlassende am Ende bedarf, macht ihn nicht schuldlos, aber sie birgt ihn mit dem Menschen zusammen, an dem er handelt, in der Liebe Gottes. Und das ist unendlich mehr als schuldlos zu sein.

Wir glauben nicht an den Tod, sondern an das Leben. Für uns ist der gekreuzigte Christus das Bild eines Todes, der gefüllt ist mit Leben. Indem wir aber das Leben dort, in diesem Tod, sehen, werden wir empfindlicher gegenüber allen den Stellen in der Welt, an denen Schmerz zugefügt, Leben getötet oder der Tod der Seele erlitten wird. Wer an das Leben glaubt, ist ratloser als andere, wenn Menschen einander verlassen; eben weil es so sinnlos ist, zu »verlassen«. Vielleicht, vielleicht werden wir ein wenig geduldiger, aber vor allem werden wir ungeduldiger, wenn Menschen die kostbare Zeit, den kostbaren Tag, das kostbare Sonnenlicht im Streit, in der Gier, in der Lüge, in der Gedankenlosigkeit zerbröckeln und verderben.

Und ganz gewiss werden wir die heißeren Liebhaber des Lebens sein, das so nahe am Tod und so bedroht vom Tod stattfindet.

Es gibt eine sentimentale »Liebe zu Jesus«, die wir so nicht mehr zuwege bringen, aber auch den Nüchternsten und gerade ihn wird etwas wie Liebe mit jenem Jesus verbinden, der so nahe ist, wo es ums Lieben und ums Sterben geht, weil durch ihn der Tod mit der Liebe zu tun bekommt und nicht mehr nur mit dem Grauen. Weil die Liebe, in die hinein wir sterben, Leben bewahrt über den Tod hinaus, und weil der Tod Jesu, in Dankbarkeit angeschaut, Auferstehung heißt.

Versinken und Erwachen

> Um die neunte Stunde schrie Jesus laut: Mein Gott! Mein Gott! Warum hast du mich verlassen?
> *Markus 15,34–37*

Niemand wird je wissen, mit welchem Wort Jesus starb, ob mit dem Schrei des Verlassenen oder mit dem Gebet:

> Vater, in deine Hände befehle ich meinen Geist!
> *Lukas 23,46*

Viele meinen, der Schrei der Verlassenheit sei das Letzte gewesen. Denn eigentlich gelte ja für den Juden das Gebot, in seiner Sterbestunde das »Höre, Israel! Es ist ein einziger Gott« zu beten und sich also von sich selbst wegzuwenden, Israel zu und seinem Gott. Aber diese Wendung Gott zu sei Jesus offenbar verstellt gewesen. Niemand weiß es.

Wem aber wendet ein Mensch sich heute im Sterben

zu? Unendlich viele Menschen, das scheint festzustehen, suchen im Leben die Hand Gottes und finden sie weder im Leben noch im Tod. So bleibt nichts als der tiefe Wunsch, im Tode doch ganz einfach verlöschen zu dürfen, spurlos ins Nichts hinein erlöst zu werden, in einen Schlaf ohne Erwachen.

Das kann sogar für leidenschaftlich Glaubende gelten. So schreibt der Dichter Reinhold Schneider in seinem Buch »Winter in Wien«:

> Ich ziehe mich (in den Kirchen) am liebsten in die Krypta zurück; ich höre den fernen Gesang. Ich weiß, dass er auferstanden ist; aber meine Lebenskraft ist so sehr gesunken, dass sie über das Grab nicht hinausgreifen, sich über den Tod hinweg nicht zu sehnen und zu fürchten vermag. Ich kann mir einen Gott nicht denken, der so unbarmherzig wäre, einen todmüden Schläfer unter seinen Füßen, einen Kranken, der endlich eingeschlafen ist, aufzuwecken.

Es ist tief begreiflich, dass ein Mensch sich danach sehnt, es möge alles vollbracht sein. Jesus freilich, von dem Johannes berichtet, er sei mit dem Wort »Es ist vollbracht« gestorben, meinte damit gewiss nicht das zurückliegende Leben, sondern sein Werk, das auf Zukunft, auf das Reich angelegte. Jesus starb nicht mit der Sehnsucht nach dem Verlöschen, sondern mit dem Willen, für die Menschen, und gerade auch die Ärmsten unter den Verzagten, eine Zukunft freizulegen, in der sie erwachen wie an einem neuen Schöpfungsmorgen.

An dieser Stelle allerdings stellen wir uns allerlei Fragen, teils in berechtigter Suche nach Klarheit, teils in müßigem Wissenwollen, so sinnvoll-sinnlos, wie menschliches Tasten über die Grenzen menschlichen Tastsinns hinaus immer sein wird.

So braucht niemand zu wissen, wo die Toten sind.

Nichts ist uns darüber gesagt. Vielleicht sind sie uns näher, als wir ahnen. Vielleicht ist nur eine dünne Wand zwischen der Welt der Toten und der Lebenden. Vielleicht ist es erlaubt zu vermuten: So nahe Gott ist, so nahe könnten die Toten sein, denn sie sind in Gott. Aber mehr sich auszudenken ist müßig.

Werden wir uns wiedersehen? Die Liebe ist es, die bleibt. Wie sollten wir das verstehen, wenn wir in einem Abgrund von Bewusstlosigkeit untergingen? Wenn die Liebe bleibt, gibt es ein Erkennen, und vielleicht wird dieses Erkennen der Liebenden klarer und tiefer sein als auf dieser Erde. Die Begegnung freilich, die alles verwandeln wird, ist die mit Gott, und in ihr wird sich wandeln, was hier war. Nur die Liebe, das gilt, wird bleiben.

Was widerfährt den Toten bis an den Tag der Auferstehung? Man redet gerne von einem Zwischenzustand zwischen Tod und Auferstehung. Vielleicht hofft man, auf diese Weise sozusagen die Spur zu sichern, auf der die Toten an ihrem Ziel ankommen müssen. Aber mir scheint, wichtig sei nicht, was »inzwischen« geschieht, umso weniger, als nur für uns, die auf der Erde leben, der Abstand der Zeit Sinn hat, sondern dass Gott unser gedenkt, dass sein Urteil über uns, sein liebendes, bleibt, denn aus diesem Gedenken Gottes allein erwächst uns die Zuversicht, dass wir nicht verloren gehen, sondern in Gott bleiben werden als die, die wir sind. Sagt Christus nicht: Sorget nicht für den anderen Morgen? Heißt das nicht, dass wir uns führen lassen sollen – bis wir erwachen?

Man spricht vom »Tausendjährigen Reich«. Die Offenbarung spricht in Bildern von der Zukunft: von der Fesselung des Satans, vom Ende der Herrschaft über die Erde vom Himmel her. Nachdem die Erde bis dahin ein Tummelplatz von Dämonien und Teufeleien gewesen war, wird sie für tausend Jahre gereinigt, bis am Ende der Satan noch einmal losgelassen wird und schließlich die Stunde der allgemeinen Auferstehung kommt, von der Jesus spricht: »Die Stunde kommt, in der alle, die in den Gräbern sind, seinen Ruf hören und heraustreten werden, die das Gute wirkten, zur Auferstehung des Lebens, die das Böse taten, zur Auferstehung des Gerichts« *(Johannes 5, 28–29)*. Aber Jesus beschreibt die Zwischenzeit bis dahin nicht. »Wer mein Wort hört und dem glaubt, der mich gesandt hat, der hat das ewige Leben«, sagt er kurz vorher und greift damit vom Augenblick des Glaubens unmittelbar hinüber in die Stunde, in der der Mensch vor Gott stehen wird. Alles andere, so meine ich, mag einer sich so oder so zurechtlegen, an der Hoffnung eines Jüngers Jesu ändern solche Bilder und Deutungen nichts.

Aber anderes will erfasst und begriffen sein. Da redet Jesus von einem »Gericht«, und zwar mit den Bildmitteln, die ein Gleichnis immer nötig hat, indem er es als eine Art »Verhandlung« vor einem himmlischen Gerichtshof schildert. Nun ist alle prophetische Rede auf dieser Erde Bildrede, und das heißt – nach Paulus – in unseren Ohren und in unserem Mund Stückwerk. Wer unter uns von Zukunft und Jenseits spricht, redet auf alle Fälle wie ein Blinder von Farben und wie ein Tauber von Musik. Bilder halten Wahrheit fest, aber sie geben das Geheimnis nicht heraus.

Vielleicht kommt man dem Gedanken vom Gericht näher, wenn man beobachtet, dass jede Tat eines Menschen zwei Wirkungen hat: einmal eine Wirkung auf seine Umwelt und die Menschen um ihn und zum anderen eine Wirkung auf ihn selbst, eine verändernde, prägende, befreiende oder zerstörende. Was ein Mensch tut, bleibt unter anderem auch in der Form zurück, in die er sich durch seine Tat verwandelt. Und wer sich selbst prüft, trifft auf ein sehr charakteristisches Ergebnis: Er fühlt, dass er so, wie er ist, nicht wirklich genug ist, dass zu viel Trug, zu viel Schein, Vorwand und Ausrede, zu viel bloßer Vorsatz und zu viel Versagen in ihm sind. Und dabei geht es nicht so sehr um Moral oder Unmoral – das fühlt jeder, der über das Ergebnis eines Lebens an einem Grab nachdenkt –, sondern um Liebe und Lieblosigkeit. Er fühlt, dass tatsächlich nur die Liebe bleibt und alles andere unwirklich wird.

Wir prüfen uns aber nicht an irgendwelchen Idealen. Wir prüfen uns selbst an Christus, weil wir wissen, dass nur das wirklich standhält, was vor ihm standhält, und dass für ewig vertan ist, was vor ihm nicht besteht. Gericht hieße dann, dass alles, was in dieser Welt geschieht, zu einer Art ewiger Erinnerung gerinnt. Was nichtig war, fällt aus der Erinnerung heraus. Es wird nicht vergessen, aber es ist überwunden und fällt in die Nichtigkeit, die ihm eigen ist. Wirklich wird Gott sein, wirklich wird die Gestalt Christi sein, an der das Tun und Wesen unser aller gemessen wird.

Nun redet Jesus aber über dieses Gericht mit schockierender Härte: »Es ist besser, du gehst als ein Krüppel ins Leben ein als mit zwei Händen in die Hölle, in das ewige Feuer, da der Wurm nicht stirbt und das Feuer nicht verlöscht« *(Markus 9,43)*. Was meint er damit? Das Bild vom Wurm und vom Feuer knüpft an die Tatsache an, dass in jener Zeit das Tal Hinnom südlich von Jerusalem, das die Araber noch heute Dsche-Henna, Hölle, nennen, ein Ort des Todes und der Vernichtung war. Seit uralter Zeit hatten dort Menschenopfer stattgefunden, und weil man dort auch Reste von Menschenleichen oder geschlachteten Tieren beseitigte, brannte dort ständig ein Feuer.

Wurm und Feuer sind Symbole für die Beseitigung faulender Reste. Das Bild sagt also nichts über die ewige Dauer von Höllenstrafen, sondern eher etwas über die Vernichtung des Bösen, das demnach ausgeschieden wird, das keine Dauer und keine Zukunft hat, auch nicht in der Form der Qual.

Und wenn Jesus von der »Finsternis« spricht, »wo Heulen ist und Zähneklappen«, dann empfinden wir Kälte, Einsamkeit, Verlassenheit. Aber Bilder lassen sich nicht pressen, sonst müsste die Verbindung von »Feuer« und »Zähneklappen« widersinnig erscheinen. Bilder deuten nur etwas an und treten wieder zurück. Was allein wir wissen müssen, das ist, dass unser Leben scheitern kann und dass es nicht zu scheitern braucht.

Und was ist mit »Himmel« gemeint, wenn »Himmel« nicht über den Sternen ist, sondern überall, wo Gott ist? »Himmel« meint den Quellort der Liebe Gottes, in die wir aufgenommen werden, um bei Gott, der unser gedenkt, zu bleiben. Weiteres brauchen wir nicht zu wissen.

Klarheit über den Tod ist nötig, Klarheit auch über das, was ihm folgt. So viel Klarheit, dass wir sagen können: »Vater, in deine Hände befehle ich meinen Geist.« In dieses Wort legen wir unsere Todesstunde und unsere Todesangst, legen wir uns selbst, und wenn uns die Gnade widerfährt, dieses Wort am Ende sprechen zu können, dann ist es genug.

Die Fähigkeit zu trauern

Es war tausend Jahre vor dem Karfreitag des Jahres 30, zwei Stunden zu Fuß entfernt von Golgatha, in Gibeon. Saul, der König, der versucht hatte, die Bürger von Gibeon auszurotten, war tot, da forderten die Gibeoniten vom Nachfolger David sieben Söhne Sauls, um an ihnen Blutrache zu nehmen. David lieferte sie aus. Da machte sich die Mutter zweier dieser Söhne aus einem Trauergewand ein Lager bei den Hingerichteten, die noch auf ihren Pfählen staken, und blieb dort, wie 2. Samuel 21 erzählt wird, vom Anfang der Gerstenernte bis der Regen fiel, das heißt vom Passahfest im April bis in den November, »und ließ nicht zu, dass am Tage die Vögel über sie herfielen noch des Nachts die Raubtiere«, bis David Gnade walten ließ und die Reste zur Bestattung freigab.

Die grauenhafte Aufgabe, die diese Frau sich gestellt hatte, ist ein Gleichnis von abgründiger Tiefe. Sie geht dorthin, wo alles sich abwendet, und hält die Qual des Anblicks aus. Tag um Tag. Was sie tut, ist sinnlos. Es ändert am Schicksal der Toten nichts und ist doch für einen Menschen, der liebt, so sinnvoll, wie nur irgendetwas auf dieser Welt sinnvoll sein kann. Und vielleicht gehört zum Sinnvollen, das an der Grenze des Daseins getan werden kann, das Stehvermögen und das Aushalten vor dem Grauen. Es ist gewiss nicht zufällig, dass unter dem Kreuz die Frauen aushielten und dass Frauen dem auferstandenen Christus als Erste begegneten, wie es gerade nicht ein Zeichen der Schwäche, sondern der Kraft der Frau ist, dass sie den unmittelbareren Zugang zu religiösen Fragen hat und der Wirklichkeit, die im Glauben begegnet, ausdauernder standhält.

Und es waren dort auch Frauen, die von ferne zusahen, unter anderen Maria Magdalena, Maria, die Mutter des Jakobus und des Joses, und Salome ... Und am Abend kam Joseph von Arimathia, ein Ratsherr, der wagte es und ging zu Pilatus und bat um den Leichnam Jesu ... Und er kaufte eine Leinwand; er nahm Jesus ab, hüllte ihn in die Leinwand und legte ihn in ein Grab, das in einen Fels gehauen war, und wälzte einen Stein vor den Eingang des Grabes. Und Maria Magdalena und Maria, die Mutter des Joses, schauten zu, wohin man ihn legte.
Markus 15,40–47

»Er nahm Jesus ab«, heißt es. Niemand stellt sich diese Arbeit so hässlich vor, wie sie vermutlich war. Aber er tat sie. Sie ist die Trauerarbeit, die wir heutigen Menschen zu unserem Schaden zu umgehen pflegen. Der Tod war früher öffentlich. Man starb im Beisein der Hausgenossen, das Begräbnis war Sache des ganzen Dorfs, und so hatten die Hilfe, die man dem Sterbenden bot, und die Besinnung, zu der der Tod zwang, Ordnung und Kultur. Erst die Arbeit an der Trauer bringt Wahrheit ins Dasein.

Es mag sein, dass wirklich abgründige Trauer ein Leben so selten befällt wie wirklich überwältigende Liebe. Es mag sogar sein, dass beides nur einmal wirklich erfahren wird. Aber einmal müssen sie wohl durchschritten werden, damit das Herz nicht bei den voreiligen Tröstungen stehen bleibt, die man ihm anbietet. Einmal muss wohl der Karfreitag durchgestanden werden um der Wahrheit und um der Hoffnung willen. Denn was ein Morgen ist, wird nur der wissen, der die Nacht durchhielt.

»Ich hoffe auf dich, Herr«,
schreibt der Dichter des 130. Psalms,
»meine Seele wartet auf dich
wie ein Wächter auf den Morgen,
sehnlicher, ja,
als ein Wächter auf den Morgen wartet.«

Das Geheimnis des Menschen

Das Ereignis am Morgen

Als der Sabbat vorüber war, kauften Maria Magdalena, Maria und Salome Salben, um den Leib Jesu zu balsamieren. In der Frühe des ersten Tages der Woche kamen sie zum Grab, als eben die Sonne aufging, und fragten sich bang: Wer wälzt uns den Stein vom Eingang des Grabes? Da blickten sie auf und sahen: Der Stein war abgewälzt. Sie traten hinein und sahen einen Jüngling in weißem Gewand an der rechten Seite sitzen und erschraken. Sie hörten: Fürchtet euch nicht! Ihr sucht Jesus von Nazaret, den Gekreuzigten! Er ist auferstanden! Er ist nicht hier. Seht her: Das ist der Platz, an den er gelegt war. Kehrt um und sagt seinen Jüngern und Petrus, er werde nach Galiläa gehen, euch voraus. Dort werdet ihr ihn sehen, wie er gesagt hat. Da stürzten die Frauen aus dem Grab und flohen, denn Angst und Grauen ergriff sie, und sie sagten niemandem etwas, denn sie fürchteten sich.
Markus 16,1–8

Drei Frauen, die unter dem Kreuz ausgehalten hatten, betreten das Grab, nichts erwartend als den Anblick eines Toten. Und sie sehen! Was sehen sie eigentlich? Später suchen sie zu erklären: Wie ein junger Mann! Wie in einem weißen Kleid! Aber was sahen sie wirklich? Niemand kann es wissen.

Es ist ohne Sinn, die Osterereignisse wissenschaftlich sichern oder widerlegen zu wollen. Für den, der sich ihnen nicht verschließt, sind sie so wirklich wie irgendetwas, das in dieser Welt geschehen sein mag; doch nur wer nicht an jener Verengung der Wahrnehmungsfähigkeit leidet, die wir »wissenschaftliches Denken« nennen, wird in die Wirklichkeit eintreten können, die am Ostermorgen sichtbar geworden ist. Was von Gott her geschieht, kommt eher leise als laut. Der Erlebende wird es erst wahrnehmen, wenn es geschehen, wenn es vorbei ist, und wird nur mit Mühe etwas Fassbares festhalten können.

Es geschieht ja nicht viel in den sogenannten Ostergeschichten. Vermutlich geschähe mehr und Gewaltigeres, wären sie erdacht worden. Vielleicht geschähen mächtige Wunder, vielleicht fiele auf Juden und Römer ein Schrecken von Gott, und den Jüngern öffneten sich die Geheimnisse des Himmels. Aber nichts von alledem wird berichtet. Von stillen, einfachen Begegnungen ist die Rede, und niemand hat an ihnen teil außer den wenigen, die schon zuvor mit Jesus verbunden gewesen waren.

Nichts geschieht, als dass das Vorige aufgenommen wird. Worte, früher gesprochen, klingen weiter. Aufträge, früher erteilt, ergehen aufs Neue. Gemeinsame Erfahrung der Jünger mit ihrem Meister wird aufgenommen und verwandelt. Nichts weiter begibt sich, als dass Jesus aufs Neue da ist, spricht, tröstet, beauftragt.

Wie soll man es erklären, dass mit dem Tod Jesu seine Sache nicht zu Ende war? Propheten, Aufrührer, Erneuerer jener Zeit starben, und ihre Sache war vergessen. Früh schon vermutete man, die Jünger hätten einen Betrug inszeniert. Aber wer lässt sich für einen Betrug foltern und hinrichten? Man sprach von Träumen, Visionen und Täuschungen. Aber was haben Visionen und Täuschungen gemeinsam?

Was mag denn tatsächlich geschehen sein, sofern man von dem Wort »tatsächlich« etwas Klärendes erhoffen darf? Mit den Wundern, die aus der Zeit in Galiläa berichtet werden, kann man die Ostergeschichten nicht vergleichen. Die Ostererfahrungen vollzogen sich ungleich verborgener, unfassbarer, aber sie konnten die Jünger gerade nur deshalb so elementar ergreifen, zusammenschließen und in Bewegung setzen, weil sie an das Gewesene anschlossen. Die Ostererfahrungen schufen keinen Glauben, sie setzten ihn voraus; in die Offenheit des schon verliehenen Glaubens fiel die Erkenntnis: Er lebt!

Einige Frauen tun in ihrer Trauer das Nötige, und plötzlich geraten sie an eine Grenze, an der irgendetwas einbricht. Ihre erste Reaktion war denn auch nicht Glück, Freude oder gar Jubel. »Angst und Grauen ergriff sie.« Und sie redeten zu niemandem davon, »denn sie fürchteten sich«. Sie stürzten aus dem Grab und flüchteten, so starr vor Entsetzen, dass sie nicht reden konnten. Denn ein Wort, das aus einer anderen Wirklichkeit herüberkommt, beglückt ja nicht, es erschreckt, es überfällt, es stößt in einen Abgrund von Angst. Es ist, als falle über den, der es vernimmt, eine unbekannte Gewalt her, und er verliere zugleich allen Grund unter den Füßen. Es bedarf einer zweiten Erfahrung, wenn das erste Grauen überwunden werden soll, der nämlich, dass hier eine Stimme spricht, die vertraut ist, und dass der, der hier spricht oder gar begegnet, den Stürzenden auffängt.

Wiederbegegnung

Am ersten Tag der Woche sehr früh kam Magdalena, als es noch dunkel war, an das Grab und sah, dass der Stein abgewälzt war. Da lief sie zu Petrus und zu dem Jünger, den Jesus lieb hatte, und klagte: Sie haben den Herrn weggenommen, und wir wissen nicht, wohin sie ihn gelegt haben. Petrus und der andere eilten miteinander zum Grab, der andere war schneller als Petrus und lief voraus, kam zuerst ans Grab, bückte sich und sah die leinenen Tücher daliegen, ging jedoch nicht hinein … Nun kam auch Petrus nach, betrat das Grab und sah die Tücher liegen und das Schweißtuch, das

auf seinem Gesicht gelegen hatte … Nach ihm stieg auch der andere ins Grab hinunter, sah es und glaubte. Denn sie wussten noch nichts von der Weissagung der Schrift, dass er von den Toten auferstehen sollte. Und die beiden gingen wieder nach Hause.
Johannes 20,1–10

Seltsam berührt die ausführliche Schilderung, wie die beiden Jünger, schneller oder langsamer, zum Grab laufen. Man hört aus ihr gerne die Auseinandersetzung heraus, die in der Urgemeinde eine gewisse Rolle spielte, wer denn der Erste unter den Jüngern sei, Johannes oder Petrus, wem wohl das Amt zufalle, die Gemeinde zu leiten. Mag im Übrigen Johannes gezeichnet sein als der, der nichts wünscht, als zu Jesus zu kommen, und der in einem leeren Grab nichts sucht. Mag Petrus gezeichnet sein als der, der schon zu Lebzeiten des Meisters alles hatte genau wissen wollen. Von beiden gilt, dass sie weder etwas sahen noch etwas hörten. »Sie glaubten«, heißt es von beiden. Aber was glaubten sie? Dass Jesus lebte? O nein. Sie »wussten ja noch nichts« von der Ankündigung der Auferstehung in der Schrift. Sie glaubten, dass die Frauen recht hatten, wenn sie sagten: Man hat den Herrn weggenommen. Und die beiden gingen nach Hause, im Groll gegen jene Feinde ihres Meisters, die auch mit seinem Tode noch nicht genug hatten. Die Christusgeschichte schien zu Ende zu sein. Der Lebendige war tot. Der Tote war gestohlen. Die Welt war so leer wie das Grab im Garten des Joseph von Arimathia. Der Eine, der ihr Sinn gab, fehlte, und damit fehlte ihnen gleichsam das eigene Gesicht, das ja nur Licht hatte, wenn es ihn spiegelte. Sie mochten nun nach Hause gehen oder anderswohin. Sie würden irgendeinen Weg finden, aber es war unerheblich, wohin er sie führte.

Aber dann folgt die stille Geschichte um Magdalena, von der die Legende sagt, sie sei dieselbe wie die »große Sünderin«, die am Murren der Männer vorbei den Weg zu Jesus fand und, ein Vermögen verschwendend, das kostbare Nardenöl auf seine Füße goss.

> Maria aber stand vor dem Grab und weinte. Wie sie so weinte, bückte sie sich und sah ins Grab hinein. Da erblickte sie zwei Engel in weißen Kleidern, den einen am Kopfende, den anderen am Fußende der Grabstätte … Die fragten sie: Warum bist du so traurig? Sie haben meinen Herrn weggetragen, erwiderte sie, und ich weiß nicht, wohin. Währenddessen wandte sie sich um und sah Jesus stehen, wusste aber nicht, dass er es war. Er fragte sie: Frau, was weinst du? Wen suchst du? Sie hielt ihn aber für den Gärtner und bat ihn: Herr, wenn du ihn weggetragen hast, dann sage mir doch, wohin du ihn gelegt hast, dann will ich ihn holen! Da sprach Jesus zu ihr: Maria! Sie fuhr herum, wandte sich ihm zu und rief: Mein Meister! Aber Jesus wehrte ab: Rühre mich nicht an! Ich bin noch nicht zu meinem Vater aufgefahren. Geh aber zu meinen Brüdern und sage ihnen: Ich kehre zu meinem Vater zurück und zu eurem Vater, zu meinem Gott und zu eurem Gott! Da lief Maria Magdalena zu den Jüngern und rief: Ich habe den Herrn gesehen! Er hat gesagt: Ich kehre zu meinem Vater zurück und zu eurem Vater, zu meinem Gott und zu eurem Gott!
> *Johannes 20,11–18*

Vor dem Grab steht sie und weint, richtungslos herumstehend, vor jenem Ort, der den letzten Augenblick des Abschieds von ihrem Meister bewahrte. Es scheint, als habe sie nun weiterleben wollen, indem sie sich das Vergangene vor Augen hielt und die Worte ihres Herrn bewahrte, abgekehrt von den Menschen, in ihr Leid eingeschlossen wie in eine Muschel.

Da sieht sie zwei Gestalten in weißen Kleidern, Menschen offenbar, die ungeschickt in ihren Jammer hineinfragen: Weib, was weinst du? Sie erkennt keine Engel in ihnen. Es ist, als sei die Schale schon geschlossen. Dann wendet sie sich um und sieht Jesus stehen, meint, er sei der Gärtner, und fragt: Wenn du ihn weggetragen hast, sage mir wenigstens, wohin! So eng ist ihre Welt geworden, dass sie im Grunde nur noch den seltsamen Menschen sucht, der es fertigbrachte, den Leib des Toten aus dem Grab zu reißen. Und diesen Leib will sie holen. Wozu eigentlich? Vielleicht, damit das Leid einen Ort hat, an dem es zu Hause ist. Und da geschieht es. Jesus spricht sie an: Maria! Und sie antwortet: Mein Meister!

Man mag in dieses liebende Wiedererkennen nicht eindringen, in den Augenblick, in dem alle die dunklen Schleier von Leid, Täuschung und Anklage verwehen und es Tag wird. Es liegt etwas darin vom Geheimnis eines Namens. Der Name eines Geliebten, wenn ein Liebender ihn ausspricht, ist ja mehr als nur ebendieser Name, er ist wie eine Hand, in der der geliebte Mensch ruht, wie ein Schutz, in dem Liebe und Leid bewahrt sind. Ein Name wird ausgesprochen, und der Verlaufene findet heim; der sich selbst Entfremdete findet zu sich selbst; der an sich selbst Irregewordene weiß sich angenommen.

»Rühre mich nicht an!«, wehrt Jesus ab. »Ich bin noch nicht aufgefahren zu meinem Vater!« Offenbar meint Maria, Jesus sei in dieses Leben zurückgekehrt, er sei der Meister, der er gewesen war, und im überwallenden Glück will sie ihn anfassen. Aber Jesus antwortet: Ich bin auf dem Weg zum Vater. Ich bin im Übergang. Ich gehe nur an dir vorbei.

Das Wort fällt wie ein Schatten. Eben davor hatte Maria sich ja gefürchtet, dass nun auf dieser Erde nichts mehr sei, an dem die Erinnerung sich festhalten konnte, kein Leib, kein Grab. Aber er lebte als der, der an ihr vorübergegangen war. Eigentlich hatte sie ihren Weg in ihr

Leid verhüllt gehen wollen, nun konnte sie ihn in die Hand ihres Meisters eingefasst gehen. Die früheren Zeiten des Wanderns mit Jesus waren erdnäher gewesen, aber die stille, zarte Begegnung in der Morgenfrühe des Ostertages verwandelte nun alles. Sie brauchte nicht mehr zu bewahren, was gewesen war. Sie brauchte kein Grab mehr. Sie konnte an jedem künftigen Morgen sagen: Mein Meister!, und wissen, dass er sie sah.

Die Erfahrung, dass Ostern sei, dass Christus lebendig, dass die verschlossene Welt der Gräber aufgerissen sei, drang erst allmählich in das Bewusstsein der Jünger ein. Die Visionen der Frauen hatten nichts bewirkt. Als wäre nichts geschehen, ging der Tag hin. Denn die erste Erfahrung der Frauen, ihre Furcht, ihr Entsetzen waren ungedeutet. Das Rätselhafte weckt keinen Glauben. Auch die Jünger bedurften einer zweiten Erfahrung, die das Rätselhafte deutete. Sie brauchten den Zusammenhang mit der Geschichte des Glaubens, mit der heiligen Schrift der Väter. Und sie brauchten die Begegnung mit dem nahen, lebendigen Christus, die ihnen am Abend widerfuhr. Für Maria Magdalena war die Begegnung mit dem Meister, das Erkennen und Erkanntwerden jene zweite Erfahrung, die den Schrecken des frühen Morgens, die Furcht vor dem Unbegreiflichen in Vertrauen wandelte. In der Begegnung mit dem Meister im Garten verwandelte sich Maria selbst, verwandelte sich der Gott des Todes und des Schreckens in den Vater, verwandelte sich die Welt aus einem Acker der Toten in das Land Gottes, durch das der Heimweg führt.

Die Ostergeschichten brauchen nicht bewiesen, sie können nicht widerlegt werden. Sie sind Zeichen, Bilder, Erfahrungen, in denen aufleuchtet, wer denn an der Grenze zwischen Tod und Leben der Mensch sei. Wer aber ist der Mensch, wenn die Begegnungen in der Osterfrühe etwas über ihn aussagen? Er ist der Vorübergehende. Er ist der Leidende, der aus seinem Leiden aufwacht wie aus einem dunklen Traum und beginnt das Licht zu sehen. Er ist der Träumende, der vor den Gräbern steht und erwachen darf, der vorübergehen darf an den Bildern des Schreckens und heimgehen, bewahrt, bejaht, begleitet, bei seinem Namen gerufen von dem, der ihn über den Tod hinweg meint, der ihn geschaffen, der ihn befreit hat. Er ist das Wesen, das im Übergang ist in die Freiheit.

In der offenen Tür

> Am Abend aber jenes ersten Tages der Woche, als die Jünger, aus Angst vor den Juden hinter verschlossenen Türen, versammelt waren, trat Jesus in ihre Mitte und sprach: Friede sei mit euch! Er zeigte ihnen die Hände und die Seite, und sie waren glücklich, ihm zu begegnen. Noch einmal sprach er: Friede mit euch! Wie mich mein Vater gesandt hat, so sende ich euch. Er hauchte sie an und sprach: Nehmt heiligen Geist! Wen ihr von Schuld befreit, der ist frei. Wen ihr gefangen lasst, der bleibt gefangen.
> *Johannes 20,19–23*

Das Haus ist verschlossen, die Tür verriegelt, dem Grab gleich, das der Stein verschloss. Drinnen horchen zitternde Menschen auf die Schritte, die draußen vorübergehen, ob nur der Spott leichtfüßig vorbeiläuft oder schon die Stiefel an die Tür treten. Die Tür trennt die Welt gleichsam in zwei Hälften, die der Gewalt und die der Angst; und die Menschen selbst brauchen die Hälfte ihrer Kraft, um der anderen Hälfte dieser Kraft ein wenig Raum zum Atmen freizuhalten. Da tritt Jesus ein, als wäre keine Tür, und sagt: Friede mit euch! Und es ist, als heile er in diesem kurzen Gruß den Riss, der durch die Menschen und durch ihre Welt geht.

Und er fährt fort: »Nehmt heiligen Geist!« Die Szene erinnert an jene große Vision des Propheten Hesekiel, der auf einem weiten Feld die Gebeine eines Heeres von Toten schaute und nun sah, wie der Geist Gottes hineinblies und die Toten lebendig aufstanden, der Geist Gottes, dem wir in der Bibel überall begegnen, wo die schöpferische Kraft und die Liebe Gottes Gestalt annehmen. Über den Wassern der Urzeit, als die Welt entstehen sollte, schwebte oder »brütete« der Geist Gottes. »Heiliger Geist wird über dich kommen«, sagt der Engel zu Maria, als er ihr die Geburt ihres Sohnes ankündigt. Wo Neues entsteht, wo Leben ist, wo Menschen einander zugetan sind, wo schöpferische Liebe am Werk ist, da ist Heiliger Geist. Wo ein Mensch ermächtigt ist, im Namen Gottes zu handeln oder zu reden, da handelt oder redet der Geist Gottes durch ihn. Wo Gottes Geist ist, öffnen sich Türen, da finden Menschen einander, begegnen und lieben sie sich.

Empfängt nun ein Mensch Heiligen Geist, so ist er befähigt, Türen zu durchschreiten, die geschlossen scheinen. Er ist berufen, frei zu sein und frei zu machen. Er wird zu den anderen eintreten und den Frieden bringen. Aber in welchem Sinn und Geist wird er Türen öffnen, Türen durchschreiten? Hat nicht jeder Mensch auch das Recht, eine Tür zu schließen, wenn er nicht wünscht, dass ein anderer zu ihm eintritt?

In den Tagen vor seinem Tode spricht Jesus davon:

> Wer den Schafstall nicht durch die Tür betritt, sondern auf anderem Wege, ist ein Dieb und Räuber. Wer durch die Tür eintritt, ist rechtmäßiger Hirte. Ihm öffnet der Türhüter, und die Schafe hören seine Stimme. Er ruft die Schafe mit Namen und führt sie hinaus … Ich bin die Tür zu den Schafen.
> *Johannes 10,1–7*

Jesus spricht hier von Priestern, Schriftgelehrten, Gesetzeskundigen und anderen religiösen Mittelsmännern. Er sieht, wie sie mit den Menschen umgehen, und spricht von den Räubern, die in den Schafstall einbrechen, um die Schafe zu stehlen und zu schlachten. Woran, so fragt Jesus, erkennt man den Hirten? Daran, dass er nicht über die Mauer steigt, sondern durch die Tür geht. Wie also gelangt ein Mensch im Namen Gottes zum anderen Menschen? Auf welchem Wege betritt er sein Haus?

Es gibt Zugänge genug für Diebe. Durch das Fenster heimlicher Wünsche steigen die Verkäufer von allerlei Wohlstand in die Menschen ein. Durch das Fenster der Angst steigt die politische Ideologie ein, durch das Fenster des heimlichen Schuldbewusstseins der religiöse Gewalttäter, durch das Fenster der Sorge um die Zukunft der Welt der selbst ernannte »Gottesbote«, der vorgibt, die Stunde der Wiederkunft Jesu zu wissen. Sie sind Diebe und Räuber, sagt Jesus.

Das erste Wort des Evangeliums im Munde Jesu war dies, dass er die Beladenen zu sich rief, um sie zu entlasten. Meine Last ist leicht, rief er aus. Wer also durch Jesus, der von sich sagt, er sei die Tür, eintritt, ist daran kenntlich, dass er nicht überwältigt, nicht belastet, nicht überfordert, nicht unfrei macht, nicht Furcht verbreitet, sondern Lasten leicht macht, Ketten löst, Freiheit schenkt.

Wenn jemand mich fragt, wer denn der Mensch sei, antworte ich: Der Mensch ist das Wesen, dem Heiliger

Geist zugedacht ist, das bestimmt ist, offen zu sein, das die Tür durchschreitet vom einen zum anderen mit dem Wort von der schöpferischen, heilenden, vergebenden Güte Gottes. Der Mensch ist nicht zu bestimmen dadurch, dass man ihn gegen das Tier abgrenzt und zeigt, wie anders, wie viel mehr er sei. Er ist zu bestimmen vom Geist Gottes aus, den er empfangen und weiterreichen soll. Jede andere Bestimmung bleibt unterhalb des Menschen.

Brot und Wein

Zwei der Apostel wanderten an jenem Tag über Feld, eine Stunde weit in ein Dorf mit Namen Emmaus, und beredeten, was geschehen war. Unterwegs gesellte sich Jesus zu ihnen, sie aber erkannten ihn nicht, ihre Augen waren wie bedeckt. Was ist das, worüber ihr redet?, fragte Jesus. Da blieben sie traurig stehen, und der eine entgegnete: Du bist wohl der Einzige unter den Fremden in Jerusalem, der nicht weiß, was in den letzten Tagen dort geschehen ist? Was war das?, fragte Jesus. Das mit Jesus von Nazaret, erwiderten sie, dem Propheten, der in Wort und Werk vor Gott und den Menschen unerhörte Dinge getan hat. Den haben unsere Priester und Machthaber verurteilt und gekreuzigt. Und wir hatten gehofft, er sei der Befreier Israels! Vorgestern ist es geschehen. Aber nun haben uns einige von unseren Frauen erschreckt. Heute Morgen waren sie am Grab, fanden seinen Leib nicht und kamen mit der Nachricht zurück: Wir haben Engel gesehen, die sagten uns, er lebe! Warum versteht ihr so gar nichts?, fragte Jesus. Warum begreift ihr nicht, was die Propheten längst gesagt haben? Das alles musste Christus leiden und zur Herrlichkeit eingehen! Und er fing an, zu erzählen, was in der Schrift, bei Mose und den Propheten, über ihn geschrieben sei.

Mittlerweile näherten sie sich dem Dorf, und er stellte sich, als wolle er weitergehen. Sie baten ihn aber: Bleibe bei uns! Es ist Abend, und der Tag hat sich geneigt. So ging er mit ihnen in ihr Haus und blieb bei ihnen. Da geschah es: Während er mit ihnen zu Tische lag, nahm er das Brot, dankte, brach es und gab ihnen. Da fiel es wie Schuppen von ihren Augen, und sie erkannten ihn. Er aber verschwand vor ihnen.

Und sie sprachen zueinander: Wir wussten es doch! Brannte nicht unser Herz in uns, während er mit uns ging und uns das Wort der Schrift erklärte? Und sie standen in derselben Stunde auf und kehrten nach Jerusalem zurück. Sie fanden die Elf und die Freunde versammelt, die riefen ihnen entgegen: Es ist wahr! Der Herr lebt! Simon hat ihn gesehen! Dann erzählten sie selbst, was auf dem Wege geschehen war und wie sie ihn an der Weise erkannt hätten, wie er das Brot brach.

Lukas 24,13–35

Magdalena bedurfte nach der Vision der Engel der zweiten Erfahrung, die das Rätsel deutete, der Begegnung mit Christus. Zweien der Jünger wurde dieselbe zweite Erfahrung zuteil, als sie über Feld gingen. Sie erinnerten sich. Nein: Sie wurden erinnert. Ein unbekannter Begleiter sagte ihnen etwas, das sie im Grunde wussten. Sprach nicht schon das Alte Testament von dem Gottesboten, der durch seine Leiden Erlösung schaffen sollte? Das Alte Testament wurde mit dem Gang der beiden nach Emmaus zum Buch der Kirche, die sich vom lebendigen Christus begleitet wusste. Er war es, der die Schrift auslegte. Er war es, der in der Schrift angekündigt war. Freilich, die Schrift wurde ihr nicht zur alleinigen Autorität, denn die Erkenntnis, wer Christus sei, kam ja nicht aus dem alten Buch, sie kam gleichsam von »oben«. Sie fiel in die gemeinsamen Gedanken der Wandernden hinein, durch das Wort des mitwandernden Christus selbst. Mit dem Gang nach Emmaus wurde die Tradition der Schriftauslegung für die Kirche bedeutsam, aber sie wurde nie das Ganze. Zum Ganzen der Erkenntnis gehörte für sie von da an immer auch die Offenheit der Tradition nach »oben« und die Erwartung, in den Augenblick des Nachdenkens werde Erkenntnis unmittelbar von Gott einfallen. Ohne solche Offenheit wird Tradition zum toten Gesetz.

So wird es Abend. »Bleibe bei uns«, sagen sie und bitten den Gast in ihr Haus. Als der Fremde mit der Geste des Hausherrn das Brot bricht, erkennen sie, wer er ist. Darin liegt nicht nur die Erinnerung an den Abschied, bei dem Jesus das Brot brach zum Zeichen seines Opfers, sondern vor allem auch die Erinnerung an die vielen Tischrunden in Galiläa, bei denen er das Brot brach für die Gerechten und die Ungerechten und das brüderliche Gottesvolk an seinem Tisch versammelte; die Erinnerung an die fröhliche Zuversicht jener Tage, dass das Gottesreich da sei. Aber es liegt gewiss auch die Erinnerung an das letzte Mahl darin, das Mahl am Abend vor dem Karfreitag, über das Paulus, der uns die älteste schriftliche Notiz darüber hinterlassen bat, schreibt:

> Ich habe es vom Herrn empfangen, was ich euch weitergab: In der Nacht, als er verraten wurde, nahm Jesus, der Herr, Brot, dankte und brach es mit den Worten: Das ist mein Leib, gebrochen für euch. Tut das zu meinem Gedächtnis. Nach dem Mahl nahm er den Kelch und sprach: Dieser Kelch schließt den neuen Bund in meinem Blut. Tut das, sooft ihr trinkt, zu meinem Gedächtnis. Sooft ihr also dieses Brot esst und den Kelch trinkt, verkündigt ihr den Tod des Herrn, bis er kommt.
> *1. Korinther 11,23–26*

Der »neue Bund«, das ist der Bund zwischen Gott und dem brüderlichen Gottesvolk, das Jesus an seinem Tisch versammelt hatte. Wer künftig das heilige Mahl feiert, tut es in dem Glauben, dass der Gast von der Straße der Gastgeber sein kann. Und er tut es in dem Glauben, dass dieser Tisch nur dann im Sinn des Gastgebers besetzt ist, wenn an ihm nicht eine Elite, nicht eine abgetrennte Gruppe Platz genommen hat, sondern die Gerechten und die Ungerechten, die Nahen und die Fernen und damit das neue Gottesvolk versammelt sind.

Es ist Entscheidendes verloren, wenn eine Kirche sich selbst als Gastgeberin versteht und also Ordnungen schafft, nach denen der eine zugelassen, der andere ausgeschlossen ist. Ich wünschte uns Christen die Freiheit, den Bogen der Geschichte zurückzuverfolgen bis zu den Gastmählern in den Dörfern von Galiläa, und den Mut, über alle Grenzen und Schranken hinweg unbekümmert einzuladen und sich einladen zu lassen, einander Brot und Wein zu reichen, sich auf die Nähe Christi zu verlassen und sich nicht auseinanderreißen zu lassen durch das Trennende. Denn nichts, was trennt, ist von Christus, und es könnte sein, dass der Außenseiter, den wir zu uns bitten, Christus selbst wäre.

Denn der Mensch ist freier, als sich in seinen Bekenntnissen ausspricht, freier als er, ein Glied einer Gruppe, je werden könnte, wäre da nicht der große Einladende, dessen Freiheit kein Bekenntnis eingrenzt und keine Gruppe umzäunt. Weil Gott frei ist, Menschen zu sich zu rufen, ist der Mensch, der Gerufene, frei.

Der Fisch und der See

Später erschien Jesus seinen Freunden aufs Neue, und zwar am See von Tiberias. Petrus, Thomas, Nathanael, die beiden Zebedäus-Söhne und noch zwei andere waren beisammen. Als nun Petrus sagte: Ich will fischen gehen, erklärten die anderen: Wir auch! So gingen sie an den See hinunter und stiegen ins Boot. Aber während der ganzen Nacht fingen sie nichts.
In der ersten Morgenfrühe stand Jesus am Ufer, und die Jünger wussten nicht, dass er es war. Kinder, fragte er, habt ihr nichts zu essen? Nein!, antworteten sie. Werft das Netz über die rechte Seite des Boots!, rief er ihnen zu. Dann werdet ihr etwas finden! Sie taten es und konnten das Netz nicht mehr einholen wegen der Last der Fische. Da sagte der Jünger, den Jesus lieb hatte, zu Petrus: Es ist der Herr! Als Petrus das hörte, zog er das Gewand über, denn er war nackt, und sprang ins Wasser …
Als sie ans Ufer traten, sahen sie ein Kohlenfeuer, auf dem Fische und Brot lagen. Bringt von den Fischen, die ihr gefangen habt, befahl Jesus. Da stieg Petrus ins Boot und zog das Netz aufs Land. Einhundertdreiundfünfzig große Fische waren darin, und obwohl es so viele waren, zerriss das Netz nicht. Kommt!, rief Jesus, und esst! Aber niemand hatte den Mut, zu fragen: Wer bist du? Sie wussten, dass es der Herr war. Da kam Jesus, nahm das Brot und verteilte es, ebenso die Fische und gab sie ihnen.
Das war das dritte Mal, dass Jesus sich seinen Freunden zeigte als der vom Tode Auferstandene.
Johannes 21,1–14

Mir scheint, Ort und Tageszeit dieser Begegnungen seien nicht zufällig. Der frühe Morgen im Garten ebenso wenig wie am Ufer des Sees, über dem die Sonne aufgeht, der frühe Morgen, der wie ein schimmerndes Zwischenspiel wirkt zwischen unserer festen »irdischen« Welt und einer anderen, geistigen, der Welt des Ostermorgens, einer durchscheinenden, lichten Welt. Und mitten in diesem spiegelnden Spiel des Lichts ereignet sich die Begegnung der Jünger mit dem auferstandenen Christus, aus der Welt der Menschen gleichsam herausgerückt, an der Grenze zwischen Menschenerde und Gottesreich, am Ufer zwischen Zeit und Ewigkeit.

Sieben der Jünger sind am See. Ostern ist gewesen. Die Begegnung in Jerusalem ist geschehen. Und nun sind sie wieder zu Hause. Zurückgekehrt offenbar in ihre Familien und Wohngemeinschaften. Und es scheint, als sei der Hinweis auf den erfolglosen Fang dieser Nacht ein Hinweis auf ihre aussichtslose Lage unter den Menschen in den Dörfern am See, von denen sie vor Kurzem als Jünger dieses nun toten Meisters fortgezogen waren. Denn der Fisch steht in diesen Geschichten für den Menschen.

In der Morgenfrühe nun tritt Jesus ans Ufer. Aber die Jünger erkennen ihn so wenig, wie die Jünger von Emmaus ihn erkannten. Erst der reiche Fang auf das Wort des Fremden hin öffnet dem Lieblingsjünger die Augen: Es ist der Herr! Und da geschieht das Merkwürdige, dass sie am Ufer ein Feuer brennen sehen, auf dem Brot und Fisch liegen, und dass Jesus sie dennoch, unnötigerweise, wie es scheint, bittet, von ihren Fischen zu bringen. So bringt Petrus von seinem Fang, und sie essen, was einesteils geheimnisvoll da war, als sie ans Ufer traten, und was anderenteils geheimnisvoll sich in ihrem Netz gefunden hatte, nachdem sie, dem Wort des Fremden gehorchend, es erneut ausgeworfen hatten.

Sie wagten aber nicht, ihn zu fragen: Bist du es? Bist du es wirklich? Denn sie wussten, dass es der Herr war; dass er es war und doch ein anderer als der, den sie kannten. Eine Wand aus Scheu, aus halbem Erkennen, aus Fremdheit und Nähe, eine Wand wie aus Glas war zwischen ihnen, bis Jesus sie durchschritt, indem er ihnen Brot und

Fisch reichte, indem er also die Tischgemeinschaft wiederherstellte, die er früher an diesem Ufer mit ihnen gehalten hatte, nun als die Tischgemeinschaft zwischen den Menschen auf dieser Erde und ihm, dem Auferstandenen.

Wer ist nun der Fisch? Ist es Christus? Sind es die Jünger? Sind es die Menschen, zu denen er sie sendet und die sie ans Land des Gottesreiches ziehen sollen, aus dem Wasser des Todes heraus ans Ufer der Auferstehung? Das Brot war das Zeichen der Gemeinschaft an der Mühe und der Frucht des Lebens auf dieser Erde. Der Fisch war bei Jesus ein Bild für den Menschen, der im Wasser des Todes lebte und den der Jünger, der »Menschenfischer«, ans Land zu bringen hatte.

Die Geschichte ist ein Gleichnis, ein Geschehen in der Form von Bildern: Ich gebe euch die Nahrung, die ihr braucht, um unter den Menschen zu wirken, das Brot der Gemeinschaft mit mir. Und ich gebe eurer Mühe den Ertrag: die Rettung der Menschen. Und das Netz, das ihr auswerft, die Gemeinschaft der Kirche, braucht nicht zu zerreißen, auch wenn es viele sein werden, die sich in ihr sammeln. Ich gebe euch das Leben und den Sinn. Kommt und esst. Und dann fahrt wieder hinaus aufs Wasser, hinaus unter die Menschen und werft, geduldig und ausdauernd, euer Netz aus, auch wenn es scheint, es sei nicht die rechte Tageszeit für den Fang. Ich selbst werde es sein, der eurer Mühe Sinn und Frucht gibt.

Wer sind diese Menschen? Handwerker ihres Fachs am Ort ihrer Arbeit wie andere. Und sie sind doch mehr. Indem Christus ihnen das Leben und den Sinn reicht im Bild von Brot und Fisch, sind sie Bewohner zweier Welten zugleich. Und das Geheimnis eines Menschen, der des Sinnes seines Lebens gewiss ist, wird man nicht finden, es sei denn, man sieht ihn am Ufer zwischen den Wirklichkeiten Gottes und der Menschen, ihn, den Gast des auferstandenen Christus.

Die Kraft zu lieben

> Als sie gegessen hatten, fragte Jesus den Simon Petrus: Simon, Sohn des Johannes, liebst du mich mehr, als die anderen mich lieben? Ja, Herr, antwortete der, du weißt, dass ich dich liebe. Da fügte Jesus hinzu: Dann weide meine Lämmer!
> Zum zweiten Mal fragte er ihn: Simon, Sohn des Johannes, hast du mich lieb? Ja, Herr, antwortete jener, du weißt, dass ich dich liebe. Und Jesus fügte hinzu: Dann weide meine Schafe!
> Aber Jesus fragte noch ein drittes Mal: Simon, Sohn des Johannes, hast du mich lieb? Da wurde Petrus traurig, weil Jesus zum dritten Mal fragte, so antwortete er: Herr, du weißt alles, du weißt, dass ich dich liebe. Jesus fuhr fort: Dann weide meine Schafe! Höre, was ich dir sage: Du warst einmal jung. Du hast dich selbst gegürtet und gingst, wohin du wolltest. Du wirst alt werden und deine Hände ausstrecken, und ein anderer wird dich gürten und dich führen, wohin du nicht willst. Das sagte er ihm, um anzudeuten, welchen Tod er zur Ehre Gottes erleiden würde, und fügte hinzu: Folge mir nach!
> *Johannes 21,15–19*

Eine Erinnerung schwingt mit in dem Gespräch zwischen Petrus und seinem Meister: Es ist die Erinnerung an das Gespräch, das nach dem Mahl in Jerusalem auf dem nächtlichen Weg hinaus an den Ölberg stattgefunden hatte. Da hatte Petrus sich mit den übrigen Jüngern verglichen in eigensinniger Selbstüberschätzung:

Sie gingen hinaus an den Ölberg, und Jesus sprach zu ihnen: In dieser Nacht werdet ihr alle irrewerden an mir. Denn es steht geschrieben: Ich werde den Hirten schlagen, und die Schafe der Herde werden sich zerstreuen. Wenn ich aber auferstehe, gehe ich vor euch hin nach Galiläa. Petrus aber sagte: Wenn auch alle irrewürden, ich werde zu dir stehen. Und Jesus antwortete: Höre, was ich sage! Heute, in dieser Nacht, ehe der Hahn zweimal kräht, wirst du mich dreimal verleugnen.
Markus 14,26–30

Und nun muss er sich wieder vergleichen: Hast du mich wirklich lieber, als mich jene haben? Und Petrus versteht: Du weißt alles. Du weißt auch, dass ich dich liebe. Was soll der Vergleich mit den anderen? Die Szene steht vor ihm, wie der Meister gebunden vor dem Hohenpriester steht und ihn, den Jünger, ansieht, der soeben erklärt hatte, er kenne den Gebundenen nicht.

Und der Meister beruft ihn aufs Neue zum Hirten seiner Herde, das Gewesene nicht löschend, aber es einbeziehend in sein neues, starkes Vertrauen: Weide meine Schafe. Weide sie, wie ich, der Hirte, meine Schafe weide. Man wird den Hirten töten. So wird man auch dich binden und zu einem Ende führen, das du nicht willst. Und an deinem Ende wird deutlich, in wessen Auftrag du auf dieser Erde ein Hirte gewesen bist.

Hirte sein aber – das Bild schimmert hinüber in die Geschichte vom Fangen der Fische –, das bedeutet: Menschen aus tödlicher Gefahr, aus dem Wasser des Todes, herausführen ans Ufer, an dem sie das Leben finden. Der Hirte und der Fischer – die Bilder schmelzen ineinander, und es entsteht das Bild eines Menschen, der sich binden lässt, der sich führen lässt, wohin er nicht will, damit Menschen das Leben gewinnen.

In diesem Gespräch mit dem Jünger, der sich nicht

hatte in die Gefahr begeben wollen, gebunden zu werden wie sein Meister, in dem Gespräch, in dem noch der Schmerz spürbar ist aus dem Augenblick, in dem der Hahn krähte, wird deutlich, welchen Sinn Liebe unter den Menschen hat. Liebe, den Schmerz überwindende, durchschreitende Liebe lässt sich töten und gibt Leben an jener Grenze zwischen dem Hier und dem Drüben, dem Dasein auf dieser Erde und dem Reich. Sie lässt sich binden und gibt Freiheit. Sie steht im Übergang zwischen dem alten, vergehenden und dem neuen, lebendigen Menschen und macht den Schritt möglich aus dem Schmerz eines Menschen über sich selbst in die Seligkeit des Lebens in Gott.

Fragen wir, wer der Mensch sei, dann hören wir aus der Begegnung der Jünger mit dem auferstandenen Christus heraus: Ein Mensch ist ein Wesen, das befähigt ist zur Liebe durch den lebendigen Gott, der die Liebe ist. Er ist das Wesen, das befähigt ist, Menschen so zu lieben, dass sie selbst zur Liebe erwachen. Denn das ist die Grenze, an der zu wirken Christus seine Jünger beruft: die Grenze zwischen dem Tod und der Liebe. Der Mensch an der Grenze, die ihm erreichbar ist, ist das Wesen, das sich binden lässt um der Freiheit anderer willen. Er ist – entgegen allem, was wir über ihn zu wissen meinen – der zur Liebe Fähige.

Wandlung

Unweit der Stelle, an der das Mahl in der Morgenfrühe stattfand, hatte, eine unbestimmte Zeit zuvor, jenes andere Mahl stattgefunden, drüben auf den Golanhöhen, in der Wüste hinter Betsaida, als fünftausend Menschen durch ein wenig Brot und Fische satt geworden waren. Der Jünger, der lange nach den Erfahrungen der Osterzeit davon erzählt, fügt hinzu, damals habe Jesus vom Zeichen des Brots gesprochen:

> Wer an mich glaubt, hat ewiges Leben. Ich bin das Brot des Lebens … Ich rede von dem Brot, das vom Himmel kommt. Wer von dem isst, stirbt nicht. Ich bin das lebendige Brot, das vom Himmel kommt. Wer von diesem Brot isst, wird in Ewigkeit leben. Das Brot aber, das ich ihm gebe, ist mein Leib, den ich hingebe für das Leben der Welt.
> *Johannes 6,47–53*

»Das Brot ist mein Leib« – nicht endende Mühe hat sich die Christenheit in fast zweitausend Jahren gegeben, zu erklären, was damit gemeint sei. In welchem Sinn ist denn nun das Brot des heiligen Mahls Leib Christi? Wann und wie wird aus dem Brot der Leib? Wandelt sich etwas an dem, was wir essen, oder essen wir geistig etwas anderes als das sichtbare Brot? Ist das Brot der Leib, oder ist es nur ein Hinweis auf ihn?

Aber das meiste an dieser Bemühung ist müßig. »Das ist mein Leib« – »das bedeutet meinen Leib« – das konnte zu den Zeiten Jesu niemand trennen oder unterscheiden. Für den Juden von damals war der Vorgang einfach. Jesus nimmt ein Brot, bricht es und sagt: »Seht! Mein Leib!« Wenn er aber sagt: »Mein Leib«, dann sagt er damit nach der Sprachgewohnheit seines Volks so viel wie »Ich«. Er sagt also, indem er das Brot bricht: »Seht! Das bin ich!« Er hebt den Kelch und sagt: »Das bin ich!« Ich gebe mich für euch. Lasst euch meine Hingabe gefallen. Nehmt sie an! Esst. Trinkt! Denn aus meiner Liebe kommt euch das Leben.

Er sagt nicht, im Brot wandle sich etwas. Er sagt, sein Leib werde wie ein Brot gebrochen, und im Brot sei künftig sein Opfer anzuschauen. Er sagt, sein Blut werde wie Wein vergossen, und er selbst, der Auferstandene, der Lebendige, sei gegenwärtig, wo immer Menschen seines Todes gedenken, wo immer sie einander Brot und Wein reichen, die Zeichen seiner Hingabe, aus der das Leben kommt.

Johannes schaut in seinen Berichten über das Leben und Wirken des Meisters gleichsam durch die Erfahrung des Ostertages hindurch, und was in jenen vergangenen Zeiten vielleicht einfach seltsam gewesen war, das wird ihm nun transparent. Es gibt seine Wahrheit heraus, freilich unter der Bedingung, dass Ostern kein Gleichnis und kein Traum, sondern Wirklichkeit ist, wirklich wie Baum und Haus, wie Brot und Wein, und stärker in seiner Wirkung als alles Wirksame, das wir erfahren.

Johannes hat nicht erklärt, wie wir das verstehen sollen, so wenig wie Jesus es getan hat. Erst die Kirche hat es getan, und sie zerbrach über ihren vielen und bemühten Erklärungen. Gerade die Kirche, die ihre Einheit, ihr Wesen aus dem heiligen Mahl, der Tischgemeinschaft mit Jesus empfangen hatte, zerbrach über dem heiligen Mahl, und es entstanden die vielen Tische, deren Gäste jeweils von den Tischen der anderen ausgeschlossen sind. Aus dem brüderlichen Volk Gottes wurden wieder die vielen Gruppen, die sich um ihrer »Reinheit« willen gegeneinander abgrenzen.

Wenn einer aber verstanden hat, was Jesus in Galiläa gewollt und was er am Abend vor seinem Tode gezeigt hat, dann wird er den Mut fassen, den Knoten der Kirchengeschichte zu durchhauen. Ich persönlich werde das Abendmahl mit jedermann feiern, der es mit mir feiern will: mit Katholiken und Reformierten, mit Lutheranern und Atheisten, mit denen, die glauben möchten und es nicht können, und mit allen Fremden zwischen Jerusalem und Emmaus und anderswo. Und ich werde es sogar mit denen feiern, die es mir am schwersten machen: mit denen, die sich ihre Tischgäste nach dem korrekten Glaubensbekenntnis aussuchen. Denn was immer im Brot und am Wein sich wandeln mag, Heil geschieht erst, wo Menschen sich wandeln, und zwar auf Christus zu, der ihr Gast, ihr Gastgeber und ihre Speise ist.

Denn dieser Tisch bildet nicht weniger ab als das Reich des Friedens und des Heils, oder er ist als Zeichen und Hinweis nicht mehr tauglich. Was auf das Reich des brüderlichen Gottesvolks nicht hinweist, mag tausendmal Wille und Beschluss einer Kirche sein, es wird uns nicht verpflichten können. Wer die Passion kennt, die auf dieser Erde gelitten wird, der wird zu jeder Stunde dazu bereit sein, in irgendeinem Fremden den geheimnisvollen Begleiter wahrzunehmen, und er wird ihn, alle von Menschen gezogenen Grenzen überschreitend, einladen – oder vielmehr: seine Einladung annehmen.

Denn der Mensch, auch der unansehnliche und gerade er, ist nicht nur, was wir an ihm wahrnehmen. Er ist unendlich mehr, und vielleicht entdecken wir, dass der Heilige im Unansehnlichen ist oder der Gastgeber im Gast.

Wiederentdeckung des Fests

Als die Gemeinde der Christen viele Jahre nach Ostern ihre Erinnerungen aus der Zeit mit Jesus in Galiläa aufschrieb, überstrahlte die Erfahrung, dass der Gastgeber von damals lebe und weiter einlade, auch die Erinnerung an jene erste Zeit.

> Es wurde eine Hochzeit gefeiert zu Kana in Galiläa. Die Mutter Jesu war unter den Gästen, und auch Jesus war mit seinen Begleitern eingeladen. Als es nun an Wein fehlte, wandte die Mutter sich an Jesus: Es fehlt an Wein! Aber Jesus wies sie ab: Lass mich! Meine Stunde ist noch nicht gekommen. Da sprach seine Mutter zu den Dienern: Was er euch sagen wird, das tut! Nun standen dort sechs steinerne Wasserkrüge, aufgestellt, wie es die Sitte der Waschungen vorschrieb, und jeder fasste zwei bis drei Eimer. Füllt die Krüge mit Wasser!, befahl Jesus, und sie füllten sie bis zum Rand. Nun schöpft!, fuhr er fort und bringt es dem Festordner … Und der Festordner kostete das Wasser, das Wein geworden war, er wusste aber nicht, woher der Wein kam … So setzte Jesus den Anfang jener Zeichen, in denen er seine Herrlichkeit offenbarte … Und seine Jünger glaubten an ihn.
> *Johannes 2,1–11*

Keines der Wunder, von denen die Evangelien berichten, ist so gründlich angezweifelt worden wie dieses. Nicht, dass es nicht denkbar wäre, dass dies oder Ähnliches geschieht, sondern dass es ohne Sinn erscheint, ist der Grund. Wird einem Blinden das Augenlicht geschenkt, so liegt darin ein Zeichen des Erbarmens Gottes, wird aber eine Hochzeitsgesellschaft mit Wein in solcher Fülle beschenkt, so fragt man, wem damit im Ernst geholfen sei.

Nun stellt Johannes aber diese Geschichte in einen bestimmten Zusammenhang mit den anderen Wundern, die er in seinem Evangelium erzählt, und was Johannes auswählt und wie er es anordnet, ist alles andere als beliebig. Er verbindet vielmehr, was er erzählt, mit Tod und Auferstehung des Meisters und deutet sein ganzes Leben und Wirken von dort her; er deutet umgekehrt den Sinn des Passions- und Ostergeschehens mit Hilfe der »Zeichen«, die schon zu Lebzeiten Jesu gegeben worden waren. So ist es bei Johannes nicht möglich, zwischen der Geschichte und ihrer Deutung zu trennen.

Sieben Wunder erzählt er, und sie alle haben eines gemeinsam: Es geht um Wasser, um Brot und Wein, und es geht um Tod und Leben. Am Teich Bethesda liegt ein Kranker und möchte ins Wasser steigen, um gesund zu werden, und Jesus heilt ihn. Ein Blinder erhält das Augenlicht, damit er aber sehend wird, befiehlt ihm Jesus, im Teich Siloah die Augen zu waschen. Die Jünger fahren über den See Genezaret und geraten in einen Sturm. Da tritt Jesus mitten aus dem Sturm über die Wellen her ins Schiff. Eine Volksmenge hungert in der Wüste, und Jesus speist sie mit Brot. Hochzeitsgäste wollen feiern, es fehlt an Wein, und Jesus gibt ihnen, was ihnen fehlt.

Das Wasser, längst vor Jesus das Zeichen für den Tod und die Rettung aus dem Tode; das Brot, das Zeichen des Fluchs, der Mühe und des Leidens; der Wein, seit alters Zeichen der Festfreude. Sie bilden die Grundthemen dieser fünf Geschichten, und sie münden in die Deutung des Todes Jesu.

Ein sechstes Wunder redet ohne sakramentales Bild. Ein Vater kommt: Mein Kind ist todkrank! Und Jesus antwortet: Geh heim! Dein Sohn lebt! Und im siebten kommen die Jünger: Dein Freund Lazarus ist gestorben! Jesus tritt vor das Grab: Lazarus, komm heraus! Und Lazarus kommt. Die beiden letzten Zeichen reden ohne Bild von derselben Sache: von Leiden, Tod und Auferstehung.

Was also geschieht in Kana? In dem kurzen Redewechsel zwischen Jesus und seiner Mutter scheint die Deutung zu liegen. »Weib, was habe ich mit dir zu schaffen?«, fragt er, oder in unserer Sprache: »Lass mich doch!« »Meine Stunde ist noch nicht da.« Was Jesus meint, was er will, was er dann entgegen seiner anfänglichen Weigerung doch tut, das hängt mit der »Stunde« zusammen, von der bei Johannes immer wieder die Rede ist. Zweimal heißt es in einer bedrohlichen Situation, niemand habe Hand an ihn gelegt, denn seine Stunde sei noch nicht da gewesen. Am Beginn der Passionsgeschichte löst sich das Rätsel. Da sagt Jesus: Vater, die Stunde ist da! Der Wein, so scheint Jesus anzudeuten, der in Kana fehlt, wird erst in jener Stunde gegeben werden. Wenn ich aus Wasser Wein schaffe, dann in der Weise, dass ich Leben aus dem Tode heraufbringe.

Und dann geschieht, im Sinne solcher Vordeutung, doch das Wunder von Kana. Das Wasser ist seit Urzeiten das Element, aus dem das Leben kommt und von dem es wieder verschlungen wird. Der Wein war schon immer, seit Menschen ihn entdeckten, ein Bild der Fülle und der Freude, des Fests und der Fröhlichkeit. Wasser wandelt sich in Wein. Der Tod wandelt sich ins Leben, das Leiden in das Fest, Vordeutung des Todes und der Auferstehung des Gastes von Kana.

Es scheint, als wolle Jesus sagen: Der Wein wird da sein in dem Augenblick, in dem ihr schöpft. Und wirklich, indem sie es sich gefallen lassen, indem sie schöpfen und verteilen, verwandeln sie sich aus Gästen an einem dürftigen Tisch in Gäste bei jener Hochzeit, von der Jesus immer wieder sprach: der Feier des Gottesreiches, der Hochzeit Gottes mit den Menschen. Sie lernen schöpfen, das heißt glauben, halten, fassen und weitergeben. Sie haben Wasser in ihren Krügen und schöpfen. Und indem sie schöpfen, geschieht das Wunder, dass sich das Elend in das Fest verwandelt und der Mensch, der sich in den Tagen seiner Mühsal notdürftig zu einem Fest aufschwingt, zu einem Helfer glücklicher Menschen wird am gedeckten Tisch Gottes.

Wer beschreiben will, wer der Mensch sei, wird ihn hier finden: den Zeugen eines Wunders, an dessen armer Gestalt das eigentliche Wunder geschieht. Wer von Wundern nicht sprechen will, muss vom Menschen schweigen.

Wiedergeburt

Zu den Geschichten, deren Bedeutung den berichtenden Zeugen erst lange nach Ostern aufgegangen sein mag, gehört auch die Episode von jenem Mitglied des Hohen Rates, das in einer Nacht zu Jesus gekommen war:

> Ein Pharisäer namens Nikodemus, ein Ratsherr, kam bei Nacht zu Jesus und sprach: Meister, wir wissen, dass du uns von Gott als Lehrer gesandt bist, denn niemand kann so Wunderbares tun wie du, wenn nicht Gott mit ihm ist. Jesus antwortete: Gib acht! Wer nicht neu geboren wird, kann das Reich Gottes nicht sehen. Nikodemus fragte: Wie kann ein Mensch geboren werden, wenn er alt ist? Kann er in den Leib seiner Mutter zurückkehren und geboren werden? Und Jesus fuhr fort: Wer nicht geboren wird aus Wasser und Geist, kann nicht in das Reich Gottes kommen.
> *Johannes 3,1–5*

Niemand weiß, was Nikodemus getrieben hat, in der Nacht das Gespräch mit Jesus zu suchen; die Frage, die in seinem Gruß verborgen ist, ob Jesus nicht Neues zur Auslegung des Gesetzes zu sagen habe, war gewiss nur als Einleitung gemeint. So geht Jesus auf den ehrerbietigen Gruß gar nicht erst ein, sondern antwortet mit einem Bildwort, das an die vertraute Wendung anknüpft, es gelte zu werden wie ein Kind. Es will sagen: Wenn du nicht, ehe du mit dem Gesetz Gottes, mit seiner Auslegung und mit deinem eigenen Entscheiden und Verantworten zu tun bekommst, verwandelt wirst, wird dich alles Suchen und Forschen, alle Arbeit an dir selbst, alles Mühen um die Wahrheit nicht ins Reich Gottes führen. Wie du ein Kind deiner Mutter bist und dies all deinem Leben und Wirken voraus gilt, so wirst du erst ein Kind, ein Sohn deines Gottes werden müssen, und zwar – durch Wasser und Geist. Das wirst du nicht fassen und beschreiben können mit den Sätzen einer Moral oder einer Glaubenslehre. Ein wiedergeborener Mensch wächst und lebt und glaubt nach einem eigenen, geheimnisvollen Gesetz. »Der Wind bläst, wo er will, und du hörst sein Sausen wohl, aber du weißt nicht, woher er kommt und wohin er fährt.«

Als danach Nikodemus seine Ratlosigkeit zum zweiten Mal bekennt, greift Jesus zurück auf den Gruß, mit dem jener gekommen war:

> Du bist der Lehrer Israels und weißt das nicht? Ich rede, was ich weiß, und berichte, was ich gesehen habe, und ihr nehmt mein Wort nicht an.
> *Johannes 3,10–11*

Und Jesus meint: Eines Tages werdet ihr mich aus dem Wege räumen, und es wird nicht euer Verdienst sein, sondern Gottes Barmherzigkeit, wenn es am Ende dies noch geben wird: die Wiedergeburt aus dem Wasser und dem Geist.

Wir erfahren außer diesem Gespräch nichts mehr über den Ratsherrn Nikodemus. Nur einmal noch begegnen wir ihm an jenem Abend, an dem geschehen war, was Jesus vorausgesagt hatte. Er kam mit einer Geste der Hoffnungslosigkeit: mit Myrrhe und Aloe, mit denen man die Toten balsamierte. Er begrub Jesus und mit ihm alles, was er von ihm über die Geburt des neuen Menschen gehört hatte. Heute käme er, einen Kranz niederzulegen mit dem Ausdruck eines Mannes, der weiß, dass es zu spät ist. Aber wozu eigentlich war es nun zu spät?

Dreißig Jahre danach lebten in Kleinasien etliche christliche Gemeinden, verfolgt und verängstigt, verzweifelt darüber, dass der Herr, an den sie glaubten, nicht eingriff und die Menschen offenbar alle Macht hatten. Ihnen schrieb ein Apostel einen Brief, in dem er ihnen mit mancherlei Worten eigentlich immer nur ein einziges Bild zeigte, die Neugeburt aus Wasser und Geist:

> Gepriesen sei Gott, der Vater unseres Herrn Jesus Christus, der uns in seiner großen Barmherzigkeit wiedergeboren hat und uns Hoffnung geschenkt auf das Leben durch die Auferstehung Jesu Christi von den Toten.
> *1. Petrus 1,3*

> Zu den Zeiten Noahs wurden acht Menschen in der Arche vor dem Wasser bewahrt. Aber sie ist nun ein Bild für die Rettung, die an euch durch die Taufe geschehen ist.
> *1. Petrus 3,20–21*

Und ähnlich wendet sich der Titusbrief an seine Empfänger:

> Nicht, weil wir es verdient hätten, sondern weil er barmherzig ist, rettete er uns durch das Bad, in dem wir wiedergeboren und erneuert werden durch den heiligen Geist.
> *Titus 3,4–5*

Es ist, als rufe der Schreiber des 1. Petrusbriefes jenen Gemeinden zu: Ihr fürchtet euch vor dem Tode! Habt ihr vergessen, dass ihr getauft seid? Habt ihr nicht, als ihr im Wasser standet, im Wasser des Todes, euren Glauben bekannt, dass Jesus Christus, der Auferstandene, euer Herr sei? Seid ihr danach nicht im weißen Kleid aus dem Wasser getreten, dem Kleid der Wiedergeburt aus dem Wasser und dem Geist?

Das Zeichen des Wassers als eines Elements, das Tod und Leben zugleich gibt, ist uralt. Ursprung und Bedingung des Lebens, zugleich tödliche Gefahr; Gleichnis für den Mutterschoß und die Herkunft des Kindes in vielen alten Mythen; Element der Wandlung, selbst unendlich wandlungsfähig, Verwandlung bewirkend, Symbol tiefer Veränderungen in der Seele des Menschen. Ob es getrunken oder ausgegossen wird, ob es der heiligen Waschung dient, der Besprengung oder dem Tauchbad, immer meinen Riten und Symbole der alten Völker die Erneuerung des Menschen. Ob seine alles überschwemmende Macht beschworen wird oder seine Fähigkeit, Frucht zu schaffen, immer hat es mit Tod und Leben zu tun.

Es ist ein Symbol für die Schicht in der Seele, die der Psychologe das »kollektive Unbewusste« nennt: Wer in sie, also in die Welt des Mythischen, eintauche, kehre von dort zurück mit neuer Erfahrung und bringe diese in ein erweitertes Bewusstsein ein.

Uralte Erfahrung liegt in der Tiefe der Seele bereit, im Bild des Wassers zugänglich. Und dies ist das Eigentümliche eines Sakraments: Hier wird nicht willkürlich ein Zeichen erfunden, hier wird seit uralter Zeit Vorbereitetes aufgegriffen, in der Seele des Menschen seit Urzeiten Bereitliegendes, ob es das Wasser ist oder das Brot und der Wein. Diese Bilder freilich reden nicht aus sich selbst, sie bleiben schillernd und vieldeutig, solange sie nicht benannt werden, solange nicht das deutende Wort hinzutritt: »Ich taufe dich auf den Namen des Vaters und des Sohnes und des Heiligen Geistes.« Oder: »Nehmet, esset! Das ist mein Leib!«

In den Deutungen der Taufe durch die ersten Generationen der Christenheit kehren denn auch jene uralten, mythischen Bilder wieder. Für Ephräm, den Syrer, ist das Wasser »der Mutterschoß, aus dem die Kinder des Geistes geboren werden«, und Tertullian bezeichnet die Christen als »Fische, die nur leben können, wenn sie im Wasser bleiben«. Und noch Luther berührte das alte Symbol der Rückkehr zur Mutter, wenn er sagte, wer nicht wisse, ob er wirklich in Gott sei, der »solle in die Taufe kriechen«. Wenn es irgendwo ganz deutlich ist, dass wir heutigen Menschen der Rückkehr oder Heimkehr in den Umgang mit Bildern und Symbolen bedürfen, um wieder die Wahrheit zu berühren, dann ist es das angesichts der Sakramente der Christenheit. Denn der Mensch ist nicht nur Denkvermögen. Er ist mehr. Die Sakramente rühren an die Schichten in ihm, die wir vergessen haben und die es zu entdecken gilt.

Christus, das Bild Gottes

Bilder der Befreiung

Wer den Menschen verstehen will, wie ihn die Bibel versteht, wird ihn nicht nur nach dem bestimmen dürfen, was er schon ist, sondern immer auch nach dem, was er werden soll, was ihm bestimmt ist, nach dem zukünftigen Bild, das Gott mit ihm meint. Der Mensch ist im Übergang, er ist auf der Schwelle. Wenn das Neue Testament beschreibt, wer der Mensch sei, dann beschreibt es diesen Übergang, und die Bilder, die es gebraucht, haben das Gemeinsame, dass sie ein Ziel vorwegnehmen, das der Mensch noch nicht erreicht hat, ohne das er aber nicht zu verstehen ist. Es spricht von Versöhnung, von Erlösung, von Loskauf, von Gefangenenbefreiung, von Schuldentilgung, vom Opfer, von Einpflanzung oder Heimführung, vom Thronen bei Gott und von der Krone auf dem Haupt des Menschen.

Diese Bilder muten fremd an. Könnten wir sie »sehen«, so gehörten sie ohne Frage zu den großen Kostbarkeiten unseres Lebens, zu den Zeichen der Freiheit mitten in einem Dasein der Bindungen, der Ketten und der Zwänge. Niemand wird begreifen, was zu sein wir Menschen bestimmt sind, es sei denn, er begriffe es von jener Veränderung her, die mit uns geschieht, wenn wir glauben.

Sklavenmarkt im alten Orient. Die Gefesselten stehen und warten auf einen Käufer. Sie wissen, der neue Herr wird sie ebenso mitleidlos ausbeuten wie der alte. Ihr Leben wird weiterhin das eines Sklaven sein und als ein solches enden. Nun begibt sich aber das Unglaubliche, dass ein Käufer kommt, den Preis zahlt und dem Sklaven die Freiheit gibt, die Chance zum Beginn eines eigenen, freien Lebens. Wenn Jesus sagt: »Ich gebe mein Leben zu einer Erlösung für viele«, dann meint er einen Vorgang dieser Art. Er will sagen: Das tue ich für dich. Du wirst die Freiheit nicht finden, selbst wenn du dann und wann den Herrn wechselst, der dich ausbeutet und dem du gehorchst, es sei denn, es komme einer und bezahle den Preis, den deine Freiheit wert ist. Wenn ich sterbe, dann bringt dir mein Tod die Freiheit, die Erlösung.

Krieg. Ein Land wird zerstört. Der Sieger treibt nach antiker Sitte die Einwohner zusammen und deportiert sie in ein fernes Land. Gefesselt, rechtlos, von Lagerplatz zu Lagerplatz weitergestoßen, kommen sie schließlich irgendwo an, wo sie nun unter den Augen der Bewacher versuchen müssen zu überleben. Der Weg in die Heimat ist versperrt, und das fremde Land wird nicht zur Heimat. Da bricht ein neuer Krieg aus, ein neuer Herrscher ergreift die Macht im Lande, er zieht vor dem Sperrbezirk der Gefangenen auf und lässt sie in langem Zug in die Heimat zurückkehren. Das tut Jesus für euch, sagt Paulus. Er führt euch aus der Unfreiheit und aus der Fremde und gibt euch euer Land wieder: das Reich. Das glückliche, verwurzelte und sinnvolle Dasein. Werdet nun auf dem Boden, den ihr als freie Menschen erreicht, nicht wieder Knechte von Menschen.

Ein Mensch wandert. Tag um Tag. Woche um Woche. Die Schuhe zerreißen. Die Kleider werden staubig und unansehnlich. Schmutz bedeckt den Körper. Nach langer Zeit erreicht er das Ziel. Aber er möchte es nicht in der Gestalt eines Verwahrlosten erreichen. So muss er die Spuren der Reise beseitigen, Staub und Sand, Mühe und Anstrengung. Er muss sich neu einkleiden. Und ebendies, sagen die Briefe des Neuen Testaments, tut Jesus für uns. Wir können, wie wir sind, nicht vor Gott treten. Was wir getan und versäumt und mit uns herumgeschleppt haben, muss erst beseitigt werden. Es muss uns einer rein waschen. Es muss uns einer ein neues Gewand reichen, das Kleid der Gerechtigkeit, wie Paulus sagt. Und so, rein und neu bekleidet, treten wir nun vor Gott als die, die wir zu sein bestimmt sind. »Bringt das beste Kleid«, sagt der Vater zu den Knechten, als der Sohn in Lumpen gehüllt nach Hause kommt. »Gebt ihm einen Ring« zum Zeichen, dass er ein freier Mann ist, »und Schuhe an seine Füße«. Erst dann kann das Fest der Freude über die Rückkehr des Verlorenen beginnen.

Ein Mensch kommt zum Gottesdienst in einen Tempel, irgendwo und irgendwann in den Jahrhunderten oder Jahrtausenden vor Christus. Er möchte vor Gott treten, weil er weiß, dass er sein Leben diesem Gott verdankt, und weil er Leben und Gelingen auch für sein weiteres Leben von diesem Gott erbitten will. Vor Gott treten aber, das weiß der antike Mensch, ist tödlich. Niemand besteht vor Gott. Einerseits deshalb, weil er ein Mensch ist und ihm Gott mit unendlicher Überlegenheit gegenübersteht. Andererseits deshalb, weil er die Forderungen dieses Gottes nicht erfüllen konnte und also sein Leben verwirkt hat. Er ist sich selbst diesem Gott schuldig und müsste sich ihm opfern. Der Gedanke des Opfers ist uralt. Ob ein König sich opfern muss für sein Volk, ob der Vater seinen Sohn opfert, ob man Sklaven oder Kriegsgefangene opfert, immer stirbt ein Mensch stellvertretend für die anderen, die ihr Leben dem Gott schulden. Schließlich tritt das Tier an die Stelle des Menschen, und der Mensch wird durch das Opfer eines Lammes oder eines Stiers frei. Das alles ist – so mag man obenhin urteilen – die Denkweise einer frühen Entwicklungsstufe der Menschheit. Das alles ist – so könnte man aber auch sagen – früher Ausdruck für eine Wahrheit, die gelten wird, solange es

Menschen gibt: dass der Mensch sich verdankt, dass er Freiheit nicht von selbst hat und sie ihm nicht einfach zusteht. Der Preis der Freiheit ist die Hingabe von Freiheit. Freiheit wird gewonnen durch das Opfer, in welcher Gestalt immer es gebracht werden mag. So kommt es, dass der Tod Jesu am Kreuz auch in jenen alten Bildern geschildert und gedeutet wird, die vom Opfer, vom Lamm oder vom ausfließenden Blut sprechen. Für einen antiken Menschen ist Blut das kultische Zeichen für Reinigung und Befreiung. Wenn also das Neue Testament sagt, wir seien rein geworden durch das Blut Christi, dann werden wir, auch wo uns das Bild schwer zugänglich ist, sorgsam bewahren, was es schildern will. Denn das ist es in der Tat, was Jesus meint: Wie ein Lamm in einem antiken Tempel für Menschen stirbt, so sterbe ich für dich. Und du darfst nun vor Gott treten ohne die Angst, Gott werde als Sühne für deine Sünde dein Leben fordern. Du hast Zugang zu Gott und einen Neubeginn, wenn du nach der Feier des Opfers den Tempel verlässt.

Der Angeklagte steht vor seinem Richter. Die Schuld ist klar, das Strafmaß vorgeschrieben. Die Gerichtsdiener führen den Verurteilten in den Kerker, in die unteren Gewölbe der Festung. Was dort aus ihm wird, kann im Umkreis des Strafvollzugs der Römerzeit niemand wissen. Aber eines Tages tritt einer in die Zelle und ruft den Gefangenen erneut vor den Richter. Der Richter verliest ein Schreiben des Staatsoberhaupts, dem Verurteilten sei die Strafe auf dem Gnadenwege erlassen. Wenn Jesus Sünden vergibt und Menschen »in den Frieden« entlässt, dann geschieht, was Paulus »Begnadigung« nennt. Jesus will sagen: Das tue ich für dich. Du wirst die Freiheit nie erreichen, wenn es nach Recht und Gerechtigkeit geht. Nur die Gnade, die Begnadigung, die du auf keine Weise erzwingen, erwirken oder auch nur erhoffen kannst, wird dich wirklich frei machen und dir Frieden schenken.

Ein Prozess. Einer ist angeklagt, er bezahle seine Schulden nicht. Der Gläubiger legt den Vertrag vor, den er mit dem Schuldner geschlossen hat, und fordert sein Geld. Kann der Schuldner nun nicht bezahlen, dann ist nach dem Recht jener Zeit der Gläubiger berechtigt, ihn und seine ganze Familie in die Sklaverei zu verkaufen. Da tritt ein Fremder vor, legt das Geld auf den Tisch und zerreißt vor den Augen des Richters, des Klägers und des Angeklagten den Schuldschein.

> Christus hat den Schuldschein genommen, ihn zerrissen und ihn an das Kreuz geheftet, an dem er selbst starb. Damit ist gesagt: Das alles ist wieder gutgemacht. Das alles ist bezahlt.
> *Kolosser 2,14*

Die Bibel redet von unserer Freiheit in Bildern. Der Sinn dieser Rede in Vergleichen und Symbolen ist immer wieder der, dass sie zeigen soll, wie etwas überwunden wird, was hindert, wie etwas bewegt wird, was festliegt, wie Türen sich öffnen, neue Wege gangbar werden. Der Mensch wird zu etwas befreit, wozu er ohne Christus keine Freiheit hatte. Er wird durch Christus mehr, als er war, mehr, als er je werden konnte. Christus aber nimmt das Leiden auf sich, mit dem für diese Befreiung des Menschen bezahlt werden muss. Der Sinn jedes dieser Bilder ist, den rätselhaften Vorgang der Passion zu umschreiben, ihn zu bezeichnen von der Erfahrung aus, die an Ostern zu machen war. Sie sollen zeigen: Dies kann aus dem Menschen werden. Dies ist es, was Gott mit ihm meint. Wer den Menschen nach dem Karfreitag und nach Ostern beschreiben will, muss ihn als das Wesen mit der großen und neuen Freiheit beschreiben, im Übergang, im Überschritt zu dem, was er noch nicht ist, was er aber werden soll. Denn der Mensch ist mehr, als was er ist. Er ist immer auch jenes ganz andere, in das er sich wandeln soll und darf.

Das Bild Gottes in uns

Mir scheint für die gegenwärtige Stunde der Christenheit entscheidend wichtig zu sein, dass Christus im Neuen Testament nicht nur »Logos« heißt: Wort, sondern auch »Eikon«: Bild. Was bedeutet das?

»Er ist das Bild des unsichtbaren Gottes, der Erstgeborene unter allen Geschöpfen«, heißt es im 1. Kapitel des Kolosserbriefes. Und Christus selbst sagt in einem ähnlichen Sinn: »Wer mich sieht, sieht den Vater.«

Christus zu meditieren ist ein Weg, der weiterführt als bis zum Hören seines Worts. Meditation findet in einer tieferen Schicht statt als in unserem Nachdenken. Sie führt uns in die Schicht der Bilder, und dort geht es nicht nur um falsche oder richtige Gedanken oder Entscheidungen. Dort geht es um das, was wir sind. Denn was wir sind, sind wir aus dem Untergrund unserer Seele heraus, in welchem uns die Prägung mitgegeben wurde, die uns ausmacht. Betrachten wir Christus, das Bild Gottes, dann betrachten wir Christus, das Bild des Menschen, genauer: das Bild unser selbst zugleich. Es geht um das, was wir sind und was wir sein können und werden. Es geht um uns selbst.

Mir scheint, wir Christen gerade dieser Zeit setzten zu viel Hoffnung auf das Hören und das Reden und ließen uns zu schnell entmutigen durch die Erfahrung, dass noch so viel Hören einen Menschen nicht ändert. Jede Veränderung eines Menschen aber geschieht, seinem Bewusstsein erst nachträglich aufgehend, in der Tiefe seiner Seele, und dort ist sie nicht weniger als ein Werk der Gnade.

Was wir sind, empfangen wir, und die eigentliche Wandlung unseres Wesens geschieht in jener Schicht, in die Gott das Bild gesenkt hat, das er von uns hatte, als er uns schuf, und das die Gestalt des Christus trägt: das Bild, das die Kraft hat, uns zu ändern.

Wir können nicht länger an der einfachen Alternative festhalten, Gott sei entweder im Menschen, oder er stehe dem Menschen als Herr gegenüber. Der Mensch erlöse entweder sich selbst, oder er werde von Gott erlöst. Auch der christliche Glaube spricht vom »Christus in uns« und vom »wir in Christus« zugleich. Auch der christliche Glaube weiß davon, dass der Mensch am Werk Gottes in ihm teilhat, dass der Mensch kein Stein ist, den ein anderer wirft, kein Stück Holz, das ein anderer schnitzt, dass er vielmehr etwas tun muss, will er, dass etwas mit ihm geschieht. Der Glaubende wird sich in das Hören und Schauen einüben, ins Bereitsein und Geschehenlassen, ins Mitgehen, ins Wählen und Entscheiden. Er wird den Weg der Meditation gehen, um dabei Gott und sich selbst in einem zu begegnen.

Er strebt diese Begegnung mit Gott und sich selbst allerdings auf einem charakteristischen Umweg an. Er geht weder unmittelbar auf Gott zu noch unmittelbar auf sich selbst. Er geht seinen Weg über die Gestalt des Christus. Er betrachtet den Meister, den Arzt, den Menschenbruder. Er betrachtet ihn auf dem Weg durch die Passion. Er betrachtet den Schmerzensmann, den Auferstehenden, den zur Rechten Gottes Thronenden, den Wiederkommenden, den Richter und Erlöser der Welt. Er sieht durch die

Gestalt Christi hindurch sich selbst. Denn Christus ist nicht nur das Bild Gottes, er ist immer auch das Bild des Menschen, dem wir ähnlich werden sollen. Wir sind, sagt die Bibel, zum Bild Gottes bestimmt. Der Erstgeborene, in dem es zuerst verwirklicht wurde, ist Christus.

Das Maß aber für unseren Wert und unser Wesen ist nicht, was wir in uns sehen, sondern was Gott in uns sieht. Er sieht in uns, den Ungerechten, die Gerechten, in den Unreinen die Reinen, in den Weglaufenden seine Kinder, und all dies ist in unserer Seele gespiegelt dadurch, dass das Bild des Menschen in Christus anschaulich geworden ist und dieses Bild, als die »Ikone Christus« gleichsam, in unserer Seele steht.

Wer viel mit Menschen zu tun hat, weiß, dass es eine »Wandlung« eines Menschen so gut wie nicht gibt. Man spricht zwar davon, ein Mensch habe sich geändert. Sieht man aber genau zu, so ist es ihm lediglich gelungen, neben oder anstelle dessen, was sich in ihm oder an ihm verwirklicht hatte, eine andere in ihm ruhende Möglichkeit zu ergreifen, sei es allein, sei es mit Hilfe eines gütigen anderen Menschen. Wandeln aber kann sich kein Mensch. Ob er auslebt, was in ihm ist, ob er sich den Zwängen entsprechend verhält, die in seiner Lebensgeschichte wirksam waren, er wird fortschreiten »nach dem Gesetz, wonach er angetreten« ist, oder nach dem Gesetz, das er in seiner Umwelt vorfindet.

Nun gibt es aber, paradoxerweise, ebendiese Erfahrung: Ich konnte mich ändern. Ich wurde geändert. Ich bin ein anderer als der, den ich bisher zu ertragen hatte. Ich bin nicht verurteilt, zu bleiben, was ich bin.

Alle Wandlung geschieht gnadenhaft, und nur in der Wandlung gelingt ein Leben. Nur in der Erlösung des eigenen Ich von sich selbst. Nur in der Sinnesänderung, sagt die Bibel. Nur durch den »Geist«. Denn diese Sinnesänderung ist ein Geschenk. Wessen eigentlich? Wer diese Erfahrung macht, weiß: Es kommt aus der Richtung, in der ich »Gott« suche.

> Das Geheimnis, von Ewigkeit her verborgen, ist nun offen den Heiligen, die Gott erwählte: Christus selbst, der in euch ist, Hoffnung auf Herrlichkeit.
> *Kolosser 1,27*

> Ist aber nun jemand in Christus, so ist er ein neues Geschöpf. Das Alte ist vergangen, Neues ist geworden.
> *2. Korinther 5,17*

Paulus wird in seinen Briefen nicht müde, zu beschreiben, was in den Menschen, die Christus begegnen, geschehen soll. »Ich habe euch doch Christus vor Augen gemalt«, beschwört er die Galater.

> Meine Kinder, noch einmal leide ich die Schmerzen der Geburt um euch, bis Christus in euch Gestalt gewinnt.
> *Galater 4,19*

Vom »Umgestaltetwerden auf Christus hin« spricht er, vom »Neu-gestaltet-Werden nach der Gestalt Christi«, und wie immer die Umschreibungen lauten, mit denen er zeigen will, was in uns, die wir Christus vor Augen haben, geschehen soll: eine Verwandlung des Alten ins Neue, die so gründlich ist, dass sie eigentlich nicht mehr als Veränderung beschrieben werden kann, sondern nur noch als Tod und Auferstehung.

Er meint nicht in erster Linie moralische Befähigung. Wer Christus betrachtet, soll ihn nicht nachahmen, er soll sich ihm überlassen und ihm Raum geben. Er meint auch nicht, die Christen sollten andere Menschen oder gar die Welt umgestalten; er meint vielmehr, sie sollten zunächst selbst umgestaltet werden. Sie sollten ihre eigenen Vorstellungen von sich selbst beiseite legen und sich dem überlassen, was Christus an ihnen tut. Christus aber verändert den Menschen, sagt Paulus, zur »Gleichgestalt mit ihm«, und der Mensch begegnet dabei sich selbst als einem Träger des Bildes Christi.

Er findet sich selbst, er vermag sich selbst zu bejahen, weil er sich von Gott geliebt und bejaht weiß, und er kann sich auf solche Weise mit sich selbst beschäftigen, ohne von sich selbst gefangen zu sein. Er tut sein Werk in dem Vertrauen, dass der Sinn seiner Arbeit nicht von ihm kommt. Er vertraut darauf, dass er als das Bild Christi, das er in Gottes Augen ist, auch aus seiner letzten Angst gerettet wird, auch etwa aus der Verzweiflung über das, was aus seinem Leben geworden ist.

Er wird aber im Bild Christi vor allem deshalb sich selbst finden, weil Christus ja nicht der heile, unversehrte Übermensch ist, sondern der Geschundene, der an Angst und Tod Ausgelieferte. Christus, der unser Bild ist, erlitt ja gerade dies, dass er sich nicht in Gott bergen, sich nicht zu Gott erheben konnte, dass Gott nicht rettend nahe, sondern zum Verzweifeln abwesend war. Gerade unter Schrecken und Angst brach Christus in jene Freiheit durch, die aus der Unversehrtheit eines großen Menschen nie hätte gewonnen werden können.

Wenn das Neue Testament von Wandlung spricht, meint es Tod und Auferstehung, nicht weniger, und es meint, dass der Prozess dieser Wandlung ein Leben lang währt. Es meint, dass mit den Versuchen eines Menschen zu vertrauen das Ziel, der andere neue Mensch, schon vollkommen in seiner Seele stehe, dass andererseits Schwachheit und Elend des bloß Menschlichen auch dort, wo jener Prozess seinem Ziel sehr nahe ist, ein Leben lang sichtbar bleiben. Wer beschreiben will, wer oder was der Mensch sei, wird auf diese doppelte Wahrheit treffen und darum nur umschreiben können, was das Geheimnis des Menschen ist.

Trost

> Ich rühme Gott, den Vater unseres Herrn Jesus Christus, den Vater, der barmherzig ist, den Gott, von dem aller Trost kommt. Er tröstet mich in all meinem Elend, sodass auch ich die trösten kann, die im Elend sind, mit dem Trost, den ich selbst von Gott empfange. Denn was Christus gelitten hat, kommt nun auch über mich, und der Trost, dass dies Leiden Christi sind, kommt anderen zugute. Werde ich bedrängt, so geschieht es euch zu Trost und Heil. Wenn Gott mich tröstet, tröstet er euch durch mich und hilft euch, das Leiden, das auch ich erdulde, durchzustehen.
> *2. Korinther 1,3–6*

Paulus, der dies schreibt, hatte kurz zuvor das wunderbare Kapitel über die Auferstehung geschrieben, das 15. im 1. Korintherbrief. Als er aber in äußerste Gefahr und schweres Leiden gerät, tröstet er sich und andere nicht damit, dass es später, nach dem Tode, besser sein werde. Er tröstet sich und die anderen mit der Nähe des leidenden Christus beim leidenden Christen. Er tröstet sich mit der Ähnlichkeit der Leiden, mit der Ähnlichkeit der Gestalt eines leidenden Menschen mit der Gestalt Christi. Das Tiefste, das er über den Menschen überhaupt aussagt, liegt in diesen Gedanken verborgen.

> Welche er zuvor erwählt hat, die hat er auch dazu bestimmt, gleich gestaltet zu werden dem Bild seines Sohnes.
> *Römer 8,29*

Dem Bild seines Sohnes – ist das die Gestalt des himmlisch Thronenden? Ist es die Gestalt des armen Menschen von Nazaret? Ist es die Gestalt des zu Tode Gequälten im Grab? Paulus greift alles mit einem kühnen Griff zusammen und sagt: All dies! All dies zugleich! Wir leben mit ihm. Wir leiden mit ihm. Wir sterben mit ihm. Wir werden mit ihm begraben. Wir werden mit ihm zur Herrlichkeit erhoben. Wir leben mit ihm.

Was er meint, schildert Paulus an der dunklen Stelle, an der er von dem Pfahl spricht, den Gott seinem Fleisch zugemutet habe. Er war bis an den Punkt gelangt, an dem er nichts mehr sagen oder zeigen konnte als Christus, den Gekreuzigten, an den Punkt, an dem ihm nichts mehr standhielt als die Tatsache, dass Christus an einem Holzkreuz gestorben war. Was er über sich selbst und über die Menschen überhaupt wissen konnte, hier war der Zugang. Nur das rätselhafte Zeichen eines überwundenen Todes blieb stehen, und weiter wollte er nichts mehr wissen, nichts mehr kennen, nichts mehr sagen und verbreiten als dieses Zeichen: das Kreuz.

Und wenn er von seinem eigenen Weg sprach, dann sagte er, der Tod am Kreuz sei sein eigenes Schicksal, in dem Sinne, dass er sein ganzes Leben lang sterbe, um das Leben zu finden.

> Gott hat meinem Leibe einen Pfahl gegeben. Ein Bote des Satans schlägt mir ins Gesicht, damit ich mich nicht überhebe. Dreimal habe ich den Herrn angefleht: Nimm ihn weg! Er aber hat zu mir gesagt: Lass dir genug sein an meiner Gnade. Die Kraft ist mächtig in der Schwachheit. So ist mir nur noch meine Schwäche wichtig und nur, dass die Kraft Christi über mir ist.
> *2. Korinther 12,7–9*

Das Wort Pfahl wird auch von dem Pfahl gebraucht, an dem man Menschen kreuzigte. Ich hänge, meint Paulus, an einen Pfahl angeheftet. Der Teufel steht vor mir und schlägt mir ins Gesicht: Du willst Gott gehören? Du gehörst mir! Du willst ein Diener Christi sein? Du bist ein verlorener Mensch! Aber ich will nichts, fährt Paulus fort, als dass der Pfahl, an dem ich sterben soll, neben dem Kreuz meines Herrn steht, im Schatten des Kreuzes. Unter demselben »Zeltdach« gleichsam. Dort bin ich geborgen. Dort ist Christus bei mir. Dort nimmt Paulus unter Leiden und Ängsten die Gestalt Christi an.

Mit alledem gibt Paulus eine Anleitung für jeden, der nach ihm vor der Aufgabe steht, Menschen trösten zu sollen. Denn trösten heißt ja nicht sagen: Es wird alles wieder besser. Oder: Es ist alles nicht so schlimm. Oder: Es könnte viel schlimmer sein. Trösten heißt dreierlei:

Der Mensch, den wir trösten, muss durch uns ein Wort hören lernen, das nicht von ihm selbst kommt und nicht von uns, sondern weiter her, und das ihm die Liebe Gottes zuspricht: das Wort von Christus. Hören lernen heißt aufhören, selbst zu reden, sich wegwenden von sich selbst und bemerken, dass ein anderer, der wichtiger ist als wir selbst, uns meint.

Der Mensch, den wir trösten, muss durch uns fähig werden, einen Weg zu gehen, den nicht er selbst wählt und den nicht wir ihm vorschreiben, sondern den er geführt wird, den er im Vertrauen gehen kann als seinen Weg in die Freiheit. Sein Weg wird eins werden müssen mit dem Weg Christi, nicht nur so, dass er willig wird, mit Christus zu leiden, sondern mehr so, dass sein Leiden seine Tiefe empfängt aus dem Leiden Christi selbst.

Der Mensch, den wir trösten, muss drittens durch uns einer Gestalt begegnen, die weder er selbst ist noch die wir sind, die anderswoher kommt und die er und wir uns miteinander einprägen, bis sie uns zu ändern beginnt, die Gestalt des Sohnes, die die unsere werden soll. Er muss lernen, sich selbst in einem anderen Licht zu sehen, als gleich gestaltet der Gestalt des Sohnes.

Das Amt eines Menschen, der begonnen hat, die Gestalt Christi anzunehmen, wird ein priesterliches sein, ein vermittelndes, ein Amt, das in seiner Transparenz besteht, in der Durchsichtigkeit auf Christus hin, der der eigentliche Priester ist. Und so werden wir beides sein: Menschen in der dunklen Gestalt der Leidenden und Priester in der durchscheinenden Gestalt des Christus, und beides, das Irdische und das Himmlische an uns, wird in uns vereinigt sein, wie es in Christus vereinigt war.

Die alte Kirche beschrieb Christus als Gott und Mensch in einem, und zwar so, dass seine Gottheit und seine Menschheit in einer Person zusammenrückten. Beide vermischten sich nicht, sie blieben Gottheit und Menschheit. Sie trennten sich nicht, sie blieben vereint in der einen Gestalt. Sie veränderten sich nicht, sie näherten sich einander nicht an zu einer mittleren Göttlichkeit eines großen Menschen, sie blieben hart und klar Gottheit und Menschheit.

Und mit dieser Formel beschrieb sie nicht Christus allein, sondern den Christen mit ihm, der den erlösten und den leidenden Menschen in sich trägt, den befreiten und den schuldigen, den Gottessohn und den bloßen Menschen, ungemischt, ungetrennt, unverändert. Wer vom Menschen spricht, wird das Ganze seines Wesens in dieser seiner Doppelgestalt finden.

Alles ist Gnade

Was den Menschen letztlich zu einem Menschen macht, ist die ihn verwandelnde Gnade. Ich vermute, dass alles, auf das es letztlich ankommt, mit Gnade zusammenhängt. Wir beobachten einen seltsamen Zusammenhang: Da geschieht Unrecht und Gewalt an einem Menschen, Misshandlung und Unterdrückung. Aber seltsam: der Mensch, dem das widerfährt, erscheint ungemindert in seinem Wert, mehr noch: auf eine »höhere« Weise gerechtfertigt. Er gewinnt an Wert, je ungerechter die Macht mit ihm umgeht. Er gewinnt eine Menschenwürde, die er ohne sein Geschick, misshandelt zu sein, nicht gewonnen hätte. Mitten »in der Hölle« erscheint er »gerettet«, was immer ihm widerfahren mag. Im Warschauer Ghetto oder an den Fronten der Kriege werden Dankgebete geschrieben, Bekenntnisse bedrohter Menschen, sie seien »gerettet«. »Es kann mir nichts geschehen«, schreibt einer, und ein anderer: »Von guten Mächten wunderbar geborgen, erwarten wir getrost, was kommen mag.«

Ein Mensch verstrickt sich in Schuld. Eine Kette von Fehlern zieht sich durch die Jahre, eine Kette von Versuchen, diesen oder jenen Fehler gutzumachen. Er vertuscht. Er versucht, Folgen zu verhindern, und rechtfertigt sich vor sich selbst und vor anderen, nimmt sich Besserung vor und weiß am Ende, wenn er dann noch klaren Auges sieht: Dies ist eine Sackgasse. Hier ist keine Befreiung mehr. Denn Schuld ist nun einmal auf keine Weise gutzumachen, die vielen Fehler machen zusammen einen schuldigen Menschen, und Korrektur von Fehlern gelingt fast immer nur um den Preis neuer Schuld.

Nun kann es geschehen, dass es ihm gelingt, sich loszulassen, sich fallen zu lassen bis zu dem Punkt, an dem ihm außer Schuld und Wehrlosigkeit nichts mehr bleibt und er mit dem verlorenen Sohn sagt: Ich habe gesündigt. Und dort, am untersten Punkt sozusagen, auf dem Nullpunkt, ist er plötzlich frei. Er erlebt einen Neuanfang, für den es keine vernünftige Erklärung gibt, es sei denn die, dieses Sich-loslassen-Können sei ein Werk der Gnade Gottes. Die Freiheit aber, die hier gewonnen wird, ist größer als die Freiheit, die er sich ursprünglich wünschen konnte. Sie ist nicht Unabhängigkeit, nicht Ungebundenheit, sie ist Erlöstheit.

Die Heimkehr des verlorenen Sohnes schafft ihm im Haus des Vaters eine Heimat, die der Sohn vor seinem Abschied nicht gekannt hatte. Die Heimkehr des Ungerechten verleiht ihm eine Gerechtigkeit, die turmhoch über der steht, die der Gerechte bei aller Bemühung erreichen wird. Vergebene Schuld macht reiner als bewahrte Unschuld. Dem, der aus der Verstrickung befreit ist, eröffnet sich ein Gelingen, das dem anderen nicht geschenkt wird, der seine Pläne auf geradem, ebenem Weg zum Ziel führt. Aus der Erfahrung tödlicher Aussichtslosigkeit eröffnet sich, und zwar mit einem Schlag, der Ausblick auf das gerettete Dasein.

Und hier liegt das Innerste vor uns, das Herzstück aller Erfahrung, die wir mit Gott machen können: das Glück, das aus der Erfahrung der Gnade gewonnen wird.

All das, was hier über den Menschen gesagt worden ist, bedeutet nicht, dass am Christen abzulesen sei, was ein Mensch ist, als wären nur Christen auf dem Wege, wirklich Menschen zu werden. Wohl aber bedeutet es, dass in Christus anschaulich geworden ist, wie weit der Pfeil des Menschseins äußerstenfalls trägt, wozu der Mensch äußerstenfalls bestimmt, befähigt und begnadet ist. Es bedeutet, dass nach Christus der Mensch an dem Bild des Menschen zu messen ist, das zugleich das Bild Gottes ist, und nicht an Geringerem.

All das bedeutet aber auch nicht, dass der kein Christ sei, an dem die Tragweite des Bildes von Christus nicht anschaulich geworden ist. Denn selbst Paulus spricht dort, wo er dem Bilde Christi am ähnlichsten wurde, von seiner Schwachheit. Was uns unserer Bestimmung näherbringt, ist nichts als die Gnade. Ein wenig Dankbarkeit und Freude werden erschwinglich sein, ein zaghafter Glaube, ein unvollkommener Gehorsam, der in einigen menschlichen Selbstverständlichkeiten bestehen mag, ein wenig Güte zu denen, die gleich uns unansehnlich sind, und vor allem eine zitternde Hoffnung, es möge uns am Ende die Gestalt des auferstandenen Sohnes Gottes zuteil werden und Gott sein großes Ja sprechen zu unserem kleinen Bemühen. Denn dies macht die Demut eines Menschen und sein Glück zugleich aus: sein Wissen, nein, sein fester Glaube, dass am Ende alles, was gut ist, Gnade sein wird.

Himmelfahrt

Und Jesus führte sie hinaus auf Bethanien zu, hob die Hände auf und segnete sie. Während er sie segnete, wurde er von ihnen geschieden und in den Himmel erhoben. Und sie kehrten nach Jerusalem zurück voll großer Freude und waren von da an täglich im Tempel und rühmten Gott.
Lukas 24,50–53

Und er sprach zu ihnen: Geht in die ganze Welt und verkündigt das Evangelium allen Menschen. Nach diesen Worten wurde er erhoben in den Himmel und setzte sich zur Rechten Gottes.
Markus 16,15.19

Eine Abschiedsszene. Ein Segen für die Zurückbleibenden, Sendung von Beauftragten und eine kosmische Inthronisation. All dies liegt in den beiden Berichten dicht beieinander. Der Christus, den die Seinen lebendig erfahren haben, handelt zum Abschied wie ein Priester, der den Segen Gottes auf sein Volk legt, wie ein Prophet, der Propheten aussendet, wie ein König, der seine Herrschaft antritt. Er verbindet sich mit den Seinen und verbindet sie zugleich mit Gott, sie aber gehen, Visionäre einer anderen Welt, zurück in die ihnen feindliche Stadt und rühmen Gott.

Wir haben mit dieser Geschichte dreierlei Schwierigkeiten. Die erste hängt mit der Verschiedenheit der Weltbilder zusammen. Es ist aber unschwer möglich, bei einiger Übung im Umgang mit deutenden Bildern zu verstehen, was jenes »oben« an Würde und Erhobenheit ausdrücken will. Es ist auch durchaus möglich, zu sehen, was das Bild bedeuten soll, dass Gott »thront«, dass sein Bevollmächtigter zu seiner »Rechten« ist und in seinem Namen an der Welt handelt. Der Glaube ist nicht an ein Weltbild gebunden, weder an das antike noch an das augenblicklich moderne. Auch das moderne Weltbild ist ja nicht in erster Linie wissenschaftlich und also zeitlos, es ist, zwar mit wissenschaftlichen Mitteln entwickelt, durchaus mythisch, wie jeder Versuch von Menschen, sich mehr vorzustellen, als sie wahrnehmen, nämlich das Ganze der Welt, bis ans Ende der Menschengeschichte in ebenden Bildern erfolgen wird, zu denen ihre Seele fähig ist.

Die zweite Schwierigkeit ist ungleich gewichtiger. Sie liegt in dem ungeheuren Anspruch, den jene Bilder erheben. Wir werden ja nicht so sehr an den Bildern irre, sondern an der Wirklichkeit, die wir hinter den Bildern glauben, die uns beanspruchen, die unser Dasein bestimmen und verändern will. Uns hindert nicht so sehr die Modernität unseres Denkens als die Tatsache, dass hier von Herrschaft, von Macht gesprochen wird und dass wir von ebendieser göttlichen Macht nichts zu erfahren meinen. Und dieses Hindernis verbindet uns mit den Christen der ersten Generation mehr, als uns der Unterschied der Weltbilder von ihnen trennt. Denn dieses eigentliche Problem sah zur Zeit der ersten Kirche nicht anders aus als heute.

Die dritte Schwierigkeit hängt mit der zweiten zusammen. Wir können es heute nur schwer hinnehmen, dass die religiöse Rede von Gottes Herrschaft in Bild und Sprache einem doch endgültig überwundenen feudalen Muster folgt. Wir sagen: »Es hat Gott gefallen, Herrn X aus diesem Leben abzurufen.« So sprach man früher von dem, was einem Fürsten oder König »gefallen« hat. Man beugt sich vor Gott wie vor dem Thron eines irdischen Potentaten, und noch die Sprache der Liturgien hängt eng zusammen mit der höfischen Sprache vergangener Jahrhunderte. Aber hier fordert nicht die Bibel das Unzumutbare, hier hat die Christenheit nur eben noch nicht begriffen, dass »Thron« und »Herrschaft« nach Christus etwas anderes meinen als die Spiegelung irdischer Herrschaftsverhältnisse, nämlich ihre Umkehrung. Christus spricht mit hinreichender Deutlichkeit davon, dass ihm nichts an »Macht von oben« oder »Macht von außen« liegt. Die ganze Passion ist ein Bilderbogen, auf dem dargestellt ist, worin Macht von unten und Macht von innen besteht. Christus übernimmt nicht für sich das Modell eines Königs dieser Erde und seiner Herrschaft, sondern er zeigt sich selbst und seinen Weg, um die Begriffe Thron und Herrschaft um ihren bisherigen Sinn zu bringen.

Der Thronende

> »Große Stimmen im Himmel«, so vernimmt der Seher in der Offenbarung des Johannes, »erhoben sich«: »Unser Gott, und sein Christus mit ihm, hat die Herrschaft angetreten über die Welt, und er wird regieren von Ewigkeit zu Ewigkeit.«
> *Offenbarung 11,15*

Der Seher vernimmt einen Lobpreis, gesungen in der Sprache und den Vorstellungen jener Zeit. Die Welt ist in Schichten gebaut. Zuunterst verbirgt sich die Unterwelt, über ihr ruht die Welt der Menschen, darüber, in der Luft, im Zwischenreich zwischen den Wolken und den Sternen, folgt das Reich der Dämonen und kosmischen Gewalten, darüber wölbt sich der Himmel wie eine Kuppel, und über ihm öffnet sich das Reich der Götter oder der Ort Gottes. Die Welt ist nicht nur wie ein Haus in Stockwerken gebaut, sie ist vor allem ein in Schichten gebautes System von höheren und niederen Mächten. Für den Menschen aber in seiner von oben und von unten bedrohten Umwelt hängt alles an der Frage, ob er den Mächten der Unterwelt oder den Gewalten, die über ihm »in der Luft herrschen«, ausgeliefert sei oder ob über allem ein anderer die Macht hat, dem sich anzuvertrauen Sinn hat.

So drückt es das Glaubensbekenntnis heute noch aus: »Aufgefahren zum Himmel«, das heißt eingegangen in die oberste Schicht der Welt, dorthin, wo Gott ist. »Dort sitzt er zur Rechten Gottes, seines allmächtigen Vaters.« Und was die Christen der ersten Zeit damit sagen wollten, geht etwa aus dem Hymnus des Paulus im 8. Kapitel des Römerbriefes hervor:

> Ich bin gewiss, dass weder Tod noch Leben,
> weder dunkle Mächte noch Zufall oder Schicksal,
> weder Unheil von heute noch Gefahr von morgen,
> weder Gewalten der Erde noch Mächte in den Sternen,
> in der Höhe am Himmel oder in der Tiefe zu meinen Füßen,
> noch irgendein anderes Wesen, von Gott geschaffen,
> seinem Willen unterworfen wie alles,
> uns zu scheiden vermag von der Liebe Gottes,
> die uns in Christus erschien, unserem Herrn.
> *Römer 8,38–39*

Paulus spricht von »Höhe« und »Tiefe« und nennt damit Fachausdrücke der Astrologie seiner Zeit, Zenit und Nadir, die Richtungen, aus denen man die Einwirkung astraler Mächte auf den Menschen fürchtete, gegen die man sich mit allerlei Praktiken der Berechnung und der Beschwörung abzuschirmen suchte. Und Paulus nennt mit »Engeln, Fürstentümern, Gewalten«, wie Luther übersetzt, ebenjene anonymen Kräfte, die über oder unter der Menschenwelt am Werk sind. Er bekennt: Dies alles mag mich bedrohen, aber es wird mich nicht von der Liebe Gottes trennen, denn bei Gott weiß ich Christus, der mich liebt.

Die Zeit, in der Paulus lebte, hatte gewisse Ähnlichkeiten mit der unseren. Es war die Spätzeit einer Kultur. Die alten Götter verblassten, der Mensch richtete sich mit hohem politischem, technischem und wirtschaftlichem Aufwand auf dieser Erde ein, und mitten im großartigen

Aufbau des Römischen Reichs wuchs die Skepsis. Man sehnte sich insgeheim nach Wahrheit, glaubte aber nicht mehr, dass es Wahrheit gab. Man wusste, dass man in einer übersichtlich gewordenen Menschenwelt irgendetwas aussparte, wusste aber nicht, was es war, und suchte es mit allerlei magischen Praktiken zu bannen. Und in ebendieser Zeit sagt der Mann Paulus: Ich bin gewiss. Ich habe Grund unter den Füßen. Was ihr ausspart, ohne zu wissen, was es sei, das kenne ich. Aber ich kenne nicht nur die ausgesparten dunklen Gewalten, sondern auch den, der »über ihnen« ist. Ich weiß, auf wen ich mich verlasse. Ich weiß, wohin mein Schicksal mich führt. Ich weiß, was ich sage, wenn ich das Wort »Wahrheit« in den Mund nehme. Und wenn man allüberall den Platz der verschwundenen Götter den Dämonen einräumt, dann weiß ich: Weder in der Tiefe noch in der Höhe sind Mächte, die ich zu fürchten brauche, denn ich stehe unmittelbar vor Gott, unmittelbar vor Christus.

Mich wundert immer wieder aufs Neue, wie wenig Stehvermögen wir Christen den Errungenschaften und den Ansprüchen der heutigen Wissenschaft und Technik gegenüber aufbringen. Wie sehr die Angst nicht nur vor dem unendlichen Weltall, sondern vor allem vor dem Macht ausübenden Menschen uns erfüllt, vor den anonymen Zentren der Macht, vor den gesellschaftlichen Strukturen, vor den Konventionen, vor den Unbekannten, die die öffentliche Meinung machen und die sich der technischen Apparate, und das heißt der Schöpfung Gottes, so skrupellos bedienen. Sehen wir wirklich nicht mehr durch das hindurch, was Angst macht? Sehen wir nicht mehr hinter den verfilzten Machtstrukturen die vielen Einzelnen, die sie handhaben, die in ihnen funktionieren oder von ihnen versklavt sind? Ist uns nichts mehr transparent? Und ist uns diese Welt der Apparate, der Dinge, der Geschehnisse nicht mehr durchscheinend auf die Wirklichkeit, die wir Gott nennen? Ist Gott nur noch ein Wort unter anderen Wörtern?

Der Geist dieser Zeit fordert ja nichts entscheidend anderes als die Götter und die Dämonen, das heißt der Zeitgeist der alten Welt: Unterordnung, Einordnung, Preisgabe abweichender Gedanken und Einsichten. In einer Welt wie der heutigen, die durch Wissenschaft und Technik bestimmt ist, so hören wir auch Christen sagen, ist es »unmöglich, von der Auferstehung Jesu zu sprechen«. In einer Welt, in der alles nach dem Gesetz von Ursache und Wirkung geschieht, kann man »nicht mehr an Wunder glauben«. In einer Welt, in der nur das Verstehbare wirklich sein kann, haben Geheimnisse und Bilder, Symbole und Riten keinen Sinn mehr. Wir werfen uns vor dieser Epoche auf die Knie, als hätten wir den Götterhimmel und das Dämonengedränge der Antike um uns und über uns, als wäre der Kosmos und gar der von Menschen gemachte Apparat der zwingende, der feste, undurchbrechbare Rahmen unseres Daseins, der schon für Paulus gesprengt war. Mir scheint, für uns Heutige gehe es um nicht mehr und nicht weniger als um ein neues, freies, unabhängiges Verhältnis zum Kosmos, und zwar durch den Glauben an den kosmischen Christus:

> Ihm, Christus, gab Gott Macht von seiner Macht über alle Mächte, Gewalten und Kräfte in der Welt, über ihr und hinter allen Dingen, die unsere Sinne schauen.
> *Epheser 1,21–22*

In der Anfangszeit der religiösen Entwicklung der Menschheit war die Welt das schlechthin Herrschende und Zwingende. Die Menschen erlitten Hitze und Kälte und ließen Hungersnot, Flut und Sturm über sich ergehen. Indem sie Götter beschworen oder sich übermächtiger Naturgewalten erwehrten, hielten sie sich am Leben. Aber schon in der Folge jener Offenbarung Gottes, die in der ältesten Zeit des Volkes Israel geschah, wurde die Welt allmählich transparent, sie löste ihren Druck und wurde Schöpfung, und hinter ihr erkannte Israel den schaffenden und wirkenden Gott. Der Jubel der Psalmen über die Schöpfung ist Ausdruck der unendlichen Befreiung, die darin bestand, dass der Mensch in den Dingen, Kräften und Gefahren dieser Welt nicht mehr Götter oder Dämonen zu sehen brauchte, sondern allein noch Geschöpfe Gottes:

Ich will dich rühmen, Herr,
mein Gott, wie bist du so groß!
Pracht und Glanz sind dein Kleid,
Licht hüllt dich ein wie ein Mantel.
Du spannst den Himmel aus wie ein Zelt
und thronst hoch über dem Himmel.
Wolken sind deine Wagen,
auf Flügeln des Windes fährst du dahin.
Winde laufen wie Herolde dir voraus,
Blitz und Feuer dienen dir.

Fest steht die Erde. Du hast sie gegründet.
Einst deckte das Urmeer sie wie ein Kleid,
über den Bergen standen die Wasser.
Aber vor deinem gewaltigen Wort flohen sie,
vor deiner Stimme flossen sie davon.
Eine Grenze hast du ihnen gesetzt,
die übersteigen sie nicht.
Nie kehren sie wieder, die Erde zu decken.

Die Herrlichkeit des Herrn bleibt in Ewigkeit,
der Herr freue sich seiner Werke.
Ich freue mich über den Herrn.
Aus Psalm 104

Indem nun ein Mensch bekennt: Christus ist »aufgefahren gen Himmel« und »sitzt zur Rechten Gottes«, bekennt er nicht nur, dass er, indem er sich auf Christus beruft, frei ist vom Druck seiner Welt, er bekennt auch, dass er frei ist von dem Druck, den der böswillige, machthungrige, aggressive Mensch ausübt, also frei überhaupt von dem Druck, der von Menschen ausgeht. Und mit seiner Freiheit erhält er zugleich seinen Auftrag. Ich bin überzeugt, dass Gott den Glauben und die Freiheit des Menschen nicht will, damit der Glaubende am Ende ratlos sei mit den Ratlosen, unfrei mit den Unfreien, blind mit den Blinden, taub mit den Tauben, modern mit den Modernen oder in Traditionen verfangen wie alle anderen, die aus ihrer Angst nicht frei werden können. Er wollte, dass der Glaubende etwas zu sagen habe, dass er seiner Welt frei gegenüberstehe und fähig, sie zu begreifen und zu verändern. Ich meine, Christus habe seine Leute befähigen wollen, eine sinnvolle, heilvolle Arbeit an Menschen und Dingen zu leisten, an Problemen und Aufgaben jeder Art.

Wenden wir uns also nach draußen, um Christus wiederzuerkennen als den Herrn der Schöpfung und uns als seine freien Mitarbeiter, dann gewinnt unsere Meditation neue Inhalte. Sie wird zur Einübung von Kenntnis, Überblick und Phantasie, Mut und Unabhängigkeit, zur Einübung der Mitarbeit des Menschen am Werk Gottes.

Der Mensch, der die Welt meditiert, nachdem er das Geheimnis Christi und das Geheimnis seiner selbst begonnen hat zu ahnen, wird Klugheit und Weisheit unterscheiden. Klugheit ist der Jäger der Probleme, hat einer gesagt, Weisheit ist der Hirte der Geheimnisse. Wer die Welt meditiert, um sie zu verändern, wird weder nur Probleme lösen wollen noch nur Geheimnisse verehren. Er wird die Probleme vor dem tiefen Hintergrund des Geheimnisses sehen und also anders an der Welt handeln, als es ihr heute zu ihrem Schaden widerfährt.

Dass Christus das Bild Gottes ist nicht nur in der Schicht der Bilder in unserer eigenen Seele, sondern auch draußen in den anderen Menschen und überall, wo die Welt undurchschaubar wird, im Übergangsfeld zwischen fassbarer und nicht fassbarer Wirklichkeit, dort, wo Gott »thront«, das gibt dem, der das archaische Bild von der »Himmelfahrt« anschaut, der Welt gegenüber endgültig die Freiheit. Er wird die Unabhängigkeit besitzen, in einer Welt, die man für geschlossen hält, das Offene zu bekennen. Er wird der Menschheit, die ihre Welt in lauter Einzelprobleme zerlegt hat, unter denen auch die Rede von Gott nur noch eines unter vielen ist, bezeugen, dass die Welt ein Ganzes ist und die Menschheit eins.

Christus im Kosmos

Das Problem freilich, ob denn mit dem alten Weltbild auch das Bild Gottes überholt und mit dem Gedanken von der Himmelfahrt noch etwas anzufangen sei, bleibt bestehen und will bedacht werden.

Wir sagen: Dadurch, dass Christus, der Auferstandene, in den Macht- und Liebesbereich Gottes einging, bekommt, was in Galiläa und Jerusalem geschah, Bedeutung für den Kosmos. Die letzte Macht liegt in der Hand Gottes, den wir durch Jesus Christus kennen, und dieser Gott ist nicht über den Sternen, jenseits von Liebe und Leid des Menschen, sondern hier auf dieser Erde. Christus thront »zur Rechten« des Vaters, der Vater aber, der »weiß, wessen wir bedürfen«, ist überall. Himmel ist die liebende Nähe Gottes, und die »Rechte« ist die Macht, die von dem nahen Gott ausgeht. Nichts aber, was dem Bild Gottes widerspricht, das in der Gestalt Christi sichtbar wurde, kann von Gott ausgehen. Freilich: Dies alles ist zunächst in einer stabilen, in sich ruhenden, geschichteten Welt gesprochen, die unseren heutigen Vorstellungen vom Kosmos nicht mehr entspricht.

Für uns ist die Welt ein Fluss von Entwicklungen, und die Gefahr, die wir fürchten, geht nicht von der Willkür erdnaher kosmischer Mächte, Geister und Dämonen aus, sondern von einer Entwicklung, die möglicherweise nicht gesteuert ist und von der niemand weiß, in welche Abhängigkeiten, Leiden und Katastrophen sie uns führen wird. Heißt die Macht, die diese Entwicklung steuert, Zufall? Heißt sie Brutalität, Gedankenlosigkeit, Egoismus von Menschen? Liegt ihr ein rätselhaftes Programm zugrunde, das über Schicksal und Hoffnung der Menschen kalt oder teilnahmslos hinweggeht – oder bedient sich dieses Programm gar der miserabelsten Gesinnungen und Fähigkeiten des Menschen, um den Menschen und seine Welt zugleich zugrunde zu richten? Ist das Experiment der Natur mit dem Menschen bereits gescheitert?

Und was bedeutet es, wenn wir, was uns von Christus bekannt ist, in das heutige Weltbild übersetzen? Für den antiken Menschen war »oben« zugleich die Gefahr und der Ort Gottes. Für uns Heutige ist die Gefahr gleichsam »vorne«, in der Zukunft, und eben von dort kommt uns derselbe Gott entgegen, der uns heute nahe ist.

Beides, »oben« und »vorn«, sind Bilder, das eine räumlich, das andere zeitlich gefasst. Der Gott aber, der für unser Empfinden in der Zukunft ist, hat die Bewegungen der Entwicklung und der Menschengeschichte in Gang gebracht. Auf ihn läuft die Zeit zu. Er ist der Vater, von dem Jesus Christus spricht. So glauben wir an die »Himmelfahrt«, wir glauben, dass Jesus Christus zur »Rechten Gottes« ist. Wir vertrauen Jesus, so vertrauen wir auch dem Gott, den er schildert, und gehen unserer Zukunft gelassen entgegen. Wir setzen unsere Kraft ein für das, was Arbeit an der Zukunft, Dienst an der Zukunft, Vorwegnahme der Zukunft ist.

Das Bild vom »Sitzen zur Rechten Gottes« drückt die Gewissheit der ersten Gemeinde aus, Christus werde ihr bis zum Ende der Tage auf dieser Erde beistehen. Es bedeutete das Ende der Angst vor den Menschen, vor Autoritäten und Mächten. Es bedeutete für sie den Abbau aller Herrschaft von Menschen über Menschen. Für uns, die nicht mehr in Autoritätsschichten denken, bedeutet derselbe Gedanke: Wenn Gott nicht »über« uns ist, sondern uns voraus, dann sind wir gewiss, dass Jesus Christus uns bis zum heutigen Tag vorausgeht, voraus ist, dass die ganze Entwicklung der Kirche ein durch Jahrtausende hin angelegtes »Nachfolgen« ist, ein Hinterhergehen. Wir werden Jesus Christus ohne Zweifel nicht einholen, wir wissen aber, in welche Richtung der Weg führt, auf dem wir ihm am Ende begegnen werden.

Das Bekenntnis zu dem Christus, der »zur Rechten Gottes« ist, bedeutet den Abbau aller Angst vor der Zukunft. Woher immer die Bedrohung kommen mag, Gott – der Gott mit den Zügen des Mannes aus Nazaret – ist immer schon dort. Glaube an Jesus Christus ist darum Hoffnung, und alle Arbeit für den Menschen geschieht in der Zuversicht, dass uns allen eine heilvolle Zukunft bevorsteht. Wir sagen damit: Es kann nichts geschehen, das nicht von ihm käme und das wir nicht aus seiner Hand entgegennehmen könnten.

Sagen wir aber: »Wer Gott ist, erkennen wir an Jesus Christus«, dann ist die Macht Gottes der Art, wie Jesus Christus die wirkliche Macht beschrieb: »Selig die Sanftmütigen, denn sie werden die Erde besitzen«, oder von der Art, die Paulus meint: »Er sprach zu mir: Meine Kraft ist in der Schwachheit vollendet.«

Wer heute darauf verzichtet, Illusionen von früher nachzuhängen, ist am Ende mit seinem Vertrauen auf die Macht der Waffen, auf die Vernunft der Menschen oder auf seine eigene Urteilskraft. Was nach dem Ende der Illusionen bleibt, ist das Leben, Leiden und Sterben Jesu. Ihn aber, den Wehrlosen, den Liebenden, sich Hingebenden, hat Gott »zu seiner Rechten« erhöht, ihn hat er als »König« eingesetzt. Das heißt: Er, der Wehrlose, Liebende, sich Opfernde, zeigt mit letzter Vollmacht, wohin der Weg der Menschheit in ihre Zukunft noch gehen kann, welchem Mittel der Machtausübung und der Weltgestaltung heute noch Zukunft innewohnt.

Im 7. Kapitel des Buches Daniel schildert der Prophet, wie die Mächte der Welt einander ablösen: Tieren ähnlich, die einander an Zähnen und Klauen, an roher Kraft und Brutalität übertreffen, denen aber am Ende einer folgt, der »ist wie ein Mensch«. Und dieser von Gott inthronisierte Herrscher kommt nicht aus dem Reich der Tiere, sondern von Gott. Er schafft Gerechtigkeit, er befreit. Er ist der »Menschensohn«, wie ja auch Jesus sich – nach ihm – nennt. Bei Jesus drückt sich Herrschaft in Güte aus, in Barmherzigkeit, im Lieben und Leiden, und eben an dieser Art Herrschaft werden die Reiche der Tiere vergehen. In der unscheinbaren Bruderschaft der Friedenschaffenden, der nach Gerechtigkeit Hungernden und Dürstenden liegt das Geheimnis der Zukunft, die sich nach dem Ende der auf Gewalt gegründeten Mächte auftut. Das »Reich Gottes«, das »Reich des Menschensohns«, das sind zwei Worte, die die Zukunft umschreiben, die Gott dem Menschen zugedacht hat. In ihm vereinigen sich mühelos die Weltbilder der Antike und der Moderne zur Hoffnung auf die Herrschaft des »zur Rechten Gottes« erhöhten Christus.

Wiederkunft

Der erstaunlichste unter den biblischen Texten, die davon sprechen, die Mitte der Schöpfung sei Christus, und wie die Welt durch Christus geschaffen sei, so werde sie am Ende auch durch ihn vollendet, ist das erste Kapitel des Briefs an die Epheser. Dort heißt es:

> Gepriesen sei Gott,
> der Vater unseres Herrn Jesus Christus,
> der uns gesegnet hat mit Segen des Geistes
> aus der himmlischen Welt durch Christus.
>
> Er hat uns erwählt vor Anfang der Welt,
> ihm zu gehören in Christus,
> heilig und rein vor seinem Angesicht.
> Aus Liebe bestimmte er uns zu Söhnen
> durch Christus, den Sohn. So war es sein Wille.
>
> Das Geheimnis seines Plans ließ er uns wissen.
> Was er beschlossen, zu tun, wenn die Zeit reif sei,
> das hat er enthüllt:
>
> Das All der Welt unter ein Haupt zu fassen,
> unter die Herrschaft des Christus,
> was im Himmel und auf Erden ist.

Nun sind wir Söhne in seinem Haus,
Widerschein seines Lichts, wir,
die ihm zugewandt stehen im Warten auf Christus …
Nun gehört auch ihr ihm,
heiligen Geist habt ihr empfangen,
die Ankündigung, das Pfand des Erbes,
das uns erwartet, der Freiheit, die uns bestimmt ist.
Wir aber rühmen seine Herrlichkeit.
Aus Epheser 1,1–14

Der Epheserbrief zieht eine Linie vom Anfang der Welt her und sagt: Ehe eine Welt war, war klar, was Gott mit uns erreichen wollte. Er zieht eine Linie vom gegenwärtigen Augenblick in die Zukunft und sagt: Der Sinn unseres Weges in die Zukunft ist eine Erwartung. Aus der Zukunft kommt das Licht Gottes, und wir sollen so in die Zukunft sehen, dass wir der Widerschein seines Lichts sind. Aus der Zukunft kommt Gefahr, gewiss. Aber ebendieser Gefahr wenden wir uns zu, denn aus ihr, mitten aus ihr, trifft uns das Licht.

Christus hat gesagt: Ich bin das Licht der Welt. Und er hat weiter gesagt: Ihr seid das Licht der Welt. In dem Maß nämlich, in dem ihr das Licht spiegelt, das euch entgegenkommt, in dem Maß, in dem ihr Erwartende seid, Widerschein seines Lichts.

Die Absicht Gottes war, so lesen wir im Epheserbrief – und wenn das zutrifft, ändert sich unser ganzes Verhältnis zur Welt von Grund auf –, das All der Welt unter ein Haupt zu fassen, unter die Herrschaft des Christus, was im Himmel und auf Erden ist. Es ist nichts anderes damit gesagt, als was das Neue Testament an anderer Stelle bekennt: Aufgefahren zum Himmel, sitzend zur Rechten Gottes. Es ist gesagt: Christus hat die Herrschaft; er wirkt, wie Gott wirkt. Er handelt an der Stelle Gottes, und zwar nicht nur an den Menschen, innerlich an ihren Herzen und Gewissen, sondern am Kosmos, an der Welt.

Carl Friedrich von Weizsäcker formulierte einmal das erstaunliche Wort, der entscheidende Glaubenssatz des Christentums, auf den heute alles ankomme, sei der von der Wiederkunft Christi. Was soll, so mag man fragen, ausgerechnet dieser seltsame Glaubenssatz einem modernen Menschen?

Als die erste Kirche ihren Glauben formulierte, am Anfang stehe der Wille und Plan Gottes, am Ende werde die Begegnung mit Jesus Christus stehen, da war sie gezwungen, dies mit ganz und gar untauglichen Mitteln zu schildern. Sie wusste sich ja nicht angesiedelt auf dieser Erde, sie wusste sich unterwegs, von einem Auftrag her und auf ein Ziel hin. Nun stellte man sich damals aber die Welt nicht als eine Bewegung von einem Anfang auf ein Ziel zu vor, sondern als ein gewaltiges, ruhendes, in sich kreisendes Gebäude. Für uns Heutige ist die Welt eine ungeheure Bewegung, ein Prozess; nicht ein Bauwerk oder ein Zustand, sondern eine Geschichte, und an dieser Veränderung unserer Vorstellungen von der Welt war, als die Naturwissenschaft ihren Aufschwung erlebte, die biblische Botschaft von der Schöpfung maßgeblich beteiligt.

Eigentlich, so will mir scheinen, hat der christliche Glaube heute zum ersten Mal die Möglichkeit, sich so auszudrücken, wie es ihm entspricht. Die Christen der ersten Kirche sprachen, weil sie eben als Kinder ihrer Zeit nicht anders denken konnten, von Himmelfahrt, vom Thronen zur Rechten Gottes, und sie sprachen, weil es damals niemand anders ausdrücken konnte, von der Wiederkunft des Christus von »oben« her. Sie waren ihrer Zeit um viele Jahrhunderte voraus, aber ihre Sprache war die ihrer Zeit.

Wenn aber Christus dort ist, wo Gott ist – und das sollte gesagt sein –, dann ist er am Anfang der Geschichte gewesen, ja vor der Welt, wie Gott vor der Welt war. Dann lag schon in der Erschaffung der Welt das Evangelium für die Menschen, die in ihr leben sollten.

Wenn Christus dort ist, wo Gott ist, dann ist er in der Zukunft, die dieser Welt bevorsteht. Dann ist klar, was über alle Gefahren und Katastrophen hinweg in der Zukunft sein wird: das Reich Gottes.

Wenn Christus dort ist, wo Gott ist, dann ist er heute bei uns, den auf der Erde Wandernden, als Bruder und Begleiter, dann ist uns »sein Geist« nahe, der Geist des Glaubens und der Zuversicht: »Heiligen Geist habt ihr empfangen, die Ankündigung, das Pfand des Erbes, das uns erwartet, der Freiheit, die uns bestimmt ist.«

In all den erstaunlichen Bildern drückt sich der Glaube aus, dass wir Menschen aus einem Plan Gottes kommen wie diese Welt überhaupt und dass wir auf ein Ziel zugehen, das Gott bestimmt hat: die Freiheit. Wir werden also den Sinn dieses Weges erkennen, wenn wir das Ziel, die Freiheit, erreichen.

Wir werden Gott begegnen, denn Gott hält uns umfangen von der Vergangenheit und von der Zukunft her. Dieser Gott aber wird nicht eine unbekannte Macht sein, nicht ein Zufall, nicht ein blindes Schicksal, er wird vielmehr das Gesicht tragen, das wir kennen: das Gesicht des Jesus Christus. Wir gehen also Christus entgegen. Wie das aussehen wird, können wir nicht wissen, und ich möchte vor all jenen warnen, die es zu wissen vorgeben. Aber es ist immerhin das einzig Gewisse, das die Zukunft für uns bereit hat.

Was hat sie denn bereit? Sicherlich im Einzelnen allerlei Gutes und Schönes, Mühseliges und Schmerzliches.

Glück. Elend. Gefahr für Leib und Leben, Gefahr für Menschen, die wir lieben. Vielleicht Arbeit und Einschränkung, vielleicht soziale Unruhe, sicher viel leichtfertiges Spiel mit dem Feuer am internationalen Pulverfass. Vielleicht zunehmenden Terror. Vielleicht noch mehr anonyme Gewalttat. Vielleicht Krieg. Vielleicht die endgültige Katastrophe. Wer will es ausschließen? Und sicher rings um den Erdball unendlich viel Hunger, Gewalt, Unrecht, Menschenquälerei und Menschenverachtung.

Aber eben angesichts dieser Zukunft bekennt der christliche Glaube, alles, was komme, trage zuletzt die Züge jenes Jesus von Nazaret, das Gesicht des Bruders, das Gesicht des Leidenden und Sterbenden, das Gesicht des Wiederkommenden, der uns entgegentritt aus der Zukunft, die Gott heißt. Wir brauchen den Mut, was wir von der Zukunft erwarten, wünschen oder befürchten, im Bild des Jesus Christus zu sehen, statt der Zeichen menschlicher Überheblichkeit oder der Bilder des Schreckens uns das Bild dessen vor Augen zu halten, der gesagt hat: Ich bin bei euch alle Tage bis an der Welt Ende.

Glaube an den Schöpfer des Himmels und der Erde will sagen: Wir glauben an den wirkenden Gott, der diese Welt erneuert und vollendet. Wie Gott es ist, der diese Welt hält und trägt, so wird es auch Gott sein, der die neue Welt schafft. Nur innerhalb seiner Hände sozusagen sind unsere Hände sinnvoll am Werk. Kein Friedensreich menschlicher Gerechtigkeit wird das göttliche Reich ersetzen oder vorwegnehmen.

Gott wird das Nichtige vernichten und, was aus der Liebe kam, retten. Darum gehört das sinnvolle Werk und die Zukunft allein dem Liebenden, und darum wird keine Tat und kein Zeichen der Liebe im Leben der

Menschheit oder des Menschen jemals verloren sein. An Jesus Christus, dem Wiederkommenden, wird sich zeigen, was Frucht war, was Bestand hat, was wert ist, zu bleiben, wenn die Welt versinkt. Ihm entgegenzugehen ist nicht nur der Auftrag, den wir erfüllen sollen, es ist auch das Einzige, das letzten Endes jene Erfüllung bringen wird, die Jesus Christus uns verheißen hat.

Gegenwart des Geistes

Taube, Wind und Feuer

Was der Geist Gottes sei, das beschreibt die Bibel auf dem Umwege über Bilder. Sie zeigt ein Bild, sie nimmt es zurück, sie breitet ein anderes aus. Wer etwa die Abschiedsreden im Johannesevangelium liest, kann es beobachten.

Dort wird nicht erzählt, nicht erklärt, nicht gepredigt, nicht über Glaubensfragen Aufschluss gegeben. Da erscheinen vielmehr Bilder. Immer wieder taucht ein Gedanke auf, versinkt wieder, ein zweiter kommt, tritt wieder zurück, der erste kommt in verwandelter Gestalt wieder. Es ist wie beim Wellenschlag eines Meeres. Wellen dringen gegen das Ufer vor, verlaufen sich, kommen wieder, rinnen wieder zurück. Immer wieder kommt eine andere Wirklichkeit herauf und verbirgt sich danach hinter einer anderen, die heraufkommt.

»Wenn aber der Tröster kommen wird, der Geist der Wahrheit, der vom Vater ausgeht, wird er von mir zeugen.« Manchmal will es scheinen, in diesem Geist stehe eine eigene Person vor uns, manchmal, er sei eine Gabe Gottes, die im Menschen wohnt, manchmal, »Geist« sei eigentlich nur ein neuer Name für Christus selbst, der im Menschen und beim Menschen bleibt. Wer ist das eigentlich, dieser Wanderer Geist, der nirgends bleibt, der kommt, wenn er gebeten wird und es ihm gefällt, der weiterzieht, den niemand besitzt, den niemand festhält und dem niemand eine Grenze setzt? Wer ist dieser Geist, der doch allein über Gott reden kann, der scheinbar ohne Wahl einmal hier und einmal dort spricht und dabei von Ort zu Ort und von Epoche zu Epoche so verschieden?

Eigentlich möchte man Gott für »allmächtig« halten.

Man möchte denken, die Welt, die doch nur lebt, weil er sie trägt, die kein Blatt auf einem Baum und kein Wort aus der Kehle eines Menschen hervorbrächte ohne ihn, müsse in die Knie gehen, sobald er sich kundtue. Aber offenbar stellen wir uns unter »Allmacht« nur die unendlich gesteigerte Macht eines Menschen vor und nichts, das mit Gott zu tun hätte. Fast ist es, als lege Gott, wenn er zu den Menschen kommt, gleichsam vor dem Tor seine Macht nieder, als gehe er wehrlos zu den Menschen, sodass sie fähig sind, sich ihm zu verschließen oder sich ihm zu öffnen. So, dass er »in sein Eigentum« kommt und die Seinen, wie Johannes sagt, die Freiheit haben, ihn nicht aufzunehmen. Mit der Wahrheit kommt etwas sehr Verletzliches in die Welt. Unendlich viel läge daran, dass sie Aufnahme fände, aber wir Menschen brauchen nur die Tür zu schließen, und wir sind allein wie zuvor und können sagen: Es ist kein Gott. Es ist keine Wahrheit.

Eigentlich möchte man Gott für »allgegenwärtig« halten. Aber wenn Jesus vom Geist Gottes spricht, sagt er: »Wenn der Tröster kommen wird …« Was mag das Wort »kommen« oder das Wort »gehen« bedeuten, wenn vom Geist Gottes die Rede ist? Der Geist ist doch in Wahrheit Gott selbst – wie kann er kommen und gehen? Aber ebendies ist das Seltsame: Jesus spricht von einem Gott, der kommt oder geht, der schweigt oder redet, der nah ist oder fern, der vor der Tür steht und eintritt oder sich anderswohin begibt. Und er nennt diesen kommenden und gehenden Gott den »Geist«.

Vielleicht ist der Grund für das Schwebende an diesen Bildern von Gott der, dass mit dem Wort »Geist« nicht nur Gott bezeichnet werden soll, sondern auf eine sehr eigentümliche Weise auch der Mensch. Geist Gottes – das ist gleichsam das Überschneidungsgebiet zwischen Gott und Mensch, und die unscharfen, wechselnden Bilder vom Geist Gottes sind Bilder von Gott und vom Menschen zugleich.

Jesus steht im Jordan und lässt sich von Johannes taufen. Während er im Wasser steht, sieht er, wie der Himmel sich auftut und der Geist Gottes herabkommt – wie eine Taube, sagt das eine Evangelium, in der Gestalt einer Taube, sagt ein anderes, in der Weise, wie eine Taube sich herabschwingt, scheint ein drittes zu meinen. Eine Stimme spricht: »Dies ist mein lieber Sohn, den ich erwählt habe.« Und dies, so setzt Paulus die Geschichte fort, gilt für alle Menschen, die mit Christus im Wasser des Leidens und des Todes, im Wasser dieser Welt stehen. Die Taube, die sich herabschwingt als Zeichen des erwählenden, rettenden, mit Leben und Freiheit beschenkenden Gottesgeistes, ist zugleich Zeichen des Geistes, der nun im Menschen selbst ist und ohne den der Mensch nicht mehr gedacht werden kann: Zeichen des erwählten, geretteten, lebendigen und freien Menschen, des Sohnes Gottes selbst. Wer vom Menschen spricht, darf nicht von etwas sprechen, das geringer ist als dies.

»Der Wind bläst«, sagt Jesus zu Nikodemus, »und du hörst sein Sausen wohl, aber du weißt nicht, woher er kommt und wohin er geht.« Aber Jesus fährt nicht etwa fort: So ist der Geist Gottes, sondern er sagt – und dies ist immer wieder übersehen und überhört worden –: »So ist jeder, der aus dem Geist geboren ist.« Er beschreibt, indem er vom Geist Gottes spricht, den Menschen, der aus dem Geist lebt. Ungreifbar ist der Wind. Ungreifbar ein Mensch, der aus dem Geist lebt. Niemand weiß, auch der Mensch selbst nicht, wohin der Geist ihn führen, wer er also selbst sein wird. Er wird sich ihm überlassen. Er wird mitgehen. Er versteht sich aus einer Ferne her, die keiner kennt, und auf ein Ziel zu, das keiner ermisst. Wer vom Menschen spricht und ihn auf ein Maß, auf ein erkennbares Wesen festlegen will, hat von seinem Geheimnis nichts verstanden.

Die Pfingstgeschichte schildert, in den verschlossenen Raum, in dem sich Christen versammelt hätten, sei ein Feuer hineingefahren und die Menschen seien verwandelt worden wie Metall in der Glut. Ängstliche Menschen standen auf und redeten, verzagte traten einer Welt entgegen, ein schwaches Häuflein verkündigte die Kraft Gottes mit Freimut und Entschiedenheit. Das ist das Werk des Geistes. Er wirkt schöpferisch, zündend, bewegend. Es gibt kein genaueres Bild als das Feuer. Aber das Feuer ist nicht nur ein Bild für den Geist Gottes, sondern auch für den Menschen, der vom Geist entzündet ist. Luther sagt: »Der heilige Geist ist die Flamme des Herzens, das Lust hat zu dem, was Gott gefällt.« Wer vom Menschen spricht, rührt an das Bild des Feuers, des göttlichen Geistes, der ihm zugesagt ist.

Taube, Wind und Feuer: Bilder für Gott, Bilder für den Geist, Bilder für den Menschen. Wer kann das trennen? Wer über den Menschen Wahres aussagen will, wer ihn verstehen, wer seine Bestimmung ahnen will, kann die Bilder, in denen Gott sich uns erschließt, nicht außer Acht lassen. Er kann die Geschichte von jenem ersten Tag der Woche, an dem der Tote zum Leben aufstand, nicht ausklammern, denn damals wurde offenbar, was Gott mit dem Menschen meint. Und wer heute niedriger ansetzt, wenn er vom Menschen spricht, greift zu niedrig.

Der Geist und das Wasser

Es begab sich, dass Johannes der Täufer in der Wüste auftrat und die Taufe ausrief als Zeichen der Umkehr und der Vergebung der Sünden, und ganz Judäa und Jerusalem kamen zu ihm, ließen sich im Jordan taufen und bekannten ihre Sünden ... Und Johannes rief: Der Stärkere kommt nach mir! ... Ich taufe euch mit Wasser, er aber wird euch mit dem heiligen Geist taufen. In jenen Tagen kam Jesus aus Nazaret und ließ sich von Johannes im Jordan taufen. Als er wieder aus dem Wasser stieg, sah er, wie der Himmel sich auftat und der Geist auf ihn herabkam, wie eine Taube herabfährt. Und er hörte aus dem Himmel eine Stimme: Du bist mein Sohn, mein geliebter, den ich erwählt habe. Und sogleich trieb ihn der Geist in die Wüste, und er war vierzig Tage in der Wüste, vom Satan bedrängt ...
Markus 1,1–13

Wenige Kilometer entfernt von jener Stelle am Jordan lag das Kloster Qumran, in welchem seit hundertachtzig Jahren die Essener lebten, leidenschaftlich auf den Einbruch des Gottesreiches wartend, auf den letzten Krieg zwischen den Söhnen des Lichts und den Söhnen der Finsternis. Ihr äußeres Kennzeichen waren ihre weißen Gewänder und waren die Tauchbäder, in welchen sie täglich ihre Reinheit erneuerten, um täglich bereit zu sein für den heiligen Krieg.

Es ist nicht unmöglich, dass Johannes dorther kam, sicher aber hat er dann mit dem Orden gebrochen, denn er trat als ein Einzelgänger auf, und seine Taufe hatte mit den Tauchbädern der Essener nichts zu tun. Aus dem exklusiven Tauchbad der Heiligen wurde bei ihm eine Bußtaufe für die breite Masse, und sie war nicht der Anfang mönchischen Lebens, sondern führte wieder zurück in das weltliche, nach Auffassung der Essener dem Bösen verfallene Dasein in der Stadt.

Es ist auch nicht auszuschließen, dass Jesus eine Zeit lang zum Kreis um Johannes gehört hat; aber wiederum ist die Taufe, von der er später spricht, auf keine Weise aus der Taufe des Johannes zu erklären. Johannes taufte, weil die Menschen angesichts des nahen Gerichts der Vergebung bedurften. Seine Taufe war ein Zeichen der Rettung aus der großen Masse einer dem Gericht und dem Untergang verfallenen Menschheit.

Für Jesus geschah, als er getauft wurde, etwas gänzlich anderes. In jener Stunde wurde ihm gewiss, dass der Geist wiederkehrt und er, der Christus, erwählt sei, das Reich auszurufen. Der Geist war es, der ihn danach in die Wüste trieb, in der er letzte Klarheit über seinen Auftrag gewinnen sollte. Der Geist war es, der ihn nach Galiläa sandte, und als er dort nach Nazaret kam, las er in der Synagoge das Wort: »Der Geist des Herrn ruht auf mir …«

Die Taufe scheint danach im Kreis der Jünger keine Rolle gespielt zu haben. Als Jesus die Fischer am See oder den Zöllner Levi von der Zollstelle weg zu sich rief, taufte er sie nicht. Sie gerieten durch den Ruf Jesu in den Wirkungskreis des Geistes und wurden ausgesandt, wie Jesus selbst die Nähe des Reiches und die Gegenwart des Geistes Gottes unter den Menschen auszurufen und bekannt zu machen.

Nur in einem bestimmten Zusammenhang sprach Jesus später wieder von der Taufe, und da geschah es genau in jenem Sinn, der danach für die Taufe in der Urchristenheit bestimmend wurde: »Ich muss mich taufen lassen mit einer Taufe, und wie ist mir so bang, bis sie vollendet wird« *(Lukas 10,50)*.

Als ihn die Söhne des Zebedäus baten, im Reiche Gottes zu seiner Rechten sitzen zu dürfen, antwortete Jesus:

> Ihr wisst nicht, was ihr bittet. Könnt ihr den Kelch trinken, den ich trinke, und euch taufen lassen mit der Taufe, mit der ich getauft werde?
> *Markus 10,38*

Und im Streitgespräch mit den Schriftgelehrten sagte Jesus:

> Dieses böse und bundesbrüchige Geschlecht sucht ein Zeichen. Es wird ihm keines gegeben werden außer dem Zeichen des Propheten Jona. Denn wie Jona drei Tage und drei Nächte im Bauch des Walfischs war, so wird des Menschen Sohn drei Tage und drei Nächte in der Erde sein.
> *Matthäus 12,39–40*

Getauftwerden, Untergehen im Tode oder dem Ungeheuer der Tiefe zum Opfer fallen ist eins. Jedes Wort deutet Tod und Auferstehung Christi als den Sinn und die Richtung seines Weges. Und ebendies greift Paulus in seinem Brief an die Römer unverändert wieder auf:

> Wisst ihr nicht, dass wir alle, die auf Christus Jesus getauft sind, in seinen Tod hinein getauft sind? Wir sind ja mit ihm durch die Taufe in seinen Tod hinein begraben, damit auch wir, wie Christus von den Toten erweckt wurde …, ein neues Leben gewinnen und ihm gemäß handeln.
> *Römer 6,3–4*

Durch die Taufe sind wir mit Christus gestorben und auferstanden. Wir werden also, folgert Paulus, mit unserem Leben das Neue zeigen und so nicht nur den Anfang der Hoffnung finden, sondern auch das Maß unseres Handelns. Es gibt im Grunde kein Gut und Böse im Sinne einer weltlichen Moral, sondern nur ein Handeln, das bezeugt: Ich bin mit Christus auferstanden. Weder dem Tode noch dem Bösen räume ich Macht ein über mich. Ob ein Handeln christlich zu nennen sei, entscheidet sich hier.

Aber die Taufe Jesu ist Modell der christlichen Taufe noch in einem weiteren Sinn. In der Urgemeinde gab es die Auffassung, in der Taufe sei Jesus, der Mensch, sozusagen von Gott zum Sohn adoptiert worden, und so werde der Mensch in der Taufe zum Sohn, zur Tochter Gottes durch den Geist. Es muss wohl in jener ersten Zeit Sitte gewesen sein, dass der Täufling ins Wasser trat und dort den Vater anrief. War aber ein Mensch zu diesem Ruf »Vater« fähig, dann war er es durch den Geist Gottes selbst. Wer also aus der Taufe Gott als den Vater anrief, war von da an sein Kind. Er galt als wiedergeboren.

> Welche der Geist Gottes treibt, die sind Söhne Gottes. Sein Geist hat euch zu Söhnen gemacht und gibt uns die Freiheit, zu rufen: Vater!
> *Römer 8,14–15*

Der Geist schwebt wieder über dem Wasser, und aus dem Munde des Täuflings ruft Gottes Geist selbst stellvertretend Gott als den Vater dieses Menschen an.

Man hat immer wieder gefragt, ob denn die Taufe wirklich auf Jesus selbst zurückgehe, denn die eigentlich klassische Stelle, an der Jesus die Taufe einsetzt, könne – das ist nicht auszuschließen – in dieser Form erst in späteren Zeiten, eine oder zwei Generationen nach Jesus, niedergeschrieben worden sein. Die Stelle berichtet, Jesus sei den Jüngern auf einem Berg in Galiläa zum letzten Mal erschienen:

> Und Jesus trat zu ihnen und sprach: Mir ist im Himmel wie auf Erden alle Macht gegeben. Darum geht und macht alle Völker zu Jüngern; tauft sie auf den Namen des Vaters und

des Sohnes und des Heiligen Geistes und lehrt sie, alles zu halten, was ich euch geboten habe. Und haltet fest: Ich bin bei euch alle Tage bis ans Ende der Welt.
Matthäus 28,18–20

Wer hat dieses Wort gesprochen? Jesus – oder seine Kirche? Jesus hatte gesagt, der Geist Gottes werde die Jünger »erinnern«. Er selbst werde es sein, der im Geist zu ihnen spreche. Wessen Stimme sprach nun, wenn die Gemeinde der Christen den Willen ihres Meisters in Worte fasste? War es nicht eben das, was sie von ihm selbst gesehen und gehört hatte: dass das Zeichen des Todes sich in das Zeichen des Lebens gewandelt hatte und dass dies weiterzutragen sei mit dem Wort und dem Zeichen der Taufe?

Ich sehe hier nichts, das nicht während der Wirksamkeit Jesu in Galiläa schon da gewesen und in den Tagen nach Ostern bestätigt worden wäre. Dies scheint mir deutlich zu sein: Christus ist den Seinen erschienen, und es kann füglich nicht bezweifelt werden, dass sie in diesen Begegnungen Klarheit empfingen über das Gewesene und das Kommende. Wo aber Erkenntnis Gottes im Geist und Herzen eines Menschen geschieht, können wir, was Gott spricht und was ein Mensch denkt, nicht trennen, und es scheint mir noch immer die genaueste Deutung, die wir einem solchen Vorgang geben können, wenn danach berichtet wird: »Und Jesus sprach ...«

Fragen wir aber nach dem Wesen des Menschen und nach dem Sinn seines Weges, dann schildert ihn die Taufe als ein Wesen, das, umschlossen vom Tod, auf das Leben hinschaut, bedroht und gerettet zugleich, Glied dieser und zugleich einer kommenden Welt des Leben schaffenden Geistes Gottes. Sichtbar ist nie das Ganze. Der Mensch will geglaubt sein. Wer den Menschen beschreibt als den, den er sieht, greift zu kurz.

»Empfangen vom Heiligen Geist«

Sein tiefstes Geheimnis freilich wird in jener sehr vertrauten und sehr fremden Geschichte angerührt, die wir einander an Weihnachten erzählen und zu deuten suchen:

> Gott sandte den Engel Gabriel nach Nazaret, zu einem Mädchen, das mit einem Mann aus dem Stamm Davids verlobt war. Das Mädchen hieß Maria. Der Engel kam in ihr Haus, erschien ihr und redete sie an: Sei gegrüßt, du Gesegnete, der Herr ist mit dir! Sie aber erschrak, als sie die Stimme hörte, und wusste nicht, was der Gruß bedeuten solle. Und der Engel fuhr fort: Fürchte dich nicht, Maria. Gott ist dir freundlich; seine Liebe gehört dir! Gib acht! Du wirst schwanger werden und einen Sohn zur Welt bringen. Dem sollst du den Namen Jesus geben. Er wird Macht haben aus Gottes Macht, und man wird ihn Gottes Sohn nennen. Gott, der Herr, wird ihm Reich und Herrschaft Davids geben. Er wird Herr sein über das heilige Volk, und sein Reich wird kein Ende haben. Da sprach Maria zu dem Engel: Wie soll das geschehen? Ich bin mit keinem Mann zusammengewesen. Der Engel antwortete ihr: Heiliger Geist wird über dich kommen und die schaffende Kraft des Höchsten wie ein Schatten über dir sein. Darum wird dein Kind heilig heißen und Sohn Gottes … Denn nichts ist unmöglich bei Gott. Maria aber sprach: Ich bin des Herrn Magd. Mir geschehe, wie du gesagt hast. Und der Engel schied von ihr.
> *Lukas 1,26–38*

Die Diskussion über diese Geschichte erschöpft sich in der Regel in der Frage: Kann das wahr sein? Die Antwort kann dann lauten: Ja, so ist das geschehen. Gabriel kam vom Himmel, ging zu Maria in die Kammer und sprach zu ihr, mit großen Flügeln und in weißem Gewand, wie ihn die gotischen Maler schildern. Die Antwort kann auch lauten: Das alles ist fromme Phantasie, Legende, bestenfalls Symbol. Aber beide Antworten scheinen mir zu einfach.

Zunächst ist das Bildmaterial dieser und der nachfolgenden Weihnachtsgeschichte von der Geburt im Stall, von den Hirten und den Weisen zu voll mit Sinn und Bedeutung, als dass es erlaubt sein könnte, abschätzig von »frommer Phantasie« zu sprechen. Vielleicht ist diese einfache Geschichte überhaupt die erstaunlichste kosmische Zusammenschau, die je irgendwo versucht worden ist. Von Gott über die Engel und die Menschen bis zum Tier reicht die Spannweite. Der Palast steht in der Szenerie ebenso wie der Tempel, die Herberge, der Stall und der Pferch auf dem Feld. Die Weisen aus dem Zweistromland, der Kaiser in Rom, der König in Jerusalem, die Schriftgelehrten und die Hirten, die Mächtigsten und die Ärmsten, dazwischen das einsame Herz eines Mädchens mit ihrem Kind; Wissenschaft, Politik, fromme Erwartung, öffentlicher Kult und persönlichste Erfahrung eines Worts von Gott, eine fremde Astralreligion und die jüdische Messiaserwartung – dies alles und noch mehr verbindet sich, strömt zusammen, es schießt zusammen wie in einem Strahlenbündel, und im Schnittpunkt der vielen Lichter leuchtet die Bedeutung eines kleinen Einzelmenschen für eine ganze Menschheit und Welt auf. In einem vielleicht fünfzehnjährigen Kind, genannt Maria, sammelt sich alles, und zwar, wie wir aus den Berichten über Marias späteres Leben vermuten, ohne ihr wirklich bewusst zu werden. Ein kleiner Mensch aus einem kleinen Volk, wie zufällig herausgegriffen, ist das Maß aller Dinge, und zwar nicht, weil er ein bedeutender Geist wäre, sondern eben als der wehrlose, heimatlose, arme Mensch, der sein seltsames, missverständliches, bedrohliches, großes Schicksal trägt. Es genügt nicht, zuzugestehen, dies sei eine Legende von zauberhafter Schönheit. Wer je angefangen hat, die Bilder zu sehen, in denen das Wichtige, das Heilvolle, das Große in der Seele des Menschen und in der Welt aufscheint, der wird vor dieser Geschichte sehr behutsam stehen bleiben und hoffen und wünschen, sie möge sich ihm doch auf irgendeine Weise erschließen.

Was mag hinter dieser Geschichte stehen, etwa dann, wenn man nicht von einem Engel sprechen mag und sich zurechtlegt, wie es wohl in Maria zu der Überzeugung gekommen sein mag, ihr Kind sei der Messias? Sie wusste, wie jedes junge Mädchen ihres Volkes es wusste, dass jede Mutter in Israel die Mutter des Messias sein konnte. Sie war verlobt mit einem Mann aus der Familie Davids und bezog nun in einem unglaublichen Akt der Hingabe und des Stolzes die ganze Verheißung des Alten Testaments auf sich. Sie nahm ernst, was dort steht, und sagte: Ich bin diejenige. Ich bin die Empfängerin des Geistes Gottes, aus dem der Messias kommen wird. Es geht doch wohl psychologisch nicht recht auf, dass dieses junge Mädchen, ohne mit einem Mann zusammen gewesen zu sein, sich so intensiv mit dem Kind beschäftigt, das sie bekommen wird, in dem Gedanken: Bei Gott ist nichts unmöglich. Und dann geht sie ihren Weg im Zwielicht zwischen Heiligkeit und Unmoral, zwischen höchstem Triumph und tödlicher Gefahr, und ihr Sohn kommt nicht nur gegen die Natur, sondern auch gegen Moral und Gesetz auf diese Welt.

So oder ähnlich ließe sich die Geschichte erzählen. Ob sie sich glauben lässt, ist eine andere Frage. Und auf alle Fälle ist der Weg, den wir heutigen Menschen zurückzulegen haben, ehe wir ein Geschehen dieser Art begreifen, so weit und mühsam, dass es mir nicht erlaubt scheint, an dieser Stelle das Maß anzusetzen und zu sagen: Wer dies nicht glaubt, ist kein Christ. Ich kenne viele, die das »empfangen vom Heiligen Geist, geboren von der Jungfrau Maria« selbstverständlich glauben. Ich kenne aber niemanden (wirklich: niemanden), der diesen Glaubenssatz transparent zu machen verstünde. Solange aber wir Glaubenden nicht deuten können, was wir glauben, eignen wir uns nicht zu Richtern über den Glauben oder Unglauben anderer.

Wir erinnern uns an die Art und Weise, in der die Evangelien von Wundern berichten. Da lesen wir die Geschichte vom Wandeln Jesu auf dem Meer und unterscheiden, wie wir es getan haben, das Wunder vom Bericht über das Wunder, das Wunder von seiner Deutung. Das Wunder war, dass die Jünger Jesus sahen und hörten, dass er bei ihnen war. Nicht in ihrer Einbildung, sondern wirklich. Diese Erfahrung aber versuchten sie zu deuten: Wenn ringsum Wasser ist und Jesus zu uns kommt, muss er »auf dem Wasser gehen« können. Also kam Jesus über die Wellen »gegangen«.

Das bedeutet, wenn wir es auf die Weihnachtsgeschichte übertragen: Der eigentliche Glaubenssatz, um dessen Deutung es geht, ist der, dass Jesus »aus dem Heiligen Geist« sei, dass er das Wunder eines besonderen Schöpfungsaktes Gottes sei, dass wer mit ihm zu tun bekomme, dabei Gott begegne. Ich meine in der Tat, der Satz des Glaubensbekenntnisses »empfangen vom Heiligen Geist« sei für das Bekenntnis zu Christus unentbehrlich. Aber nun versuchten jene ersten Christen, die vor diesem Wunder standen, eine Deutung: »Empfangen vom Heiligen Geist«, das musste heißen: Nicht empfangen von einem Mann! Es musste heißen: An die Stelle des zeugenden Mannes trat der Geist, Jesus ist geboren »aus Maria, der Jungfrau«.

Diese Deutung erwies sich der Kirche im Laufe der Zeit als unzureichend. Sie nahm den Geist Gottes in Anspruch für den Ursprung Jesu und traute ihm doch nicht. Der Mann, der Mensch, musste als Konkurrent des Geistes ausscheiden. Aber was war mit der Frau? Hatte Jesus nun auf dem Wege über seine Mutter nicht doch wieder teil an aller Unzulänglichkeit und Schuldhaftigkeit der Menschen? So musste nun Maria sündlos gewesen sein, unbefleckt, ohne Makel empfangen und vom ersten Augenblick an, in dem ihre Mutter sie trug, durch besondere Gnade Gottes ausgesondert aus der Menschheit.

Was man dabei gewann, war die Göttlichkeit Jesu, was man verlor, war seine Menschlichkeit. Die Deutung überwucherte das Wunder selbst, und das Wunder erstickte darunter: das Wunder, dass hier einer ein ganzer Mensch und doch ganz und gar Wunder Gottes war. Die Deutung, nämlich der Glaube an das »geboren aus Maria, der Jungfrau«, überwucherte das »empfangen vom Heiligen Geist«, und übrig blieb ein nicht mehr deutbares, unendlich vielen Menschen als Last zugemutetes Dogma.

Aber das eigentliche Geschehen im Hintergrund der Geschichte meint ja nicht den bloß biologischen Vorgang, es meint ja einen Einbruch des Geistes Gottes, der Leib, Seele und Geist in gleichem Maß ergriff. Und das Wunder war, dass ein Menschenkind Gottes Geist empfing und den Träger des Geistes Gottes zur Welt brachte, als endlicher Mensch fähig, das Unendliche zu fassen.

Auf der anderen Seite sollten wir nicht erwarten, der Verzicht auf das »geboren aus Maria, der Jungfrau« mache den Glauben an die Herkunft Christi »natürlich«. Wir sollten nicht erwarten, nun komme doch endlich der Verstand des Menschen zu seinem Recht. Was wissen wir denn über das Wirken und Schaffen Gottes? Wenn ein

Gott ist, wenn es Zeichen der Wirksamkeit Gottes in dieser Welt und in der Seele von Menschen gibt – was wissen wir denn, wie dieser Gott wirkt? Und wenn wir wissen, dass Gott zu Menschen spricht, wenn wir wissen, dass es in der Seele des Menschen offenbarende Bilder gibt, Träume, in denen Erkenntnisse vermittelt werden, Einsichten, Entschlüsse – was wissen wir denn, auf welche Weise ein Menschenkind wie diese Maria zu seinem Glauben kam? Wer weiß denn eigentlich, wie der Zusammenhang zwischen schöpferischen Vorgängen in der Tiefe der menschlichen Seele und dem Leib eines Menschen geartet ist? Hat nicht das Leben überhaupt die Tendenz, Unwahrscheinliches hervorzubringen, auf nie da gewesene Weise sich selbst fortzusetzen, das nicht Vorhersagbare zu verwirklichen? Ist das nicht sein Gesetz? Macht nicht ebendiese letzte Undurchschaubarkeit eben das Leben aus? Und ist das »Unmögliche« rätselhafter, ist es schwerer deutbar als das, was sich scheinbar »normal« in naturgesetzlicher Regelmäßigkeit abspielt?

Ich persönlich möchte annehmen, dass in die zauberhafte Geschichte sehr viel mehr Einsicht gefasst ist, als wir kopflastigen, verbildeten Mitteleuropäer in unserer intellektuellen Armut ihr bestenfalls entgegenbringen. Ich gestehe gern: Ich weiß es nicht, wie das war mit dem Engel. Aber ich bin überzeugt, dass Engel sind, so wahr Gott zu Menschen spricht. Ich möchte die Sache mit der Jungfrauengeburt offenlassen. Sie ist der Versuch einer Deutung, gewiss. Aber was weiß ich, wie viel in eine Deutung von Wahrheit eingefangen sein mag? Ich weiß auch nicht, was dahintersteht, wenn da von den Magiern aus dem Osten und vom Stern erzählt wird. Ob in der Welt leiblicher Menschen geschehen ist, was da erzählt wird, ob ein Geschehen in der Tiefe der Seele eines Menschenkindes oder gar in der Tiefe der Seele der Menschheit umschrieben wird mit dieser Geschichte, wie will ich das ergründen? Und ich gestehe umgekehrt auch dies, dass Jesus, der erwachsene Meister, für mich nicht im Geringsten ein anderer wäre ohne die Weihnachtsgeschichte und all ihre Hintergründigkeit. Für mich steht die Alternative zum »geboren aus Maria, der Jungfrau« in dem Bericht über jenes nächtliche Gespräch Jesu mit Nikodemus, wo es um den Menschen geht, der »aus dem Geist geboren ist«, und um des Menschen Sohn, der »vom Himmel herniedergekommen ist«, den »eingeborenen Sohn«, der dahingegeben wird, damit, die an ihn glauben, nicht verloren gehen, sondern ewiges Leben haben: empfangen vom Geist, Träger des Geistes, Vermittler des Geistes, Neuschöpfer aus dem Geist.

Da steht also plötzlich an einem bestimmten Punkt der Menschheitsgeschichte der Mensch selbst da als der, der er eigentlich sein sollte. Als das Urbild Christus. Woher mag er kommen? Aus der Richtung, in der wir Gott denken. Aus der Richtung, aus der wir den Geist Gottes erbitten und empfangen. Man wird sie wohl kaum genauer bezeichnen können als mit dem Bekenntnis »empfangen vom Heiligen Geist«. Das Wort ist tiefer, als wir loten, das steht fest, und hier dürfte wohl die Stelle sein, an der sich das Schloss bewegt, wenn Gott eines Tages die Tür öffnet. Aber ist das andere, das »geboren aus der Jungfrau Maria«, demgegenüber nicht doch entbehrlich? Vielleicht. Vielleicht nicht. Ich lasse es stehen und spreche, in der Hoffnung, nicht dumm und oberflächlich missverstanden zu werden, die alten Worte mit: »Empfangen vom Heiligen Geist. Geboren aus Maria, der Jungfrau.« Und ich ehre das Geheimnis, dass aus dem Quellort der Liebe Gottes ein Mensch tritt, ein Bruder der Menschen, um ihnen zu sagen, dass Gottes Liebe für sie da sei.

Liebe ist kein Wort für eine Idylle. Der Lobgesang des Simeon, von dem Lukas danach berichtet, deutet die Richtung an, in der die Weihnachtsgeschichte weitergehen wird.

> Gib acht! Dieser ist Tod und Leben für viele in Israel, ein Zeichen Gottes, Widerspruch weckend, das die Gedanken verrät in den Herzen vieler. Und ein Schwert wird dringen auch durch deine Seele.
> *Lukas 2,34–35*

Die Sinnrichtung der Weihnachtsgeschichte offenbart sich in der Passion. Das Schicksal der Maria offenbart sich als ein Leid, das eins ist mit dem Leiden ihres Sohnes, ihres Volkes oder dieser ganzen Welt. Das Licht kommt immerhin in die Finsternis, die Gnade in eine Welt der Gewalt, und erst aus der Überwindung abgründigen Unheils leuchtet das Heil auf.

Handeln aus dem Geist

Wer der Mensch sei, das haben wir vom Geist Gottes aus, der ihm verliehen ist, beschrieben. Was dieser Mensch nun tun wird, das werden wir darum sachgemäß von dem aus beschreiben, was der Geist Gottes tut. Nicht das ist also die Frage, ob die Liebe eine christliche Tugend sei und ob es Liebe nicht vielleicht auch unter anderen Menschen gebe, sondern in welchem Sinn und auf welche Weise der Geist Gottes ein Geist des Liebens sei und also der vom Geist Gottes ergriffene

Mensch ein liebender sein werde. Sinn und Weise des Liebens aber wird offenbar in Jesus Christus. Nicht das beschäftigt uns, ob Hoffnung eine christliche Tugend sei, sondern was es bedeutet, dass Christus vom Ziel der Geschichte her auf uns zukommt und uns in der Praxis des Tages für die Zukunft in Anspruch nimmt.

Christus ist »zum Himmel aufgefahren«. Das bedeutet: Es kann für uns nicht ausreichen, das Zweckmäßige, das Machbare zu tun, das im Augenblick Notwendige. Es gibt für uns einige Gesichtspunkte, die nicht an den Erfordernissen des Tages abzulesen sind, sondern weiter her, aus der Zukunft abzuleiten.

Christus »sitzt zur Rechten Gottes«. Das bedeutet: Es kann für uns nicht ausreichen, einen Katalog richtiger und guter christlicher Taten aufzustellen, dem wir dann mehr oder minder genau und überzeugend nachleben. Wenn ein Christ handelt, ist er nicht durch ein moralisches Gesetz bestimmt, sondern von den Aufträgen, die die Zukunft stellt und die heute und hier auf dieser Erde handfest erfüllt werden müssen.

Christus »sandte den Geist«. Er wirkt also gleichsam von oben herein in unser Gewissen, und das Gewissen wird nie endgültig von sich aus wissen, was der Wille Christi ist. Er wirkt gleichsam von vorn, von der Zukunft her in unsere Pläne hinein, und niemals wird der planende Mensch wissen, ob nicht die nächste Stunde von ihm ein Handeln gegen alle seine Pläne fordern wird. Denn das »Obere« soll ins »Untere« gelangen, das Künftige ins Gegenwärtige, und christliches Handeln beruht nicht auf dem Wissen um ein sittliches Gesetz, sondern auf dem Glauben an den Geist, den schöpferischen, den hereinbrechenden, an den Geist, der, dem Menschen gleich, der von ihm erfüllt ist, als Taube beschrieben wird, als Feuer oder Wind. Ein Mensch aber, der sich vom Geist Gottes bestimmen lässt, ist fremd in der Welt, in der so andere Maßstäbe gelten, und er ist zugleich wie kein anderer in der Welt, die eine Welt Gottes ist, zu Hause.

Christus ist »empfangen vom Heiligen Geist«. »Er legte sein Vorrecht, Gott gleich zu sein, ab und nahm die Gestalt eines Knechts an«, schreibt Paulus. »Er wurde ein Mensch unter Menschen.« Nimmt ein Christ also das Maß seines Handelns an Christus ab und verlässt er sich darauf, dass der Geist Gottes ihm die Gabe verliehen habe oder verleihen könne, Konkretes überzeugend zu tun, dann wird er in der Gestalt eines normalen Menschen Normales tun. Er wird weder heilig erscheinen wollen noch heroisch. Er wird für sich keine besonderen Bedingungen fordern, unter denen er seinen Glauben leben könnte, sondern wird sich den Bedingungen, die in dieser Welt gegeben sind, einfügen, inkarniert sozusagen, eingeleibt, wie Christus in die Gestalt eines Menschen ein-geleibt war. Denn der schöpferische Geist, von dem er sich bestimmen lässt, ist der Geist Christi, des unauffälligen, leibhaften Menschen. Er wird nicht eine Stufe höher stehen wollen als andere Menschen, sondern unten, dort, wo die Menschen tatsächlich leben, der Liebe Christi und seiner Hoffnung Ausdruck geben.

Wenn ein normaler Mensch unter normalen Bedingungen praktisch handelt, dann wird seine Tat immer in irgendeinem Sinne die Gestalt eines Kompromisses an sich tragen. Er wird die Menschen nehmen, wie sie sind. Er muss mit ihnen leben. Eine Gesellschaft kann nicht von heute auf morgen auf den Kopf gestellt werden. Sie hat ihre Geschichte und ihr Stehvermögen. Der Ideologe mag von einem Handeln nach der Veränderung aller Dinge träumen; da er aber mit hoher Wahrscheinlichkeit keine Veränderung der Dinge erreichen wird, wird er zu dem Handeln, von dem er träumt, mit ebenso hoher Wahrscheinlichkeit nie gelangen. Der Christ wird nicht versuchen, die Interessen dieser und jener Menschen oder dieser und jener Gruppe beiseitezuschieben: sie gehören nun einmal zu dem Koordinatensystem, in das er sein Handeln einzeichnen wird.

Gute und Böse, Gerechte und Ungerechte, Gewalttätige und Gleichgültige sind in sein Tun mit verflochten, und seine Tat wird sich selten so vom Tun anderer abheben, dass der Zusehende überwältigt ausrufen müsste: Seht! Das ist ein Christ! Kaum jemand, der Jesus in Galiläa umherwandern sah, war gezwungen, auszurufen: Seht! Das ist Gott selbst! Die Knechtsgestalt, in der der Glaube sich verwirklicht, wird sich von außen wie die eines komplizierten Kompromisses ausnehmen. Als der unscheinbare Lehrer der Armen in Galiläa war Jesus das Licht der Welt. Als die zum unscheinbaren Leben in der Hingabe Bereiten werden seine Jünger Lichter der Welt, in der Armut ihrer von tausend Kompromissen gezeichneten Knechtsgestalt wird die Kirche »Stadt auf dem Berge« sein. Denn die Liebe Christi zeigte sich paradoxerweise darin, dass er die Menschen änderte, indem er sie bejahte.

Wenn Christus seinen Weg nach Jerusalem ging, bereit, zu erleiden, was nach seinem Tun und Reden in Gestalt von Hass, Verachtung, Angst und Gewalt auf ihn zurückschlug, dann ist hier das Muster vorgezeichnet, nach dem ein Christ die Konsequenzen aus der Knechtsgestalt seines Glaubens annehmen wird, nachdem er in notwendigen, von Liebe bestimmten oder Hoffnung ausdrückenden Kompromissen gehandelt hat. Inkarnation, Leibwerdung, ist das Gesetz der Liebe. Unansehnlichkeit ist das Gesetz der Inkarnation. Leiden unter den Menschen und unter dem eigenen Gewissen ist das Gesetz der Unansehnlichkeit. Es gibt aber ein Leiden unter dem eigenen Gewissen, das ein Leiden mit Christus ist. Und eben dies ist der Trost, an den der Glaubende angesichts seines eigenen Handelns sich hält.

Wenn aber Christus, der Leidende, lebt und zur »Rechten Gottes« ist, dann wird der Glaubende den Sinn seiner Hingabe weit vor sich, in der Zukunft suchen und finden. Er wird wissen, dass er am Ende als ein Niedergeschlagener, als ein Gescheiterter vielleicht, sicher aber als ein sehr normaler Mensch vor Christus stehen wird: Aufgerichtet. Angenommen. Bejaht.

Der Sinn einer Berufung in die Nachfolge Christi ist die Befähigung zu praktischem Handeln in den Bedingungen nicht des Reiches Gottes, sondern dieser Welt. Jesus wollte nicht die hilflosen Träumer, und er wollte nicht die anpassungsfähigen Schwätzer, er wollte Menschen, die ein Ziel wissen. Er wollte Menschen, die auf ihn zu durch ihr Leben gehen und dabei die Welt ändern einfach durch das Wort vom Gottesreich und durch das Zeichen ihrer Hingabe, die ein Hinweis auf Christus ist.

Er wollte, wie Paulus es ausdrückt, Menschen, die »im Geist wandeln«. Ein wenig altväterisch klingt das Wort »wandeln« in der Übersetzung Luthers. Ich wüsste aber nicht, wie man es genauer sagen sollte. Sie tun, was Gott tut, aus dem Geist Gottes. Gott hat Bilder von Dingen – und die Dinge entstehen. Gott spricht ein Wort – und das Ausgesprochene geschieht. Der Glaubende sieht das Bild einer Welt, die Gott gemeint hat, und handelt so, dass die Wirklichkeit etwas von Gottes Absicht annimmt. Er hört ein Wort und spricht es nach, und das Heilvolle geschieht.

Was aber ist das Heilvolle? Dasselbe, das durch Jesus geschah, als er in Galiläa wirkte: Es entstanden Tischgemeinschaften. Wer ihm nach handelt, wird also alle, die in irgendeinem Sinn ausgesperrt sind, einbeziehen. Jesus wollte die Versöhnung der Zerstrittenen und Getrennten. Der Christ wird also versöhnend wirken, wo immer Streit und Hass Menschen trennen. Jesus zielte mit allem, was er tat, auf das Reich ab. Ein Christ wird also auf ein Ziel zu handeln: die Gemeinschaft der Gerechten und der Ungerechten, der Reichen und der Armen, der Frommen und der Gottlosen. Einbeziehend, versöhnend, zielgerichtet – das werden Merkmale christlichen Tuns sein. Das alles hat freilich nicht den Sinn, Gegensätze aufzuheben, Konturen zu verwischen und eine Nacht herzustellen, in der alle Katzen grau sind. Es soll vielmehr eine Gemeinschaft entstehen, die verwandelt. Ihre verwandelnde Kraft empfängt sie aber von dem Christus, der wollte, dass sie alle an seinem Tisch sind. Eine Gemeinschaft, die sich aussondert und unter sich bleibt, verwandelt nicht.

Ein Christ wird tun, was Jesu Absicht war, und er wird es in voller Freiheit tun. Ein Christ ist ein freier Mensch und ein gebundener zugleich, und er ist ein freier Mensch mitten in aller Gebundenheit. Er ist ein freier Mensch und kann tun und lassen, was er will, und selbst dazu ist er nicht verpflichtet. Er kann auch in aller Freiheit nach dem Willen eines anderen leben. Er braucht seine Freiheit nicht zu beweisen oder zu demonstrieren. Er hat sie.

Er wird sich auf den Geist Gottes verlassen, der ein Geist der Freiheit und der Inkarnation zugleich ist. Er wird glauben – denn alles christliche Handeln ist ein Glauben –, dass, wer sich auf den Geist verlässt, mehr kann als er allein und aus sich selbst könnte. Vielleicht ist dies überhaupt »christliche Ethik«: dass einer sich auf den Geist der Freiheit und der Leibwerdung verlässt und dann mehr tut, als er von sich aus könnte, ohne dass es mehr zu scheinen braucht.

Dreieinigkeit

In vielen Bildern, die nur schwer zu verbinden sind, suchen wir zu deuten, wer Gott sei. Die alte Kirche löste die Schwierigkeit so, dass sie vom »dreieinigen Gott« sprach, und wir verstehen die Energie, mit der sie diesen Gedanken festhielt. Denn alle Versuche, einen einfachen Glauben an Gott, den Vater, festzuhalten, sind am Ende daran gescheitert, dass der »Vater« eben nicht so einfach festzuhalten war. Jedes christliche Gottesbild, das die Schwierigkeiten einer Lehre von der Dreieinigkeit bisher hat vermeiden wollen, lief aufs Unernste, aufs Beliebige hinaus. Es ist in der Kirche bisher noch kein Bild von Gott abseits dieser Lehre gezeichnet worden, das nicht am Ende auf ein lebloses Gedankending oder einen harmlosen »Vater überm Sternenzelt« hinausgelaufen wäre. Wir sichern den echten, klaren, ernsten Monotheismus im Sinne Jesu nur so, dass wir im Bild Gottes jene drei einander widersprechenden, einander scheinbar ausschließenden Aspekte zusammensehen und sagen:

Der Gott, der schlechthin da ist, umfassend und nahe und nie abwesend, ist Gott ganz und Gott allein. Der Gott, der nicht einfach da ist, sondern kommt und geht, der in sein Eigentum kommt und dort doch ein Fremdling bleibt, der in einem begnadeten Augenblick nahe und sonst ferne ist, der auf Erden ist und doch im »Himmel«, ist Gott ganz und Gott allein. Der Gott, der nicht nur außen, sondern auch innen ist, in uns selbst, der uns gnadenhaft zu Eigen wird, den wir nicht nur vernehmen oder schauen, sondern der in uns wohnt, wenn er es will, dessen Teil wir sind, ist Gott ganz und Gott allein.

Niemand kommt zu einem »Gott überhaupt«, er kann nur zum Vater kommen. Niemand kommt zum Vater, es sei denn durch Jesus Christus. Niemand kann Jesus Christus, wie die Urgemeinde sagte, einen Herrn heißen außer durch den Heiligen Geist.

Aber warum spricht man immer wieder von den »drei Personen« in Gott, so als handelte es sich um drei Götter? Genügte es nicht, von Färbungen im Bild Gottes zu sprechen, von Lichtern, von Aspekten oder wie immer?

Die alte Kirche sprach von den drei Personen in Gott, gewiss. Aber es ist nicht neu, sondern längst bekannt, dass das Wort »Person« damals nicht dasselbe meinte, was wir meinen, wenn wir »Person« oder gar »Persönlichkeit« sagen. Das Wort kommt aus der Bühnensprache. Es hängt mit »hindurchtönen« zusammen und bezeichnet die Maske, die der Schauspieler trug und durch die er »hindurchtönte«. Es bezeichnet von da aus auch die Rolle, die er zu spielen hatte. Das Wort meint also, Vater, Sohn und Geist seien verschiedene Weisen, in denen der eine Gott auf der Bühne dieser Welt auftrete. Das griechische Wort, das dem lateinischen »Person« entspricht, heißt »prosopon« und bedeutet dasselbe: ein uns zugewandtes Gesicht, aber auch die Maske oder Rolle des Schauspielers. Beide Wörter meinen, was auch Luther meinte, wenn er von dem »Mummenschanz« oder den »Masken« Gottes sprach, dass uns nämlich in jeder Gestalt und jedem Gesicht Gottes immer nur der eine und selbe Gott begegne.

Wir glauben also an den dreieinigen Gott, weil er uns so begegnet. Wir glauben an den einen Gott, weil wir in jedem »Gesicht«, jeder »Gestalt« Gottes immer Gott selbst begegnen. Wir glauben so, weil Gott, der seine Gedanken in uns denkt, unsere Gedanken so will und weil es nicht in unserem Belieben liegt, in charakteristisch moderner Selbstüberschätzung zu meinen, wir könnten die frühe »Stufe« des alten christlichen Denkens, weil sie unserer Reife nicht mehr entspreche, hinter uns lassen. Hinter die Bilder von Gott gelangen zu wollen ist nach Luther eine Arroganz, die »auf den Wolken fahren und auf dem Winde reiten will«.

Drei Gesichter, eine Wesenheit Gottes – das ist nicht die himmlische Mathematik, über die Mephisto in Goethes Faust spottet, sondern die einzige Weise, in der Gottes Geheimnis zugleich geschützt und offenbart werden kann. Wir verzichten darauf, das »Wesen« Gottes selbst beschreiben zu wollen. Wir bleiben an der Grenze stehen, an der alles Nachdenken eines Menschen über Gott stehen zu bleiben hat, nämlich dort, wo Gott selbst sich vernehmbar macht. Der ganze Scharfsinn der Kirchenväter, der uns heute spitzfindig und unverständlich zu sein scheint, hatte eben den Sinn, die Grenze zu markieren, an der das menschliche Nachdenken stehen zu bleiben habe, und das Geheimnis Gottes endgültig zu schützen gegen menschliche Gedankenkonstruktionen und Gedankenspiele.

Wenn wir bekennen, wir glaubten an Gott, dann meinen wir nicht irgendein fremdes, geistiges Wesen, sondern ein Du, das uns nahe ist und sich uns zuwendet. Diese seine Nähe und Zuwendung deuten wir in Bildern. Dies aber ist der Sinn jedes angemessenen Umgangs mit einem echten Bild, dass wir behutsam und im Bewusstsein unseres Abstandes uns dem nähern, was mehr ist als das Bild, das nämlich, was es zugleich verhüllen und zeigen will. Ein echtes Bild lässt aufleuchten, was durch es hindurchscheinen will, und vor einem echten Bild bleiben wir am Ende als Betroffene stehen. Ein Bild kann uns ändern. Und so lassen wir auch das alte Dogma stehen wie so manchen fremden Gedanken, der von weither kommt, wohl wissend, dass es ein menschlicher Versuch ist. Wir lassen es gelten und verharren ehrfürchtig vor der Wirklichkeit, die es uns deuten will.

In allen drei Weisen, in denen wir von Gott sprechen, ist Gott der Kommende, der Wirkende und Wirksame, der Schaffende und Verändernde, und wir nähern uns ihm, wir empfangen ihn in der Weise, wie man Gott und nur ihn empfängt: anbetend, bittend, dankend, hörend, schauend, bereit, das eigene Leben und den eigenen Willen zu ändern. In jedem Gottesdienst beten wir das Vaterunser. Um den Tisch des Sohnes sammeln wir uns im heiligen Mahl. Im Vertrauen auf den Geist taufen wir unsere Kinder. Und mit alldem wenden wir uns dem einen Gott zu, glauben wir den einen Gott.

Dreieiniger Glaube

Wir glauben an den dreieinigen Gott, weil Gott uns ein Geheimnis ist und bleibt und weil dieses Geheimnis zuerst unsere Anbetung, nicht unsere Denkversuche fordert. Ein Gott, der in unsere Gedanken passte, der handlich wäre und übersichtlich, wäre gewiss nicht Gott.

Wir glauben an den dreieinigen Gott, der in einem Licht wohnt, das niemand schaut, und der in einem Dunkel ist, das niemand betritt, der so nahe ist, dass es kein Entrinnen gibt, und so fern, dass niemand nach ihm greift. Was wir verstehen, ist fast nichts. Splitter von Gedanken und Bildern liegen in unserer Hand. Dem Betenden fügt Gott die Splitter zu seinem Geheimnis zusammen.

Dabei beginnen wir zu ahnen, dass sich uns auf diesem Wege unser eigenes Geheimnis, das so schwer ergründbare, wer wir denn selbst seien, ein wenig öffnet. Unser Glaube entfaltet sich auf den dreieinigen Gott zu. Unser Glaube aber ist nicht irgendetwas an uns. Unser Glaube, der von Gott geschenkte, sind wir selbst. Auf dem Wege über unseren Glauben schafft Gott uns nach seinem Bilde. Wer wir aber, von Gott neu geschaffen, sein werden, das erkennen wir in dem Maß, in dem sich uns das Geheimnis Gottes erschließt.

Wir begegnen ihm auf den Straßen von Galiläa oder auf seinem Weg durch Jerusalem und hören: »Folge mir nach. Ich gebe dir Frieden. Ich habe einen Auftrag für dich. Verkündige das Reich Gottes. Leide mit mir. Komm ins Leben.« So sind wir gemeint. Wir sind die, die der Mann aus Nazaret anspricht. Wir vertrauen uns ihm an, und indem wir dies tun, ist es Gott selbst, dem wir begegnen.

Wir suchen Gott, und wir könnten ihn nicht suchen, auch nicht in Jesus von Nazaret, wenn er nicht selbst in uns wirkte. Wenn wir ihn anrufen, so ruft er selbst in uns. Wäre er nicht in uns, so liebten und bejahten wir, wenn wir von Gott sprächen, doch immer nur uns selbst. Aber der Anfang unseres Glaubens kommt aus ihm, und er wird es sein, der ihn vollendet zum Glauben an ihn, den dreieinigen Gott.

Wir sind von ihm, den Jesus den Vater nennt, umfangen. Was wir sehen, ist er selbst. Was wir nicht sehen, desgleichen. Ohne ihn ist nichts um uns oder in uns. Wie ein Meer umgibt er uns. Wie Luft und Licht. In unendlicher Gegenwart. Er ist es, oder es ist kein Gott. Nichts sind wir, wenn er nicht ist. Alles sind wir, eingefasst durch ihn. Nichts verstehen wir an uns selbst anders als im Spiegel seiner Nähe. Nichts finden wir, weder Ziel noch Sinn, wenn er uns nicht ruft und empfängt. Gerufene sind wir, darum rufen wir ihn an. Wir werden Gott, den dreieinigen, nicht verstehen, aber wir wollen ihm antworten. Ihm antwortend aber verstehen wir uns selbst.

Dreieiniges Handeln

> Ihr seid zuvor Finsternis gewesen. Nun seid ihr ein Licht, so gewiss ihr im Herrn seid (der das Licht ist). Tut, was Kinder des Lichts tun: Was das Licht wirkt, wo es brennt, ist jede Art Güte, Gerechtigkeit und Wahrheit.
> *Epheser 5,8–9*

Das Bild von den Kindern des Lichts ist ungemein anschaulich. Irgendwo mitten in der Nacht brennt ein Feuer. Das Feuer sendet, wie die poetische Sprache sagt, seine Kinder aus: die Funken, die es aufwirbelt. Christus ist das Feuer; wie das Feuer seine Funken aussendet, so sendet Christus euch aus. Was dann als glühendes Licht in der Nacht leuchtet, ist Güte, Gerechtigkeit und Wahrheit.

»Ich bin das Licht der Welt«, sagt Jesus. »Ihr seid das Licht der Welt«, fügt er, zu seinen Jüngern gewandt, hinzu.

Ohne das Bild vom Licht gesprochen: Ihr seid Gäste an meinem Tisch. Nun steht von meinem Tisch auf und geht eures Weges. Ihr werdet von selbst tun, was Gäste an meinem Tisch tun: In der Freiheit, die sie gewonnen haben, leben, reden, handeln. Als die Entlasteten Güte ausstrahlen. Als die, die das Reich der Gerechtigkeit kennen, Gerechtigkeit schaffen. Als die Hörer der Wahrheit die Wahrheit aussprechen.

Das Wort aus dem Epheserbrief klingt, als wäre es an jener dreifachen Erfahrung Gottes orientiert: Sich hinabbegeben zu den der Güte Bedürftigen in der Liebe Gottes. Gerechtigkeit schaffen auf der Erde als Bote dessen, der das Reich der Gerechtigkeit will und um der Gerechtigkeit willen starb. Wahrheit ausbreiten als Zeuge des Geistes, der in alle Wahrheit leitet. Wie also das Tun Gottes sich dem Auge des Menschen in drei Aspekten zeigt, so stellt sich das Handeln, mit dem ein Mensch seinen Glauben ausdrückt, dreifach dar, so gleichsam, dass der Vater durch seine Kinder handelt, der Sohn durch seine Brüder und Schwestern, der Geist durch die von ihm Erfüllten.

Man mag fragen, ob dies alles nicht ein wenig hoch und unbescheiden angesetzt sei, wenn vom Handeln einfacher Menschen die Rede sein soll. Aber wenn es wahr ist, dass der Mensch mehr ist, als er selbst weiß, dann ist es auch wahr, dass in seinem Handeln mehr geschieht, als er selbst daran wahrnimmt. Wenn er das Wesen ist, das im Übergang ist in die Freiheit, wenn es sachgemäß ist, ihn nicht von unten, vom Tier her, sondern von oben, vom Geist Gottes her, zu bestimmen, wenn es zutrifft, dass er am Ufer sozusagen zwischen der Wirklichkeit Gottes und des Menschen steht, wenn er wirklich zur Liebe fähig sein soll, wenn das Wunder der Auferstehung an seiner armen Gestalt geschieht, wenn es richtig ist, ihn mit den Bildern von Taube, Wind und Feuer zu beschreiben, wenn es angemessen ist, ihn mit den Bildern zu bezeichnen, mit denen wir Gott andeuten, wenn es wahr ist, dass er zur Wandlung bestimmt ist, wenn andererseits beides gilt, dass Schwachheit und Elend des bloß Menschlichen in ihm bleiben, während schon der vollkommene Mensch in seiner Seele steht, und dass er immer beides zugleich ist; wenn am Ende alles, was den Menschen ausmacht, Gnade sein wird – wenn dies alles kein Traum, sondern Wahrheit ist, dann kann man unter Christen nicht hinterher eine Ethik entwerfen, die wie irgendeine andere von Pflichten ausgeht, von moralischen Vorschriften, von allgemeinen Werten und Idealen, von gesellschaftlichen Normen oder Traditionen. Dann wird diese Ethik an der Stelle errichtet werden müssen, an der der Mensch im Übergang ist zu dem, was er werden soll, und keinen Schritt davor. Dann ist christliche Ethik insgesamt nichts anderes als die Veranschaulichung dieses anspruchsvollen Glaubens an die Bestimmung des Menschen.

Christliche Ethik erwächst aus der gleichen trinitarischen Meditation der Freiheit des Gastes am Tisch Jesu, die sich als dreifache Freiheit eines Menschen von sich selbst in Güte, Gerechtigkeit und Wahrheit ausspricht. Und hier erweist sich der Bildsinn des Worts von dem »Funken aus dem Feuer«, den »Kindern des Lichts«; dass nämlich das Leben eines Christen nichts aus sich selbst ist, dass es nur Verliehenes weiterträgt: dem Unscheinbaren zugewandte Güte, geduldige Mühe um Gerechtigkeit, sich wie von selbst offenbarende Wahrheit.

Der Anfang eines solchen Lebens liegt im Glauben an den Geist Gottes. Der Anfang eines Gott offenbarenden Handelns ist die Zuversicht, dass es Sinn hat, etwas zu tun, dass etwas wachsen, gelingen, reifen, aufleuchten wird. Der Anfang liegt in dem Glauben, dass ich im entscheidenden Augenblick erkennen werde, was ich tun soll, in dem Glauben, dass das Richtige zumutbar ist, in dem Glauben an die Kraft, Freiheit und Wandlungsfähigkeit, die Gott in mich gelegt hat. Der Anfang liegt im Glauben an den Geist, von dem Jesus sagt, er werde den Sohn zeigen, den Weg und die Wahrheit.

Der zweite Schritt liegt im Glauben an Jesus Christus, den Herrn. Ich glaube, dass ich dazu bestimmt bin, ein Licht zu sein aus dem Licht Christi. Sein Wort wird mir zum Maß. Das Ziel, das er gezeigt hat, wird mein Ziel: das Reich. »Ein jeder sei gesinnt, wie Jesus Christus auch war«, sagt Paulus und beschreibt den Weg Christi aus der Höhe göttlicher Fülle in die Armut, das Leid und den Tod des Menschen. Sein Bild wird mir zum Bild meines eigenen Daseins, und ich glaube daran, dass mir vergönnt ist, in noch so unscheinbarer Weise in sein Bild hineinzuwachsen, und zwar dadurch, dass ich mich, wie er, klein und gering, dem Kleinen und Geringen, von dem nichts zu erhoffen ist, mit Hingabe und unverdrossener Treue zuwende.

Aus dem zweiten Schritt folgt der dritte: dass ich nämlich nun sagen kann, nachdem ich die Welt und die Menschen bejaht und angenommen habe: Ich glaube an Gott Vater, den allmächtigen Schöpfer des Himmels und der Erde. Der dritte Schritt ist die Annahme dieser Welt mit all ihren Gegebenheiten. Die Annahme der Situation, des Zusammenhangs, in dem ich zu handeln habe, der Geschichte, der Überlieferung, des Gewesenen und Gewordenen. Erst von hier aus hat der Wille, die Welt zu verändern, seinen Sinn, also die Welt so zu wollen, wie sie werden soll. Erst von hier aus ist es sinnvoll, von der Veränderung der Verhältnisse so direkt zu reden, als komme es auf die Erneuerung des Menschen, auf die Einwohnung Christi im handelnden Menschen, nicht an, einzig der Aufgabe zugewandt, für Güte, Gerechtigkeit und Wahrheit zu sorgen. Und danach ist immer wieder von der Erneuerung des Menschen, von der Einwohnung Christi im handelnden Menschen so zu sprechen, als komme es auf die Veränderung der Verhältnisse nicht an.

Mit der Liebe Gottes die Menschen lieben, für die Welt hoffen, bereit, uns von Gott brauchen zu lassen, das wäre die Aufgabe. Dann vielleicht werden wir seine Helfer. Und wenn er uns nicht brauchen will, dann leben wir doch vertrauend in seiner Hand und hat unser Dasein Frieden und Sinn.

Sinn und Glück

Auf die Dauer glücklich

Auch unter Christen fragt man nach dem Glück und nach dem Sinn des Daseins, offenbar, weil auch für sie beides sich nicht von selbst versteht.

Nach dem Glück fragen indessen manche mit halbem Gewissen, so als dürfe man das Glück, das doch so nahe der Sünde angesiedelt sei, eigentlich nicht suchen. Andere begrenzen den Glauben auf sein religiöses Sonderfeld und suchen das Glück, auf das ein Recht zu haben sie überzeugt sind, abseits davon. Nach dem Glück fragen Dritte mit dem Blick in die Ferne, in der Hoffnung, da es hier nicht zu finden sei, es drüben, nach dem Tode, zu finden.

Nach dem Sinn des Lebens andererseits fragen die einen ohne rechte Zuversicht, da es ja auch Christen, wie sich immer wieder erweise, nicht möglich sei, den Sinn des Lebens und Leidens der Menschen überzeugend sichtbar zu machen. Andere meinen, ein »Sinn«, was immer darunter zu verstehen sei, sei einzig und allein Gottes Sache und der Mensch müsse Gott gleich sein, wolle er das Ganze der Welt und des Menschendaseins so überschauen, dass er den Sinn zu beschreiben vermöchte. Dritte suchen ihn in der Hingabe an den Willen Gottes in dieser Welt, Vierte in der Erfüllung, die die Ewigkeit bereithabe.

Jesus selbst antwortet auf die Frage nach dem Glück mit seinem achtfachen »Glücklich seid ihr!« oder »Heil euch!« oder »Selig sind …«, wie immer man den Ruf übersetzen will, und auf die Frage nach dem Sinn, das heißt nach Gottes Gedanken, mit der Aufforderung, zu vertrauen. Er sagt gelegentlich, es gebe Gedanken Gottes, die auch er nicht kenne, so gelte es, das Morgen Gott zu überlassen und die Sorge, also wohl auch die Sorge um den Sinn des Lebens, ihm anheimzustellen.

Bemerkenswert indessen scheint mir, dass bei ihm weder das Glück noch der Sinn des Lebens gesondert besprochen werden. Sie sind beide mit dem Glauben verbunden, zu dem er einlädt, und man kann wohl im Sinne Jesu nach dem »Glück« nicht fragen, wenn man das Glück für das Wichtigste hält. Wichtiger als das eigene Dasein ist ihm wie auch dem, der ihm nachfolgt, das Dasein der anderen und das Schicksal der Welt. Dem, den er zur Nachfolge ruft, deutet Jesus aber durchaus den Auftrag des Menschen und das Ziel, dem die Welt entgegengeht.

Als Jesus von der »Seligkeit« sprach, dürfte er das Wort gebraucht haben, mit dem der Israelit einen Glückwunsch aussprach, und vielleicht hieße es in der Tat die Seligpreisungen am genauesten übersetzen, wenn man lesen würde: »Ein Glückwunsch den Armen!« In diesem Wort steckt nun nicht in erster Linie ein Hinweis auf die ewige Seligkeit, sondern die ganz und gar irdische, handgreifliche Bedeutung von Glück. Als Leas Sohn Asser geboren war, rief sie: »Ich Glückliche, die Töchter des Volks werden mich glücklich preisen!«, und gebrauchte zweimal dasselbe Wort, das auch Jesus in seinen Seligpreisungen gebraucht haben dürfte.

Wollte man umschreiben, was Jesus gemeint haben muss, so müsste man wohl sagen: Ihr seid glücklich! Jetzt. Hier. Aber ihr seid glücklich, weil ihr an der Zukunft des Gottesreiches teil habt. Ihr seid nicht für den Augenblick glücklich, sondern auf die Dauer.

Glücklich die Empfangenden

> Selig sind, die arm sind in Erwartung des Geistes. Ihrer ist das Reich des Himmels.

So beginnt die Reihe der Worte Jesu über das Glück. Er preist die Armen glücklich. Nicht die »geistig« Armen, also die Unbegabten, auch nicht die »geistlich« Armen, also die zum Glauben Unfähigen, sondern jene, die arm sind und alles von Gott erwarten. Glücklich, so könnte man auch umschreiben, sind die Menschen, die arm sind und erwarten, dass der Geist sie berühre und erfülle.

Auf seinen Wegen durch Galiläa traf Jesus die Armen an, er traf sie an »wie Schafe, die keinen Hirten haben«. Arm ist, wer nicht hat, was er zum leiblichen Leben braucht, wer die geistigen Kräfte nicht hat, um sich zu behaupten, oder die Kräfte der Seele, um unabhängig zu sein vom Urteil der anderen. Jesus meint jene, die erdrückt sind von äußerem Elend und darum Mangel leiden auch an innerer Kraft, an der Lebensfähigkeit des Geistes und der Seele, denen nicht nur das tägliche Brot fehlt, sondern auch das Vertrauen, dass ihr Leben Sinn habe, dass eine Hand sie führe, ein Gott sie kenne, und die sich nun ausstrecken nach dem Geist, der sie ihrer Armut entreißen wird.

Wer arm ist, ist darauf angewiesen, dass ein anderer ihm zum Leben hilft. Wer arm ist, hat weder Zeit noch Kraft, Gesetze zu studieren, wie man von einem Glied des heiligen Volks auch zur Zeit Jesu forderte, Kultfeiern zu besuchen oder sich über seinen Glauben Klarheit zu verschaffen. Das Charakteristische am Armen ist, dass er nicht für sich selbst eintreten kann. Er ist darauf angewiesen, dass es Menschen gibt, die ihn gelten lassen oder die ihm geben, was er braucht. Er kann nur als Empfangender leben und glücklich werden. Und ebendies, so sagt Jesus, ist auf allen Ebenen des Menschenlebens die Wahrheit, die verleugnete, überdeckte, vertuschte Wahrheit, dass der Mensch nur als Empfangender leben kann. In den Armen kommt ans Licht, wie es um den Menschen überhaupt steht.

Aber die Armen sind nicht glücklich, weil sie arm sind. Man hat den Gedanken Jesu ja auch schon umgekehrt: Glücklich sind die Armen, weil sie lernen, sich zu begnügen, und dabei zu Geduld und Ergebung bereit werden. Die Folge ist, dass die Armut bleibt, denn es ist ja gut für die Armen, dass sie arm sind. Aber Jesus meint im Gegenteil, die Armen seien glücklich, weil sie nicht arm bleiben werden.

Es ist durchaus möglich, dass Jesus auch an die freiwillig Armen denkt, wie auch die Essener von den Armen sprachen als von den Starken, die das reichere Leben suchen, indem sie die Armut wählen. Jesus spricht aber von Asketen mit Sicherheit nur am Rande, und in erster Linie von jenen Armen, deren Elend es zu wenden gilt. Jesus will das Leben der Menschen, ihre Liebeskraft, ihr Vertrauen, er will die Offenheit der Armen für den Geist. Darum preist er sie glücklich, denn sie werden empfangen, nach was sie sich ausstrecken: den Geist, der dort weht, wo das Reich nahe ist. Glücklich sind sie, ihrer ist das Reich Gottes.

> Selig sind die Trauernden,
> denn sie sollen getröstet werden.

Die Leid-Tragenden, die Lasten-Tragenden leiden nicht unter einem besonderen, einem geistigen Leid etwa. Sie leiden unter Not und Schmerzen, unter Krankheit und Tod. Sie leiden unter ihrer Unzulänglichkeit, sie leiden vielleicht auch darunter, dass so selten etwas gelingt, vielleicht unter Zwang und Gewalt, unter den Urteilen anderer, unter Müdigkeit, Überanstrengung und Niedergeschlagenheit. Sie haben sich nicht mehr voll in der Hand, sie zittern in Angst und Verlassenheit. Sie sind zu nichts nütze. Niemand braucht sie oder hält es für gut, dass sie da sind. Vielleicht leiden sie auch unter dem Zustand des Volkes Gottes in dieser Welt und unter dem Lauf der Schicksale der Menschen und der Welt überhaupt. Vielleicht trauern sie über ihre Schuld und Sünde und sehnen sich nach Umkehr.

Selig sind sie, sagt Jesus, denn Gott wird sie ihrem Leid entreißen. Wer sich der Trauer überlässt und sie nicht überlärmt oder unterdrückt, ist selig; Gott wird ihn trösten. Gott wird nicht die Trauer allein aufheben, sondern auch ihren Grund.

Aber selig sind auch, die das Leid anderer tragen, denn sie werden trösten können. Sie werden den Trost weitergeben, den sie empfangen haben. Selig sind, die das Leid anderer tragen, sie werden den leidenden Christus, den auferstandenen, zeigen können. Selig sind sie. Sie tun, was Christus tat: Er stieg in die Niederungen hinab und nahm die Last der anderen auf. Glücklich sind, die Leid tragen, denn sie gehen mit Christus in die Tiefe des Todes, durch den Tod aber ins Leben. Und ihr Leben hier ist ein Leben an der Grenze zwischen dem Tod und dem Reich.

Leid tragen ist Leiden mit Christus. Getröstet werden ist Leben mit Christus. Glücklich sind, die das Leben erleiden bis an die Grenze, die der Tod ist, und den Tod bis an die Grenze, die das Leben ist. Glücklich sind sie, ihre

Freude wird so groß sein, dass sie sich ausbreitet auch über das Herz der Trauernden um sie her.

> Selig sind die Barmherzigen,
> denn sie werden Barmherzigkeit erlangen.

Wenn Israel seine Existenz auf jenen Bund gründete, den Mose in der Wüste mit Gott, oder besser: Gott mit dem Volk geschlossen hatte, dann lag darin das Bekenntnis zur Barmherzigkeit Gottes. Es lag darin: Gott hat sich mit uns verbündet; wenn wir uns selbst nicht helfen können, hilft uns Gott. Denn Gott ist barmherzig.

Glücklich nennt Jesus die Barmherzigen. Sie sind eine Hilfe dem, der sich nicht selbst helfen kann. Sie sind ein Auge dem Blinden, ein Ohr dem Tauben, Verstand und Herz für die Schwachen, ein Anwalt den Entrechteten, ein Trost den Trostlosen, ein Zeichen von Gott für den Ungläubigen, eine Hoffnung für die Hoffnungslosen. Glücklich sind sie. Sie verbinden sich mit dem, der eines Bundes bedarf gegen Elend und Tod, Einsamkeit und Verzweiflung. Sie tun, was Gott tut.

Glücklich sind sie, weil Gott sie nicht allein lässt. Die Barmherzigkeit, die sie geben, empfangen sie von Gott. Sie stehen nicht mit leeren Händen da, wenn sie geben wollen. Ihr Bund gegen das Elend ist ein Bund mit Gott. Glücklich sind sie, auch wenn ihre Bemühung ihre Kraft übersteigt, wenn sie sich ängstigen um den Ertrag ihrer Mühe und wenn sie – vor allem – erkennen, wie fragwürdig sogar ihre Hingabe, ihr Versuch zur Barmherzigkeit ist. Glücklich sind sie; gerade sie, die Fragwürdigen, werden Barmherzigkeit erlangen. Gott wird barmherzig umgehen mit ihren Versuchen zur Barmherzigkeit. Jesus, der sie glücklich preist, wird mit seinem Glauben für ihren Unglauben eintreten, mit seiner Liebe für ihre Armut, mit seiner Gerechtigkeit da, wo ihre eigene innere Zerklüftung sich offenbart. »Das ist der neue Bund«, sagt er als Gastgeber am Tisch der Seinen und sichert sie, die tun wie er, durch seine Zuverlässigkeit. Selig sind die Barmherzigen, denn sie sind die Empfangenden, jetzt und später, heute, morgen und in Ewigkeit, unter den Menschen und vor Gott. Die Wahrheit der Barmherzigkeit ist, dass, wenn immer Barmherzigkeit geschieht, niemand so viel empfängt wie der Barmherzige. Aus Afrika ein Wort über die Barmherzigen:

Selig, die Verständnis zeigen
für meinen stolpernden Fuß und meine lahmende Hand.
Selig, die begreifen,
dass mein Ohr sich anstrengen muss,
um zu hören, was sie zu mir sprechen.
Selig, die wissen, dass meine Augen trübe
und meine Gedanken träge sind.
Selig, die mit freundlichem Lachen verweilen,
um ein wenig mit mir zu plaudern.
Selig, die nicht sagen:
Das haben Sie mir heute schon zweimal erzählt.
Selig, die verstehen,
Erinnerungen an frühere Zeiten
in mir wachzurufen.
Selig, die mir zeigen,
dass ich geliebt und geachtet
und nicht allein gelassen bin.
Selig, die mir in ihrer Güte
die Tage erleichtern,
die mir noch bleiben.

Glücklich sind die Barmherzigen. Sie tun, so gut es geht, so gut sie es verstehen, so gut es gelingen will, was Christus für sie tut, und hoffen auf ihn. Sie werden von ihm aufgenommen werden in den Frieden der göttlichen Barmherzigkeit, den wir das Reich nennen.

Glücklich die reinen Herzen

Selig sind die reinen Herzen,
denn sie werden Gott schauen.

Damit sagt Jesus nicht, was man gerne heraushört: Selig ist die kindliche Unschuld. Die gibt es in Wahrheit nicht. Er spricht auch nicht von der weißen Weste, von der Korrektheit oder gar der Unbescholtenheit sittenstrenger Leute. Denn Jesus brachte nicht eine Moral, sondern eine Hoffnung. Wer reinen Herzens ist, ist nach Jesus dadurch gekennzeichnet, dass er das Bild der Zukunft wahrnimmt, dass er das Wort vom Reich hört. Das reine ist das unbefrachtete Herz, das sich der Zukunft, die Christus heraufführt, ungeteilt zuwendet, »rein« von anderen Absichten, »rein« von Nebengedanken. Es erwartet alles von Gott. Es verlässt sich allein auf ihn. Es schaut allein auf ihn.

Das reine ist das eindeutige Herz. Es gewinnt seine Zuversicht nicht aus den Verhältnissen, die es beobachtet, nicht aus der Situation der Menschheit, nicht aus der Lage des Landes oder der Kirche. Denn aus dem Zustand der Welt ist niemals Hoffnung zu gewinnen. Nie wird der Blick für die Zukunft frei dadurch, dass einer in die Wirren seiner Zeit starrt oder sich an die Illusionen klammert, von denen man um ihn her lebt. Wer an dem, was vor Augen liegt, ablesen will, wie viel Hoffnung sich ein nüchterner Mensch leisten könne, verliert das Werk Gottes aus dem Auge. Wer an Statistiken und Analysen abliest, was er tun soll, wird allerlei Nützliches tun können, aber Gott nicht schauen. Wer für Gott wirken will, kann es nur als Hoffender tun.

Das reine ist das liebende Herz. Wer liebt, will schauen.

Der Liebende hat sehende Augen, um den Geliebten zu sehen. Nicht zufällig erscheint in der Überlieferung der christlichen Frömmigkeit immer wieder als letztes und höchstes Ziel des vollendeten Menschen die »Schau Gottes«. Für die Ewigkeit freilich fehlt uns die Vorstellungskraft, und so bleibt uns die »Schau Gottes« eine nicht recht vorstellbare Sache. Ewigkeit erscheint uns als zerdehnte Zeit. Aber die ermüdende Leere, die Zeit der unablässigen Wiederholungen gehört dieser Welt an, in der der Blick auf das göttliche Du verdeckt ist. Uns fehlt die Vorstellungskraft für ein Größenverhältnis zwischen dem schauenden Menschen und dem geschauten Gott, und es will uns unangemessen scheinen, uns den großen Gott und den kleinen Menschen wie Du und Du vorzustellen. Aber das Große ist nicht zu groß, wenn es dem Schauenden seine Größe gibt, wenn die übergroße Fülle Erfüllung bedeutet, wenn die unendliche Kraft dem kleinen Menschen die Kraft verleiht, die Erfüllung seiner Liebe in der Schau Gottes zu empfangen.

Das reine Herz schaut Gott an seinem Werk. Es schaut ihn in den Menschen, im eigenen Schicksal und über alle Zeit hinweg als den Schöpfer der neuen Welt. »Ihr seid rein«, sagt Jesus, »weil euch mein Wort getroffen hat.« Im Wort liegt die Gnade des ungeteilten Glaubens. Der Glaube aber ist auf das Schauen Gottes angelegt.

Selig sind die geduldig Hoffenden,
sie werden die Erde besitzen.

Selig sind die »Sanften«, so kann man dieses Wort Jesu auch übersetzen, die »Sanftmütigen«. Er meint die, die nicht aufbrausen, die keine Gewalt anwenden, die Gelassenen, die Gütigen und Überlegenen, die von Freundlichkeit mehr halten als von List, von Gedanken mehr als von

Waffen. Selig sind sie, denn der Herr des Himmels gibt ihnen die Herrschaft über die Erde.

Glücklich also sind nicht die Täter, die das Glück der Erde herbeizwingen möchten; glücklich sind, die warten können, die den langen Atem haben und sich nach der Erlösung ausstrecken, die von Gott ausgeht.

Das Wort ist uns Heutigen ärgerlich. Aber es könnte uns sagen, wenn wir es zu hören verstünden, warum wir unglücklich sind, niedergeschlagen, mutlos, einfallslos und warum wir es so schwer haben, einen Sinn zu sehen. Die Täter sagen: Nur das ändert sich, was wir ändern. Nur das gedeiht, was wir machen. Nur das hat Sinn, dem wir Sinn geben. Nur das stimmt, was wir nachrechnen. Sie legen uns und anderen das Joch ihres Leistungszwanges auf den Hals und nehmen auch die Kirche von außen und von innen gefangen mit ihrem verzweifelten Glauben an die Erlösung, die aus den Werken der Menschen kommen soll.

Jesus sagt aber: Das eigentliche Werk tut Gott, des Menschen Teil ist die Geduld des Hoffenden. Die Tätigen werden die Erfolglosen sein, die Realisten sich als Träumer erweisen, und die ihrem Verstand vertrauen, ihren Gefühlen zum Opfer fallen. Selig sind, die zeitweise nichts tun, im Nichtstun dem Wort von Gott hörend zugewandt sind und ihren Willen hingeben an den wirkenden Gott.

Es gehörte von jeher Mut dazu, dies festzuhalten. Die Seligpreisung der Geduldigen ist die Sünde wider den Geist nicht nur dieser Zeit. Man preist statt ihrer gerne die Ungeduldigen, die Vielbeschäftigten, die ihre Wichtigkeit damit beweisen, dass sie keine Zeit haben. Aber der Seher Johannes spricht nur von einem, der keine Zeit habe, und meint den Teufel. Unselig ist dann und ein Parteigänger des Teufels, wer sein eigenes Werk für lebendiger hält als das Gottes und dessen Werk doch in Wahrheit tot ist.

Wir wissen heute, dass der zur Tüchtigkeit verpflichtete, zum Erfolg gezwungene Mensch das Ende der Erde und der Menschengeschichte vorbereitet. Wir brauchen statt seiner den sorgfältigen und behutsamen Menschen, der für die Geschöpfe dieser Erde die gemeinsamen Bedingungen schafft, unter denen sie leben können, den vom Zwang, herrschen und profitieren zu müssen, Freien und zur Verantwortung Fähigen. Rettend wirkt der Mensch, den man bisher den wirklichkeitsfremden Träumer und Schwärmer schalt, der Nachdenkliche, der Bedachte. Wir werden ohne ihn auf dieser Erde nicht überleben.

Die Erde werden in der Tat die Sanftmütigen besitzen, die geduldig für die Zukunft Wirkenden. Denn sie suchen nicht die kleinen Verbesserungen an dieser Welt, sondern die große Veränderung. Selig sind sie, denn sie enden nicht in der Mutlosigkeit der erfolglosen Täter. Sie stehen auf der wirklichen Erde. Sie wirken für die Verwandlung der Welt mit der Kraft Gottes.

Glücklich, die Gerechtigkeit suchen

> Selig sind, die hungert und dürstet nach der Gerechtigkeit, denn sie sollen satt werden.

Damit preist Jesus nicht diejenigen selig, die von der bösen Welt fordern, sie möge ihnen endlich Gerechtigkeit widerfahren lassen. Die Welt wird es nicht tun, und sie werden hungrig bleiben. Er preist nicht die selig, die ihren Nebenmenschen anklagen, er werde ihnen nicht gerecht. Sie werden sich selbst aufzehren und hungrig bleiben.

Selig sind vielmehr, die nach Gerechtigkeit hungert, und Gerechtigkeit ist immer Gerechtigkeit für alle. Christus wird sie an seinem Tisch versammeln, er wird dem Hass und der Verdammung ein Ende machen und sie sättigen. Er wird zurechtbringen, was an ihnen noch nicht Gerechtigkeit ist. Er wird sie befähigen, Gerechtigkeit zu schaffen. Er wird ihre Augen schärfen, sodass sie mehr Ungerechtigkeit wahrnehmen, mehr vom Elend der Verlassenen und der Zertretenen. Sie werden Gerechtigkeit empfangen und sie verfechten. Sie werden an Gottes Gerechtigkeit glauben und ihr Werkzeug sein. Sie werden Gottes Geist erbitten und satt werden, indem unter ihren Händen die Gerechtigkeit entsteht, die ein Zeichen des Geistes Gottes ist.

Selig sind die Friedensstifter,
denn sie werden Söhne Gottes sein.

Ein Glückwunsch den »Söhnen«. Jesus meint nicht »Kinder« in unserem Sinn, nach dem im Kind etwas Rührendes steckt, etwas Gefühliges, etwas von Unwissenheit und Naivität. Gemeint sind erwachsene Söhne und Töchter Gottes. Wenn die Bibel von einem Sohn spricht, meint sie den Bevollmächtigten, den Stellvertreter. Der »Sohn« tut das Werk des Vaters. Wer den Sohn sieht, sieht den Vater. Wo der Sohn auftritt, ist der Vater gegenwärtig. Hinter dem Sohn steht die Macht des Vaters, seine Autorität, seine Güte und Barmherzigkeit.

Söhne Gottes sind nach dem Wort Jesu nicht daran kenntlich, dass sie siegen, sondern daran, dass sie Kriege beenden, daran, dass sie lieber auf Rechte und Ansprüche verzichten als Krieg und Streit fortzusetzen. Jeder noch so unauffällige Streit aber ist Krieg, denn wer streitet, sieht im anderen den Feind. Aller Hass ist Krieg, denn er sucht die Auslöschung des anderen. Ehrgeiz ist Krieg, denn er sucht die Erniedrigung des anderen. Anklage ist Krieg, denn sie zwingt den anderen, sich zu verteidigen. Lüge ist Krieg, denn sie ist der Versuch, mit dem anderen »fertig zu werden«. Wo immer Menschen miteinander zu tun haben, droht der Krieg.

Nun schafft man aber den Frieden nicht durch Macht. Mit ihr schafft man nur Kampfpausen. Frieden schafft man nicht durch Geld. Mit ihm erreicht man nur, dass der andere eine Weile stillhält. Frieden schafft man nicht durch Ruhe und durch die Ordnung, die man mit Gewalt herstellt. Frieden schaffen heißt aber auch nicht, sich als Friedensstifter gebärden und sagen: Ihr Streithähne, wollt ihr auseinandergehen! Man kann durchaus Krieg führen, indem man angeblich Frieden stiftet.

Frieden schaffen heißt vielmehr Vertrauen wecken, Freiheit gewähren, heißt Güte zeigen, Schutz geben, Vergangenes weglegen. Wer den Weg geht, auf dem der Friede entsteht, ist ein Sohn Gottes. Er tut, was Gott in Christus tat. Er vertritt Christus auf dieser Erde.

Er wird aber wiederum auch nicht dadurch zu einem Sohn Gottes, dass er beweist, er sei fähig, Frieden zu stiften. Sohnschaft verdient man nicht. Vielmehr zeigt sich dort, wo der Friede gelingt, wer die Söhne, die Töchter Gottes sind. Frieden schafft, wer selbst schon im Frieden lebt. Frieden schafft, wer mit seinem Schicksal versöhnt ist, mit den anderen Menschen, mit sich selbst. Nur wer versöhnt ist, kann auf die Dauer versöhnen. Nur wer aus dem Frieden Gottes lebt, stiftet auf die Dauer Frieden. Wem also dies verliehen ist, Schutz zu geben, ohne zu fragen, ob er selbst geschützt ist, Freiheit zu gewähren, ohne zu fragen, ob er selbst von seinen Ketten loskommt, Streit zu beenden, ohne zu fragen, wie viel er dafür hingibt, der ist glücklich, sagt Jesus. Er ist, was andere durch ihn sind: Empfänger des Friedens.

> Selig sind, die um Gerechtigkeit willen verfolgt werden,
> ihrer ist das Reich Gottes.

Glücklich sind die Söhne, die Töchter. Sie geben Freiheit auf und suchen Frieden. Sie suchen Frieden und schaffen dabei Gerechtigkeit. Indem sie Gerechtigkeit schaffen, stehen sie neben Jesus Christus, dem um Gerechtigkeit willen Verfolgten. Denn Gerechtigkeit entsteht, wo einer die Ungerechtigkeit der vielen tilgt, indem er sich ihnen zugute aufgibt. Sie entsteht, wo einer ihre Schuld übernimmt, damit sie in Frieden leben können. Das Geheimnis des gelingenden Lebens ist die Stellvertretung, so schwierig dieser Gedanke uns immer scheinen mag. Gerechtigkeit entsteht, wo einer sich mit Lüge, Gewalt und Ausbeutung nicht abfindet, wo er für die Abgeschobenen eintritt und für die Gedanken der Unbequemen. Sie entsteht, wo einer mit dem großen Einladenden zusammen die Gerechten und die Ungerechten an einen Tisch lädt und die Folge dieses Tuns auf sich nimmt: die Verachtung und den Hass derer, die Gerechtigkeit schaffen wollen, indem sie die Menschen unterscheiden, trennen und richten.

Das Bild Christi ist das Bild dessen, der um Gerechtigkeit willen verfolgt wird. Kein Mensch ist so nahe dem Bild Gottes, so nahe seiner Bestimmung und seiner Freiheit, so nahe dem Sinn seines Daseins wie der, der tut, was Christus tat: Seiner ist das Reich Gottes.

»Vollkommen wie Gott«

Im Laufe jener Reden, die in der Bergpredigt zusammengefasst sind, kommt Jesus auch auf die Liebe zum Feind zu sprechen. Er sagt:

> Ihr habt gehört, dass gesagt ist: Du sollst deinen Nächsten lieben und deinen Feind hassen. Ich aber sage euch: Liebet eure Feinde, bittet für die, die euch verfolgen, so werdet ihr Söhne eures Vaters im Himmel werden. Denn er lässt seine Sonne aufgehen über Bösen und Guten und lässt regnen auf Gerechte und Ungerechte. Wenn ihr nun liebt, die euch lieben, was werdet ihr für einen Lohn verdienen? Tun nicht die Zöllner dasselbe? Und wenn ihr nur euren Bruder küsst, was tut ihr Besonderes? Tun nicht die Gottlosen dasselbe? Ihr sollt aber vollkommen sein, wie euer Vater, der himmlische, vollkommen ist.
> *Matthäus 5,43–48*

Man hat schon immer Mühe gehabt, zu deuten, was denn Jesus meine, wenn er fordert, die Menschen sollten vollkommen sein wie Gott. Wusste Jesus nichts von der Schwachheit der Menschen? Und hat er nicht gerade jene gesucht und geliebt, die alles andere als vollkommen waren? Was meint er? Wenn er dieses Wort im Zusammenhang mit dem Gebot, den Feind zu lieben, ausgesprochen hat, dann meinte er, Gott sei ein und derselbe allen Menschen gegenüber. Er spalte seine Liebe nicht auf. Er lasse den Bösen und den Guten dieselbe Güte zukommen. Und so würde das Gebot: »Ihr sollt vollkommen sein«, lauten: Ihr sollt in euch selbst eins sein, nicht gespalten und zerklüftet, nicht dem einen Menschen gegenüber liebend, dem anderen gegenüber hassend, nicht zerrissen in zwei, drei oder mehr Teilmenschen, die sich je verschieden verhalten. Ihr sollt ungeteilt sein, wie euer Vater im Himmel ungeteilt ist.

Blicken wir von hier aus zurück zu den Seligpreisungen, dann ist uns klar: Diese Glücklichen sind in der Tat die Ungespaltenen, die Eindeutigen, die von der Wurzel ihres Wesens an gleichsam aus einem Stück sind, in denen nichts Halbes und nichts Schillerndes bleibt. Dann aber wäre nach dem Wort Jesu das »Einssein, wie Gott eins ist« nicht nur die äußerste Forderung, die der christliche Glaube an den Menschen stellt, sondern vor allem auch die letzte Stufe zum Glück, wenn nämlich das Glück am Ende vollkommen sein soll.

Glücklich sind nach Jesus jene, die hoffen, freilich nicht auf bessere Zeiten, sondern auf Gottes Reich. Glücklich sind, die am Tisch Jesu das Fest der Hochzeit Gottes mit den Menschen feiern und die mit der zuversichtlichen Erwartung, in der die Gäste Jesu leben, in die Zukunft blicken. Sie beteiligen sich an einer lohnenden Arbeit. Das Leben, das reiche und sinnvolle, liegt vor ihnen. Frei von der Last, die sie sich selbst waren, tragen sie Lasten. Sie sind ausgesöhnt mit sich selbst und den Menschen, mit der Welt und mit Gott. Wer aber versöhnt ist, ist fähig zur Liebe, und wer zur Liebe fähig ist, ist zugleich auf dem Wege zum Glück und auf dem Wege zur Erkenntnis der letzten Bestimmung, die Gott in das Leben der Menschen gelegt hat.

In der Tat: Wie die drei Spitzen eines Dreiecks stehen sie zueinander, jedes mit jedem verbunden: die Liebe, das Glück und der Sinn. Aber was bedeutet es für die Liebe unter Menschen, wenn das Glück an die Liebe gebunden ist und der Sinn sich im Lieben offenbart? Könnte Jesus die Seligpreisungen nicht zusammengefasst haben in der Summe: Glücklich die Liebenden? Ist es nicht bezeichnend, dass Jesus, der Liebende, immer dann hart und rigoros wird, wenn die Liebe, die ganze und ungeteilte, in Gefahr gerät? Stellt er nicht alles rundweg auf die Zuverlässigkeit des Liebens, ob es sich um den Streit und die Versöhnung unter Brüdern handelt, um das Erbarmen mit dem Elenden, um die Zuwendung zum Feind, um die Ehe zwischen Mann und Frau oder um die Treue zum alten Menschen?

Ihr sollt ungeteilt sein als die Liebenden. Sind aber, so fragen wir, die Menschen nicht gerade dort am schrecklichsten zerrissen und zerklüftet, wo sie lieben, wo sie lieben sollen oder lieben möchten? Und besteht nicht die Arbeit unzähliger Lebensberater gerade darin, die Menschen auf irgendeine Weise notdürftig zusammenzukitten, die Abgründe zu verdecken, die Gefahr zu verharmlosen, alles zu gestatten und zu sagen: Vergiss deine Hemmungen! Überwinde deine Bedenken, so wirst du glücklich! Ist es nicht das Elend von Christen und Nichtchristen gleichermaßen, dass sie lieben wollen und es nicht können, dass sie Liebe suchen und sie nicht finden, dass sie von Enttäuschung zu Enttäuschung weitersuchend doch nie dahin kommen, dass sie eins werden in sich selbst? Was mag damit gemeint sein, wenn wir sagen: Eins, wie Gott eins ist, ist der Liebende?

Glücklich die Liebenden

Von der Liebe sprechen alle. Aber Liebe ist ein Wort mit unzähligen Bedeutungen, Ober- und Untertönen. Und so hat es sich unter Christen eingebürgert, zwischen Eros und Agape zu unterscheiden. Dabei ist mit »Eros« die menschliche Sehnsucht nach Verbindung und Vereinigung mit einem geliebten Menschen gemeint, mit Agape jene Liebe, die sich auf Gott richtet und um Gottes willen auf den der Liebe bedürftigen Nächsten. Will man aber so unterscheiden, dann sollte man wohl beachten, dass wir Menschen Träger auch einer einfach nur physischen Kraft sind, die wir die geschlechtliche nennen, die wir mit jedem Tier gemeinsam haben. Wir nennen sie mit einem Schlagwort dieser Zeit den »Sexus«. Vielleicht lösten sich unter uns Christen einige Verkrampfungen, vielleicht fänden wir Wege durch das oft genug so undurchdringliche Dickicht unserer Wünsche und Ängste, wenn wir den Mut fänden, von drei Gestalten des Liebens zu sprechen statt von zweien, nämlich von Sexus, Eros und Agape.

Was meinen wir denn, wenn wir von Eros sprechen? Wir sprechen doch wohl von unserer Sehnsucht, uns geistig, seelisch oder leiblich mit einem anderen Menschen zu verbinden, mit ihm zu leben, uns mit ihm zu freuen, von ihm bejaht zu werden, aber auch ihn zu bejahen, zu sichern, zu schützen. Wer vom Eros ergriffen ist, ahnt, dass eine neue, eine stärkere und schönere, sinnvollere Ganzheit und Einheit entsteht, wenn er sich mit dem geliebten Menschen zusammentut. Er sehnt sich nach Aufsprengung seiner Grenzen und sucht eine neue, ihn selbst übertreffende Gestalt. Er gibt sich auf, er lässt sich selbst als das Alte hinter sich und ahnt ein unbestimmtes Neues. Dabei richtet sich der Eros aber durchaus nicht nur auf den Menschen des anderen Geschlechts. Eros ist auch Freundschaft, ist Liebe zu einem reifen alten Menschen, ist Liebe zu Kunst und Dichtung, ist Liebe zu einem Land, zu Pflanzen und Tieren, zu Ideen und Plänen, zur Wahrheit und zur Gerechtigkeit.

Wenn wir von Agape sprechen, haben wir anderes im Sinn, auch wenn Agape durchaus mit dem Eros im Bunde stehen kann. Agape ist jene Liebe, die der Glaubende auf Gott richtet und auf den Nächsten zugleich, und zwar auch und gerade dann, wenn sie am Nächsten etwas Liebenswertes nicht wahrnimmt. Agape ist Liebe »nach oben«, zu Gott, und Liebe »nach unten«, zu dem, der der Hingabe bedarf: dem unter die Mörder Gefallenen des Gleichnisses etwa. Agape wird von »oben« empfangen und »abwärts« weitergegeben, und zwar als Hingabe und Opfer, als Hilfe und Beistand.

Die dritte Gestalt der Liebe ist aber nun die Kraft, die wir »Sexualität« nennen. Sie ist, so kann man sagen, ein Teil jener allgemeinen Lebensenergie, jener Urkraft, die allen lebendigen Wesen verliehen ist, ein Teil jenes Triebs, der zur Weitergabe des Lebens drängt und seinen Lohn in der Lust findet. Nun ist es für Christen ohne Mühe möglich, die hingebende Agape im Zusammenhang mit dem Glauben zu sehen. Es ist auch nicht unmöglich, den Eros, diese wundersame, vielgestaltige, schöne, den Menschen über sich selbst hinaushebende Kraft mit Gott in Verbindung zu bringen. Schwer, zuzeiten fast unmöglich ist dies seit Bestehen des Christentums hingegen mit dem Sexus gewesen. Zu verworren, zu verknäuelt sind die Empfindungen in dieser Zone, zu gemischt aus dunklen, beschämenden, drohenden und dabei faszinierenden und verheißungsvollen Bildern und Gedanken. Es ist nicht zu verwundern, dass den Heiligen der Teufel in diesem Bereich am leibhaftesten entgegentrat und dass auch Gott selbst, wenn er hier gesucht wird, sich allenfalls so offenbart, wie er an einigen der urtümlichsten Stellen des Alten Testaments erscheint.

Ist nicht Gott im Alten Testament verbunden mit »Segen vom Himmel und Segen aus der Erde«, mit der Fruchtbarkeit der Herden und der Menschen? Ist nicht das Zeichen des Bundes mit ihm die Beschneidung, in der wir doch wohl einen uralten, Jahrtausende vor Israel und weit über Israel hinaus geübten Sexualritus erkennen müssen? Sind nicht uralte Beschwörungen nötig, um Gott, den Drohenden, in diesem Bereich abzuwehren? In der Zeit, so erzählt das Alte Testament, als Mose mit seiner Frau Zippora und seinem neugeborenen ersten Sohn »nachts in einer Herberge war, kam Jahwe auf ihn zu und wollte das Kind töten. Da nahm Zippora einen scharfen Stein und beschnitt ihrem Sohn die Vorhaut, berührte seine Scham und sprach: Du bist mir ein Blutbräutigam. Da ließ Jahwe von ihm ab« *(2. Mose 4,24–26)*. Erfährt Zippora hier nicht den dunklen Gott, der noch in der Gestalt eines gefährlichen Dämons auftritt, tödlich bedrohend und nur durch einen Sexualritus und mit Blut abzuwehren? Und sind diese in vielen Jahrtausenden angestauten Ängste nicht heute noch in jedem von uns am Werk? Sind nicht Sexualität und Mord bis heute die Themen, mit denen man Menschen am sichersten fasziniert?

Was wir den »Sexus« nennen, das ist in der Tat ebenso eine Quelle von Freude und Glück wie der Grund unendlicher Qualen und Verirrungen. Wer versuchen sollte, sich in seiner Sexualität und dort allein zu verwirklichen, wird sehr schnell an dem Punkt sein, an dem er erkennt, dass er sich verliert, es sei denn, er findet einen Weg, auf dem seine Sexualität »mehr« wird, als sie ist. Den bloßen animalischen Trieb zu leben und dabei glücklich zu werden, ist ihm verwehrt. Es liegt wohl alles daran, dass in das Bild des dunklen Gottes Licht kommt, dass wir glauben lernen, dieser scheinbar dunkle, drohende Gott wende ihm ein freundliches Gesicht zu, wie er es in Jesus Christus getan hat. Die Sexualität des Menschen muss die Freiheit gewinnen, heimzukehren, wie der verlorene Sohn vom Schweinetrog nach Hause kam, sodass der Mensch auch in der Zone seiner Triebe am Ende ein Geschöpf wird, das »Gott lobt«. Erlösung der Liebeskraft des Menschen ist wohl nur so undenkbar, dass die drei Gestalten der Liebe einander näherkommen, sich miteinander verbinden, bis am Ende erreicht ist, was Paulus meint, wenn er sagt, der Leib sei ein Tempel des Heiligen Geistes. Nicht die Seele, wohlgemerkt, sondern der Leib. Ein Tempel ist aber der Ort des Lobes Gottes.

In der Geschichte der christlichen Frömmigkeit haben vor allem die Mönche immer neu den Versuch unternommen, Sexus und Eros in die Liebe zu Gott einzubringen. Die Frucht dieser Bemühungen war immer wieder höchste Vergeistigung des Glaubens und der Hingabe, edelste Humanität und echteste Liebe zu Christus. Immer wieder regte sich auch der Wunsch, sich vom Leibe zu lösen und zu werden wie Gott, und das Ergebnis waren der Hochmut und das Scheitern. Glühende Liebeskraft lebte in den einen, vollkommener Versteinerung der Seele fielen die anderen zum Opfer. Denn die Askese tötet nicht den Sexus. Sie bringt aber den Eros in höchste Gefahr. Und so ist die Geschichte der Askese neben allem Wunderbaren, das sie gebracht hat, auch eine Geschichte des verkümmernden Eros und weiterlebender Begierden, und in den Hexenprozessen prozessierte der unerlöste Mann gegen eine vom Teufel besetzte Sexualität. Sittlichkeit verengte sich oft genug – und nicht nur bei den Mönchen, sondern auch im protestantischen Bürgertum – zur Sexualmoral, während die Agape, so hoch immer sie gepriesen wurde, von ihrem vitalen Untergrund abgelöst blass und blutleer blieb.

Furcht also beherrschte die Empfindung gegenüber dem Sexus. Sagt Jesus aber: »Ihr sollt vollkommen sein«, und bedeutet diese Vollkommenheit, ungeteilt zu lieben, dann hat Furcht hier keinen Raum. »Die vollkommene Liebe treibt die Furcht aus«, lesen wir im ersten Brief des Johannes. Sagt nun Jesus, es gelte, statt den einen zu lieben, den anderen aber zu hassen, allen ungeteilt sich liebend zuzuwenden, dann ist damit vorausgesetzt, dass wir auch in uns selbst nicht das eine lieben und das andere hassen sollen, etwa die Agape als gut, den Sexus als böse empfinden. Denn niemals wird ein Mensch, der in sich selbst gespalten ist, nach draußen ungeteilt lieben. Wer irgendetwas in sich selbst hasst, wird seinen Hass überall hintragen, wo er einen Menschen lieben möchte. Das gilt auch von Menschengruppen. Die autoritär geleitete Gruppe leitet den Hass nach außen ab, und die Staaten, die am stärksten unter inneren Konflikten leiden, führen auch am meisten Kriege. Mit dem Doppelwort vom Lieben und vom Vollkommensein gibt Jesus die Richtung an, in der die Erlösung der menschlichen Liebeskraft gefunden werden kann.

Der dreieinige Mensch

Es ist in der Geschichte der Christenheit immer wieder durchaus glaubhaft gelungen, Jesus Christus als den eigentlichen, den wahren Menschen zu zeigen und den Weg mit ihm als den Weg des liebenden Nachfolgers zu schildern. Ihm zugewandt, ihm verbunden, ihm vertrauend, ihm hingegeben bis hin zur erotischen Sehnsucht nach ihm haben Christen, und zwar solche, die es ernst meinten, in der Geschichte der christlichen Frömmigkeit sich selbst als die Braut, ihn als den Bräutigam gesucht und geliebt. Wenn dabei die Grenzen des guten Geschmacks nicht immer standhielten, wenn die Grenze zur Gefühligkeit gelegentlich überschritten wurde, so ist damit noch lange nicht erwiesen, das sei nicht eine angemessene und schöne und sinnvolle Weise, sich Christus zu vergegenwärtigen. »Wer die Braut hat, der ist der Bräutigam«, sagt Johannes der Täufer über Jesus im Hinblick auf das um ihn her versammelte, vom Geist erfüllte Gottesvolk. »Können die Hochzeitsleute fasten, solange der Bräutigam bei ihnen ist?«, fragt Jesus seine Gegner. Hat er nicht sein Mahl mit den Armen im Bild des Hochzeitsmahls gedeutet? Und hat die Urgemeinde nicht diesen Gedanken aufgenommen, wenn sie die Gemeinschaft der Christen, die Kirche, mit dem Bild der »Braut« bezeichnet?

Der Eros war schon immer eine große Kraft nicht nur der Seele, sondern auch des Geistes, und schon immer der Antrieb, der es Menschen ermöglichte, ihr isoliertes Einzelleben hinter sich zu lassen und mehr zu sein, als sie zuvor gewesen waren. Und Christus selbst macht Liebe zu ihm zur Bedingung der Zugehörigkeit: Wer Vater oder

Mutter mehr liebt als mich, ist mein nicht wert. Wer also den Rahmen nicht verlässt, in dem er bislang gelebt hat, um sich mir mit der Liebe, die ein Schüler seinem Meister gegenüber empfindet, zuzuwenden, kann nicht mein Jünger sein. Am reinsten drückt Paulus es aus, wenn er sagt: »Nun lebe nicht mehr ich, sondern Christus lebt in mir.«

Der Sinn der liebenden Zuwendung zu Christus ist aber, dass wir durch sie fähig werden sollen, uns Gott und dem Nächsten auf eine neue Weise liebend zuzuwenden. Denn Christus ist ja der Herabsteigende, der die Verlorenen und Verdammten dieser Erde sucht, er ist ja das Bild der verzichtenden und dabei erlösenden Liebe Gottes, und er bezieht ja den Menschen, der sich ihm zuwendet, nicht nur in seine Gemeinschaft, sondern auch in diese Bewegung ein. Er sagt: »Der Geist Gottes ist bei mir.« Der Geist aber ist der Herabsteigende. Der Geist wirkt jene Liebe, die den Glaubenden mitnimmt in die Tiefe des Elends und der Angst der Menschen, um die zu erlösen, »die in Finsternis sind und Schatten des Todes«. Eros wandelt sich in der Gemeinschaft mit Christus in Agape.

Der erlösende Geist Gottes aber greift nun in die Tiefe auch des Menschenwesens selbst hinab bis an seine Wurzel, wo ein Mensch nur mehr Kreatur ist, ein Teil in jenem großen, drängenden, dunklen Strom des Lebens, ein Wesen mit Träumen und Trieben, das die Geschichte der Jahrmillionen in sich trägt als Erbe, Last und treibende Kraft. Dieses bloße Geschöpf, dieses wehrlose, seinen unwiderstehlichen Bedürfnissen ausgelieferte Triebwesen, dieser Bruder der Tiere soll sich nun aufrichten und sagen: Vater! Und zwar nicht in irgendeine religiöse Höhe, abgehoben über den Abgrund seines Triebs, sondern den Trieb einbeziehend, ihn bejahend, für ihn dankend, für ihn Gott preisend. Er soll ihn so wenig gegen Gott abschirmen müssen, wie er ihn für seinen Gott halten soll. Der Mensch, den der Schöpfer gemeint hat, lobt ihn in allen Schichten und mit allen Kräften, mit Leib und Seele, dankbar und glücklich.

Es ist nicht etwa Romantik oder gar modernes Heidentum, sondern gerade Ausdruck eines sehr genau empfundenen christlichen Glaubens, wenn Eduard Mörike in seinem Gedicht »Fußreise« von »gottbeherzter, nie verscherzter Erstlings-Paradieseswonne« schreibt und dann fortfährt:

> Also bist du nicht so schlimm, o alter
> Adam, wie die strengen Lehrer sagen;
> liebst und lobst du immer doch,
> singst und preisest immer noch
> wie an ewig neuen Schöpfungstagen
> deinen lieben Schöpfer und Erhalter …

Uns Christen muss es, wenn Erlösung für uns Wahrheit und nicht nur ein Wort ist, möglich sein, die Liebe endgültig als jene große, umfassende Kraft zu begreifen, die eins ist in ihren verschiedenen Gestalten, wie Gott, der Geist, der Sohn und der Vater, eins ist. Ist es wahr, dass man den Menschen nur erreicht, wenn man ihn von Gott her beschreibt? Wenn es wahr ist, dann ist er erlöst davon, sein geschlechtliches Verlangen künstlich zu vergeistigen oder, was fast dasselbe ist, es zu verdrängen. Dann ist er befreit von dem Zwang, den Sexus zu verschweigen, vom Eros mit halbem Gewissen zu reden und in der Agape die einzig erlaubte christliche Liebe zu suchen, weil nur sie allein mit Gott zu tun habe.

Ist er, was Gott mit ihm gemeint hat, dann lobt er Gott als sein Geschöpf von den Wurzeln seines leiblich-seelischen Wesens her.

Ich sagte es schon: Im Laufe der alten Religionsgeschichte wandelte sich das Bild, das der Mensch sich von der Beziehung zwischen Gott und den Kräften der Natur machte. Zuerst war der Stier der Gott. Dann war der Gott im Stier. Dann stand der Gott frei auf dem Stier, und schließlich wurde im Alten Testament der Stier zu einem Geschöpf Gottes, das ihn, einfach durch sein Leben als Geschöpf, »lobte«. Und erst recht kann nach Jesus die Verwandlung des gefährlichen, drohenden Sexus in die geschaffene, schaffende Kraft gelingen. Hier ist der Weg frei aus aller Angst in die Freiheit des Liebenden, aus der Glücklosigkeit des bloß Sexuellen ebenso wie aus der Starrheit einer bloß geforderten oder bloß behaupteten Agape in das Leben und das Glück. Wer das Evangelium hört, wird den Sexus weder mit bloßer Moral einzäunen noch braucht er von ihm das Unmögliche zu verlangen, ihn glücklich zu machen.

Der Mensch ist zum Ersten das Geschöpf, das Gott mit allen seinen Kräften lobt. Er ist zum Zweiten der Bruder jenes Jesus von Nazaret, den zu lieben und mit dem verbunden zu sein dasselbe ist, wie an ihn zu glauben. Er ist, von einer dritten Seite her, der Träger jenes Geistes, der von oben kommt und den Armen sucht, jenen Menschen, der an den Wurzeln seines leiblichen oder seelischen Lebens, seiner Schuld und Angst und nicht zuletzt an der Wirrnis seines sexuellen Untergrunds ausweglos leidet. Der Geist aber sucht ihn im liebenden, herabsteigenden Menschen, um ihn, den Gebundenen, zu erlösen, um ihn aufzurichten zu einem Geschöpf, das Gott lobt.

Der Mensch ist, wenn er frei geworden ist, eine einzige große Bewegung des Liebens, die ihren Ursprung hat in jener Bewegung des Liebens in Gott, die wir die »Dreieinigkeit« nennen. Wird er also nicht darin sein Glück finden, dass er die Wege der Liebe Gottes mitgeht, das Spiel der Liebe Gottes mitspielt? Und ist hier nicht der Sinn spürbar, den Gott dem Leben des Menschen eingestiftet hat: ein Liebender zu sein in der Liebe Gottes selbst?

Damit beschreiben wir freilich nichts, das wir mit Händen greifen oder mit Augen sehen können. Der Mensch will geglaubt sein, wie Gott geglaubt sein will. So glauben wir den Vater, den Schöpfer. Wir glauben den Sohn, der gestorben ist und lebt. Wir glauben den Geist, den herabkommenden, erlösenden. Und so glauben wir auch den Menschen: das Gott rühmende Geschöpf, den zu Christus hingewendeten Liebenden, und den absteigenden, sich opfernden und hingebenden, der die befreien soll, die seiner Hilfe bedürfen. »Die Liebe bleibt«, sagt Paulus. So »bleibt« der liebende Mensch. Er bleibt, denn er hat seine Gestalt, sein Ziel, seinen Sinn gefunden. Er bleibt – aus keinem anderen Grunde, als weil Gott selbst die Liebe ist.

Das geheime Leben ist im Innersten unergründlich; und so wieder in einem unergründlichen Zusammenhang mit dem ganzen Dasein. Wie der stille See tief unten in dem vor Menschenaugen verborgenen Springquell seinen Grund hat, so hat des Menschen Liebe ihren Grund in Gottes Liebe. Wäre Gott nicht Liebe, so wäre im Menschen keine Liebe. Wie der stille See dich wohl zum Beschauen einlädt, seine dunkle Tiefe aber sich dem Auge verbirgt, so verwehrt uns auch der geheimnisvolle Ursprung, den die Liebe in Gottes Liebe hat, dass wir ihr auf den Grund sehen. Ebenso ist das Leben der Liebe verborgen; aber ihr verborgenes Leben ist Bewegung und hat Ewigkeit in sich.
Sören Kierkegaard

Es gibt nur eine Hilfe gegen die Einsamkeit, das ist die Liebe; sie dringt durch alle Wände und erreicht das einsamste Herz, wenn es sich öffnet. Siehst du, wir können hier nur in der Liebe leben; sie heilt uns zusammen und macht uns zu einem Ganzen, und wenn sie stark genug ist in unsern Mau-

ern, dann fließt sie über in die Stadt und die Welt; fließt auch viel Liebe zu uns herein. Das ist das ganze Geheimnis, dass wir das Hin- und Widerströmen der Liebe fühlen und uns ihm hingeben, es kommt von oben und umfasst uns und will wieder hinauf, und wir müssen lernen, in ihm zu atmen und alles, was wir tun, in der Richtung dieses großen Stromes zu tun.
Reinhold Schneider

Die Wahrheit des Traums

Wenn der Herr die Gefangenen Zions erlösen wird,
dann werden wir sein wie die Träumenden.
Dann wird unser Mund voll Lachens
und unsere Zunge voll Rühmens sein.

So schreibt der Dichter des 126. Psalms. Die Ausleger fragen sich freilich, ob diese Stelle nicht richtiger zu übersetzen sei: »Als der Herr die Gefangenen Zions erlöste, da waren wir wie die Träumenden.« In beiden Fällen erlebt der Dichter die Erlösung wie einen Traum. Nun ist es nicht üblich, von der Zukunftserwartung der Christen als von einem Traum zu sprechen, aber vielleicht gerät sie ebendeshalb, weil die Sehnsucht und die Schönheit des Träumens ausgeklammert sind, so leiblos und gedankenblass. Der Traum hat ja seine eigene Wahrheit, und nichts verwandelt die Wirklichkeit so wirksam, wie Träume es tun. Sagt nicht Hiob: »Im Traum, wenn der Schlaf auf den Menschen fällt, öffnet Gott dem Menschen das Ohr«?

Christliche Hoffnung ist beides, Nachttraum und Tagtraum. Der nächtliche Traum erzählt von der Vergangenheit, von der Kindheit eines Menschen oder von jener Urzeit, aus der auch der heutige Mensch noch lebt. Vergessenes kommt zum Vorschein, Verdrängtes schafft sich Raum, Verschüttetes wird frei, und die Bilder des Traums reden und malen, bewirken Veränderungen, warnen, geben Hoffnung. Der Tagtraum, den wir auch die Utopie nennen, erfasst oft eine ganze Generation, eine ganze Epoche, und deutet, ohne schon den Weg zu zeigen, ein fernes Ziel, mit den ungenauen Bildern, die aus Ahnung und Hoffnung hervorgehen. Irgendetwas liegt »in der Luft«. Irgendetwas will erkannt werden. Und von dem, was sich andeutet, hängt das Leben ab.

Für die Bibel sind sowohl der Nacht- als auch der Tagtraum Mittel in der Hand Gottes. Gott öffnet dem Menschen das Ohr, in der Nacht oder am Tage. Und das bedeutet nicht etwa, dass der Träumer im Schlaf lebe oder im Schlaf glaube, sondern das Gegenteil: dass er durch seinen Traum wach werde. »Du Menschensohn, zum Wächter über das Haus Israel habe ich dich eingesetzt«, sagt Gott zu dem Propheten Hesekiel, zu dem er im Traum gesprochen hatte. Und es bedeutet zum anderen keineswegs, dass der Träumer von der Last seiner Träume erdrückt werde, sondern, wie der Psalm 126 sagt, dass sein »Mund voll Lachens und seine Zunge voll Rühmens« sei. Denn der Traum, den Gott uns zeigt, ist der Traum von der endlich kommenden Erlösung der Welt.

Es ist der Traum von einem Weg, den wir in Schritten gehen und auf dem uns Gott führt. Er versetzt uns nicht mit einem Sprung in eine neue, künftige Welt, er zeigt einen heilvollen Weg auf dieser Erde, dessen Ziel Gott ist. Denn das »sinnvolle Leben« ist in der Sprache der Bibel ein Leben, das Verheißung hat. Die Verheißung aber kommt aus einer sehr fernen Vergangenheit und deutet über den heutigen Tag hinaus in die Zukunft.

Wenn ein Traum nachgespielt wird, entsteht eine Feier, ein Tanz oder ein Spiel, ein Gottesdienst. Wenn die Hoffnung der Christen sich auf die Hochzeit Gottes mit den Menschen richtet – und worauf sollte sie sich nach Jesus sonst richten? –, dann wird eine Feier, ein Gottesdienst entstehen, der dieser Hoffnung Ausdruck gibt. Dann wird der Mund der Christen voll Lachens und ihre Zunge voll Rühmens sein. Sie werden das Evangelium feiern, das Evangelium von der Erlösung des Menschen und der Welt, auch der Erlösung ihrer Kirche aus allen ihren Halbheiten und all ihrer Starre. Sie werden feiern als die Träumenden, die wacher sind als Wachende sonst.

Im Traum der Träumer vollzieht sich auch die Verwandlung aller Dinge. Es gibt die alte Sage von jenem König, dem sich alles, was er anfasste, in totes Gold verwandelte. Dem Träumenden verwandelt sich, was er anfasst, gleichsam unter den Händen in ein Zeichen der Erlösung. Ihm ist nicht mehr wichtig, wie die Dinge waren, sondern wie sie nun, nach Christus, sind und wie sie werden sollen.

Irgendwo in Galiläa lässt Jesus sich einladen, und die Freunde, die Hausgenossen und die Gäste sitzen miteinander in einem Hof zwischen den Hütten. Dabei verwandelt sich die Szene, und Jesus wird selbst der Einladende. Der ärmliche Hof verwandelt sich in den Palast eines Königs. Zwei Stunden später liegen Haus und Hof wieder leer. So unansehnlich wie zuvor. Aber einmal ist der Hof ein Palast gewesen. Einmal hat er sich geeignet zum Mahl eines in die Zukunft schauenden, glücklichen Volks Gottes. Wer nun in ihm lebt, wird ihn anders sehen als zuvor, mit einer Würde ausgestattet, die ihm nun niemand mehr ansieht, aber auch niemand mehr nehmen kann.

Jesus lässt sich das Brot und den Wein reichen. Indem

er nimmt, verwandelt er, was ihm gegeben wird, in ein Mysterium. Aus gewöhnlicher Nahrung wird ein Bild der Erlösung, und das Bild deutet in die Zukunft hinaus. Ist dies aber möglich und kann aus Brot und Wein ein Symbol für Leben, für Ewigkeit, für Erlösung werden, dann muss sich das auswirken. Dann werde ich künftig mit Brot anders umgehen, und mein Essen wird danach wissender, ehrfürchtiger, nachdenklicher und dankbarer geschehen als zuvor.

Eine »Hochzeit«, sagt Jesus, wird gefeiert. Die Hochzeit Gottes mit seinem Volk. Er gebraucht für die Liebe Gottes und die Hingabe von Menschen das alte Bild, und so gültig, so nah, so unaufhörlich, so ausschließlich wie zwei Menschen in der Ehe gehören nun Gott und die Seele, Gott und die Menschheit zusammen. Die Hochzeit geht zu Ende, die Gäste gehen auseinander. Dass dies aber möglich ist, dass eine Ehe zum Gleichnis letzter Gemeinschaft zwischen Gott und den Menschen werden kann, das muss für die Ehe überhaupt ungeheure Rückwirkungen haben. Sie ist von da an und solange ein solches Gleichnis verstanden wird, verändert, und der Partner wird mehr sein als nur Partner. Er wird ein Bild für den liebenden Gott und den geliebten Menschen zugleich.

Im geringsten meiner Gäste, sagt Jesus, bin ich anwesend. Wo dir ein Armer, ein Verlassener, ein Leidender entgegentritt, hast du mit mir zu tun. Dort also, wo die Wirklichkeit am banalsten ist, dort gerade wird sie transparent auf Christus hin. Begegne ich aber an irgendeiner Stelle, wo ein Mensch leidet, Christus, dann ist die Welt an jeder Stelle fähig, Christus zu offenbaren. Die Menschen ändern sich für mich, es geht eine Wandlung mit ihnen vor, und sie werden zum Zeichen der Nähe und Kraft des heiligen Gottes. Das Leiden wird von nun an niemals nur heillos sein, und es ist ein großartiger Hinweis auf die Verwandlung, die mit dieser Welt geschieht, wenn große Heilige Aussätzige umarmten und Eiterbeulen küssten, weil sie wussten, dass seit Christus auch in der Krankheit Gott gegenwärtig ist.

»Wo zwei oder drei in meinem Namen versammelt sind, da bin ich mitten unter ihnen«, sagt Christus. Ist dies aber wahr, dass eine Gemeinschaft unter Menschen mehr ist als nur eine Gemeinschaft unter zweien oder dreien, dann geht eine Verwandlung durch alle Beziehungen unter den Menschen, und der Mensch bekommt eine Wichtigkeit, die er nie hatte und durch nichts anderes gewinnen konnte.

Ist nun die Erde nurmehr Erde? Ist sie nicht Ort des Gottesreichs? Ist der Kosmos nur die ungeheure, beängstigende Leere, in der das Raumschiff Erde seine endlichen Runden beschreibt? Ist er nicht das Haus des Vaters? Ist die Zeit nun noch ein Zeichen des Fluchs, ein Mahnzeichen der Vergänglichkeit? Messen wir nun nicht unsere Jahre nach dem Jahr des Heils?

Denn Gott schafft sein Reich nicht, indem er vernichtet, was zuvor war, sondern indem er es verwandelt. Er zerbricht das »zerstoßene Rohr« nicht und löscht den »glimmenden Docht« nicht aus. Und Jesus machte aus dem, was er vorfand, seine »Zeichen«. Er ließ sich Fische und Brote reichen und zauberte nicht aus Steinen Brot. Er machte aus Kranken Gesunde und schuf nicht den gesunden Menschen aus dem Nichts. Er holte keine Engel vom Himmel, sondern berief Fischer zu seinen Mitarbeitern. Er beseitigt die alte Schöpfung nicht, sondern schafft die neue durch die Verwandlung der alten.

Der Träumende schaut das Neue in den Bildern des Alten. Wer sein Kind erzieht, muss wissen, dass es eines

Tages erwachsen sein werde, und aus diesem Wissen handeln. Er kann nichts tun, damit es wächst, aber er hält ihm den Raum frei, in den es hineinwachsen kann. Er wird dem Heranwachsenden so viel helfen können, wie er Ehrfurcht vor seinem Geheimnis hat. Und wer mit der Welt umgeht, wird ebenso das Geheimnis ehren, dass aus ihr die größere, die vollkommenere Welt erst werden soll. Die Hoffnung aber ist der freie Raum, in den das Reich Gottes in dieser Welt hineinwächst. Mit einem Stab schlug Mose an einen Felsen, um Wasser zu finden, und der Felsen gab sein Wasser. Der Felsen »Realität« ist viel weniger tot, als seine Härte glauben machen will.

Und wenn Jesus davon spricht, es gelte das eigene Leben wie ein Samenkorn in die Erde zu werfen, so werde Frucht wachsen, dann sagt er damit immerhin, dass es lebendiges Leben ist, was wir hingeben. Ein totes Korn, das in die Erde fällt, stirbt nicht, sondern verrottet. Nur ein lebendiges bringt, indem es stirbt, Frucht. Dass aber dies die Verheißung des Menschenlebens ist, das macht uns zu Träumenden, deren »Mund voll Lachens« ist.

Als die Träumenden sind wir aber endlich auch darüber glücklich, dass zuletzt nichts durch uns allein zu entstehen braucht. Das Reich Gottes entsteht nicht dadurch, dass wir es bauen. Es wird nicht fertig dadurch, dass unsere Arbeit fertig wird. Es reift nicht dadurch, dass wir zu Ende reifen. Es vollendet sich schon eher, indem unser eigenes Leben und unsere Menschengestalt sich in den Händen Gottes vollenden. Der Trost für die Träumenden, denen die Zukunft gehört, ist der, dass in ihren Händen nichts fertig zu werden braucht. Gott wird verwandeln, was an uns unzureichend blieb, unsere kleine Leistung, unseren kleinen Glauben, den kleinen Ertrag unseres Lebens. Wir werden nicht gemessen an dem, was fertig wurde, sondern an dem, was durch die Gnade Gottes in diesem Leben angefangen hat, was noch so unscheinbar in ihm entstand als ein Zeichen dessen, was kommen soll.

Das große Ja

Ich bin

Ich spreche diesen Satz in aller Gelassenheit aus: Ich bin. Und ich empfinde, damit sei ich eigentlich schon ein wenig auf dem Wege zum Glück. Ich lege ein wenig Bejahung meines Wesens und Schicksals in ihn hinein und ahne etwas vom Sinn meines Daseins. Ich sage ihn mit einer gewissen Leichtigkeit, denn ich habe mich ja nicht gemacht. Ich bin also auch nicht verantwortlich für alles, was ich bin. Ich habe nicht zu rechtfertigen, dass ich bin und dass ich jetzt bin und hier. Ich nehme mich als das Werk eines anderen an und lebe mit dem Menschen, der ich bin, einverstanden und vielleicht ein wenig dankbar und, wenn es gelingt, glücklich. Ich bejahe mich wie beiläufig und nehme mich nicht gar so wichtig.

Ich spreche diesen Satz aber noch aus einem anderen Grunde mit einer gewissen Sorglosigkeit aus. Das Evangelium berichtet:

> Und Jesus nahm Petrus, Jakobus und Johannes zu sich und ging mit ihnen allein auf einen hohen Berg. Und er wurde vor ihren Augen verwandelt. Sein Angesicht leuchtete wie die Sonne, und seine Kleider wurden weiß wie das Licht.
> *Matthäus 17,1–2*

Nirgends schildert das Evangelium Jesus als eine Heldengestalt. Nirgends wird gesagt, er sei besonders groß, besonders gebildet, stark oder schön gewesen. Erst Jahrhunderte nach ihm meinte man, er müsse wohl »der Schönste unter den Menschenkindern« gewesen sein. Es wird aber von ihm gesagt: »Eine Kraft ging von ihm aus.« »Er leuchtete wie das Licht.« Er war durchscheinend. Er war durchlässig. Und er war darin nicht nur Offenbarer Gottes, sondern auch das Bild des Menschen, der aus Gott ist.

Gilt dies aber auch von mir – und das eben ist das Evangelium für mich –, dann brauche ich mich weder zu überfordern noch mich für untauglich zu halten, ich brauche nur das zu sein, was ich bin. Ich muss die Wahrheit nicht erfinden, ich brauche ihr nur meine Stimme zu geben. Ich brauche die Liebe Gottes nicht aufzubringen, ich darf ihr nur kein Hindernis sein.

Und so nehme ich es auch gerne hin, dass so wenig von dem, was ich mir vornehme, in diesem Leben fertig wird. Denn wenn all dies wahr ist, dann braucht nichts fertig zu werden, weder mein Wesen noch mein Werk. Ich lebe in einer Welt der Anfänge. Ich weiß, dass diese Welt vergehen wird, und gehe auf das Neue zu, das Gott schaffen wird. Ich lebe von dem, was ich bin, auf das zu, was ich sein werde, und glaube, dass Gott mehr in mir sieht als ich: das Künftige nämlich, das er mir bestimmt hat.

Indem ich das alles so ausspreche, fällt mir auf, dass ich bei Weitem mehr sage, als ich wahrnehme. Ich sage: »Ich nehme mich an.« Und vielleicht gelingt es mir in guten Stunden wirklich. Aber mein eigener Glaube ist ja nicht weniger verborgen, mein eigener Glaube will ja ebenso geglaubt sein, wie Gott geglaubt sein will oder der Mensch nicht gesehen werden kann, wenn man ihn nicht glaubt. Auch mein eigener Glaube, meine Hingabe, meine Liebe sind nicht beweisbar. Wer sagt mir denn, ob mir nicht morgen alles aus den Händen gleitet, was ich heute festhalte? Wer sagt denn, wie viel an meiner Liebe wirklich Liebe ist? Wer sagt denn, wie viel an meiner Barmherzigkeit wirklich Barmherzigkeit und nicht vielmehr etwas ganz anderes ist, vielleicht nur eine besondere Form von Ichsucht?

Alles, was zwischen Gott und mir spielt, muss ich glauben, auch die Tatsache, dass ich ein Glaubender und ein

Liebender bin. Und zwar darum, weil es an dieser Stelle nicht darauf ankommt, was ich wahrnehme, sondern was Gott, den neuen Menschen in mir vorwegnehmend, in mir sieht.

Ich glaube also, dass ich ein Glaubender bin, auch wenn ich über die Motive meines Glaubens keine Rechenschaft geben kann. Ich glaube also, dass mein Ja zu meinem Dasein Ausdruck meines wirklichen Glaubens ist, auch wenn es mir nicht täglich gelingt. Und ich glaube, dass dies die einzig glaubwürdige Weise ist, ein Christ zu sein. Ich glaube, dass Gott meinen Glauben und mein Ja über dem Abgrund meines Unglaubens und meiner Gleichgültigkeit festhält.

Und so nehme ich mich an. Meine Welt, meinen Weg und Auftrag. Ich halte mich nicht mit Wünschen auf und verbrauche meine Kraft nicht in der Sorge um mich selbst. Und was ich dann tue, das ist in all meiner Schwachheit meine Antwort an Gott. Alles, was danach ein Ja ist oder ein Ja sein möchte, ob es ein Tun sei oder ein Lassen, ist mein Dank, mein Gebet, mein Beitrag zu Gottes Reich.

Ich vertraue

Jesus bestieg das Schiff, und seine Jünger folgten ihm. Da kam ein Sturm auf, und die Wellen schlugen ins Schiff. Er aber lag schlafend. Und sie weckten ihn: Herr! Hilf uns! Wir gehen unter! Er erwiderte: Warum glaubt ihr nicht? Warum fürchtet ihr euch? Und er stand auf und beschwor die Winde und das Meer. Tiefe Stille breitete sich aus, und die Menschen waren voll Staunen und fragten einander: Wer ist das? Sogar Wind und Meer gehorchen ihm.
Matthäus 8,23–27

Nehme ich mich selbst an, weiß ich mich selbst bejaht, dann sind die Winde und das Meer die geringere Gefahr. »Tobe, Welt, und springe! Ich steh hier und singe in gar sichrer Ruh«, dichtet Paul Gerhardt, und Oetinger schreibt: »O Herr, wir nehmen mit Unrecht Anstoß an der Verwirrung der Zeit, am Toben der Völker und am Brausen des Meeres und seiner Wellen. Denn du wirst lauter Wunder deines Reiches daraus machen.«

»Wunder deines Reiches« – heißt das nicht, dass die Macht Gottes sich offenbaren wird darin, dass die Stürme einschlafen, die Wellen sich legen und in der gefährlichen Wassertiefe sich der Himmel Gottes spiegelt? Und heißt es nicht, dass der schlafende Christus auch in uns selbst aufwachen wird und uns in die Stille einbeziehen, die um ihn ist?

Fürchten wir für das Schiff der Kirche? Fürchten wir, es werde dem Sturm nicht gewachsen sein, der sich um die Menschheit her zu erheben beginnt? Aber das Schiff der Kirche überlebte bisher auf den Meeren der Weltgeschichte nicht deshalb, weil es groß und stark und womöglich schön und schnell war, sondern weil es bewahrt war mitten im Sturm.

Fürchten wir für die Menschlichkeit des Menschen auf dieser Erde? Unlängst sagte Ionescu: »Der Wind weht den Wandschirm hinweg, den wir zwischen uns und uns selbst gestellt haben. Die Dämonen, die wir gebannt glaubten, erheben sich in unserem Innern und peinigen uns.« Angesichts aber eben der Angst und Unruhe, die uns erfüllt, sprechen wir unser Vertrauen aus, wohl wissend, dass dieses Vertrauen seine Festigkeit nicht durch unsere Nervenkraft oder unseren Glauben gewinnt, sondern dadurch, dass Gott es über dem Abgrund der Angst festhält.

Nichts kann die Angst bannen, die heute durch die Welt geht, es sei denn das Wort, mit dem Christus den zerstörenden, bedrohenden Mächten Einhalt gebietet, mit dem er, wie die Bibel sagt, »die Welt überwindet«. Nichts kann uns helfen, als dass Christus aufsteht und dem Meer sein Wort entgegenspricht. Nichts kann uns helfen als dies, dass das Gebirge der Wellen, das uns den Blick verstellt, durch sein Wort in sich zusammensinkt und der Horizont frei wird, in welchem die Weltgeschichte sich in Wahrheit abspielt. Nichts hilft, als dass er uns den Blick freigibt für das, was wirklich ist und wirklich kommt.

Ich vertraue. Diesen Satz sage ich, wie ich sage: Ich glaube an Gott. Ich vertraue ihm, dem Vater und Herrn. Ich überlasse mich ihm. Ich wünsche nichts, als dass sein Wille sich an mir erfüllt, jener Wille, von dem ich weiß, dass er mein Heil will.

Ich komme

Es war ein Mensch, der machte ein großes Festmahl und lud viele ein. Und er sandte seine Knechte aus zu der Stunde, in der es beginnen sollte, und ließ sagen: Kommt, es ist alles bereit.
Lukas 14,16–17

Jesus wandert durch Galiläa, lädt Menschen an seinen Tisch und isst mit ihnen. Er erzählt ihnen vom Reich Gottes und deutet mit diesen Geschichten, was er tut. Da gibt ein König oder ein Edler eine Hochzeit, ein Festmahl oder ein Abendessen und lädt dazu ein. Das Geschick aber der Eingeladenen entscheidet sich daran, ob sie draußen bleiben oder kommen. Draußen – das ist Verlassenheit, Armut, Sinnleere. Drinnen – das ist Geborgenheit, ist Reichtum, ist Glück.

Ich höre also die einladende Stimme und komme. Das ist das Einzige, das ich tun kann und das zu tun Sinn hat. Denn nach den Geschichten Jesu ist das Äußerste, das ich vom Sinn meines Daseins erfasse, dies, dass dieses Leben ein Heimweg ist. Das gilt freilich nicht nur in dem Sinn, dass diese Welt nur ein Durchgang ist und ich sie verlassen muss, um heimzukommen, sondern auch in dem Sinn, dass schon jetzt jeder Weg, den ich in dieser Welt unter die Füße nehme, ein Heimweg ist. Ich brauche nur ein paar Schritte aus dem Gehäuse von Selbstgenügsamkeit oder Angst zu tun und bin unmittelbar »in dem, das meines Vaters ist«.

Ich komme also und weiß, dass ich mich weder um meinen Weg über diese Welt hinaus noch um meinen Weg in diese Welt hinein zu sorgen brauche. Einzig dies wird meine Sorge sein, ob auf diesem Weg etwas von Gerechtigkeit entsteht, etwas von Güte, etwas von Bergung der Verlassenen, etwas von dem Weg, den Christus ging.

Ich komme und bringe das Geringe, das mir gegeben ist: meinen Glauben, wohl wissend, dass ich nicht einmal meinen Glauben in der Hand habe, dass ich ihn mir nicht selbst erschaffe, weder durch meine Gedanken noch mit meinem Tun. Ich erwandere ihn allenfalls auf dem vorgezeichneten Weg, in Geduld und mit langem Atem und weiß, dass es Gnade ist, wenn ich ihn finde.

Der Weg zur Wahrheit wird länger sein als unser Leben auf dieser Erde. Wir sind Bettler, das ist wahr. Aber unser Lob Gottes wird darin bestehen, dass wir dankbar aussprechen, wie reich wir sind.

Niemand hat uns versprochen, dass wir auf alle unsere Fragen, die wir auf dieser Erde stellen, Antworten erhalten werden. Wohl aber ist uns Frieden zugesagt. Es ist uns zugesagt, dass wir bewahrt seien. Am Ende wird, nach einem Leben der Fragen und der Erkenntnisse, unsere Erkenntnis zu den weniger wichtigen Ergebnissen unseres Lebens gehören.

Es ist wichtig, dass wir frei werden, freier von Schritt zu Schritt unseres Lebens. Aber ein Bild Christi sind wir nicht durch unsere Freiheit, sondern durch die Gebundenheit, die wir bejahen. Der eigentliche Ertrag unseres Lebens wird die Liebe sein, die durch uns hindurchging. So hoch uns die Freiheit steht – am Ende wird sie wie die Erkenntnis zu dem gehören, was weniger wichtig ist. Die Hoffnung und der Glaube machen frei. Die Liebe bindet. Die Liebe aber, so sagt Paulus, ist von den dreien die größte.

Bibliografische Information der Deutschen Bibliothek
Die Deutsche Bibliothek verzeichnet diese Publikation in der Deutschen Nationalbibliografie; detaillierte bibliografische Daten sind im Internet über http://dnb.ddb.de abrufbar.

Postfach 80 06 69, 70506 Stuttgart

www.kreuzverlag.de

Neuausgabe des erstmals 1974 im Kreuz Verlag erschienenen, 2002 vollständig überarbeiteten Titels
Umschlaggestaltung: Bergmoser + Höller Agentur, Aachen
Umschlagillustration: Bergmoser + Höller Agentur, Aachen
Autorenfoto Cover: © privat
Satz: de·te·pe, Aalen
Druck: GGP Media GmbH, Pößneck

ISBN 978-3-7831-3123-9